सतह से उठते
मुक्ति

सतह से उठते मुक्तिबोध

सम्पादक

अरुण शीतांश

मृदुला सिंह

वाणी प्रकाशन

प्रकाशन के उत्कृष्टतम 62 वर्ष

सजिल्द पहला संस्करण : 2025

vaniprakashan.com

वाणी प्रकाशन

4695, 21-ए, दरियागंज, नयी दिल्ली-110 002

फ़ोन : + 91 11 23273167, 23275710

शाखाएँ

अशोक राजपथ, पटना-800 004, बिहार

कॉफ़ी हाउस कैम्पस, महात्मा गांधी मार्ग, प्रयागराज-211 001, उत्तर प्रदेश

महात्मा गांधी अन्तरराष्ट्रीय हिन्दी विश्वविद्यालय, वर्धा-442 001, महाराष्ट्र

sales@vaniprakashan.in
vaniprakashan@gmail.com

Satah se Uthate Muktibodh
Edited by Arun Sheetansh/Mridula Singh

ISBN : 978-93-6944-126-6
Criticism

मूल्य : ₹ **695**

सिटी प्रेस, दिल्ली-110 095 में मुद्रित

वाणी प्रकाशन का लोगो मक़बूल फ़िदा हुसेन की कूची से

शास्त्रीयता से अलग की बात

विशेष कुछ नहीं कहना है। सबकी अपनी अवधारणा है। अपनी सहमति है। अपनी असहमति भी है। साहित्य में तरह-तरह के विचार मौजूद हैं लेकिन जो आम-जन के विचार हैं, पीड़ा है, दुःख है, दर्द है, वह विचार वह अवधारणा मुक्तिबोध ने रचना में बनाई है। मुक्तिबोध सघन इंद्रियता के रचनाकार हैं। इनकी रचनाएं समाजोन्मुखी हैं। और अन्तस को बेधती हैं। समयानुसार आज भी इनकी रचनाएं हमें आसपास की लगती रही हैं। यहां तक इतनी पुस्तकों के बावजूद तमाम तरह के रचनाकार मुक्तिबोध को अब भी समझ रहे हैं। निराला के बाद सबसे अधिक जनप्रिय कवि हैं मुक्तिबोध का नाम लेते ही 'अंधेरे में' जैसे शब्द गूंजने लगते हैं! मानो वहीं से प्रकाश की शुरुआत हो रही हो। हम आजादी के बाद की व्यवस्था में जी रहे हैं। पर इस व्यवस्था पर गहरी चोट है और आने वाले समय में और अधिक चोट पड़ेगी। हम आम-जन की पीड़ा और दुःख से दूरी बना रहे हैं और सोशल मीडिया में व्यवस्था की नैरेटिव चमकदार शीशे की तरह दिखा रहे हैं- जो है नहीं। वर्तमान समय में भी 'रोटी' को लेकर प्रश्न खड़ा है। इस करोना काल में 'रोटी' के लिए बोटी-बोटी मजदूरों ने खर्च किया। रेलवे की पटरियों पर लाशें मिलीं। उनकी कविता वहां तक पहुंच रही है। हमारी आजादी बूढ़ी होने के कगार पर है। वैसे में मुक्तिबोध की कविता संवाद करने के लिए बेचैन है। तड़प रही हैं। जो आख्यान में है। कविता का माध्यम होना ही प्रतिपक्ष है। वहां समय, व्यवस्था, राजनीति और भोग-योग छोटा पड़ जा रहा है।

मुक्तिबोध पर संपादन करते हुए मुझे खुशी हो रही है। उनके समकालीन रचनाकार प्रमोद वर्मा की याद आ रही है। जिसे समाज ने भूला दिया था। मुक्तिबोध को लेकर दुनिया के कोने में करोड़ों पुस्तकों की आवश्यकता है। दुनिया के हर कोने में, हर सड़क पर बने गुमटियों में, हर अलमीरा में, मुक्तिबोध मौजूद हों। ऐसा समय आ गया है जिसकी जरुरत है। फिर भी समझने के लिए मुक्तिबोध को बहुत कम लोग रुचि ले रहे हैं। एक नया ट्रेंड विकसित हो रहा है कि हम रचनाकारों को भूलते जा रहे हैं। संयोग ऐसा है कि मुक्तिबोध को हम भुला नहीं सके, आशावादी बात है। अच्छी बात है।

इस पुस्तक में जिन लेखकों ने अपनी रचनात्मकता से आख्यान प्रस्तुत किया है, वह हर तरह से समझने लायक है। हमने एक नई रोशनी देने की कोशिश की है। एक छोटी सी रोशनी। तमाम रचनाकारों को धन्यवाद देता हूँ और प्रोफेसर मृदुला सिंह को शुभकामनाएं देता हूँ। उन्होंने इस कार्य में काफी सहयोग किया है।

नीलकमल जी को धन्यवाद देता हूँ, इस सामग्री को पुस्तकाकार बनाने में अमूल्य योगदान दिया। कवयित्री और आलोचक प्रो रंजना शर्मा (विभागाध्यक्ष, हिन्दी विभाग, बेथून कॉलेज कोलकता) जी को धन्यवाद देना चाहता हूँ जिन्होंने विभिन्न विषय को लेकर बातचीत की और हमने उसी से संबंधित आलेख मंगवाए।

शुभ!

अरुण शीतांश
12.12.2021

आलोचक का आत्म संघर्ष

ए. अरविदाक्षन

मुक्तिबोध के कविता-कर्म और आलोचना-कर्म को अलग करके देखना उनके रचना-कर्म की सघनता से विचलन साबित होगा। अपनी रचनात्मकता के आरंभ काल से लेकर मुक्तिबोध चिंतन में गंभीरता के पक्षधर रहे हैं। इसलिए उन्होंने कहा कि साहित्य विवेक मूलतः जीवन विवेक है। एक प्रकार से यह उनका एक बीज वाक्य है। अपनी कविताओं में वे इसी जीवन विवेक की खोज करते रहे तो आलोचना में इसी की सौंदर्यात्मक व्याख्या में लीन रहे। आलोचना उनके यहाँ अंततः रचना ही है। अपने समय के भाष्य के रूप में ही मुक्तिबोध की आलोचना का पुनर्पाठ संभव है। उनका मानना है कि आलोचना की व्यापक स्थिति रचनाकार के पथ को द्युति संपन्न बनाती है। "आलोचक या समीक्षक का कार्य वस्तुतः कलाकार या लेखक में डूबना पड़ता है और उससे उबरना भी पड़ता है जिससे लहरों का पानी उनकी आँखों में न घुस पड़े। ...असल में, वास्तविक जीवन की संवेदनात्मक समीक्षा-शक्ति के अभाव में साहित्य के क्षेत्र की समीक्षा-शक्ति थोथी होती है। इसलिए समीक्षक का आदि कर्त्तव्य वास्तविक जीवन की संवेदनात्मक समीक्षा शक्ति का विकास करना है। जीवन की परिस्थितियों, प्रवृत्तियों, गतिविधियों और उसमें पले हुए व्यक्तित्वों का संवेदनात्मक ज्ञान जब तक समीक्षक को नहीं है (और वह हो नहीं सकता जब तक अपने वर्ग, श्रेणी या समाज की व्यापक जिंदगी में समीक्षक की जिंदगी की हिस्सेदारी न हो) तब तक समीक्षक की साहित्य समीक्षा कुतिया के उस बच्चे के समान है जिसकी आँखें नहीं खुली है। ...लेखक जीवन की विभिन्न मनोवृत्तियों, स्थितियों आदि-आदि का अंकन करने का प्रयत्न करता है, अन्यथा नहीं। लेखक को सचमुच सहायता करने

वाले समीक्षक जीवन जीवन-सत्यों से लेखक से भी अधिक परिचित होते हैं। अभी वे लेखक द्वारा प्रस्तुत की गयी जीवन—समीक्षा की समीक्षा कर सकते हैं।'' (मुक्तिबोध रचनावली -5, पृ.83-86) समीक्षा—कार्य की गंभीरता और उसकी रचनात्मक प्रयोजनीयता पर ही मुक्तिबोध प्रकाश डाल रहे हैं। आलोचना की विवेकशीलता दरअसल जीवन विवेक को प्रतिकलित करती है। यह एक सामान्य किस्म का प्रतिफलन नहीं है, वह एक गुरूतर कार्य है। इसलिए वह जीवन-समीक्षा की वास्तविक समीक्षा बन जाती है। इसमें रचना को आलोचना की तुलना में निम्न साबित करने की बात नहीं है। रचना एक अर्थ संपुष्ट तर्जनी हैं। आलोचना उस तर्जनी द्वारा संकेतित क्षितिज की विस्तृत और गहराई को शब्दबद्ध करती है। रचना अन्वेषण है तो आलोचना पुनरन्वेषण है। मुक्तिबोध दोनों अलग-अलग नहीं हैं। यदि कोई फर्क है तो बस यही कि आलोचना के वातायन प्रकारांतर से अधिक खुले रहते हैं। आलोचक का आत्मसंघर्ष इन वातायनों को और खुला छोड़ देता है। आलोचना में आलोचक का यह उत्थान एक व्यक्ति की आलोचना सभ्यता-विमर्श के अंतर्गत परिणित होती है।

कवि एवं आलोचक की हैसियत से मुक्तिबोध जीवन और जगत के व्यापक परिदृश्य को आत्मसात करने की अनियंत्रित इच्छा रखते थे। इसलिए उनके विचार हिंदी की भौगोलिक सीमा तक सिमटे नहीं रहे। आधुनिक भारतीय समीक्षा पद्धति के केंद्र में रखकर ही मुक्तिबोध की वैचारिकता की परख होनी चाहिए। विश्व मानविकता का बोध भी उनके चिंतन का भास्वर पक्ष है। शुरू से यह विचार मुक्तिबोध के साथ रहा और वह उत्तरोत्तर विकसित होता गया। 1943 में प्रकाशित 'तारसप्तक' के अपने वक्तव्य में मुक्तिबोध ने लिखा है—'मेरे बाल-मन की पहली भूख सौंदर्य और दूसरी (भूख) विश्व मानव का सुख-दुख इन दोनों के संघर्ष मेरे साहित्यिक जीवन की पहली उलझन थी।' आगे उन्होंने लिखा है— ''मेरा मन नव-क्लासिकवाद की तरफ दौड़ रहा था। अर्थात् ऐसी काव्य रचना की ओर जिसका कथ्य व्यापक हो, जिसमें जीवन के विश्लेषित तथ्यों और उनके संश्लिष्ट निष्कर्षों का चित्रण हो।'' इसी वक्तव्य के आगे का अंश काफी चर्चा में रहा— ''मैं! कलाकार की माइग्रेशन इंस्टिक्ट पर बहुत जोर देता हूँ। आज के वैविध्य उलझन से भरे रंग-बिरंगे जीवन को यदि देखना है तो अपने वैयक्तिक क्षेत्र से एक बार तो उड़कर बाहर आना ही होगा। बिना उसके, इस विशाल, जीवन-समुद्र की परिसीमा, उसके तट-प्रदेशों के भूखंड आँखों से ओझल ही रहेंगे।'' इन वक्तव्य-खंडों में मुक्तिबोध के तीन प्रश्न प्रमुख होकर उभरते हैं और वे हैं कलाकार पक्ष, विचारक पक्ष और आलोचक पक्ष। वे साहित्य को, जिसमें कविता, आलोचना और अन्य विधाएँ शामिल रहती हैं, कला के रूप में ही देखते हैं। इसलिए वे कला के सौंदर्य पक्ष पर विशेष रूप से विचार करते हैं। जैसे उन्होंने संकेत किया

है कि उनकी पहली भूख सौंदर्य के प्रति रही है। साहित्य की कलात्मकता के साथ समझौता करने के लिए वे तैयार नहीं हैं। लेकिन उसके साथ ही मनुष्य के सुख-दुख के प्रति भी वे सचेत हैं। जीवन का समग्र रूप दर्शन उनके कला-चिंतन (साहित्य चिंतन) की गहनता का संवर्द्धक पक्ष है।

मुक्तिबोध का विचारक पक्ष हिंदी-चिंतन को व्यापक परिदृश्य प्रदान करता है। इतनी गंभीरता से साहित्य पर विचार करने वाले विचारक नहीं के बराबर है। इसलिए उनकी आलोचना व्याख्या-वृत्ति के सतहीपन से बचती हैं। उनका आलोचक पक्ष भले ही उनके कवि होने की स्थिति के अलग ध्रुवांत पर खड़ा प्रतीत हो फिर भी वह कवि पक्ष की पूरक स्थिति को घोषित करता है। यहाँ विषयांतर न सही उनकी एक कविता पर (गुंथे तुमसे, बिंधे तुमसे) विचार करना संगत प्रतीत होता है। गहन बीड़ा का अनुभव अपने को तथा अपने जैसी के साथ जुने का प्रेरक तत्त्व बनता है। यह एक सटीक अनुभव है जिसे कविता में उनके आलोचक पक्ष के साथ जोड़कर भी देखा जा सकता है। इसमें मुक्तिबोध की पारदर्शी वैचारिकता का प्रतिफलन है। कविता इस प्रकार है–

वेदना में हम विचारों की
गुंथे तुमसे,
बिंधे तुम से...
कोई नहीं थे हम तुम्हारे किंतु
सहचर हो गए
चाहे जलधि, पर्वत, हजारों मील की दूरी
हमारे बीच में आ जाए
फिर भी मानसिक अदृश्य सूत्रों से
हमारी आत्माएँ परस्पर बात करती हैं....

गहरी वेदना का अनुभव तब होता है जब मुक्तिबोध द्वारा परिकलित 'माइग्रेशन इंस्टिंक्ट' उनकी कविता तथा आलोचना के लिए समान रूप से एक बीज शब्द बनता है। अपने से बाहर देखने की क्षमता तभी विकसित होती है। यह बीज शब्द उनकी कविता में किसी न किसी रूप में विद्यमान रहता है। एक उदाहरण इस तरह है–

याद रखो
कभी अन्देले में मुक्ति न मिलती
यदि वह है तो सब के ही साथ है

सवाल यह है कि आलोचना एवं कविता में विकास व उत्थान को समग्रता में मुक्तिबोध ने क्यों प्रस्तुत किया? उन्हें एक नया काव्यशास्त्र परिकलित करना ही

था। वह कथित यथार्थ द्वारा प्रदत्त न हो। उसमें इतिहास-दृष्टि का समग्र आकलन ही इच्छित था। हमारी देशी परिघटनाओं की पतनोन्मुखता ने मुक्तिबोध को इस प्रकार विचार करने के लिए प्रेरित किया है। सत्ता के बदलाव ने सांस्कृतिक क्रांति को संभव बनाने की दिशा में कोई कार्य नहीं किया। यह एक भीषण सामाजिक राजनीतिक वस्तु स्थिति रही। मुक्तिबोध को विचारक एवं आलोचक पक्ष इसी स्थिति से जूझते रहे। उसे किसी भी हालत में हम सरलीकृत नहीं कर सकते। उनकी रचनाओं का संबोध्य इसी संघर्ष पर केंद्रित था। हमारी तथाकथित संस्कृति के दुमुँहेपन से मुक्तिबोध की संवेदना त्रस्त हो चुकी थी। इसलिए वे समाज में, राजनीति में तथा साहित्य में सरलीकरण को सबसे बड़ा खतरा मानते थे। वे अपनी कविताओं में एक समर्थ विकल्प प्रस्तुत करते रहे। आलोचना में भी उनकी यह प्रवृत्ति सदैव गतिशील रही है।

मुक्तिबोध के आलोचक के आत्मसंघर्ष की यात्रा वस्तुतः हिंदी चिंतन की अनुयात्रा है। एक नए काव्य शास्त्र के उदय और विकास की यात्रा है। समय और बहुलतावादी दृष्टि से संपन्न यह यात्रा नए सौंदर्य चिंतन की भी यात्रा है। अपने प्रदीर्घ निबंध, "समीक्षा की समस्याएँ" में मुक्तिबोध ने बहुत सूक्ष्म दूरदर्शिता के साथ आलोचना के सौंदर्यशास्त्र का विशद विश्लेषण प्रस्तुत किया है।

वे लिखते हैं – "जब समीक्षक साहित्य-सृजन की मूलाधार मानव-भूमि से संबंध त्याग करके, अपने आप में स्वयंपूर्ण-संपूर्ण बनकर उपस्थित होता है, पांडित्य का चंडत्व और चिंतन की चतुरता बनाते हुए सैद्धांतिक शब्दावली में अपने आपको स्थापित करने का प्रयत्न करता है, ऐसे समय समीक्षा का उद्देश्य लेखक से परस्पर संवाद करना, आत्मीय आधार पर विचार-विनिमय करना, एक-दूसरे का परिज्ञान करना, नहीं है वस्तु कुछ और है। वह अपनी मूलभूत सच्चाई और ईमानदारी के उष्ण और आलोकपूर्ण प्रकाश में लेखक के हृदय को जीतना नहीं चाहता, वरन् अपने-आप को उससे महत्वपूर्ण समझते हुए, अथवा उसे भटका हुआ समझते हुए, अपने अस्तित्व के महान औचित्य को स्थापित करना चाहता है।" इस विचार में तीन बातें मुख्य हैं, यथा समीक्षक का स्वयंपूर्ण समझना और पांडित्य का प्रदर्शन करना, लेखक के साथ के विचार-विनिमय को खत्म करना और अपने महत्व की घोषणा की प्रवृत्ति। ये बातें आलोचना में बिखराव ही पैदा कर सकती है। इन सब के मूल में समीक्षक का 'साहित्य-सृजन की मूलाधार वास्तविक मानव-भूमि' से अलग होने की प्रवृत्ति प्रबल रहती है। मुक्तिबोध कई चीजों से पारस्परिकता और सहभागिता चाहते हैं। इसीलिए वे मुक्ति-स्वतंत्रता—को भी व्यक्तिनिष्ठ होने से बचने को कहते हैं। उनके अनुसार आलोचना का मानवीय सरोकार उसकी नैतिक मूल्य-दृष्टि से संबंधित है।

आलोचना की नैतिक मूल्य-दृष्टि को विस्तार देकर मुक्तिबोध आलोचक की

ईमानदारी पर भी प्रकाश डालते हैं। यहाँ पर ईमानदारी का तात्पर्य व्यापक अनुभव—संपन्नता है जिसके अभाव में कलाकृतियों का आस्वादन असंभव हो जाता है। वे लिखते हैं – ''यह एकदम सही है कि लेखक जितना अधिक अनुभव संपन्न विवेकशील और वैविध्यपूर्ण प्रसंगों का भोक्ता होगा, जीवन-विस्तारों के प्रति जितनी ही अधिक उत्सुकता, जिज्ञासा और सर्वाश्लेषी भावना उसमें रही होगी, उसमें उतनी ही अधिक उदातता, गंभीरता और विशालता आएगी। यह पुस्तक आदर्शों से अनुप्राणित होने के कारण नहीं आएगी, वरन् साधारण जीवन में साधारण मानव की व्यक्त उदार हृदय-शक्तियों से, और उदात्त व्यक्तित्व के धारक सामान्य मनुष्यों से, अति-लघु-रूप में व्यक्त सूर्य-बिंब की अनुभूति से, मामूली लोगों की बेमालूम खूबसूरती से, मुख मंडल के वास्तविक चंद्रस्मित से प्राप्त होगी, भाषणों और पुस्तकों तथा समीक्षा लेखों में प्राप्त आदर्शों से नहीं, नहीं ही।'' मुक्तिबोध अपनी चिंतन पद्धति में उदात्तता को, सौंदर्य को तथा विवेकशीलता को प्रमुखता देते हैं। इन तीनों को वस्तुतः सर्वाश्लेषी भी होना है। यह विवेकशीलता पोथियों से मिलती नहीं है। मनुष्य में निहित कांति को वे अनुभवों से हासिल करना चाहते हैं। यह सौंदर्य की क्रांति है और उसकी चुंबक शक्ति मनुष्य सापेक्ष विशाल दृष्टि पर आधारित है। इसलिए मुक्तिबोध ने अपनी 'मुझे कदम-कदम पर' शीर्षक कविता में एकमेक होने के सपनों के साक्षात्कार को शब्द दिए हैं—

मुझे कदम-कदम पर
चौराहे मिलते हैं
बाहें फैलाए!!
एक पैर रखता हूँ
कि सौं राहें फूटती
व मैं उन सब पर से गुजरना चाहता हूँ
बहुत अच्छे लगते हैं
उनके तजुर्वे अपने सपने –
सब अच्छे लगते हैं

अपनी कविता एवं आलोचना-दृष्टि में मुक्तिबोध अपनी पक्षधरता ही व्यक्त कर रहे हैं जो अंततः प्रगतिशील ठहरता है। परंतु उनका चिंतन समान्य प्रगतिशील शब्दावली से निर्मित नहीं है। वह निर्मित है सौंदर्यात्मक दीप्ति से, चारूता की वलयित नहीं है। वह मनुष्य सापेक्ष दृष्टि से आलोकित है। अति-लघु-कण में व्यक्त सूर्य-बिंब की अनुभूति' को वे प्रश्रय देते दिखते हैं जिसमें लघुत्व को भी महत्व दिया है और उसमें प्रतिबिंबित सूर्य किरण के सौंदर्य को भी आश्लेषित किया है। इस तरह मुक्तिबोध की आलोचना मानवीय घटकों को इंद्रधनुषी छटा को ही व्यक्त कर रही है।

मुक्तिबोध के चिंतन के मूल में जीवन विवेक ही प्रमुख है। वह इसलिए प्रखर है क्योंकि आत्मालोचन को भी प्रमुखता दी गई है। इसलिए विश्लेषण कभी एक तरफा नहीं रहा। यह भी ध्यान देने की बात है कि साहित्य और जीवन संबंधी किसी भी प्रश्न को उन्होंने सामान्य या सरल ढंग से नहीं लिया। अपने समय की अगंभीरता का ज्वलंत सवाल उनके सामने था जिसको वे सुलझाना चाहते थे। इस कारण से मुक्तिबोध की विचार-पद्धति में हमेशा संवादात्मकता मिलती है। 'समीक्षा की समस्याएँ' में उन्होंने लिखा– "साहित्य का प्रश्न मूलतः जीवन के प्रश्न हैं। मनुष्य के अंतःकरण में अभिव्यक्ति की आकुलता होती है। वह जीवन तत्वों को, जीवन यथार्थ को, जीवन दृष्टि को, अपनी कृतियों में संवेदनात्मक रूप से प्रकट करता है। अतएव लेखक के वास्तविक मनोवैज्ञानिक संवेदनात्मक जीवन और उसकी अभिव्यक्ति के प्रश्न, वस्तुतः उसके जीवन के प्रश्न होते हैं। साहित्य के प्रश्नों को हल्के ढंग से नहीं लिया जा सकता। उसका समुचित, विस्तृत मनोवैज्ञानिक सूक्ष्म–दृष्टिपूर्ण उत्तर प्रदान करना आवश्यक होता है। लेकिन वैसा नहीं किया गया, नहीं किया जाता।" इसी प्रकारण में मुक्तिबोध ने अपने चर्चित बीज शब्दों का विश्लेषण प्रस्तुत किया है। वे बीज शब्द हैं 'संवेदनात्मक ज्ञान' और 'ज्ञानात्मक संवेदना'। ये जीवन यथार्थ और जीवन सौंदर्य से जुड़े शब्द हैं। इनके माध्यम से मुक्तिबोध अपने गंभीर चिंतन का परिचय दिया है। संभवतः इतनी गंभीरता से किसी हिंदी आलोचक ने वैचारिक मंथन प्रस्तुत करने का कार्य नहीं किया है। इन बीज शब्दों का विस्तृत विश्लेषण स्वयं मुक्तिबोध नें प्रस्तुत किया है– "जीवन-चिंतन जीवन-यथार्थ के ज्ञान-संवेदनात्मक और संवेदन-ज्ञानात्मक आकलन पर निर्भर होना चाहिए। उसका मूल आधार उसकी मूल सामग्री है– जीवन यथार्थ ही। तभी बौद्धिक चिंतन को सत्य-प्राप्ति होती है।" इन वक्तव्यों को ध्यान से देखेंगे तो एक बात का पता चलता है कि मुक्तिबोध के समय के समान का बाह्य रूप विघटित ही नहीं बल्कि वह अस्त-व्यस्त भी था। यह हमारे समाज का इच्छित विकास नहीं था। अवैज्ञानिक परिघटनाओं ने विकास की गलत परिभाषा देते हुए जीवन को खोखला कर दिया था। जब तक समय के इस यथार्थ की सही जाँच-पड़ताल नहीं होगी तब तक समाज का वांछित रूप उभर नहीं सकता। साहित्य के बहाने ही सही, मुक्तिबोध ने अपने समय अगंभीरताओं को सामने लाने का कार्य किया है। इसलिए यह कहना अधिक समीचीन प्रतीत होता है कि मुक्तिबोध का बौद्धिक चिंतन एवं उनकी कविता शतशः समाजशास्त्रीय सूझ-बूझ की अभिव्यक्ति है।

सामाजिक स्थिति ही नहीं बल्कि व्यक्ति के निज विशिष्ट स्थान को भी मुक्तिबोध अपने चिंतन में स्थान देते हैं। लेकिन सामाजिकता का ही वे अधिक प्रमुख मानते हैं। वे ज्ञान को काल सापेक्ष ही नहीं मान रहे हैं, स्थिति सापेक्ष भी मान रहे हैं। ज्ञान

और संवेदना के सम्मिश्रित दृष्टिकोण ने मुक्तिबोध को जीवन यथार्थ की गहराई तक जाने में मदद की। साहित्यिक यथार्थ को भी वे गहराई से देख सके। चिंतन में तथा जीवन-व्यवहार में प्रगतिशील होते हुए भी हिंदी की प्रगतिशील कविता की एकांगी दृष्टि पर उन्हें कटाक्ष करना पड़ा। इसलिए उन्हें लिखना भी पड़ा कि- "सृजन प्रक्रिया की आंतरिक स्वाधीनता तथा उसके अंतर्नियम ही कला की स्वायत्त स्वतंत्र सत्ता के प्रधान लक्षण हैं और उसमें किसी भी प्रकार के वाह्यानुरोधों का हस्तक्षेप नहीं होना चाहिए"। सतही वैचारिकता की खामियों पर ही वे विचार कर रहे थे। जन-साहित्य की पुनर्परिभाषा भी उन्होंने इसी परिप्रेक्ष्य में की है। लेकिन मार्क्सवाद में उनकी गहरी आस्था थी, भले ही उन्होंने 'मार्क्सवादी आलोचना की स्थूल समाजशास्त्रीयता' के प्रति अपना विरोध भी जाहिर किया है।

कला चिंतन में सामाजिकता की अनिवार्यता है। परंतु एकमात्र अनिवार्य तत्व नहीं है। और भी कई घटक प्रमुख होते हैं। सामाजिकता और कलात्मकता के आनुपातिक संयोजन के अभाव में आलोचना (सही अर्थ में बौद्धिक चिंतन) अपनी सार्थकता सिद्ध नहीं कर सकती। मुक्तिबोध लिखते हैं– "कलात्मक चिंतन के बिना समीक्षा–कार्य नहीं चल सकता। उसी प्रकार वास्तविक जीवन–ज्ञान और जीवन चिंतन के बिना, उसका मानव विवेक और कलात्मक विवेक (ये दोनों, एक तरह से पृथक और दूसरी तरह से अभिन्न हैं) विकसित नहीं हो सकता। यह सही है कि प्रत्येक समीक्षक के अपने-अपने आग्रह होंगे, अपने-अपने अनुरोध होंगे'। किंतु इन आग्रहों और अनुरोधों में सार्थकता तभी प्राप्त होगी जब वह आग्रह वास्तविक कलात्मक मूल्यों और जीवन-मूल्यों पर एक साथ दोनों पर आधारित होगा। इन आग्रहों और अनुरोधों में सार्थकता तभी आएगी जब समीक्षक स्वयं भींगा हुआ हो, वृथा भावुक या वृथा बौद्धिक न हो।" मुक्तिबोध अतिवादिता के पक्षधर नहीं हैं। उनके कला-चिंतन व साहित्य-चिंतन में यह संयम देखने को मिलता है। उनके लिए यह आरोपित अवस्था नहीं है। उनकी इसी संयमशीलता ने सच्चे अर्थ में उन्हें बौद्धिक बनाया है। वे प्रगतिशील हैं, पर संरलीकृत अर्थ में नहीं। वे मार्क्सवादी हैं, पर व्यावहारिक अर्थ में नहीं, वे कलावादी भी है, सीमित अर्थ में नहीं। वे मानववादी हैं, पर भावुक होने के अर्थ में नहीं है। मुक्तिबोध के चिंतन के ये विचलन उनकी बौद्धिक क्षमता को दुगुने-चौगुने स्तर पर उन्हें सबसे अधिक प्रभावशाली बनाते हैं।

कविता की रचनात्मकता जिस तरह की गंभीरता की माँग करती है उससे मुक्तिबोध अच्छी तरह परिचित थे। कविता उनके लिए गंभीर किस्म का हस्तक्षेप है। लेकिन उसकी आंतरिकता पर भी उनकी गहरी आस्था है। ऐसी कविताएँ ही काल का उल्लंघन कर सकती है। मुक्तिबोध लिखते हैं – "कवियों ने एक-एक कविता

पर घंटों नहीं, महीनों काम किया है। एक ही कविता की रचना में वे बार-बार भीतर डूबे और बार-बार ऊपर आए, और जब तक वह पूरी न हुई, वे भिड़े रहे। यह स्थिति हमें क्या सूचित करती है? संवेदनात्मक उद्देश्यों के अनुसार और उससे प्रेरित जीवन तत्वों को उन्होंने अपने में समेटा और शब्दबद्ध किया। सच तो यह है कि कवि-दृष्टि केवल एक सूक्ष्म दृष्टि बन जाती है जो अनुकूल संवेदन-तत्वों को भाव-व्यवस्था में निबद्ध कर देती है। निस्संदेह व्यवस्था से गड़बड़ नहीं होना चाहिए।'' कविता की रचनात्मक यात्रा में जीवन के बहिरंग व अंतरंग तत्व महत्वपूर्ण अबलंब सिद्ध होते हैं। सौंदर्य तत्व की भूमिका को बहुत महत्व देते हैं। वे उसे जीवन तत्व से अलग नहीं मानते हैं। उनका कथन इस प्रकार है– ''सौंदर्यानुभूति उच्चतर स्तर पर, अधिक उदात्त स्तर पर जीवनानुभूति का ही एक रूप है, जीवनानुभवों का ही एक कल्पनाद्भासित पुनः अनुभव है। उसमें जीवनानुभवों का पुनः सृजन होता है, संवेदनापूर्ण कल्पना द्वारा। इस तरह मानसपटल पुनःसृजित जीवनानुभवों में जीवन अर्थों की नयी व्याप्तियाँ आ जाती है।'' मुक्तिबोध ऐसा भी मानते हैं। कि सौंदर्यानुभूति ही मनुष्य को मनुष्य बनाती है। उनका कहना है कि वह मनुष्यता का निदान है। मुक्तिबोध अपनी सौंदर्य चर्चा का समापन करते हुए कहते हैं – ''संक्षेप में, सौंदर्यानुभूति की भावार्द्र दशा में प्राप्त संपूर्ण अनुभवात्मक आत्मपरक ईमानदारी और वस्तुपरक सत्यपरायणता, (शब्द पुराना है, नए लोग क्षमा करेंगे) प्राप्त हो सकेंगी।'' जीवन तत्वों और सौंदर्य तत्वों का समन्वय ही रचना में अपेक्षित है। उस समन्वय को मुक्तिबोध अपने चिंतन का मूल आधार बनाते हैं। यह मात्र एक सैद्धांतिक व्याख्या भर नहीं है। यह मुक्तिबोध की गहरी पहचान है।

मुक्तिबोध : आत्मान्वेषी, स्वप्नदर्शी और निडर लेखन के प्रतिनिधि

(उनकी डायरी, कहानियों और कविताओं के कुछ विशेष संदर्भों में)

अर्पण कुमार

'मुझे लगता है कि मन एक रहस्यलोक है। उसमें अँधेरा है। अँधेरे में सीढ़ियाँ हैं। सीढ़ियाँ गीली हैं। सबसे निचली सीढ़ी में डूबी हुई है। वहीं अथाह काला जल है। इस अथाह काले जल से स्वयं को ही डर लगता है। इस अथाह काले जल में कोई बैठा है। वह शायद मैं ही हूँ।' ('एक साहित्यिक की डायरी' में मुक्तिबोध)

गजानन माधव मुक्तिबोध के विचारों को और उनकी माध्यवर्गीय चेतना और उसकी कसमसाहट को उनकी पुस्तक 'एक साहित्यिक की डायरी में' कुल 13 निबंध हैं जिनके शीर्षक इस प्रकार है—'तीसरा क्षण', 'एक लंबी कविता का अंत', 'डबरे पर सूरज का बिम्ब', 'हाशिये पर कुछ नोट्स', 'सड़क को लेकर एक बातचीत', 'एक मित्र की पत्नी का प्रश्न-चिन्ह', 'नए की जन्म-कुण्डली : एक', 'नए की जन्म-कुण्डली : दो', 'वीरकर', 'विशिष्ट और अद्वितीय', 'कुटुयान और काव्य सत्य', 'कलाकार की व्यक्तिगत ईमानदारी : एक, व 'कलाकार की व्यक्तिगत ईमानदारी : दो' । ये सभी निबंध, इस पुस्तक की उपलब्धि हैं। मुक्तिबोध का रचनाकार, अपने प्रकृतिस्थ रूप में यहाँ हमें नजर आता है। उदाहरण के लिए, नए की जन्म कुंडली : एक' में व्यक्ति और समाज के बाहरी तथा आंतरिक परिवर्तनों के उपरांत आई चेतना को 'नए' के अर्थ में देखा गया है। मुक्तिबोध हमें स्पष्ट रूप से बताना चाहते हैं कि विभिन्न परिवर्तनों से गुजरते हुए यथार्थ का जो वैज्ञानिक और स्पष्ट बोध होता है, हमें उसे ही नया समझना चाहिए। पुराने को छोड़ते हुए और नए को उसके वास्तविक रूप में न अपना पाने के द्वंद्व को भी लेखक ने अपने इस निबंध में भली-भाँति उठाया

है। अखबारी आकर्षण के प्रभाव में दिखता इस निबंध (दो खंडों में) का शीर्षक ('नए की जन्म कुंडली') पाठकों को अपनी ओर आकर्षित करता है। मुक्तिबोध के निबंधों का लालित्य और विश्लेषण, दर्शन और साहित्य के प्रति उनका सरोकार स्पष्ट रूप से दृष्टिगोचर होता है। उनमें अनुस्यूत कई महत्वपूर्ण विचार कुछेक पंक्तियों में बड़ी सरलता से आ पैठते हैं, जो झट ही पाठकों की अंतस्चेतना में उतर जाते हैं :

'खूबसूरत कागज सुंदर तो होता ही है, लेकिन यदि वह कोरा हुआ, और उसमें कोई मर्म-वचन लिखा हुआ न रहे तो, सौंदर्य में रहस्य ही क्या रहा? सौंदर्य में रहस्य न हो तो वह एक खूबसूरत चौखटा है।' ('नए की जन्म कुंडली : एक')

जिस तरह 'हिंद स्वराज' में एक काल्पनिक पत्रकार के प्रश्नों को जवाब देते हुए गाँधी अपनी बात करते हैं, उसी तरह, मुक्तिबोध भी अपने इस निबंध में एक काल्पनिक दोस्त से हुए संवादों के माध्यम से अपने विचारों को अभिव्यक्त करते हैं। कहना गलत न होगा कि ये काल्पनिक पत्रकार और दोस्त मूलतः और क्रमशः गाँधी और मुक्तिबोध के ही दूसरे पक्ष हैं। वे दोनों अपने भीतर के संघर्ष को और परस्पर-विरुद्धता को भी इसके बहाने संबोधित करते चलते हैं। 'वाद-विवाद-संवाद' की यह शैली, गाँधी, मुक्तिबोध से लेकर नामवर सिंह तक हम अपने-अपने क्षेत्र के कई युगांतरकारी व्यक्तित्वों में देख पाते हैं। कुछ खरे-खरे सवालों के बीच अपने विचारों को अपेक्षाकृत अधिक पुष्ट रूप में रखने की यह शैली रोचक और पाठकों के संदेहों को दूर करनेवाली है। निबंधवाचक के इस सवाल पर कि 'और इन वर्षों में सबसे बड़ी भूल कौन सी है?', वह काल्पनिक मित्र, देखिए, कितना सटीक जवाब देता है:

राजनीति के पास समाज-सुधार का कोई कार्यक्रम न होगा। साहित्य के पास सामाजिक सुधार का कोई कार्यक्रम न होना। सबने सोचा कि हम जनरल (सामान्य) बातें करके, सिर्फ और एकमात्र राजनीतिक या साहित्यिक आंदोलन के जरिए, वस्तुस्थिति में परिवर्तन कर सकेंगी, फलतः, सामाजिक सुधार का कार्य केवल अप्रत्यक्ष प्रभावों को सौंप दिया गया...। ('नए की जन्म कुंडली : एक')

इस तरह की कई बेबाक, चौकन्नी टिप्पणियों के साथ मुक्तिबोध का निबंधकार अपनी बातें करता चलता है। यह स्पष्टता हमें उनके अन्य निबंधों में भी देखने को मिलती है। वे स्वयं को और अपने पाठकों को किसी छलावे में नहीं रखते। वे महानता की गरिष्ठता से भली-भाँति परिचित हैं और यथावसर उसे उद्घाटित करते चलते हैं। यह कहने की जरूरत नहीं कि मुक्तिबोध जीवन-भर, अपने आत्म को समझते-उकेरते रहे, बार-बार स्वयं पर संशय करते रहे। वे एक ऐसे रचनाकार रहे, जिसने सर्वाधिक अपने ही वर्ग पर लिखा और उसकी कमियों को रेखांकित किया। मुक्तिबोध हिंदी के एक ऐसे रचनाकार हैं, जिन्होंने काफी कम समय में विविध विधाओं में निष्ठापूर्वक

लेखन किया। समर्पित रचनाधर्मिता, मौलिक सोच और बेबाक अभिव्यक्तियाँ, उनके लेखन की सिग्नेचर ट्यून है। एक हद तक प्रतिकूल स्थितियों में जीवन-यापन करते हुए अपने तईं उन्होंने अपने देखे-भोगे, जाने-समझे को अभिव्यक्त किया। इसे उन्होंने 'ज्ञानात्मक संवेदना' और 'संवेदनात्मक ज्ञान' की संज्ञा दी। मुक्तिबोध का नाम सुनते ही हमारे जेहन में एक ऐसे समर्पित और संघर्षशील, ईमानदार मगर एक अल्पजीवी रचनाकार की छवि उभरती है जो हमारे अंदर के अंदर के अंदर भी झाँक लिया करता है। मुक्तिबोध नाम आते ही हमें एक ऐसे कृशकाय मगर दृढ़ चेहरे का भी ध्यान आता है जिसके होंठो में सुलगती हुई बीड़ी है और जिसकी आँखों में एक स्थायी तुर्शी है जो हमसे पूछती है, 'तुम्हारी पॉलिटिक्स क्या है पार्टनर?'

यह सवाल मुक्तिबोध जितना हमसे करते हैं, उतना ही अपने आपसे भी करते हैं। हर तरह की लिप्सा से मुक्त मुक्तिबोध एक ऐसे मुक्त सर्जक के रूप में स्वयं को स्थापित कर सके, जिसने जिंदगी की व्यावहारिक धरातलों को खूब देखा मगर कभी उससे अपने हित में कोई समझौता नहीं किया। कहा जा सकता है कि किसी रूढ़ीबद्ध साँचे की जाने लगी खिड़कियों से बाहर देखते रचनाकार का नाम मुक्तिबोध है, जिसने सही मायनों में अपने लिखे से हिंदी में एक 'कॉस्मिक इफेक्ट' पैदा किया। उन्हें याद करते हुए हमारे सामने एक ऐसे सच्चे रचनाकार की छवि बनती है जो आदर्शों के बने बनाए खाँचों को तोड़ता है और जो विभिन्न विरोधाभासों से टकराता हुआ आगे बढ़ता है। किलेबंदी कैसी भी हो, उसके पीछे के सच को वह जानता है और जो आत्महंता होकर भी रचना के मर्म को जीवित रख लेने की सच्ची ज़िद से भरा पड़ा है। क्या सचमुच उसकी कविताएँ दुरूह हैं या फिर यह कि हम सबके चेहरे पर इतने मुखौटे चढ़े हुए हैं कि उन्हें एक-एक कर उतारते हुए न सिर्फ कवि की आत्मा लहुलुहान होती है बल्कि इस कोशिश में कविता का बना बनाया शिल्प भी उसके हाथों टूटता है। यथार्थ इतने तहों में लेना पड़ता है, जिसे हम उनके रचित 'फंतासी' के रूप से अधिक जानते हैं। 'एक साहित्यिक की डायरी' में मुक्तिबोध अपने लेखन-क्रम को स्पष्ट करते हुए लिखते हैं, 'होना यह चाहिए कि ज्ञान आँखों से सुनहला अंजन लगा दे, दृश्य को निःसीम और अत्यंत मनोहर कर दे।'

स्पष्ट है कि मुक्तिबोध, देखने को विशिष्ट और अनुभवसिक्त बनाना चाहते हैं। जीते जी वे पत्र-पत्रिकाओं में काफी प्रकाशित भी हुए हैं, 'तार-सप्तक' (1943) जैसी महत्वाकांक्षी काव्य-परियोजना के शुरुआती हिस्से भी रहे, मगर यह भी सच है कि उनके जीते जी पुस्तकाकार उनका कोई काव्य-संग्रह नहीं आया। हाँ, श्रीकांत वर्मा के प्रयत्नों से 'एक साहित्यिक की डायरी' का प्रकाशन उनके जीवन-काल में संभव हो पाया था। यह कड़वा तथ्य, हिंदी के प्रकाशन जगत के परिदृश्य पर एक

टिप्पणी है, जो आज भी बहुत परिवर्तित नहीं हुआ है। खेमेबंदी, चापलूसी और सिफारिशों से घिरे प्रकाशन जगत में आज भी कई महत्वपूर्ण लेखक हाशिए पर नज़र आते हैं और विशुद्ध प्रायोजित रूप में कइयों की रचनाओं को बाजाप्ता 'लाँच' किया जाता है।

'ब्रह्मराक्षस' और 'अँधेरे में' मुक्तिबोध की ऐसी कविताएँ हैं जिन्होंने अपने कई समकालीन हिंदी कविता के परिदृश्य को अपने 'स्थापत्य' और 'कथ्य' से काफी बदला। कविता में 'इंटेंसिटी' कैसे लाई जा सकती है, समय की जटिलता को अभिव्यक्त करने के लिए किस तरह फंतासी को रचा जाता है, इसे 'अँधेरे में' कविता में देखा जा सकता है। क्या वह फंतासी यथार्थ संगत नहीं है! मुक्तिबोध जिस विजन के रचनाकार थे, जिस गहरे स्तर का आत्म-पड़ताल उनके भीतर था, उनके द्वारा ऐसी कविताएँ ही रची जा सकती थी। छायावाद में निराला 'राम की शक्तिपूजा' और 'सरोज स्मृति' में यह कार्य करते दिखते हैं। 1980 में राजकमल प्रकाशन, नई दिल्ली से प्रकाशित मुक्तिबोध के काव्य संग्रह 'भूरी भूरी खाक धूल' में शुरुआत में मुक्तिबोध की कुछ समर्पण के रूप में लिखित पंक्तियाँ हैं :-

सिर्फ एक चीज है
इमान का डंडा है
बुद्धि का बल्लम है
अभय कि गेंती है
हृदय की लगारी है तसला है
नए नए बनाने के लिए भवन
आत्मा के
मनुष्य के
हृदय की लगारी में धोते हैं
हमीं लोग
जीवन की गीली और महकती हुई मिट्टी को

मुक्तिबोध के यहाँ अधोसंरचना-निर्माण, कृषि आदि से जुड़े कई छोटे-छोटे उपकरणों के बिंब हैं तो वहीं से अपना काव्य-बिंब रचते हैं। वे मनुष्य को उतरोत्तर बड़े और उदार होता देखना चाहते हैं। उनके यहाँ मनुष्य-मात्र के आशा की एक दैदिप्यमान किरण दिखती है। ऐसा तब है, जब वे राजनीतिक-आर्थिक-सामाजिक दुरभिसंधियों के प्रति सचेत नज़र आते हैं, जहाँ शोषकों और सत्ताधारियों के साथ अवसारवादी, मध्यवर्गीय बुद्धिजीवी मिले हुए हैं। वे अँधेरों का जिक्र करते हैं, क्योंकि वे उन्हें चीरकर उजाले में समाज को लाना चाहते हैं। मुक्तिबोध की लेखकीय यात्रा,

अपने निजत्व की ईमानदार पहचान और अपनी सीमाओं से मुठभेड़ की यात्रा है। निश्चय ही हम कह सकते हैं कि इस दुनिया में एक बेहतर विकल्प पर सोचते हुए ही ऐसी पंक्तियाँ लिखी जा सकती हैं। वह दुनिया ऐसी हो, जहाँ अधिक से अधिक मानवोचित और संवेदनशील माहौल हो, जहाँ अन्याय का बोलबाला न हो, जहाँ शासक-शासित के बीच ऐसा कोई भेद न हो, जिससे मनुष्यता लज्जित होती हो। दुनिया के निर्माण के स्वप्न में मुक्तिबोध का पूरा जीवन (इसमें उनकी लेखकीय, पत्रकारीय और राजनीतिक सक्रियता तीनों शामिल हैं) समर्पित रहा है और उनका साहित्य-सृजन भी उसी का एक प्रतिबिंबन है। सिर्फ शब्दों का व्यामोह रचने वाले रचनाकार वे नहीं थे। बल्कि इससे आगे वह दुनिया को बदलने में, दुनिया को बदलता हुआ देखने में यकीन करते थे। शायद तभी उनकी कविताओं में इतने स्पष्ट संकेत हमें देखने को मिलते हैं। उनके दोनों काव्य-संग्रह 'चाँद का मुँह टेढ़ा है' और 'भूरी भूरी खाक धूल' ख़ासा चर्चित रहे हैं। हिंदी में यह एक दुर्लभ उदाहरण ही कहा जाएगा कि किसी कवि के दो-दो काव्य-संग्रह उसके मृत्युपरांत यूँ चर्चित हुए हों। 'मुझे कदम कदम पर' कविता में मुक्तिबोध लिखते हैं :–

> 'मुझे भ्रम होता है कि प्रत्येक पत्थर में
> चमकता हीरा है,
> हर एक छाती में आत्मा अंधीरा है
> प्रत्येक सस्मित में विमल सदानीरा है,
> मुझे भ्रम होता है कि प्रत्येक वाणी में
> महाकाव्य पीड़ा है,
> पलभर में मैं सबमें से गुजरना चाहता हूँ।'

ये पंक्तियाँ बताती हैं कि मुक्तिबोध के भीतर रचनात्मक आवाजाही कितनी थी! वे किसी विषय, किसी पात्र, किसी घटना और किसी स्थल पर कितना कुछ लिख सकते थे। कई बार लगता है कि तमाम संघर्षों, बीमारियों, उपेक्षा की हद तक रहीं प्रतिकूल स्थितियों और उन्हें प्राप्त कम उम्र के बीच उनका जो लेखन हमारे सामने है, वह अपने आप में किसी सुखद आश्चर्य से कम नहीं है। अगर वक्त उन्हें कुछ और मोहलत देता तो जाने कैसे कैसे रत्न आज हमारे भाषाई साहित्य के पास और होते। 'मृत्यु और कवि', मुक्तिबोध की एक उल्लेखनीय कविता कही जा सकती है, जिसमें एक मृतक के घर की दशा को देखकर कवि वहाँ का चित्र खींचता है। उस स्थिति से द्रवित होकर ही उसके भीतर यह कविता उपजती है, मगर क्रमशः कवि अपनी चेतना को प्राप्त होता है और अंततः मृत्यु को जीवन की अनिवार्य परिणति मानते हुए दुःखी होने से बचने की बात करता है। यहाँ कवि निर्वैयक्तिक हुआ है

और अपनी भूमिका को तटस्थ भाव से देख पाता है। शुरू में यह वर्तमान स्थिति को लाता एक प्रश्न करता है :—

क्षण-भंगुरता के इस क्षण में जीवन की गति, जीवन का स्वर
दो सौ वर्ष आयु होती तो क्या अधिक सुखी होता नर?

और फिर स्वयं उसका उत्तर देता खुद को और औरों को समझाने का प्रयत्न करता है :-

''सृजनशील जीवन के स्वर में गाओ मरण-गीत तुम सुंदर
तुम कवि हो, यह फैल चले मृदु गीत निर्बल मानव के घर-घर
ज्योतित हों मुख नवम आशा से, जीवन की गति, जीवन का स्वर।''

मेरी राय में यह स्वर मुक्तिबोध का प्रधान स्वर है, जहाँ निराशा की धुंध के बीच आशा की किरण है। मुक्तिबोध प्रकृतिस्थ होकर जीवन के उत्सव को (उसके दोनों पक्षों के बीच रहते हुए भी) मनाने में यकीन करते हैं। 'मेरे जीवन की' कविता मुक्तिबोध ने अपनी पत्नी को समर्पित करते हुए लिखी है। यहाँ केदारनाथ अग्रवाल की 'हे, मेरी तुम' काव्य-शृंखला याद हो आती है। मगर मुक्तिबोध की इस कविता में कुछ स्वीकारोक्ति है, अभाव के भाव का प्रकटीकरण है। 'सरोज-स्मृति' में निराला की पुत्री सरोज तंगहाली में जीती है और अंततः ईश्वर को प्यारी हो जाती है। मुक्तिबोध यहाँ अपनी इस कविता में अपनी गरीबी की भागीदार रही अपनी पत्नी को लेकर इस कविता को लिखते हैं। हलाँकि आत्मस्वीकारोक्ति और गहन वेदना के स्तर पर यह कविता अपने वचाव में 'सरोज स्मृति' की याद तो दिलाती है।

ज़रूरी है कि मैं यहाँ उनकी उन कविताओं का ज़िक्र भी करूँ जो अपेक्षाकृत कम चर्चित रही या जिन्हें लोगों ने कम पढ़ी। कई बार इससे उस कवि के प्रति और उसकी ऐसी कविताओं के प्रति आलोचकों/पाठकों की ओर से नाइंसाफी हो जाती है। इस धरातल पर मुक्तिबोध के साथ भी यह दुर्घटना घटी है। उनके कहानीकार, उपन्यासकार, निबंधकार का पक्ष, उनके कवि पक्ष के समक्ष कहीं कमतर हुआ, जबकि ऐसा नहीं होना चाहिए था। 'कल और आज' उनकी ऐसी ही एक कविता है, जहाँ गर्मी के बाद बरसात के आने का चित्रण बड़े सहज और मनोहर रूप में किया गया है। नागार्जुन की कविता 'अकाल और उसके बाद' की याद भी सहज ही हो जाती है।

कविता की परिभाषा देते हुए मुक्तिबोध टिप्पणी करते हैं, 'वैविध्यमय जीवन के प्रति आत्मचेतस व्यक्ति की संवेदनात्मक प्रतिक्रिया ही कविता है।' स्पष्टतः, मुक्तिबोध उन कुछ चंद कवियों में से कम है, जो कविता की वैचारिकता, एवं शिल्प दोनों ही स्तरों पर पारंपरिक काव्य-प्रतिमानों को तोड़ अपने तईं नवीन काव्य-सौंदर्यशास्त्र

सृजित करते हैं। उनकी कविताएँ, अपने समय की आततायी व्यवस्था के प्रतिरोध में और आम आदमी के पक्ष में खड़ी दिखती हैं। 'अँधेरे में' या फिर 'भूल-ग़लती' कविता हो, वे भ्रष्टाचारियों या शीर्षकों या उनके समर्थन में चुप खड़े लोगों तथा बुद्धिजीवियों का भी पर्दाफाश करते हैं। 'अँधेरे में' कविता में संस्कृतनिष्ठ शब्द हैं, वहीं 'भूल-ग़लती' कविता में उर्दू-फारसी के शब्दों का इस्तेमाल ज्यादा हुआ है। वे अपनी कविता में 'ब्रह्मराक्षस' का महत्त रूपक रचते हैं। वे मुख्यतः कविता, कहानी, डायरी और आलोचना विधा में सक्रिय रहे।

राजकमल प्रकाशन, नई दिल्ली से मुक्तिबोध की चयनित कविताओं के संग्रह 'प्रतिनिधि कविताएँ' की भूमिका में अशोक वाजपेयी लिखते हैं, 'मुक्तिबोध का नायक साधारण व्यक्ति है, बल्कि महानायकों के उत्थान-पतन के युग में पराजित न होने वाला, हिम्मत न हारनेवाला, दुनिया को बेहतर बनाने की इच्छा रखने और लगातार संघर्ष करनेवाला प्रतिनायक। नायकों की चिकनी-चुपड़ी संगठित व्यवस्था का प्रतिरोध करनेवाली खुरदरी धूसर अराजक कविता का प्रतिनायक। पर यह प्रतिनायक ज़िम्मेदारी समझने, दूसरों से खुलकर मिलने और उनके साथ मिलकर संघर्ष करनेवाला व्यक्तित्व। उसके अंतःकरण का आयतन संक्षिप्त नहीं है। वह अपनी ज़िम्मेदारी और शिरकत को बेझिझक स्वीकार करता है, दूसरों पर दोषारोपण करना उसका स्वभाव नहीं है। इसलिए मुक्तिबोध की कविता गहरे नैतिक बोध से अनुप्राणित है।'

राजनीतिक-सांस्कृतिक स्तर पर गहन अंतर्दृष्टि से भरी मुक्तिबोध की कविताओं में कोई भेदिया है, जो हमारे बीच रहकर हमारे ही भेद, बड़ी निर्ममता से उघाड़ता रहता है। हमें अक्सरहाँ हमारी क्षुद्रताओं का अहसास कराती ये कविताएँ, मूलतः हमें बेहतर मनुष्य के निर्माण की ओर प्रेरित करने का काम करती है। आज जब हमारे बीच के कई लेखक अपने अंतर्द्वंद्वों से दो चार होने से बचते हैं या फिर किसी खास लोक पर चलते हुए पूर्व प्रदर्शित मानवीय भावों को ही किंचित हेरफेर के साथ अभिव्यक्त करते हैं (जिनमें उसके लिखे की अपनी कोई पहचान उभर नहीं पाती), ऐसे में मुक्तिबोध को हम अपनाने की बजाय उन्हें स्वयं से दूर कर देते हैं या उनसे दूर चले जाते हैं। राजनीति, कला, अर्थजगत, संस्कृति आदि किसी भी क्षेत्र में किसी व्यक्ति को 'कल्ट' बनाकर उसे आदर्श की तरह पूजना आसान होता है, जबकि उसके बताए रास्तों पर चलना मुश्किल होता है। गाँधी के निदेशों से सर्वाधिक दूर गाँधीवादी ही हुए। मुक्तिबोध की इस लेखकीय छटपटाहट को अगर हम अपने भीतर उतार सकें तो न सिर्फ हमारे लेखन की धार बढेगी बल्कि हम मुक्तिबोध की परंपरा में खड़े हो अपने साहित्य को समृद्ध करने में अपने तईं अपना योगदान भी कर पाएंगे। यह सही मायनों में मुक्तिबोध को याद करना होगा। निश्चय ही किसी लेखक के लेखन में उसके व्यक्तित्व की निजता का होना अति आवश्यक

है। निजता के प्रति उसका यह आग्रह ही उसके साहित्य सृजन का भविष्य में सिग्नेचर ट्यून बनता है। मगर आज की आबोहवा में अगर कुछ घिसी-पिटी भाव-भंगिमाएँ भी स्वीकृत होने लगती हैं, चर्चित होने लगती हैं तो हमारे कई लेखक उस तरह की रचनाओं की बाढ़ ला देते हैं। उसे इससे बचना होगा। मुक्तिबोध विभिन्न पाठ्यक्रमों में संकलित भी हैं। ज्यादातर जगहों पर उनकी कविताएँ शामिल हैं। ऐसे में अध्यापकों को चाहिए कि उनकी व्याख्या करते हुए वे अपने विद्यार्थियों को उनकी दूसरी कम चर्चित रचनाओं का संदर्भ भी दें, ताकि मुक्तिबोध जैसे एक समर्थ रचनाकार का सही पक्ष उनतक पहुँच सके। स्वयं मुक्तिबोध में जब 'कामायनी : एक पुनर्विचार' पुस्तक लिखी, तो अपने आलोचकीय विवेक को एकदम खुला रखा और अपने तईं इसके पात्रों यथा मनु, श्रद्धा और इड़ा को अपने समय से मुठभेड़ करते चरित्रों के रूप में देखा। तब 'कामायनी' में परम्परा और ऐतिहासिकता से बरक्स आधुनिकता और समकालीनता को अपेक्षाकृत अधिक महत्व दिया। उन्होंने वहाँ प्रस्तुत समस्याओं की न सिर्फ समाजशास्त्रीय व्याख्या की, बल्कि कामायनी को उसके विविध मिथकीय सन्दर्भों से पार जाकर देखा। उनका आलोचक कामायनी की पूर्व प्रचलित व्याख्याओं का ध्यान तो रखा मगर उनकी रूपवादी संरचनाओं के जाल में पड़कर संभ्रमित नहीं हुआ। जब कवि-दृष्टि को आलोचना के व्यापक आकाश में विचरित करने का मौका मिलता है, तो उस विवेचन से शुष्कता की जगह सरसता आ जाती है और कवि के मंतव्य तक पहुँचने में एक समानधर्मी होने की सुविधा का कुछ लाभ भी प्राप्त होता है। कामायनी को अपनी दृष्टि से पढ़ते और समझते हुए मुक्तिबोध का कवि-मन आगे बढ़ता है। मुक्तिबोध को समझने के लिए हमें उनके इन आलोचकीय प्रयासों को भी देखने की जरूरत होगी। मुक्तिबोध का आलोचक, कथाकार और कवि पक्ष कहीं एक दूसरे के विरोध में नहीं, बल्कि कुछ अधिक आग्रही होकर समवेत रूप में खड़ा दिखता है। उनके साहित्य के इस समय अध्ययन से हम ही उनकी रचना-प्रक्रिया को समझ सकते हैं और उनमें व्याप्त युगीन दबाव के स्वर को भी सुन सकते हैं। 'नई कविता का आत्म-संघर्ष', 'नए साहित्य का सौंदर्यशास्त्र', 'समीक्षा की समस्याएँ' आदि उनके दूसरे महत्वपूर्ण आलोचकीय निबंध हैं, जिनमें मुक्तिबोध की तीक्ष्ण समाजशास्त्रीय विवेचन-शक्ति का हमें पता चलता है। मुक्तिबोध सही मायनों में साहित्य की मुक्ति के लिए संघर्षरत रहे और अपने मनमुताबिक निडर और स्वप्नदर्शी लेखन करने में हमारे लिए एक मिसाल के रूप में हमेशा उपलब्ध रहेंगे और हमारे प्रेरणा-स्रोत बने रहेंगे।

'गजानन माधव मुक्तिबोध : प्रतिनिधि कविताएँ' की भूमिका में अशोक वाजपेयी आगे लिखते हैं, 'इधर हिंदी में मुक्तिबोध की कविता से ही हमने पहली बार यह पहचाना है कि महायुद्ध रणक्षेत्र या महानगर के शक्ति-केंद्रों में ही नहीं लड़ा जाता। उसकी

व्याप्ति हमारे निजी जीवन की सुरक्षित लगती सीमाओं के अंदर तक है। शक्तियों के इस महाद्वंद्व में हम सब शामिल हैं, भले ही अक्सर अनजाने और बेखबर। मुक्तिबोध की कविता हमें ख़बरदार करती कविता है, ताकि हम अपनी हिस्सेदारी को ठीक से समझ-बूझ सकें।'

अपने समय से मुठभेड़ करती मुक्तिबोध की कविताओं में फंतासी का प्रयोग हुआ है, जिसमें अपने समय के साथ कवि की कल्पना का मुठभेड़ होता है। महज सैंतालीस वर्ष की उम्र पाकर मुक्तिबोध ने जिस गुणवत्ता के साथ अपने लेखन को धार दी, वह हिंदी साहित्य के लिए एक थाती की तरह है। उनका श्योपुर (ग्वालियर) में जन्म हुआ। हिंदी में एम.ए. करने के लिए नागपुर विश्वविद्यालय गए। उस काल में भी प्रेम-विवाह किया। बीस वर्ष की उम्र से अपनी आजीविका में जुट गए। आरंभ में बड़नगर मिडिल स्कूल में मास्टरी करते हुए वे दौलतगंज (उज्जैन), शुजालपुर, इन्दौर, कलकत्ता, बम्बई, बंगलौर, बनारस, जबलपुर, नागपुर आदि जगहों पर भी रहे। वर्ष 1958 में दिग्विजय महाविद्यालय, राजनाँदगाँव में आए और उन्होंने अंतिम साँस दिल्ली में ली। अपनी संक्षिप्त जीवनावधि में वे पर्याप्त विविधताओं के बीच रहे और अपने इस बहुविध अनुभवों का सर्जनात्मक उपयोग भी किया। 'तार-सप्तक' (1943) के कवि ने जब कविता से इतर दूसरी विधाओं (कथा, आलोचना, डायरी आदि में) की ओर ध्यान दिया तो वहाँ भी उनका वही बेबाक तेवर और मौलिक दृष्टिकोण हमें देखने को मिला। अपने कुछ प्रिय दृश्य बिंबों पर मुक्तिबोध बार-बार रुकते हैं। कहानियों और कविताओं में एक साथ। यह संयोग से कुछ अधिक है कि 'अँधेरा' और 'ब्रहराक्षस' जैसे पद उनकी कविताओं और कहानियों में बार बार आते हैं। यह उनकी सीमा और उनका सामर्थ्य दोनों हो सकती है। 'एक भूतपूर्व विद्रोही का आत्म-कथन' मुक्तिबोध की एक महत्वपूर्ण कविता है, जिसमें वे अन्यायपूर्ण सत्ता, महल और उससे उससे जुडे लोगों के ज़मींदोज़ होने की बात करते हैं। सभी लोग नष्ट हो चुके हैं और जमींदोज़ हुए उस किले से बनी समतल भूमि पर एक पाठशाला खुल चुकी है। पूरी कविता एक सांग रूपक है। कविता के वाचक को भी सज़ा मिली है, हालाँकि वह उस शोषक व्यवस्था का विद्रोही था। मगर उसे सज़ा क्यों मिली? इसका उत्तर कवि उस विद्रोही से दिलाता है :–

'ठीक है कि हम भी तो दब गए,
हम जो विरोधी थे
कुओं-तहखानों में कैद-बंद
लेकिन, हम इसलिए
भरे कि जरूरत से

ज्यादा नहीं, बहुत-बहुत कम
हम बागी थे!!'

अगर हमारा विद्रोह यथापेक्षित नहीं है, अगर हमारे विद्रोह में सचमुच परिवर्तनकामी ललक नहीं है, अगर वह सिर्फ के लिए विद्रोह है, अगर हम उसे लेकर स्वयं ही आश्वस्त नहीं हैं, अगर हम सिर्फ कतार में खड़ा मात्र होना चाहते हैं तो उसकी निर्रथकता और खोखलेपन को इस कविता में उठाया गया है। और हाँ, यह भी गौरतलब है कि कवि इस विध्वंस से विचलित नहीं हैं। उल्टे, वह इसे एक बेहतर विकल्प के लिए आवश्यक मानता है। वह नए निर्माण का स्वप्न देखता है, जो कि पुराने के नष्ट होने पर ही संभव है। कविता का वाचक भूतपूर्व विद्रोही स्वयं सहित सभी नष्ट हुए लोगों को आश्वस्त करता है। वह सृजन के यज्ञ में किसी के 'क्रेडिट' लेने के उपक्रम को ओछा और हल्का समझता है। वह होम मात्र होने की सार्थकता से संतुष्ट रहना चाहता है। इस क्रम में अनाम रहना भी उसे स्वीकार्य है। वह उचित ही कहता है:–

'जमीन में गड़े हुए देहों की खाक से
शरीर की मिट्टी से, धूल से।
खिलेंगे गुलाबी फूल।
सही है कि हम पहचाने नहीं जाएँगे।
दुनिया में नाम कमाने के लिए
कभी कोई फूल नहीं खिलता है
हृदयानुभव-राग अरुण
गुलाबी फूल, प्रकृति के गंध-कोष
काश, हम बन सकें!'

'कृति' मैं प्रकाशनार्थ अपनी कविता 'अँधेरे में', उसके तात्कालिक संपादक श्रीकांत वर्मा को भेजते हुए मुक्तिबोध दिनांक 18 अक्टूबर 1959 को उन्हें इस आशय का एक पत्र लिखते हैं, जिसमें वे अपनी कुछ अन्य लंबी कविताओं का ज़िक्र करते हुए 'अँधेरे में' की खास चर्चा करते हुए लिखते हैं, 'एक कविता भेज रहा हूँ। यूँ कहिए कि वह एक गद्यात्मक अंतर्कथा है। पिछले एक डेढ़ वर्ष में, मैंने चार लम्बी कविताएँ लिखी हैं। वे ही मेरी उपलब्धि है। उनसे गुँथा होने के कारण कोई अन्य कार्य नहीं कर सका। उनके मारे सब छूट गया। असल में, वे जीवन की उलझनों के समग्र चित्र हैं।'

कह सकते हैं कि मुक्तिबोध, अपनी कविताओं से किस तरह संपृक्त हैं, और अपनी सृजन-प्रक्रिया को लेकर कितनी गहराई से जुड़े हैं। 1959-60 के आस-पास लिखे उनके अन्य आलोचकीय लेखों से संदर्भ लेते हुए हम उनके विचारों को आत्मसात

कर सकते हैं। 'आधुनिक कविता की दार्शनिक पार्श्वभूमि', उस समय लिखा, उनका ऐसा ही एक महत्वपूर्ण आलेख है। उल्लेखनीय है कि उनकी प्रसिद्ध आलोचकीय पुस्तक 'नयी कविता का आत्मसंघर्ष' में यह लेख संकलित है। अपने इस लेख में मुक्तिबोध, तेज़ी से पनपते जाते अवसरवाद पर तीखी टिप्पणी करते हुए लिखते हैं, 'स्वाधीनता प्राप्ति के उपरान्त भारत में अवसरवाद की बाढ़ आई। शिक्षित मध्यवर्ग में भी उसकी जोरदार लहरें पैदा हुई। साहित्यिक लोग भी उसके प्रवाह में बहे और खूब ही बहे।'

मुक्तिबोध अपने आलोचना-ग्रंथ 'नई कविता का आत्मसंघर्ष' में नई कविता की चुनौतियों से टकराते हुए खुद के कवि के लिए भी कई हिदायतें दे रहे होते हैं। हर समय में कवि अपनी स्थितियों और प्रश्नों से टकराता है। वह टकराव कितना सुचिंतित हो और किसी संघर्ष के पीछे वैचारिक आधार की क्या स्पष्ट रूपरेखा हो, कवि इसको आवश्यक मानता है। यहाँ मुक्तिबोध इसे सूत्रबद्ध करते हुए कहते हैं, 'आज के विकासमान कवि को तीन क्षेत्रों में एक साथ संघर्ष करना पड़ता है। पहला है—तत्व के लिए संघर्ष, इसके साथ ही दूसरा है—अभिव्यक्ति को सक्षम बनाने के लिए संघर्ष और आखिर पर बेहद जरूरी है-दृष्टिकोण के विकास के लिए संघर्ष।'

तत्व, अभिव्यक्ति और दृष्टिकोण- इनके सहारे बेहतर कविता रची जा सकती है। मुक्तिबोध की कविताओं में ये विशेषताएँ हमें मिलती हैं। मतलब यह कि मुक्तिबोध स्वयं अपने रचनाकार पर प्रयोग करते हुए कई संकल्पनाओं या विचारों का संधान किया। इन इसी में उनकी बहु उल्लेखित संकल्पना 'ज्ञानात्मक संवेदना' और 'संवेदनात्मक ज्ञान' का समाहार भी हो जाता है। निश्चय ही व्यक्तिगत जीवन की सीमाओं में जीते और अपने आसपास के लोगों में पनपते विरोधाभासों को महसूसते मुक्तिबोध अकेले पड़ते जा रहे थे। इस प्रतिकूलता का रचनात्मक दोहन मुक्तिबोध ने खूब किया। 'ब्रहराक्षस' के ही तर्ज पर लिखी उनकी इस कविता (बेचैन चील!!) में भी हम उस दंश को महसूस कर सकते हैं:—

'बेचैन चील!!
उस जैसा मैं पर्यटनशील
प्यासा-प्यासा,
देखता रहूँगा एक दमकती हुई झील
या पानी का कोरा झाँसा
जिसकी सफेद चिलचिलाहटों में हैं अजीब
इनकार एक सूना!!'

इन अलग-अलग उपमाओं से कवि अपने भीतर के निचाट अकेलेपन और

बार-बार ठगे जानेवाले एक संवेदनशील कलाकार की पीड़ा को ही उठाता रहा है। स्वातंत्रोत्तर भारत में आज़ादी के महा-स्वप्न जब खंडित होने लगे, तो उसकी पूरी अनुगूँज मुक्तिबोध के यहाँ चित्रित कई दृश्यों, प्रसंगों में हमें सुनाई पड़ती है। मगर ऐसा करते हुए वे आरोपकर्ता की भूमिका में नहीं आते बल्कि खुद को और अपने समानधर्मियों को भी वे उसी संशय की निगाह से देखते हैं। लेखकीय, पत्रकारीय भाई-बांधवों की भी वे अच्छी खबर लेते हैं, जिनके द्वारा निहित स्वार्थों के लिए किए जानेवाले राजनीतिक दुरभिसंधियों को उन्होंने बड़े करीब से देखा। वे ऐसा इसलिए कर पाते हैं कि अभिव्यक्ति के स्तर पर वे ईमानदार सामाजिक स्तर पर सजग और राजनीतिक रूप से काफी जागरूक थे।

कविताओं के बाद मुक्तिबोध सर्वाधिक अपनी कहानियों के लिए ही जाने जाते रहे हैं। 'तारसप्तक' के अपने वक्तव्य में भी मुक्तिबोध ने अपने कवि-कथाकार पक्ष की चर्चा करते हुए लिखा है, 'साथ ही, जिज्ञासा के विस्तार के कारण, कथा की ओर मेरी प्रवृत्ति बढ़ गई। इसका द्वंद मन में पहले ही से था। कहानी-लेखन आरंभ करते ही मुझे अनुभव हुआ कि कथा-तत्व मेरे उतना ही समीप है जितना काव्य। परंतु, कहानियों में बहुत ही थोड़ी लिखता था, अब भी कम लिखता हूँ। परिणामतः काव्य को मैं उतना ही समीप रखने लगा जितना कि स्पंदन; इसीलिए काव्य को व्यापक करने की, अपनी जीवन-सीमा से उसकी सीमा को मिला देने की चाह दुर्विचार होने लगी। और मेरे काव्य का प्रवाह बदला।'

बेशक, मुक्तिबोध ने कहानियाँ अपने बोध/विचार में कम लिखी हों, मगर कथा-दुनिया में अपने प्रवेश के पीछे वे अपनी जिज्ञासों के विस्तार को पाते हैं। यह एक महत्वपूर्ण 'टर्निंग प्वाइंट' है, जहाँ से हम उनके कवि-कथाकार के साहचर्य और उनके स्वतंत्र विकास को समझ सकते हैं। अपने उसी वक्तव्य की शुरुआत में वे अपने 'बाल-मन पर मराठी साहित्य के अधिक मानवतामय उपन्यास-लोक के सुकुमार परंतु तीव्र प्रभाव' का ज़िक्र करते हैं और दूसरी ओर 'ताल्स्तॉय के मानवीय समस्या संबंधी उपन्यासों' के प्रभाव को भी वे स्वीकारते हैं। कहने का अर्थ यह कि बेशक मुक्तिबोध ने कविताएँ अधिक लिखीं, मगर कहानी का प्रभाव या उसके शिल्प से वे कभी विलग नहीं हो जाए। कथात्मक संरचना का निर्वहन हम उनकी कविताओं में भी देखते हैं। उनकी कविताओं में अगर कहानीपन की गति और विस्तार है तो उनकी कहानियों में कविता की भावप्रवण भाषा भी है।

मुक्तिबोध के साहित्य पर अबतक हुई आलोचना पर अगर नज़र दौडाएँ, तो हम पाते हैं कि उनकी कहानियों पर चर्चा अबतक अपेक्षाकृत कम ही होती रही है। अतः, मुक्तिबोध की कविताओं के साथ उनकी कहानियों पर कुछ चर्चा भी यहीं अपेक्षित

हैं। विदित है कि उसकी कई कहानियाँ पूर्ण हैं तो कई अपूर्ण भी। उनकी अपूर्ण कहानियों को भी मुक्तिबोध रचनावली (संपादक : नेमीचंद जैन) में शामिल किया गया है। मुक्तिबोध के बारे में श्रीकांत वर्मा भारतीय ज्ञानपीठ, नई दिल्ली में प्रकाशित उनके कहानी-संग्रह 'काठ का सपना' की भूमिका में लिखते हैं, 'ब्रह्मराक्षस मुक्तिबोध का प्रिय पात्र है। कविता, कहानी हर कहीं ब्रह्मराक्षस का जिक्र हैं। 'चाँद का मुँह टेढ़ा है' में 'ब्रह्मराक्षस' को सम्बोधित एक कविता है और इस संग्रह में 'ब्रह्मराक्षस का शिष्य' को लेकर एक कहानी है। मुक्तिबोध ने जिस तरह का अभिशप्त और निर्वासित जीवन जिया उसे, उसकी पीड़ा की, एक ब्रह्मराक्षस ही समझ सकता है।'

'जिंदगी की कतरन', 'समझौता', 'आखेट', 'चाबुक', 'भूत का उपहार', 'अलना', 'एक दाखिल दफ्तर साँझ', 'सतह से उठता आदमी', 'अँधेरे में', 'क्लॉड', 'काठ का सपना', 'जंक्शन', 'पक्षी और दीमक', 'प्रश्न', 'ब्रह्मराक्षस का शिष्य', 'लेखन', 'विपात्र', 'सौंदर्य के उपासक' जैसी कहानियाँ उनकी चर्चित कहानयाँ हैं। उनकी कहानियों में कविताओं की ही तरह, अँधेरा, ब्रह्मराक्षस, स्वाह तालाब, आत्महत्या, सर्प जेसे पद/बिंब बार-बार आते हैं। मुक्तिबोध अपने और हमारे परिचित परिवेश को कुछ इस तरह चित्रित करते हैं कि वहाँ उनकी सघन भावनात्मक उद्वेलन का निष्पादन भी होता है और हमारे आगे हमारा देखा वहीं परिवेश कुछ नए रूप में खुलता चला जाता है। भारतीय ज्ञानपीठ नई दिल्ली द्वारा प्रकाशित मुक्तिबोध के कहानी-संग्रह 'सतह से उठता आदमी' में मुक्तिबोध की नौ कहानियाँ प्रकाशित हैं। वे कहानियाँ हैं, 'जिंदगी की कतरन', 'समझौता', 'आखेट', 'चाबुक', 'विद्रूप', 'भूत का उपहार', 'जलना', एक दाखिल दफ्तर साँझ, 'सतह से उठता आदमी'। शमशेर बहादुर सिंह, मुक्तिबोध के साहित्य और उनकी कहानियों पर टिप्पणी करते हुए लिखते हैं, 'मुक्तिबोध का साहित्य, हम मध्यमवर्गीय पाठकों की दृष्टि साफ करता है, समझ बढ़ाता है। इन कहानियों में भी हमें अपने जीवन के विविध पक्षों का अति निकट का परिचय एवं विश्लेषण मिलता है और मिलती है सामाजिक सम्बन्धों की पैनी परख। एक के बाद एक परदे हटते जाते हैं और यथार्थ उघड़ कर सामने आता जाता है।'

'प्रतिनिधि कहानियाँ : मुक्तिबोध' की भूमिका में रोहिणी अग्रवाल लिखती हैं, 'कहानी कहते-कहते प्रतीकों, बिंबों और फैंटेसी के जरिए वे सहसा किसी रोमानी काव्य-लोक में पहुँच जाती है जहाँ जीवन की 'रुँधी हवा' से बेदम काठ हो गए दंपत्ति स्वयं को हरियाया हुआ ही नहीं महसूसते, वरन अपने ठोस-ठस्स वजूद को काठ की नौका बना जीवन-सागर से पार उतारने का जीवट भी बटोर लाते हैं। इस लोक में पहुँचकर उनके पात्र अपने भीतर हर 'क्लॉड ईथली' को साफ-स्पष्ट देखने का नैतिक साहस बटोर पाते हैं, जो विवेक और संवेदना के सहारे आत्मा की सही-गलत पुकारों

को सुन-समझ सकें। तब अलग-अलग परिस्थितियों में भीतर जीते अलग-अलग 'विपात्रों' को देखना सरल हो जाता है।'

विदित है कि 'प्रतिनिधि कहानियाँ : मुक्तिबोध' में उनकी इन कहानियों को शामिल किया गया है, 'मैत्री की माँग', 'अँधेरे में', 'ब्रह्मराक्षस का शिष्य', 'समझौता', 'पक्षी और दीमक', 'क्लॉड ईथरली', 'जलना', 'काठ का सपना', 'सतह से उठता आदमी' 'विपात्र'। उक्त भूमिका में अपनी बात आगे बढ़ाते हुए रोहिणी लिखती हैं, 'मुक्तिबोध के यहाँ मनुष्य का अंतस एक रेखीय नहीं। अलग-अलग परतों, मुखौटों, मनोवृत्तियों और दृष्टियों से निर्मित यह 'मनुष्य' सतह पर भले ही अंतर्विरोधों के साथ अपने को झुठलाता जान पड़े, किंतु आम आदमी का यथार्थ यही है और यही उसके सतत द्वंद्व और असमाप्त वेदना का मूल कारण भी। इसलिए उनकी कहानियों में दो विरोधी युग्म बराबर बने रहते हैं- बेबसी और जिजीविषा, पलायन अैर सृजन, अभाव और औदात्य, रहस्य और पारदर्शिता। पात्रों के मनोवैज्ञानिक विश्लेषण के लिए यह अनिवार्य भी है किंतु मुक्तिबोध की कहानियाँ पूर्ववर्ती मनोवैज्ञानिक कहानियों से इस अर्थ में भिन्न हैं कि वे किसी मनोग्रंथि या रुग्ण मानसिकता के उपचार का शास्त्रीय प्रयास नहीं करतीं, बल्कि मन की जटिल संरचना को सहज ज्ञान के साथ पढ़ लेती हैं। दरअसल, 'संवेदनात्मक ज्ञान' और 'ज्ञानात्मक संवेदना'- यही मुक्तिबोध की अंतर्दृष्टि को प्रखरता देते हैं और यही उनकी सृजनशीलता को अपांक्तेय बनाते हैं।'

'प्रश्न' सरीखी कहानी में संवेदनशीलता, अपने चरम पर है और किशोर-मनोविज्ञान का वास्तविक चित्रण हो सका है। एक विधवा माँ के किसी अन्य पुरुष से प्रेम के प्रसंग पर यह कहानी आधारित है। इस पूरी कहानी का निर्वहन क्रमवार और बड़ी सुकुमारता से संपन्न हुआ है। इसी तरह 'काठ का सपना' कहानी में गरीबों में जीते परिवार की व्यथा का अंकन हो सका है। उनकी कहानियों के पात्र, ज़िम्मेदार और भावप्रवण हैं। उनकी कहानियों में परिवेश बिल्कुल वास्तविक होते हैं और चित्रण एकदम से जीवंत। 'अँधेरे में' और 'ब्रह्मराक्षस का शिष्य' शीर्षक कहानियाँ, उनकी चर्चित कविताओं की याद दिलाते हैं। साथ ही, यह भी कि ये विषय और बिंब उनके लिए कितने मायने रखते हैं, जो रह-रहकर इनकी कविताओं, कहानियों आदि में परिलक्षित होते हैं। हालाँकि, इनके वर्ण्य दोनों विधवाओं में भिन्न-भिन्न हैं, मगर इतना कहना अनुचित न होगा कि ये बिंब/मुद्दे, मुक्तिबोध के लेखन की केंद्रीय चिंता में हैं। मुक्तिबोध की कहानियों में मराठी परिवेश और संस्कृति का चित्रण भी हैं, जिसका असर उनकी भाषा पर भी पड़ता है। मसलन, 'काठ का सपना' कहानी का यह अंश देखें, 'घर में उनकी स्त्री पूड़ी बना रही है। पकौड़ियाँ बन रही हैं।'

यहाँ पत्नी के लिए 'स्त्री शब्द का प्रयोग', 'विपात्र' कहानी में 'स्त्री-मूर्ति' जैसी पदावली का प्रयोग, मराठी संस्कृति का ही परिचायक है। अन्यत्र भी कई जगह पर हम उनके यहाँ भाषाई, पारिवारिक, सांस्कृतिक स्तर पर मराठी-ठसक को पाते हैं। इससे उनकी भाषा में एक विशिष्ट सौंदर्य उभरता है। 'काठ का सपना' कहानी में सरोज के गरीब पिता यह स्वप्न देख रहे हैं कि उनकी बेटी की शादी, किसी खाते-पीते घर में हुई है और उनका दामाद, मैकेनिकल इंजीनियर है। गरीबी में जीवन जी रहे परिवार में हर तरफ एक चुप्पी पसरी हुई है। ऐसे में किसी की आवाज़ की उपस्थिति का भी ज़ोरदार भान होता है। मुक्तिबोध उसे अपनी इस कहानी में इन शब्दों में अभिव्यक्त करते हैं, 'उसकी आवाज़ गूँजती है। जैसे लोहे की साँकल बजती है। जैसे ईमान बजता है!'

मुक्तिबोध का स्पष्ट मानना है, 'बाह्य अनुरोधों एवं आग्रहों की दृष्टि से जीवन का आभ्यंतरीकरण होना जरूरी है। जीवन का यह आभ्यंतरीकरण ही अपने व्यक्तितत्व का, कलात्मक व्यक्तित्व का शोधन, परिशोधन हैं।'

मुक्तिबोध की कहानियों में चित्रण और उसके साथ उनके कहानीकार का कमेंट साथ-साथ चलता है। वह कई जगह अपने प्रभाव में मारक होता है। मसलन, 'अँधेरे में' कहानी के इस अंश को देखेंः

'एक और दुकाने, फिर सराय, फिर अफीम-गोदाम, फिर एक टुटपुँजिया म्यूननिसिपल पार्क, फिर एक छोटा चौराहा जहाँ डनलप टॉयर के विज्ञापन वाली दुकान और उसके सामने लाल पंप, फिर उसके बाद कॉलेज! और इस तरह इस छोटे शहर की बौनी इमारतें और नकली आधुनिकता इसी सड़क के किनारे-किनारे एक ओर चली गई थी।'

इमारतों के बौनेपन और आधुनिकता के नकलीपन को यूँ एक साथ रखकर अपनी बात कहने का जो वकील अंदाज है, बाद में कई अन्य लेखकों में भी हम उसका प्रभाव देखते हैं, जिनमें श्रीलाल शुक्ल के यहाँ यह खास रूप से उपलब्ध है। 'ब्रह्मराक्षस का शिष्य' कहानी अपने चित्रण और उद्देश्य में एक महत्वपूर्ण कहानी है। इस कहानी में वातावरण और पात्रों को पूरी तरह जीवंत कर दिया गया हैं। बहुत बाद में (बारहवें वर्ष के पूरा होने के अंतिम दिवस को) शिष्य को पता चलता है कि उसका गुरु एक ब्रह्मराक्षस है। तब उसके गुरु अपनी स्थिति को स्पष्ट करते हैं :

गुरु ने दुःखपूर्ण कोमलता से कहा, शिष्य! स्पष्ट कर दूँ कि मैं ब्रह्मराक्षस हूँ किन्तु फिर भी तुम्हारा गुरु हूँ। मुझे तुम्हारा स्नेह चाहिए। अपने मानव-जीवन में मैनें विश्व की समस्त विद्या को मथ डाला किन्तु दुर्भाग्य से कोई योग्य शिष्य न मिल पाया कि जिसे मैं समस्त ज्ञान दे पाता। इसीलिए मेरी आत्मा इस संसार में अटकी

रह गयी और मैं ब्रह्मराक्षस के रूप में यहाँ विराजमान रहा।' ('ब्रह्मराक्षस का शिष्य')

मुक्तिबोध की कविता में ब्रह्मराक्षस को मुक्ति नहीं मिलती है, मगर उसे यहाँ वह मुक्ति प्राप्त हो जाती है। कहानी में यह बात, गुरु स्वयं अपने मुख से अपने शिष्य को बताते हैं, 'तुमने मेरा ज्ञान प्राप्त कर मेरी आत्मा को मुक्ति दिला दी। ज्ञान का पाया हुआ उत्तरदायित्व मैंने पूरा किया। अब मेरा यह उत्तरदायित्व तुम पर आ गया है। जब तक मेरा दिया तुम किसी और को न दोगे तब तक तुम्हारी मुक्ति नहीं।'

यह कहानी अपनी सरलता में पाठकों के दिल से उतर जाती है। अगर देखें तो यहाँ ज़ोर ब्रहराक्षस पर न होकर उसके शिष्य पर है। ब्रहराक्षस अपने शिष्य को अपनी स्थिति का बयान करता हुआ यह आगाह करता चलता है कि उसे भी इस प्राप्त शिक्षा को आगे किसी-न-किसी को अंतरित कर देना है। शिक्षा के प्रचार-प्रसार की महत्ता पर लिखित यह कहानी 'ब्रह्मराक्षस' के मिथक का साहित्यिक उपकरण के रूप में इस्तेमाल करता है। कविता में जहाँ ब्रह्मराक्षस को मुक्ति नहीं मिलती है, वहीं कहानी में उसे मुक्ति मिल जाती है।

'शेष-अशेष' में संकलित उनकी कहानी 'सौंदर्य के उपासक' की चर्चा भी यहाँ समीचीन है। इसकी भाषा की कोमलता और भावों की प्रवहमयता देखते बनती है। मगर कहानी के प्रेमी-प्रेमिका (प्रमोद-अनिल) अपने प्रेम को उच्चत्तर रूप में देखते हैं। इसका प्रस्ताव प्रेमिका अनिल की ओर से ही होता है। वह देश के दुःखी और त्रस्त लोगों के लिए कुछ करना चाहती है। इस पर प्रमोद भावह्विवल हो उठता है। वह कहता है, 'तुम्हारा हृदय कितना उच्च है, कितनी सहानुभूति से भरा है अनिल। हम कवि लोग अपनी भावनाओं को ही घूमाने-फिराने में लगे रहते हैं। क्या किसी कवि को तुमने कार्य-कवि होते भी देखा है। होते भी होंगे पर बहुत कम। हमारी कल्पनाएँ क्या भूकम्प त्रस्त लोगों को कुछ भी सुख पहुँचा सकती हैं। नहीं, अनिल, नहीं।'

इसपर अनिल उसके उद्ववेग को शांत करती हुई कहती हैं, 'प्रमोद, शान्त हो। तुम नहीं, मैं तो हूँ। मुझे आज्ञा दो प्रमोद, कि मैं विश्व-सेवा में उपस्थित होऊँ।'

उल्लेखनीय हैं कि यहाँ सेवा-धर्म की ओर प्रवृत्त होने का प्रस्ताव या कहें पहल, एक स्त्री-चरित्र की ओर से आता है। प्रमोद अपनी सीमाओं को पहचानता हुआ स्वयं तो नहीं जाता है मगर अपनी प्रेमिका की राह में रोड़ा नहीं बनता है। कहानी को आगे का प्रसंग यूँ हैः

'वह एकदम खड़ी हो गयी। मैं भी एकदम खड़ा हो गया। मैंने आवेश से कहा-'अनिल जाओ। मैं नहीं आ सकता - तुम जाओ। मेरी हृदय-कामने, तुम जाओ।'

अनिल भी प्रमोद के इस त्याग के महत्व को समझती है। वह कहानी में आगे

कहती है, 'जाती हूँ, प्रमोद। तुम सच्चे कवि हो। तुम मेरे सच्चे हृदयेश्वर हो। और हो तुम सौन्दर्य के सच्चे उपासक- प्रमोद यही सौन्दर्य है।' इस तरह से यह कहानी सौंदर्य की उपासना को एक बृहत्तर और कल्याणकारी अर्थ में प्रस्तुत करती है। यहाँ कहानी का नायक और कथाकार प्रमोद, कवि-कर्म की जगह कार्य-कवि पर ज़ोर देता है। उसे यह तीव्र बोध होता है कि सिर्फ भावनाओं में बहकर कविताएँ लिखना या अन्य कोई साहित्य-सेवा करना पर्याप्त नहीं हैं, बल्कि इससे आगे जाकर समाज के लोगों के बीच श्रम करने का अपना एक विशिष्ट कवि है। यहाँ प्रेम के उच्चतर पक्ष को वाणी प्रदान की गई है, जिसमें बृहत्तर मानव-कल्याण की सेवा को समावेशित किया गया है। मुक्तिबोध के जीवन में झाँककर देखें तो उनके भीतर इसे लेकर संघर्ष आजीवन चलता है। उनके यहाँ मनुष्य इकाई-मात्र के रूप में तो कभी संस्था/समाज में योगदानकर्त्ता के रूप में हमारे सामने आता है। यह द्वन्द्व कभी एक ही व्यक्ति के दो आंतरिक पक्षों में होता है तो कभी दो भिन्न व्यक्तियों के बीच भी। विदित है कि उनकी यह कहानी 1935 में 'माधव कॉलेज' की पत्रिका में तथा 27 दिसंबर 1992 को 'दैनिक भास्कर' में पुनर्प्रकाशित हुई थी। कथावाचक और नायक प्रमोद के लिए वह घटना अविस्मरणीय बनकर रह जाती है। दोनों ही ओर से यह प्रेम में उत्सर्ग की कहानी है। इस उत्सर्ग में प्रेम का सत्व निहित है। अपनी भाव-भूमि के स्तर पर यह कहानी 'उसने कहा था' की भी याद दिलाती है। फ़र्क इतना है कि इस बार क्रियाशीलता का गुरुत्तर भार, पुरुष पर नहीं स्त्री पर आ गया है। पुरुष प्रेम में स्वार्थी, हिंसक, प्रतिक्रियाशील नहीं होता है, बल्कि नारी के त्याग और उसकी भावना का सम्मान करता है। हाँ, मगर इस बार वह स्वयं पृष्ठभूमि में है। मुक्तिबोध, अपनी इस कहानी के माध्यम से समय के परिवर्तन को रेखांकित करते हैं और स्त्रियों के हिस्से आती या कहें बढ़ती जाती जिम्मेदारी का भी वे पूर्व-आकलन करते हैं। प्रमोद के मुख से कहानीकार कहलवाता है, 'उस दिन की स्मृति दौड़ती हुई आयी। मैंने अपने को स्वर्ग में पाया। पुलकित हो गया। समय और स्थिति की परवाह न कर मैंने उसे हृदय से चिपका लिया। आँखों में अश्रु थे और अधरों पर सुधा। यह था मेरा प्रथम प्रणय-चुम्बन।'

'पक्षी और दीमक' भी एक प्रतीकात्मक कहानी है, जिसमें लोककथात्मक रस का आनंद और उसकी सीख ली सकती है। एक प्रौढ़ा से प्यार करते हुए कथानायक अपने तईं बदलता चलता है, इसे हम बड़े करीब से यहाँ महसूसते चलते हैं। दोनों दो भिन्न आर्थिक, सामाजिक, सांस्कृतिक पृष्ठभूमि से आते हैं। स्त्री जहाँ बिल्कुल अक्खड़ और इमानदार है, वहीं पुरुष में एक शहरी की बारीक चालाकियाँ समाई हुई हैं। मगर उस स्त्री की संगति में वह मूल्यों की ओर लौटना चाहता है और उसके

लिए कुछ नुकसान पहुँचाने को भी तैयार हो जाता है। मुक्तिबोध अपनी भाषा में तरह-तरह के प्रयोग में भी महारत रखते हैं। मसलन, 'विपात्र' कहानी में उनका यह चित्रणः

'सभी तरफ हरियाला अँधेरा हरियाला उजाला छाया हुआ था और बीच-बीच में सुनहली चादरें बिछी हुई थीं। अजीब लहरें मेरे मन में दौड़ रही थीं।'

अँधेरे और उजाले दोनों के आगे 'हरियाला' विशेषण लगाकर भाषा में एक चमत्कार पैदा किया गया है और साथ ही हरीतिमा की प्रधानता या कहें उसकी प्रचुरता को भी संकेतित किया गया है। उनके यहाँ प्रकृति और परिवेश अपनी पूरी ठसक में उपस्थित है। मसलन 'विपात्र' कहानी की शुरुआत में ही हम देखते हैं कि वे एक साथ इलायची, हींग की झाड़ियों और कटहल और बादाम के वृक्ष की भी चर्चा करते हैं। किसी अन्य लेखक की ही तरह, मुक्तिबोध को भी अपने पात्रों से विशेष लगाव है। वे उनके भीतर चल रहे कार्य-व्यापार को भी भलीभाँति समझते थे। अपने एक पात्र राव साहब के स्वभाव का कैसा अंदरूनी चित्र वे हमारे सामने लाते हैं:

'उनके हाथ में फूल इसलिए नहीं हैं कि उन्हें वे प्यारे हैं बल्कि इसलिए कि उनका आराध्य व्यक्ति बागवानी का शौकीन है और दूर अहाते के पास कहीं वह खुद भी फूलों को डंठलों-सहित चुन रहा है।'

'विपात्र'

'विपात्र' कहानी में हैमिंग्वे की मृत्यु, देवकीनंदन स्त्री के साहित्य का तिलिस्म, पूँजीवाद बनाम साम्यवाद सहित विश्व साहित्य-संस्कृति के कई महत्वपूर्ण प्रसंगों/तथ्यों का ज़िक्र है, जिससे इस लंबी कहानी के परिवेश में न सिर्फ बौद्धिक प्रासंगिकता आती है, बल्कि इसके प्रमुख पात्रों के भीतर की बुद्धिजीवी सजगता के बीच कहानी। जगत और राव साहब जैसे पात्रों के बीच के विरोध को दिखलाकर मुक्तिबोध, संसार को देखने की दो भिन्न दृष्टियों की ओर हमारा ध्यान दिलाते हैं। 'विपात्र' में एकांतप्रेमी जगत के अध्यवसाय और उसके लेखक न होने की स्थिति पर लिखे गए एक प्रसंग में यह बात कितनी महत्वपूर्ण हो उठी है:

'सिर्फ सच्चाई आदमी को कुछ नहीं दे पाती, सच्चाई को सामने लाने के लिए भी जोर और ताकत की जरूरत होती है। ऐसी सच्चाई जो आदमी में जोर पैदा नहीं कर पाती, वह सिर्फ जानकारी बनकर रह जाती है।'

इस कहानी में ऐसी कई युक्तियाँ आती चली गई हैं, जो पाठक के मनोजगत पर छप जाती हैं। मसलन, 'मानव-संबंध उलझ इसीलिए जाते हैं कि हम गलत जगह झगड़ा कर लेते हैं और गलत जगह झुक जाते हैं।'

जब कथावाचक, जगत के साथ अपने किसी सहकर्मी के कहने पर शहर के उन हिस्सों की ओर जाता है, जहाँ वह पहले कभी नहीं गया था। वह वहाँ की प्राकृतिक सुंदरता से बड़ा प्रभावित होता है। वे एक अस्पताल के पीछे के हिस्से हैं, जहाँ गुलमोहर, इमली, नीम आदि के पेड़ हैं और उनके नीचे सब्जियों की खेती भी हो रही है। सब्जी के खेत और उसकी मुडेर की उपमा, देखें, कहानीकार किससे करता है।

'ये तरकारियों के खेत थे। छोटी-छोटी मेंड़ें बनी हुई थीं। उन खेतों पर खूब मेहनत की गई थी। ऐसा लगता था कि ये खेत नहीं वरन कल्पनाशील चित्रकार द्वारा निकाले गए मानव हाथ के चित्र हों। सबकुछ चित्रात्मक था। ये छोटे-छोटे खेत!'

'विपात्र' कहानी में कार्यालय के उठा-पटक को क्रमवार दिखाया गया है। बॉस के डर और उसके कोपभाजन के शिकार से होनेवाले नुकसान की आशंका, रह-रहकर बॉस की अनुपस्थिति में भी उसकी उपस्थिति का आक्रामक देश इस कहानी के पात्रों के बीच उभरता है। छोटी-छोटी बातों से कैसे मनुष्य का चरित्र निर्मित होता है और उसके दैनंदिन कार्यों पर उसका कैसा प्रभाव पड़ता है, मुक्तिबोध इस मनोवैज्ञानिक पक्ष को अपनी इस लंबी कहानी में बड़े प्रभावी रूप से उभार पाए हैं। एक नाटकीय मोड़ के साथ समाप्त हुई यह कहानी 'ओ हेनरी टर्न' की याद दिलाती है और अपनी उस नाटकीयता में ही हमारे समक्ष एक बड़ा संदेश छोड़ जाती है। एक-दूसरे के धुर विरोधी मिस्टर जगत और मिस्टर मिश्रा के तर्क और उनके बहस-मुबाहिसे अंततः वाग्जाल के अतिरिक्त कुछ साबित नहीं होते। कहानी अपने अंत-अंत तक आते हुए बौद्धिक-जमातों की नपुंसकता को सहसा हमारे सामने ला खड़ा करती है। दोनों पात्रों के बीच कहा-सुनी, एक मनोरंजक हाथापाई में बदल जाती है और तदुपरांत कथित दार्शनिक मिश्रा का जगत के लिए ईमानदार उद्गार बाहर आता है, 'हमारे-तुम्हारे बीच कोई झगड़ा नहीं है, जगता तुम्हारा-हमारा प्राकृतिक सह-अस्तित्व है क्योंकि हम दोनों एबीलार्ड्स हैं।'

विदित है कि एबीलार्ड वही संत हैं, जिन्होंने संत बने रहने के लिए, अपने जननेंद्रिय को चाकू से काट दिया था। यह नाम आते ही कहानी-वाचक हक्का-बक्का रह जाता है और यह कहानी समाप्त हो जाती है। तुलनात्मक रूप से क्षीण घटनाक्रम के बीच भी कहानी की पठनीयता प्रभावित नहीं होती बल्कि बीच-बीच में आनेवाले कुछ घटना-प्रसंगों के बीच पात्रों के भीतर की टूटन और बेचैनी को पकड़ने की कोशिश, पाठकों को बेहद आत्मपरक लगती है और वह स्वयं को उनसे तादात्म्य बिठाता चलता है। एक-दूसरे को परस्पर काटते या नीचा दिखाते उनके विचार और उनके स्वार्थ-जनित व्यवहार, मध्यवर्ग के भीतर की सड़ांध को अपने तईं बाहर लाते हैं।

मुक्तिबोध के ज्यादातर पात्र मध्यवर्गीय और निम्न-मध्यवर्गीय परिवारों से आते

हैं और पढ़े-लिखे हैं। वे बीच-बीच में अँग्रेज़ी भी बोलते हैं। साहित्य, अर्थशास्त्र, मानव-शास्त्र, मनोविज्ञान, विज्ञान आदि से जुड़े मुद्दों पर परस्पर चर्चा करते हैं। कहानियों में मुक्तिबोध का गद्य अपने उत्कर्ष पर दिखाई देता है। 'प्रतिनिधि कहानियाँ : मुक्तिबोध' की अपनी भूमिका में रोहिणी अग्रवाल लिखती हैं, 'अजीब अंतर्विरोध है कि मुक्तिबोध की कहानियाँ एक साथ 'विचार कहानियाँ' हैं और आत्मकथात्मक भी। 'आत्म' की घनघोर संलग्नता और 'विचार' की निस्संग निर्लिप्तता! भोक्ता और द्रष्टा एक साथ।'

कविता, कहानी, डायरी कोई विधा हो, उनकी रचनाओं में एक तात्विक संबद्धता और विषयों की आवाजाही दिखती है। कई ऐसे विषय हैं, जो उनकी कविताओं और कहानियों में एक साथ आते हैं। मुक्तिबोध की कहानियों की पारस्परिक संबद्धता पर विचार करती हुई रोहिणी लिखती हैं, 'मुक्तिबोध की कहानियाँ संगीतात्मक प्रभाव में निबद्ध हैं। अलग-अलग होते हुए भी परस्पर गुंफित होकर वे 'मनुष्य' के अंतस का सघन विस्तार बन जाती हैं- सिंफनी की तरह। जब 'जलना' और 'काठ का सपना' अभावग्रस्त दंपत्ति की बेबसी और व्यथा का जड़ चित्रण न रहकर सतह से उठते आदमी की सक्रियता और संघर्ष का पाठ बन जाती है। लेकिन 'अँधेरे में' भी स्वयं को निरंतर 'देखे' जाने की प्रक्रिया इतनी कड़ी और साफ है कि अपनी अकर्मण्यता को 'नपुंसकता' और 'अवसरवादिता' के चाबुक से फटकारने में संकोच नहीं करती। बेशक बहेलिए का जाल फैलाकर व्यवस्था पक्षियों का आखेट करती है और व्यक्ति को पशु बनाने की निर्मम प्रक्रिया अविराम चलती रहती है, किंतु विकल्प व्यक्ति के हाथ में ही है कि वह क्या बनना चाहता है- पक्षी या दीमक? मैत्री की स्वाभाविक माँग को ठुकराकर यदि उसने 'अजीब जल के निर्मलिन सहस्र स्रोतों सी' भावना को अलविदा कह दिया तो क्या वक्त को रचने के लिए नवीन शक्तियों की ऊष्मा से संपन्न स्रष्टा बन पाएगा वह?'

'मैत्री की माँग', मुक्तिबोध की एक महत्वपूर्ण कहानी है। यह स्त्री-पुरुष के निश्छल रागात्मक संबंधों पर उदात्त भाव से लिखी कहानी है। कहानी का शीर्षक, कहानी के मर्म को खोल देता है। स्त्री-पुरुष के पारस्परिक संबंधों और उनमें अंतर्निहित भावनाओं का चित्रण मुक्तिबोध की कहानियों में सफलतापूर्वक और पूरी संवेदनशीलता के साथ संभव हो सका है। उस कड़ी में 'मैत्री की माँग' कहानी को भी रखा जा सकता है। इसपर लिखे अपने लेख में सुमन केशरी इस कहानी की प्रासंगिकता पर बात करते हुए उचित ही टिप्पणी करती हैं, 'मैत्री की माँग' कहानी की प्रासंगिकता इस तथ्य में भी है कि जिस निखालिस मैत्री के लिए सुशीला बीसवीं सदी के चौथे दशक में लालायित थी, किसी हद तक स्त्री-पुरुष की वह निखालिस मैत्री आज भी एक

मृगमरीचिका ही है!'

रोहिणी अग्रवाल अपनी उक्त भूमिका के अंत में लिखती हैं, 'मुक्तिबोध की जिजीविषा-जड़ी कहानियाँ आत्माभिमान को बनाए रखनेवाले आत्मविश्वास और आत्मबल को जिलाए रखने का संदेश देती है- भीतर के 'मनुष्य' से साक्षात्कार करने के अनिर्वचनीय सुख से सराबोर करने के उपरांत।'

जापान के हिरोशिमा शहर पर गिराने वाले परमाणु-बस गिरानेवाले विमान चालक क्लॉड ईथरली को प्रतीक बनाकर मुक्तिबोध ने 'क्लॉड ईथरली' नामक कहानी लिखी। इसमें उसके भीतर के अंतर्द्वन्द्व को उकेरते हुए पूरी कहानी का वातावरण, एक भारतीय परिवेश में ढाला गया है। विदित है कि प्रसिद्ध फ़िल्मकार मणि कौल ने मुक्तिबोध पर एक फिल्म 'सतह से उठता आदमी' बनाई, जिसमें उनकी इसी नाम की कहानी ('सतह से उठता आदमी') एवं 'पक्षी और दीमक' जैसी कुछ कहानियों के कई अंश लिए गए हैं। 'ज़िंदगी की कतरन' कहानी, आत्महत्या के विविध जीवंत चित्रणों के बीच अंततः उसके ऊपर जीवन के राग की स्थापना है। मुक्तिबोध, हमारे आस-पास के परिवेश की उसकी पूरी सघनता में प्रस्तुत करते हैं। उनकी कहानियों में छत्तीसगढ़ का लोकेल प्रमुखता से आता है। 'समझौता', 'चाबुक', 'विद्रूप', 'सतह से उठता आदमी' जैसी उनकी अधिकांश कहानियों में मध्यवर्गीय स्त्री-पुरुष पात्रों की अपनी आकांक्षाएँ और विवशताएँ हैं। उनके द्वारा किए जानेवाले छोटे-छोटे समझौते हैं। स्कूल तो कभी किसी आर्यालय में कार्यरत उनके पुरुष पात्र, जब कमजोर पड़ते हैं, अपने उच्चाधिकारियों से डर कर कुछ संधि करते हैं या जान-बूझकर किसी अन्यायजन्य स्थितियों को देखकर चुप हो जाते हैं, तो कई बार कोई स्त्री-पात्र उनके साथ आती है और उनमें आशा और कर्मण्यता के नए संचार भरती है। मुक्तिबोध के कथा-जगत की स्त्रियाँ, सुलझी हुई, स्थिर, मेहनतकश और आत्मचेतस हैं। वे पुरुषों का संबल बनती हैं और उनके साथ कंधा-से-कंधा मिलाकर चलती हैं।

'तार सप्तक' के अपने उपरोक्त वक्तव्य में लेखन के विषय में बताते हुए मुक्तिबोध लिखते हैं, 'मैं कलाकार की स्थानांतरगामी प्रवृत्ति (माइग्रेशन इंस्टिक्ट) पर बहुत जोर देता हूँ। आज के वैविध्यमय, उलझन से भरे, रंग-बिरंगे जीवन को यदि देखना है, तो अपने वैयक्तिक क्षेत्र से एक बार तो उड़ कर बाहर जाना ही होगा। बिना उसके, इस विशाल जीवन-समुद्र की परिसीमा, उसके तट-प्रदशों के भू-खंड, आँखों से ओट ही रह जाएँगे। कला का केंद्र व्यक्ति है, पर उसी केंद्र को अब दिशाव्यापी करने की आवश्यकता है।'

मुक्तिबोध की कविताओं-कहानियों में इस व्यक्ति-चेतना को लोककल्याणमुखी, उदार और विस्तृत करने का प्रयास बार-बार होता है। इस प्रयास में व्यक्ति के आंतरिक

पक्ष को बार-बार टटोला जाता है। यह बार-बार टटोलना इसलिए है कि मुक्तिबोध का सारा जोर, अंततः मनुष्य के आंतरिक परिष्कार पर ही है। उनके साहित्य में तालाब, अँधेरा, ब्रह्मराक्षस आदि के बिंब बार-बार आते हैं, जिनके माध्यम से कभी वे अँधेरे में लोगों के वास्तविक चरित्रों का उद्घाटन करते हैं तो कभी ब्रह्मराक्षस की योनि से निकल बाहर आने के लिए पीढ़ी-दर-पीढ़ी ज्ञान के अंतरण की आवश्यकता पर बल देते हैं। वे इन मिथकों को बड़े उपयुक्त तरीके से अपने साहित्य में प्रयुक्त करते हैं मुक्तिबोध के यहाँ तालाब, दिन और रात में अलग-अलग रूपों में आता है। रात्रि में स्याह होते तालाब और उसमें कूदकर जान देनेवालों का विवरण, उसके आसपास की रहस्यमय ध्वनियाँ, चमगादड़ आदि के बिंब से मुक्तिबोध वातावरण की सघनता और निर्जनता (मनुष्यों की) को अभिव्यक्त करते हैं। कहा जा सकता है कि वे इनके माध्यम से अपने कहे की तीव्रता और सघनता को, व्यक्ति के भीतर असुरक्षा-बोध की ग्रंथि को बखूबी अभिव्यक्त करते हैं। वे व्यक्ति को आवरणरहित कर देखने के आदी हैं और उनका पूरा साहित्य, इसी का आगार है। अपनी दृष्टि के आगे आनेवाले हर जाले को वे हटाते चलते हैं और अपने आसपास के चरित्रों को उनके केंचुल से निकाल बाहर कर वे हमारे सामने रखते हैं। इस प्रक्रिया में वे स्वयं के प्रति भी समान रूप से निष्ठुर नज़र आते हैं। मुक्तिबोध ने माना था, 'भाषा सामाजिक निधि है।' सचमुच, वे इस निधि का उत्तरदायित्वपूर्ण उपयोग करते हैं।

संदर्भ :

'एक साहित्यिक की डायरी' / मुक्तिबोध : भारतीय ज्ञानपीठ, नई दिल्ली

'गजनानन माधव मुक्तिबोध : प्रतिनिधि कविताएँ' : राजकमल प्रकाशन, नई दिल्ली

'कामायनी : एक पुनर्विचार' / मुक्तिबोध : राजकमल प्रकाशन, नई दिल्ली

'सतह से उठता आदमी' / मुक्तिबोध : भारतीय ज्ञानपीठ, नई दिल्ली

'काठ का सपना' / मुक्तिबोध : भारतीय ज्ञानपीठ, नई दिल्ली

'प्रतिनिधि कहानियाँ : मुक्तिबोध'; राजकमल प्रकाशन, नई दिल्ली

'भूरी भूरी खाक धूल' / मुक्तिबोध; राजकमल प्रकाशन, नई दिल्ली

'शेष-अशेष' / मुक्तिबोध, संपादक : अशोक वाजपेयी, राजकमल प्रकाशन, नई दिल्ली

'तार-सप्तक', संपादक : अज्ञेय, भारतीय ज्ञानपीठ, नई दिल्ली

'समालोचन' हिंदी की वेब पत्रिका

मुक्तिबोध आलोचना के मानदंड

अस्मुरारी नंदन मिश्र

मुक्तिबोध के रचनाकर्म का फलक विशाल ही नहीं, वैविध्यपूर्ण भी है। उन्होंने कविताएँ लिखीं, तो कहानियाँ और उपन्यास भी रचे तथा इनके साथ आलोचनात्मक लेख, टिप्पणी, डायरी आदि भी लिखी। किसी रचनाकार के सम्यक मूल्यांकन में उसके सम्पूर्ण रचनाकर्म पर दृष्टि रखी जानी चाहिए। यद्यपि सुविधा और सीमा को ध्यान में रखकर प्रायः किसी एक पक्ष पर बात की जाती हैं, तथापि उसी एक पक्ष को रचनाशीलता का प्रधान मार्ग मान लेना उचित नहीं है।

कहा यह जाता है कि कोई रचनाकार एक ही रचना जीवन भर करता रहता है। यदि यह बात सही हो, तब तो मानना पड़ेगा कि उसके समस्त विधागत वैविध्य को हमें एक साथ रखकर देखना होगा। उस पर रचनाकार के मूल्यांकन के लिए यह जानना सबसे जरूरी है कि वह रचना के विषय में क्या सोचता है। एक रचना के प्रति उसके अपने मानदंड और सोच उसकी अपनी रचनात्मकता को अवश्य प्रभावित करेंगी। मुक्तिबोध के साथ यह विशिष्ट बात है कि उन्होंने अन्य विधाओं से अधिक ही आलोचनात्मक रचनाएँ की। रचनाएँ ही नहीं कि बल्कि खुद को आलोचक कहा भी। उन्होंने एक आलोचक को हर जगह अतिरिक्त महत्व प्रदान किया। वे मानते थे कि एक आलोचक को रचनाकार से अधिक अनुभव-संपन्न ज्ञानी, विचारवान और संवेदनशील होना चाहिए। एक जगह वे भवभूति की तरह अपनी कविता के रसिक की आशा करते हुए कहते हैं– 'वह मुझसे अधिक बुद्धिमान, अधिक अनुभवी, अधिक उदार, अधिक सहृदय, अधिक मर्मज्ञ, अधिक मेधावी होगा। वह मेरे गुण-दोषों का विवेचना करेगा।' इस कथन में 'अधिक' शब्द की बार-बार आवृत्ति पर गौर किया

जाना चाहिए।

मुक्तिबोध आलोचक को रचनाकार के मित्र के रूप में देखते हैं। आलोचना एक आत्म-मुक्त विधा है। आलोचक को कभी भी आत्मबद्ध नहीं होना चाहिए। आलोचना के क्षेत्र में आत्मबद्धता एक खतरा है।' आलोचक तो सहायक होता है- रचनाकार और पाठक, दोनों का। सहायता का यह दायित्व गुरुतर दायित्व है। इसके निर्वहन के लिए वैसी ही तैयारी की आवश्यकता है– 'लेखक को सचमुच सहायता करनेवाले समीक्षक जीवन-सत्यों से लेखक से भी अधिक परिचित होते हैं। अभी वे लेखक द्वारा प्रस्तुत की गयी जीवन-समीक्षा की समीक्षा कर समीक्षा कर सकते हैं।' एक आलोचक तब ही सफल हो सकता है, जब वह जीवन को नजदीक से देखता रहा हो। किताबी ज्ञान और सिद्धांतों तक सीमित समीक्षा एकांगी समीक्षा होगी। समीक्षा स्वयं में एक सृजनात्मक कार्य हे। यदि वह जीवन-सत्यों पर आधारित होगी, तभी लेखक और पाठक की सहायता कर सकती है।

मुक्तिबोध एक बेचैन आत्मा वाले रचनाकार रहे हैं। उनकी कविताओं में अकसर एक पात्र मिलता है, जो भागता फिरता है, चाहे वह 'भूल-गलती' के दरबार से भागा हुआ ईमान हो या अनिवार आत्मसंभवा अभिव्यक्ति हो। यह छवि सदा बेचैन है। उसे स्थिरता और आराम के क्षण नहीं मिले हैं। वह सदा गतिशील है। यह आत्मीय छवि है-

'आत्मीय एक छवि तुम्हे नित्य भटकाएगी
जिस जगह, जहाँ जो छोर मिले
ले जाएगी'

यह एक रचनाकार की भटकन है, जो उसे जिस जगह, वहाँ जो छोर मिले, ले जा रही है- कविता, कहानी, उपन्यास, आलोचना आदि।

मुक्तिबोध के लिए कला कोई स्वतन्त्र और निरपेक्ष ईकाई है, बल्कि वह अवश्यंभावी रूप से मनुष्य से जुड़ा है। उसका अस्तित्व और उद्देश्य दोनों मनुष्य से अनिवार्यतः आबद्ध हैं। वे मानते हैं कि 'मानव-चरित्र के चित्र का नाम कला है। व्यक्ति-धारा जब मानवता-सिन्धु में डूब जाती है, तब उसके संगम-स्थान पर जो कलरव होता है, वही कला बन जाती है।' अपने इस काव्यात्मक कथन में वे मानव और कला के बीच के संबंध को तो रेखांकित करते ही हैं, व्यक्तिवाद और जनवाद के प्रश्न पर भी विचार करते हैं। कला में कलाकार का व्यक्तित्व महत्वपूर्ण हो जाता है, लेकिन यह व्यक्तित्व जबतक सामान्य जनता से जुड़ा नहीं है, तब तक कला-सृजन नहीं हो सकता।

कलाकार का व्यक्तित्व एकाएक अमरबेल की तरह आकार नहीं लेता, बल्कि

उसके निर्माण में उसके परिवेश और समाज की अहम् भूमिका होती है। कोई भी कलाकार व्यक्तिवाद का झंडा चाहे जितना बुलंद कर ले अथवा स्वतन्त्र व्यक्तित्व की बात चाहे जितनी कर ले, वह समाज निरपेक्ष कतई नहीं हो सकता। यही बात कला के साथ भी है— 'कला यद्यपि व्यक्तिगत आधार पर होती है, किन्तु उसकी चेतना उस वर्ग में समाहित तथा उससे विकसित है, जिसके भीतर रहकर कलाकार ने अनुभव प्राप्त किये हैं।'

मुक्तिबोध के लिए व्यक्ति-स्वातंत्र्य और सामाजिकता विरोधी तत्व नहीं है। व्यक्ति-स्वातंत्र्य और व्यक्तित्व की सम्पूर्ण मानवीय गरिमा, तथा नए साम्यमूलक शोषणविहीन मानवोचित समाज की स्थापना, एक ही सत्य के दो पहलू और दो तकाज़े हैं, जो एक-दूसरे पर अपनी पूर्ति के लिए, अपने विकास के लिए अवलंबित हैं। वस्तुतः व्यक्ति-स्वातंत्र्य का लाभ वही उठा सकता है, जो आर्थिक रूप से चिंतामुक्त हो।

एक ऐसा ही सवाल शुद्ध-साहित्यिक सौन्दर्य की सत्ता का है। मुक्तिबोध इनको धोखा मानते हैं। जहाँ एक व्यक्तित्व बनने में समय और समाज के इतने हस्तक्षेप हों, वहाँ साहित्य शुद्ध कैसे हो सकता है? इसलिए आवश्यक है कि साहित्य के मूल्यांकन में उसकी इस बहुमेल प्रवृत्ति को देखा जाए। हमें इसके लिए इतिहास, अर्थशास्त्र, दर्शन, समाज-शास्त्र, विज्ञान आदि सबको देखना होगा।

'आज व्यक्ति की ज़िम्मेदारियाँ क्या हैं, यह तब तक समझ में नहीं आ सकता, जब तक हम अपने युग की और उसके वर्तमान रूप की निर्मिति की ओर प्रवृत्त जो शक्तियाँ थीं, उसकी गति-प्रगति के विषय में ठीक तौर से नहीं जान लेते।' एक कलाकार भी इसी तरह का एक व्यक्ति होता है।

मुक्तिबोध की आलोचना के दो केन्द्रीय शब्द है—संवेदना और ज्ञान। ये दोनों भी अपने आप में स्वतन्त्र नहीं हैं, बल्कि संवेदना है, तो ज्ञानात्मक और ज्ञान है, तो संवेदनात्मक। वे मानते थे कि 'आज के कवि का ज्ञान-पक्ष के विकास की जितनी अधिक आवश्यकता है, उतनी पहले कभी नहीं रही।' साथ ही कविता को एकमात्र कल्पना और भावना पर आधारित घोषित कर ज्ञान को नकारने वाले कवियों पर उनकी खीझ दिखती है— आधुनिक विज्ञान-युग में कवियों द्वारा जीवन-ज्ञान का बायकाट सचमुच दर्शनीय और शोचनीय है। यह उनके आत्मिक ह्रास और ह्रास की विद्रूपता का सूचक है।'

किसी कृति की आलोचना के लिए सबसे पहला सोपान है- कलाकार के संवदेनात्मक उद्देश्यों की पहचान। संवेदनात्मक उद्देश्य की पहचान की आवश्यकता एक आलोचक के लिए बाद में होती है, सबसे पहले एक कलाकार के स्वयं के लिए

होती है। रचनाकर्म में रत होने के पहले यह जरूरी है कि लेखक अपने संवेदनात्मक उद्देश्यों को समझे। रचनाप्रक्रिया पर बात करते हुए मुक्तिबोध ने तीन क्षणों की बात की है। इन क्षणों की पहचान लेखक और आलोचक दोनों के लिए आवश्यक है। पहला क्षण कला के वस्तु-तत्व का निर्माण है। यह प्रक्रिया का आरम्भ है, जिसमें बाहरी प्रत्याघात से 'अंतर्तत्त्व-व्यवस्था का अंगभूत कोई मनस्तत्व एक तीव्र लहर की तरह उत्थित होकर तरंगायित, उद्घाटित और आलोकित होते हुए अभिव्यक्ति के लिए आतुर हो जाता है। यह कला-वस्तु का बनना है। इसके बाद दूसरा क्षण शुरू होता है। अब यह मनस्तत्व अन्य समशील मनस्तत्वों या अनुभवों से मिलकर संश्लेषित, मूर्त्त और कल्पना से आलोकित हो जाता है। जब उसे भाषा के उपादानों की आवश्यकता होती है। यह कला के तीसरे क्षण में आता है, जब रचनाकार उसके लिए उपयुक्त और सटीक भाषा-बिम्बों का चुनाव करता है और अभिव्यक्ति को पूर्ण करता है।

मुक्तिबोध की आलोचना में रचना-प्रक्रिया का विशेष महत्व प्राप्त है। उनका मानना है कि आलोचक रचना के साथ तब तक न्याय नहीं कर सकता, जब तक कि वह कवि की रचना प्रक्रिया को नहीं समझता है। मुक्तिबोध जिस रचना प्रक्रिया की बात करते हैं, उसका बहुलांश रचनाकार और एक साधारण व्यक्ति में सामान्य होता है, लेकिन कुछ ऐसी बाते हैं, जो रचनाकार को रचनाकार बना देता है। मुक्तिबोध के अनुसार बाह्य का आभ्यान्तारीकरण और अभ्यान्तर का बाह्यकरण यह एक चक्र है, जो रचना में होता है, लेकिन यह एक सामान्य चक्र है। रचनाकार अपनी संवेदनात्मक ज्ञान और ज्ञानात्मक संवेदना से इसमें विशिष्टता ला देता है।

'रचना-प्रक्रिया, वस्तुतः एक खोज और एक ग्रहण का नाम है।' मुक्तिबोध की इस व्याख्या की विशेषता यह है कि यह रचना-प्रक्रिया बेहद सजीव और क्रियाशील है। इसमें मनस्तत्व से रचना तक की यात्रा परिवर्तनों से भरी होती है। इस प्रक्रिया का हिस्सा होकर पूर्ण हुई कलाकृति, अपनी पूर्वगत तत्वानुभूति की वास्तविकता से बहुत कुछ भिन्न हो जाती है। इस भिन्नता की बात कर मुक्तिबोध स्पष्ट रूप से क्रोचे के अभिव्यंजनावाद को नकारते दिखते हैं, जिसके अनुसार इन्ट्यूशन ही अभिव्यक्ति होती है। साथ ही वे रचना के स्वतन्त्र अस्तित्व की ओर भी संकेत करते जान पड़ते हैं, जब रचना अपना आकार और रूप स्वयं लेती है। यह अक्सर देखा जाता है कि एक रचनाकार जिस अर्थ में किसी रचना को प्रस्तुत करता है, एक पाठक अथवा आलोचक उससे बिल्कुल विलक्षण और स्वतन्त्र अर्थ को पाता है। कभी-कभी रचनाकार को भी लगता है कि इस नए अर्थ से उसकी रचना में एक नयी विशिष्टता आ गयी। मुक्तिबोध के द्वारा प्रस्तुत रचना-प्रक्रिया में उस वैशिष्ट्य के बीज-बिंदु उपलब्ध हैं। इस रचना-प्रक्रिया का एक विशेष तत्व है- आंतरिक अनुरोध। आंतरिक

अनुरोध संवेदनात्मक उद्देश्यों के गर्भ में से न निकलकर रचना के जीवन-पक्ष में से एकाएक उद्घाटित होकर अभिव्यक्ति प्रक्रिया में हस्तक्षेप करने लगते हैं। यह रचनाकार पर उसके अवचेतन का प्रभाव है।

सवाल यह है कि कला-वस्तु के चयन अथवा निर्माण में कलाकार किस हद तक स्वतन्त्र है। क्या उसकी चेतना इतनी स्वतन्त्र है कि वह अपनी कला-वस्तु को एकदम से अपनी चीज बता सके? मुक्तिबोध के अनुसार 'कलाकार यह सोचता है कि वह विषय के चुनाव में स्वतन्त्र है। सच तो यह है कि उसका यह स्वातंत्र्य उसके अनज़ाने ही काट-तराशकर बहुत ही छोटा, सीमित और सापेक्ष कर दिया गया है। चूँकि उसकी तथाकथित स्वतंत्रता को काटने तराशने वाली यह शक्ति प्रच्छन्न और परोक्ष रहकर उद्देश्य रूप से उसके अंतःकरण में प्रवेशकर उसी के अंतःकरण का भाग बनाकर काम करती है, इसलिए वह सोचता है कि वह स्वतंभ है।'

व्यक्ति की स्वतंत्रता को सीमित करनेवाली यह शक्ति सामाजिक-सापेक्षता की है। मुक्तिबोध का मानना था कि कोई कलाकार चाहकर भी सामाजिक रूप से निरपेक्ष नहीं रह सकता। उसकी सापेक्षता उसकी रचनाओं में आएगी ही। वस्तुतः 'व्यक्ति और समाज का विरोध बौद्धिक विक्षेप है, इस विरोध का कोई अस्तित्व नहीं। जहाँ व्यक्ति समाज का विरोध करता-सा दिखाई देता है, वहाँ वस्तुतः समाज के भीतर की एक सामाजिक प्रवृत्ति दूसरी सामाजिक प्रवृत्ति से टकराती है। वह समाज का अंतर्विरोध न कि व्यक्ति के विरुद्ध समाज का सा समाज के विरुद्ध व्यक्ति का।' इसी चिंतन का परिणाम है कि मुक्तिबोध ने अपनी में रचनाकार के व्यक्तित्व को भी महत्व दिया और उसकी सामाजिकता को भी।

'पार्टनर तुम्हारी पॉलिटिक्स क्या है?' मुक्तिबोध का यह वाक्य बहुत प्रसिद्ध है। हर किसी की एक राजनीति होती है, रचनाकार की भी। रचना राजनीति से निरपेक्ष नहीं हो सकती। यदि करने का प्रयास हो, तो यह कभी श्लाध्य नहीं कहला सकता। मुक्तिबोध का स्पष्ट मानना था कि राजनीति और समाजनीति को इस अपने जीवन से अलग नहीं कर सकती। साहित्य में उसका निषेध जीवन में प्राणी का निषेध हुआ सवाल यह है कि आपकी राजनीति किसके पक्ष में हैं? यदि राजनीति जीवन और जनता के पक्ष में हैं, तो उससे समृद्ध रचना का मूल्य अवश्यम्भावी रूप से महत्वपूर्ण होगा। जो राजनीति जीवन को समृद्ध कर रही है, एक रचनाकार को इसे ही अपनाना चाहिए। कोई भी भावना न अपने आप में प्रतिक्रियावादी होती है, न प्रगतिशील। वह वास्तविक जीवन-सम्बन्ध से युक्त होकर उचित या अनुचित, संगत या असंगत सिद्ध हो सकती है। किसी भी भावना के जीवन संबंधों को देखना आवश्यक है।

मुक्तिबोध पूंजीवाद को कविता और कला के लिए खतरनाक दुश्मन मानते

हैं- पूंजीवाद कविता का दुश्मन है। पूंजीवाद एकबार प्रतिष्ठित हो जाने पर सांस्कृतिक क्षेत्र में सबसे पहले कविता पर हमला करता है।

कविता को समस्त भावावेग से छिन्न पर जीवन-जगत के सार्थक स्पंदों से बहुत दूर हटाकर उसे निष्प्राण अथवा क्षीण-छाया के समान बना देता है। वस्तुतः जो भी व्यवस्था और तंत्र हमें सहज मानवीय संवेदना, संवेग, भावना और कल्पना से दूर कर यंत्र रूप में प्ररिणत करने लगे, वह कला का भला नहीं कर सकता। एक कलाकार उस व्यवस्था के विरोध में हो ही जाएगा उस व्यवस्था के विरोध में जन-पक्षधरता है, मानवीयता है। लेकिन कला का काम मनुष्य को एकांगी रूप में हो ही जाएगा। उस व्यवस्था के विरोध में जन-पक्षधरता है, मानवीयता है। लेकिन कला का काम मनुष्य को एकांगी रूप में प्रस्तुत करना नहीं है, बल्कि उसको उसकी सम्पूर्णता के साथ अभिव्यक्त करना है। 'काव्य में मनुष्य की सामाजिक-राजनैतिक इयत्ता ही प्रकट नहीं होनी चाहिए, किन्तु पूर्ण मनुष्य के दर्शन, मानव के सभी पक्षों के दर्शन होने चाहिए, स्पन्दनशील वैविध्यपूर्ण महान गुणों से युक्त साहसिक मानव-जीवन की प्रतिष्ठा होनी चाहिए।'

स्पष्ट शब्दों में कहा जाए, तो हर कला का अंतिम लक्ष्य मनुष्य ही है। कला का सवाल भी अंततः मनुष्यता का सवाल ही है। कला की सुन्दरता जीवन की सुन्दरता से जुड़ी है और कला की सार्थकता भी यही है कि वह मनुष्यता के विकास में अपना योगदान दे। 'चकमक की चिनगारियों कविता में मुक्तिबोध की चिंता स्पष्ट हैं-'

'समस्या एक-
मेरे सभ्य नगरों और ग्रामों में
सभी मानवमुखी सुन्दर व शोषणमुक्त
कब होंगे?'

और इसलिए उन्होंने कहा - पहले जीवन-चिंता करनी होगी, साहित्य-चिंता उसका अनुगमन करेगी।

कहानियों के आईने में मुक्तिबोध

अजय कुमार तिवारी

वीरेंद्र कुमार जैन को मुक्तिबोध ने एक पत्र में लिखा था "जिंदगी बड़ी तल्ख है लेकिन मानव की मिठास का क्या कहना। जी होता है सारी जिंदगी एक घूँट में पी ली जाए।" आम मध्यवर्गीय परिवार की भांति मुक्तिबोध की जिंदगी भी तंगहाल और तल्ख थी, पर जीवटता के जाम ने मुक्तिबोध का साथ कभी नहीं छोड़ा। ताउम्र मुक्तिबोध कठिनाइयों से जूझते रहे, उनका साहित्य इस बात का साक्षी है। भले ही गज़ानन माधव मुक्तिबोध की कविता की तुलना में कहानियों की चर्चा कम होती हो पर मुक्तिबोध का कथाकाल भी कविताओं की भांति 1936 से 1964 तक फैला है। मुक्तिबोध की कहानियाँ उनके जीवन के कटु तथा तिक्त अनुभव को अधिक व्यक्त करती हैं। उनकी रचनाएँ उनके जीवनकाल में पुस्तकाकार न हो पाई हों पर पत्र पत्रिकाएँ इसकी साक्षी रहीं हैं। नेमीचंद जैन द्वारा संपादित मुक्तिबोध रचनावली 3 में उनकी कुल 25 कहानियाँ संकलित हैं, इसके साथ ही लगभग 22 अधूरी कहानियाँ हैं जो उसी संकलन में हैं।

मुक्तिबोध जीवन और संवेदना के लेखक हैं। उन्होंने समाज और व्यक्ति पर गहन चिंतन किया। समाज उनके लिए बहुत महत्वपूर्ण है, पर व्यक्तिगत जीवन व उसकी संवेदनाओं उसकी स्थापनाओं के चित्र उनकी कहानियों में अत्यधिक उपलब्ध हैं। स्कूली शिक्षा के आरंभिक दिनों में वे असफल रहे, परंतु जीवन की कठिन से कठिनतर शिक्षा में पारंगत होते रहे। उसी से उनके भीतर जीवन दृष्टि को अधिक दृढ़ता मिली। सामान्य जनजीवन के प्रति गहरा भावनात्मक लगाव उन्हें जन-जन के अत्यधिक करीब लगाता है और मार्क्सवाद में दीक्षित होने के पश्चात् समाज और देश के लिए आत्मोत्सर्ग का भाव और दृढ हो गया। कविताओं की तरह कहानियों में

भी उन्होंने ईश्वर और अंधआस्था के प्रति कड़ी चोट की हैं। उनकी माँ भगवान को भोग लगातीं, तो वे मजाक में कह उठते- ''माँ क्यों पत्थर के लिए परेशान रहती हो, मुझे खिलाओ तो कुछ गुण पहुँचे।''

मुक्तिबोध मनोविज्ञान के गहरे जानकार हैं। सही-गलत सभी पर केशव पर फिदा रहने वाले खलील काका का अपना बेटा रसूल, केशव के 'खलील काका मेरे हैं।' कहने पर पाँच साल का रसूल चिंतित हो जाता है। वे रसूल के मनोभाव को चित्रित करते हैं–

''खलील काका किसके हैं? इस प्रश्न पर उसने विचार नहीं किया। उसका संयमी विचार व्यथित सहनशील व्यक्तित्व इस बात पर एकदम चमत्कृत हो गया। केशव के हैं या रसूल के खलील काका? क्या वह खोजने निकल पड़े? एक गुप्त कराह उसके हृदय की धकड़कन में बिंध गई। उसका सारा बदन दुखने लगा पर वह वैसे ही उठा और घाम में जाकर खड़ा हो गया।'' (खलील काका-गजानन माधव मुक्तिबोध, प्रकाशन वर्ष 1936, मुक्तिबोध रचनावली 3 पू. 16-17)

मुक्तिबोध की कहानियाँ भी विचारवान हैं। वे गरीब और जमीन को बड़े करीब से देखते हैं और उन परिस्थितियों पर भी विचार भी करते हैं जिनके कारण गरीबी पनपती है, कायम रहती है। एक गरीब के आत्मसम्मान की रक्षा और यदि वह अमीर हुआ है तो उसने क्या तरीका अपनाया होगा इस पर भी विचार करते हैं। वे देश के नीति निर्धारकों पर कड़ा प्रहार करते दिखाई देते हैं। वे देश की गरीबी और लाचारी के लिए देश के पूँजीपति वर्गों के राजनीतिक लोगों के गठजोड़ को जिम्मेदार मानते हैं। गरीबों की विद्रुपता को बड़े करीब से महसूस करते हैं। सतह से उठता हुआ आदमी में वे कहते हैं–

''गांधीवाद दर्शन गरीबों के लिए बड़े काम का है। वैराग्य भाव अनासक्ति तथा कर्मयोग सचमुच एक लौह कवच है, जिसको धारण करके मनुष्य आधा नंगापन और आधा भूखापन सह सकता है। सिर्फ सहने की ही बात नहीं, वह उसके आधार पर आत्मगौरव आत्मनियंत्रण और आत्म दृढ़ता का वरदान पा सकता है और भयानक प्रसंगों और परिस्थितियों का निर्लिप्त भाव से सामना कर सकता है।'' (सतह से उठता हुआ आदमी-गजानन माधव मुक्तिबोध मुक्तिबोध रचनावली 3 पृ. 186)

वे गरीबी की भयावहता को बताते हैं। वे गरीब के जीवन के कठोर यथार्थ को महसूसते हैं, जहाँ पग पग पर व्यक्ति अपमानित होता है। सरकार रीति रिवाज परंपराएँ, नैतिकताएँ उसे और कमजोर करती है और गरीब बने रहने में के स्थायित्व में मदद करती है। जब वह उनसे जकड़कर अकुलाहट महसूस करता है। तो वह उन बंधनों को सहजता से तोड़कर बाहर निकल जाता है। वह देखता है कि उसी के समान

खाता पीता आदमी भी उसका अपमान करने को तैयार रहता है। वे कहते हैं कि 'दुनिया में अपमान जैसा कोई दुख नहीं, अपमान गरीबी से ज्यादा पीड़ा देनेवाली वस्तु है। विद्वान की विद्वता उसके किसी काम की नहीं उसे दो रोटी नहीं दे सकता है न परंपराएँ न ही संस्कार न नीति रिवाज।'

मुक्तिबोध एक एक पात्र के अंतःकरण में प्रवेश कर जाते हैं तथा उसके हृदय के घाव को दिखाते हैं। मुक्तिबोध कथित भद्र समाज की भद्रता की असलियत को जिस प्रकार अंधेरे में कविता में खोलते हैं ठीक उसी प्रकार अपनी कहानी में भी-

"वह उनका आदर्शीकरण करने लगा, जबकि असल में वे सारे के सारे बिकने के लिए तैयार बैठे थे। सिर्फ कीमत का सवाल था। कम कीमत में कोई बिकने को राजी नहीं था और सबसे बड़ी चीज तो यह थी कि वे सब प्रतिभावान और साहसी नौजवान अखबारनवीस थे।" (सतह से उठता हुआ आदमी—गजानन माधव मुक्तिबोध, मुक्तिबोध रचनावली 3 पृ. 189)

मुक्तिबोध लंबे समय तक पत्रकारिता से जुड़े रहे सब तरह के लोगों से उनका साबका पड़ा। उन्होंने बड़े-बड़े रइसों अधिकारियों, पत्रकारों, समाज सेवकों को बहुत करीब से देखा तथा महसूस किया। वे देखते हैं कि गरीब जीवन की परिस्थितियों से समझौते करते—करते अपने ही परिवार के सदस्यों के लिए निष्ठुर हो जाता है, वह अति धैर्यवान हो जाता है। वह जानता है कि सोच या चाह लेने भर से परिस्थितियाँ नहीं बदलेंगी। पूरा परिवार घुटता रहता है उनकी कहानियों के पात्र कभी कभी संवाद बहुत कम हैं पात्रों के जीवन की विवशताएँ तथा परिस्थितियाँ ही संवाद हैं। पात्र एक दूसरे की मनःस्थिति को समझकर संवाद करने से बचते हैं। जीवन जीना मजबूरी है, पति पत्नी के साथ एक बच्ची है उसी की रक्षा के लिए हजार खून के घूँट पीकर भी जीवित रहना है उसे थामे रहना है—

"वे तथा कथित बिस्तरों पर लेट गए हैं। दोनों को नींद नहीं एक दूसरे से कुछ कहना चाहते हैं, कहना आवश्यक है। किंतु वे जानते हैं कि दोनों को मालूम है कि एक दूसरे को क्या कहना है। उस पूर्वज्ञान को वे कहना सुनना नहीं चाहते हैं। वह पूर्वज्ञान वेदना कारक है, इसलिए उसे न कहना ही अच्छा।" (काठ का सपना—गजानन माधव मुक्तिबोध, मुक्तिबोध रचनावली 3 पृ. 172)

मुक्तिबोध की पीड़ा सर्वत्र स्वानुभूत लगती है, वे ऐसे गरीब और लाचारों की पीड़ा को जीते हैं जिनसे वे रोज मिलते हैं, जहाँ वे रहते हैं, जहाँ वे नौकरी करते हैं। उनकी सरकारी नौकरी की मजूरी उन्हें अपनी अभिव्यक्ति से रोकती प्रतीत होती है। वे नया खून का संपादन के दौरान कई छद्म नामों से सरकार और उसकी नाकारा व्यवस्था पर करारी चोट करते हैं। मुक्तिबोध मार्क्सवादी हैं पर उनका सिद्धांत जड़

नहीं है। सामाजिक परिवर्तनों के साथ साथ प्रगतिशील है। वे जानते हैं कि जड़ सिद्धांतों से समाज को नहीं बदला जा सकता—

"मुक्तिबोध के मन में जो द्वंद्व था वह भी समाप्त हो गया और उन्होंने भी मार्क्सवाद को स्वीकार कर लिया, बावजूद कि उनके चिंतन के गवाक्ष खुले रहे और मार्क्सवाद को स्वीकार करते हुए भी उसकी प्रति अपूर्णता का एक एहसास उनके भीतर बना रहा। इसकी परिणति उनके विचार और रचना में संकीर्णतावादी रुझानों से लड़ने और उनके द्वारा मार्क्सवाद को यथासंभव सृजनात्मक ढंग से विकसित करने के रूप में हुई।" (मुक्तिबोध—नंद किशोर नवल पृ. 21—22)

मुक्तिबोध के साथ-साथ उनके पात्र भी निरंतर कठिनाइयों से जूझते दिखाई देते हैं। अधिकांश पात्र मध्यमवर्ग अथवा निम्न वर्ग का प्रतिनिधित्व करते हैं। खलील चाचा का खलील, काठ का सपना का पिता, सतह से उठता हुआ आदमी का कृष्णस्वरूप, विद्रूप का सर्वटे, मैत्री की मांग का रामाराव सभी दयनीय अवस्था में अंतरद्वंद्व को जूझते हुए दिखाई देते हैं। उन्हें सिर्फ हमदर्दी मिल सकती थी, पर सहायता नहीं क्योंकि हमदर्द वही थे जो उनकी तरह लाचार और मजबूर थे। सभी कर्ज में डूबे, गरीबी से ऊबे, अपने-आप से नाराज अधिकतर पात्र व्यवस्था से टकराने की बात नहीं करते, वे परिस्थितियों से भागते हैं। उनके अंदर व्यवस्था से टकराने की हिम्मत पैदा नहीं हो पाती क्योंकि वे जानते हैं कि टकराहट की स्थिति में उनके पास जो है व्यवस्था उनसे वह भी छीन लेगी। परिस्थितियों से मजबूर खलील अपने पाँच बरस के रसूल को होटल में काम करने के लिए भेजने को मजबूर है। कृष्णस्वरूप पूँजीवादी सत्ता से टकराता नहीं है, वह उसके वंश में हो जाता है। विपात्र का भनावत कहता है—

"लिखित नियम तो यह है कि व्यक्ति स्वतंत्र है किंतु वास्तविकता यह है कि व्यक्ति को खरीदने और बेचने की, खरीदे या बेचे जाने की दूसरों की स्वतंत्रता को खरीदने की या अपनी स्वतंत्रता को बेचने की आजादी की मजबूरी है लिखित नियम की और बात है वास्तविकता दूसरी बात।.......सच्ची आजादी उन्हें है जिनके पास पैसा है। पैसों के बल पर दूसरों की स्वतंत्रता खरीद सकते हैं........मैं खुद खरीदता था।" (विपात्र—गजानन माधव मुक्तिबोध, मुक्तिबोध रचनावली 3 पृ. 221)

पर वह हार मान जाता है यह कहता है कि मैं अब सच बोलने का खतरा नहीं उठाना चाहता। विद्रूप का सर्वटे समस्याओं से लड़ता नहीं वह चुपचाप अपने को बदलता है और जानवरों की तरह अपने पेट भरने के उपक्रम में लगा रहता है। आवश्यकताओं को पूरा न हो पाने के जिम्मेदारों के विषय में अधिक नहीं सोचता। रामाराव परिस्थितियों की मार के कारण इंटर के आगे नहीं पढ़ सका परिस्थितियों से

चुपचाप समझौता करता चलता है।

मुक्तिबोध की कहानियों के पात्र उनके विचारों के वाहक बनकर साथ-साथ चलते चले जाते हैं। समाज में पैदा किए गए कथित आदर्शवाद और नैतिकताओं का ठेका देकर जी जानेवाली तानाशाहियों और अनैतिक बर्ताव से वे बड़े व्यथित भी हैं और क्रांति की राह भी देखते हैं– "दुनिया की कोई ऐसी कलुषता नहीं थीं जिसपर उसे उलटी हो जाए-सिवाय विस्तृत सामाजिक शोषणों और उससे उत्पन्न दंभों और आदर्शवाद के नाम पर किए गए अंध अत्याचारों, यांत्रिक नैतिकताओं और आध्यात्मिक अहंताओं की तानाशाहियों को छोड़कर दुनिया के मध्यवर्गीय जनों के अनेक विषों को चुपचाप वह पी गया था और राह देख रहा था सिर्फ क्रांति शक्ति की।" (अंधेरे में-गजानन माधव मुक्तिबोध, मुक्तिबोध रचनावली 3 पृ. 85)

मुक्तिबोध की कहानियों में उनकी वैयक्तिकता उतर आती है बल्कि वे कहानियों की ओट ले लेकर अपनी वैयक्तिकता को लेखनी में उतारते चले जाते हैं। उनकी कहानियों में समाज का नग्न यथार्थ सामने आता चला जाता है वे नए-नए प्रकार का शब्द बिंब रचते चले जाते हैं ठीक वैसे ही जैसे वे कविताओं को कहानियों में उतारते चले जाते हों।

मुक्तिबोध की कई कहानियाँ नारी सशक्तीकरण की मिसाल हैं। अक्टूबर 1956 में नया खून में प्रकाशित कहानी 'प्रश्न' वाकई पूरे गाँव, पूरे समाज, बल्कि पूरी दुनिया से प्रश्न करती दिखाई देती हैं, कि स्त्री की पवित्रता और अपवित्रता की कसौटी क्या है? समाज में प्रचलित कसौटी क्यों मान्य होनी चाहिए। बेहद भोली भाली और थोड़ी शिक्षित सुशीला के अनमेल विवाह में पूरा गाँव सहर्ष सरीक होता है, पर कुछ ही समय बाद विधवा हो जाने वाली सुशीला का गाँव के ही एक ताजा विधूर होने वाले एक व्यक्ति से आत्मीयता तथा फिर शारीरिक संबंध होना व उसके साथ रहना उसका तथा उसके बच्चे का जीवन दूभर कर देता है। जबकि उसके तथा उस व्यक्ति के बीच कोई असहमति नहीं हैं। पवित्रता अपवित्रता का प्रश्न ईश्वर के सामने उठाया जाता है–

"स्वर्ग में ईश्वर अपने सिंहासन पर बैठा है। न्याय हो रहा है सब लोग चुपचाप खड़े हैं सुशीला आती है उसके हाथ–पैर जकड़ दिए गए हैं। उसी के समान हजारों स्त्रियाँ आती हैं ईश्वर पूछता है, "ये कौन है?"

हवलदार कहता है–"अपवित्र स्त्रियाँ।"

सुशीला पूछ बैठती है,–तो फिर पवित्र कौन है?"

इश्वर के एक ओर पवित्र लोग श्वेत परिधान किए हुए कुर्सियों की कतार पर बैठे हैं।

क्रोधपूर्वक ईश्वर उनसे पूछता है, "क्या तुम सचमुच पवित्र हो?"

सब लोग ईश्वराज्ञानुसार अपने अंदर देखने लगते हैं पर वे पवित्र कहाँ थे।

सुशीला चिल्ला उठती है उन्मादपूर्वक—"उनको कुर्सियों से हटाया जाय।"

—(प्रश्न—गजानन माधव मुक्तिबोध, मुक्तिबोध रचनावली 3 पृ 113)

मुक्तिबोध की नारी पात्रों की सामाजिक बंधनों तथा गढ़ी गई कथित नैतिकता के मकड़जाल से बाहर निकलने के लिए छटपटाहट साफ दिखाई देती हैं। गढ़ी गई नैतिकताओं के बंधन पर उनके औचित्य पर वे सवाल खड़ा करती हैं। मैत्री की मांग कहानी की सुशीला माधवराव से उसकी शिक्षा के विषय में जानकर आकृष्ट होती चली जाती है परंतु अपने पति के बुरा मान जाने की बात से वह उसके प्रति आकर्षण को प्रकट नहीं होने देती।

मुक्तिबोध जीवन के सभी पक्षों को साथ लेकर चलते हैं छोटे बच्चें, स्त्री से लेकर समाज के विभिन्न वर्ग के पात्र किसान, मजदूर राजनेता, पत्रकार, उद्योगपति, साहित्यकार सभी उनकी कहानियों का प्रतिनिधित्व करते हैं। सभी की वाह्य तथा आंतरिक चरित्र उनकी कहानियों में प्रकट होते हैं। वे समाज के निम्न वर्ग तथा मध्यवर्ग को अपनी कहानियों में अधिक स्थान देते हैं। उनकी समस्याओं को दुनिया के सामने रखते हैं। मुक्तिबोध की कहानियाँ समाज को जीवन देने वाली हैं। मुक्तिबोध का साहित्य सही मायने में जनता का साहित्य है। जनता के जीवनमूल्यों का साहित्य है, वह जीवनादर्शों का साहित्य है, उसके सरोकारों का साहित्य है। वे निराशावादी आधुनिकता को स्वीकार नहीं करते। मुक्तिबोध की कहानियाँ आत्मसंघर्ष की कहानियाँ हैं, और वे जीवन को निरंतर बाधाओं के बीच रास्ता बनाते हुए चलते चले जाने को प्रेरित करते हैं। वे अभिव्यक्ति के खतरे उठाते चलते हैं।

ज़माने से बात करती कविताएँ

अविनाश रंजन

स्वाधीनता के बाद की हिंदी कविता मुक्तिबोध के बिना अधूरी है। इनकी कविता रचनात्मक हस्तक्षेप का पर्याय है। कविता को नए वैचारिक स्तर पर ले जाकर उसकी पठनीयता को बनाए रखने का साहस भरा काम इनकी कविता करती है। ऐसा होने पर ही वह लोगों क बीच रही और उनके बड़े सवालों को उठाती रही। उनकी कविता में फैंटसी न केवल ऐतिहासिक है बल्कि यह सवाल भी उठाती है कि क्या इससे कविता के विराट सौंदर्यबोध को हासिल किया जा सकता है? यहां हम उनके कविता संग्रह ''चांद का मुंह टेढ़ा है'' की कविताओं और कुछ अन्य कविताओं पर बातचीत करेंगे।

मुक्तिबोध ने खुद से मोह न रखकर दूसरों के प्रति मोह रखा। यह दूसरों के प्रति मोह ही कविता को नई गरिमा प्रदान करता है। वे बीमार होते हुए भी बेहतरीन कविताएं लिखें। इसके मूल में मौजूदा समाज और राजनीति की बेहतरी की कामना है। कुछ जगह तीखे सवाल हैं। यकीन मानिए ये सवाल चुभने वाले हैं। मुक्तिबोध की कविताएं उनका इतिहास हैं। जो उनकी कविताओं को समझने में समर्थ है, उन्हें कुछ और समझने की ज़रूरत नहीं है। वे आजीवन अपने-आप जूझते रहे, जैसे किसी पहाड़ से जूझ रहे हों। वे केवल सैंतालीस साल तक ही हमलोगों के बीच रहे, लेकिन उनका अवदान अतुलनीय है। उनके योगदान के बारे में शमशेर बहादुर सिंह ने ''चांद का मुंह टेढ़ा है'' की भूमिका में लिखा है-'' एकाएक क्यों सन् '64 के मध्य में गजानन माधव मुक्तिबोध विशेष रूप से महत्वपूर्ण हो उठे? क्यों 'धर्मयुग', 'लहर', 'नवभारत टाइम्स' – प्रायः सभी साप्ताहिक, मासिक और दैनिक उनका परिचय पाठकों को

देने लगे और दिल्ली की साहित्यिक, हिंदी दुनिया में एक हलचल-सी आ गयी? इसलिए कि गज़ानन माधव मुक्तिबोध एकाएक हिंदी संसार की एक घटना बन गए। कुछ ऐसी घटना जिसकी ओर से आंख मूंद लेना असंभव था।'' अपनी कविताओं से उन्हें बेहद लगाव था। उसकी कई बार ड्राफ्टिंग, री-ड्राफ्टिंग करते। शब्द और वाक्यों के प्रति बेहद सजग। ताकि उनकी व्याप्ति दूर तक हो। असरदारक हो।

कवि की निर्मिति की अपनी एक पृष्ठभूमि होती है, जो उस दौर के साहित्यिक आंदोलनों, राजनैतिक विचारों और कवि के समाजी रिश्तों पर टिकी होती है। मुक्तिबोध भी मज़दूरों और समाज के अपेक्षितों के बीच रहे। एम्प्रेस मिल के मज़दूरों पर जब गोली चली तो रिपोर्टर की हैसियत से वह घटनास्थल पर मौजूद थे। उन्होंने सिरों का फूटना और खून का बहना अपनी आंखों से देखा। उज्जैन शहर में रात के अंधेरे में अक्सर निकलते। रात का सन्नाटा, पुलिस की सीटियां, एक अकूत रहस्य का वातावरण होता। कहने का मतलब कवि मुक्तिबोध की निर्मिति में इन सब चीज़ों का योगदान था। वह एक स्वप्नद्रष्टा कवि थे। यूटोपिया वाले कवि। पर कहीं भी उनकी कविता, विचारगत तार्किकता से ओझल नहीं होती। उनकी कविता में मार्क्सवाद के तत्व अस्तित्ववाद और पश्चिम की दर्शनधाराओं के अंतर्विरोधी की टकराहट के फलस्वरूप निर्मित होते हैं। गांधी और टैगोर का प्रभात भी था। उस ज़माने को याद करते हुए डॉ. प्रभाकर माचवे ने नवभारत टाइम्स में लिखा है— ''मुक्तिबोध रवीन्द्रनाथ को मूल में पढ़कर अभीभूत हुए थे। हमारी कई संध्याएं लंबी-लंबी तार्किक बहसों में बीती थीं। हमारी बहस गांधी और मार्क्स को लेकर भी होती।'' (गजानन माधव मुक्तिबोध और उनकी साहित्य सेवा-नवभारत टाइम 2 अगस्त 1964) गोर्की मुक्तिबोध के प्रिय रचनाकार थे। वे उनके वातावरण के सूक्ष्म चित्रण की बात सीखे।

मुक्तिबोध के जीवन का एक महत्वपूर्ण पक्ष है, 'अंतर्द्वंद्व'। वे ताउम्र परस्पर विरोधी स्थितियों से जूझते रहे। ये विरोधी स्थितियां थीं— व्यक्तिगत और सामाजिक, विचारधारा और कर्म की, रचनात्मकता और प्रकाशन की। जीते जी कोई कोई कविता संग्रह लोगों के बीच नहीं आयी। निधन के तेरहवें दिन पहला संग्रह ''चांद का मुंह टेढ़ा है'' आया। इसके आने पर हिंदी काव्य-परिदृश्य में वैसी ही हलचल मची जैसी निराला की 'अनामिका' आने पर हुई थी। इन सबके बीच जो अहम बात थी, जुदा बात थी वह यह थी कि मनुष्यता की बात वह कहीं नहीं छोड़े। मनुष्य के संघर्ष, उसके ताप और उसकी गरिमा को अंत तक बजाए रखे। स्वप्न बड़े थे, लिहाज़ा इनके मूल्य भी उतने ही बड़े थे। अपनी एक कविता में इन्होंने लिखा है—

''दुनिया से लड़ झगड़ ज़माने से जिरह कर

मनुष्य बने रहने की ताकत आ जाती है''।

दुनिया सुन्दर है। यह दुनिया तब और सुंदर हो जाती है, जब समाज में बराबरी की बात होती है। शोषण रहित समाज की बात होती है। यह एक विराट सौंदर्यबोध है। यह सौंदर्यबोध अलहदा और मानीखेज़ है और इसी के लिए वे ''सभ्यता समीक्षा'' की बात करते हैं। यह सभ्यता समीक्षा समय सापेक्ष है। आज़ाद भारत में बेतहाशा गरीबी थी, बेरोज़गारी की समस्या थी। वे सबकी मुक्ति की बात करते। इसमें जनता की पक्षधरता और उसकी खुशहाली होती। शोषण मुक्त समाज की बात को वे इस तरह स्वर देते हैं—

''समस्या एक मेरे सभ्य नगरों और ग्रामों से
सभी मानव
सुखी, सुंदर और शोषणमुक्त कब होंगे?''

भूल गलती उनकी एक महत्वपूर्ण कविता है। इस कविता में बुद्धिजीवी वर्ग की भूमिका के बारे में बताया गया है। कविता में मध्ययुग की बात को लिया गया है पर कवि का मुख्य उद्देश्य आधुनिक युग के बुद्धिजीवी वर्ग की सच्चाई को बताना है। यह उनका प्रिय विषय लगता है। कविता का स्थापत्य इस लिहाज से विशिष्ट है कि इसमें मुक्तिबोध ने खूब उर्दू-फारसी शब्दों का प्रयोग किया है। जैसे—

जिरहबख्तर, खुद-मुखतार, खूंख्वार, आलीजाह आदि। इस कविता में मध्यकालीन नवजागरण के बौद्धिकों अल ग़ज़ाली, इब्ने सिन्ना, अलबरूनी के माध्यम से क्रीतदास बौद्धिकों का खुलासा किया गया है। इनकी कोई सामाजिक पक्षधरता नहीं है। ये सत्ता की बोली बोलते हैं और उसके इर्द-गिर्द रहकर अपने अस्तित्व का महिमा मंडन करते हैं। जब हम आज के वक्त को देखते हैं तो स्थिति और स्पष्ट हो जाती है। संवैधानिक संस्थाओं पर हमले हो रहे हैं। और अधिकांश बुद्धिजीवी बहसों के नैरेटिव को इस ओर ले जा रहे हैं जिससे हमारा समाज बंट रहा है। ज़रूरी मुद्दे गायब हो रहे हैं। जैसे शिक्षा, स्वास्थ्य, रोज़गार आदि। बुद्धिजीवी जहाँपनाह के सामने सर झुकाए गुलामों की तरह खड़े हैं। बेज़ुबां, बेबस। ईमान कैदी है, उसे ज़िन्दगी की शर्म की-सी शर्त नामंजूर है। आधुनिक बुद्धिजीवियों ने अपनी ऐतिहासिक भूमिका ठीक से नहीं निभाई। और इसकी कीमत जनता को चुकानी पड़ी है—-

''मेरी आपकी कमज़ोरियों के स्याह
लोहे का जिरहबख्तर पहन, खूंख्वार
हां, खूंख्वार आलीजाहः
वो आंखें सचाई की निकाले डालता,
सब बस्तियां दिल की उजाड़ डालता,

करता, हमें वह घेर,
बेबुनियाद, बेसिर पैर...
हम सब कैद हैं उसके चमकते तामझाम में
शाही मुकाम में!!"

कविता आखीर में आशावाद पर खत्म होती है। मुक्तिबोध का मानना है कि इतिहास के प्रवाह के विरुद्ध खड़ी चेतना दीर्घजीवी नहीं हो सकती–

"हमारी हार का बदला चुकाने आएगा
संकल्प-धर्मों चेतना का रक्तप्लावित स्वर,
हमारे ही हृदय का गुप्त स्वर्णाक्षर
प्रकट होकर विकट हो जाएगा!!"

ब्रह्मराक्षस कविता मुक्तिबोध की उल्लेखनीय कविताओं में से एक है। मुक्तिबोध ने इसी शीर्षक से एक कहानी भी लिखी थी। दोनों के प्रकाशन का समय एक ही है–(1957) कहानी अपने रचाव और कथ्य में साधारण है, जबकि कविता बेहद संसलिष्ट। कविता परम अभिव्यक्ति की तलाश है। कवि की परम अभिव्यक्ति उनकी गुरु है। निजी समृद्धि के रास्ते में स्वप्न हैं जिसमें प्रतिरोध के दृश्य हैं। पूरी कविता फैंटसी है। फैंटसी पर चर्चा बाद में होगी। कविता के अंत में कवि का कहना है–

"वह कोठरी में किस तरह
अपना गणित करता रहा
और मर गया......

इसके बाद का सवाल यह क्यों हुआ। क्यों यह हुआ!! यह केंद्रीय सवाल है। 'क्यों' का जवाब किस विमर्श में है। यह विमर्श है समाज में बुद्धिजीवी की भूमिका की तलाश।"

शिक्षित वर्ग का जनविरोधी हो जाना मुक्तिबोध को सबसे ज्यादा खलता था। यही कारण है कि उनकी अनेक कविताओं में इस पीड़ा की अनुगूंज व्याप्त है। अपने गद्य में भी उन्होंने यह चिता ज़ाहिर की है। एक स्थान पर वे कहते हैं–"एक ओर बढ़ रहा है शिक्षित वर्ग में जन घृणा का ज़हर। दूसरी ओर, महाजनी सभ्यता या पश्चिमी सभ्यता की अराज़कता के दबाव में नामी गिरामी लोग इनका टैक्स की चोरी करते हैं, नौकरशाह रिश्वतखोरी करता है और सत्ता में बैठा नेता, मंत्री, जनता को धोखा देने का षड्यंत्र रचता है। (मुक्तिबोध रचनावली भाग-2 राजकमल प्रकशन, दिल्ली)

'अंधेरे में' मुक्तिबोध की कालजयी रचना है। यह कविता कबीर और निराला की कविता की तरह है, जिसमें हम आत्मिक और सामाजिक मुक्ति की बात देखते हैं। यह एक लंबी कविता है। इसमें फैंटसी है, यथार्थ है। कविता की मूल संवेदना

अंतर्द्वन्द्व की है। यह अंतर्द्वन्द्व सत्ता और लोक के बीच का है। कविता में जन - क्रांति का स्वप्न भी है। दरअसल यह कविता छः सात बरस तक लिखी गई। इसमें मुक्तिबोध ने कई बार संशोधन और परिवर्धन किया। श्रीकांत वर्मा ने' चांद का मुंह टेढ़ा है' की भूमिका में लिखा है, इस कविता का शीर्षक पहले' आंशका के द्वीपः अंधेरे में' था। उन्होंने बताया कि यह शीर्षक एक विशेष मनः स्थिति के प्रवाह में दिया गया था। उनकी इच्छा के मुताबिक शीर्षक से मैंने 'आशंका के द्वीप हटा दिया है, हालांकि मुझे लगता है यह शीर्षक इस कविता कें अर्थ को अधिक अच्छी तरह से व्यंजित करता है। इस लंबी कविता के पहले दो भागों में कवि की उत्कट रचनात्मक बेचैनी दिखाई पड़ती है। साथ में परम अभिव्यक्ति की भी बात है। अर्थात् 'पूर्णता की तलाश'। इसी पूर्णता की खोज में कवि का अपने समय से और अपने आप से सामना होता है। उनकी पारदर्शी काव्य भाषा इस कविता में यही बयान करती है। जिसे जटिलता कहा जाता है, वह दरअसल उसकी सूक्ष्मता और बारीक बिम्ब - विधान है। अपने समय के भूगोल की शिनाख्त तीसरे भाग में विचित्र प्रोसेशन से शुरू होती है। वास्तव में यह शहर का सत्ता तंत्र है जिसमें गहन मृतात्माएं इसी नगर की हैं जो –

"दिन में
बैठती हैं मिल कर करती हुई षड्यंत्र
विभिन्न दफ्तरों-कार्यालयों, केंद्रों में, घरों में।"

इसमें मध्य वर्ग की भूमिका को बताया गया है। दरअसल इस वर्ग की कैफ़ियत यह है कि सत्ता तंत्र से गहरे तौर पर जुड़ा है। यह नाभि-नाल बद्ध है।

'अंधेरे में' अस्मिता के खोज की कविता है। ऐसा नामवर सिंह का मानना है। यह रचना रोमानी होते हुए भी अत्यधिक यथार्थवादी है। शमशेर बहादुर सिंह ने उचित ही इस कविता के बारे में कहा है" यह कविता देश के आधुनिक जन इतिहास का स्वतंत्रता पूर्व और पश्चात का एक दहकता इस्पाती दस्तावेज है।" आत्म संघर्ष और समय के साथ मुठभेड़ की बात जब आएगी तो शायद यह हिन्दी की सबसे अच्छी कविता मानी जाएगी। बुद्धिजीवी वर्ग के सत्ता के साथ गठजोड़ के लिए भी यह कविता याद की जाएगी। उल्लेखनीय रूप से। आज़ादी के लगभग डेढ़ दशक बाद यह कविता लिखी गई। इसकी पृष्ठभूमि में आज़ादी के सपनों के बिखरने की त्रासदी, बढ़ती बेरोज़गारी, उद्योग-धंधों के अभाव, शासन से आम जनता का मेहभंग, वाम दलों का विभाजन आदि अनेक अवसाद भरे समय का दौर था। मुक्तिबोध एक राजनीतिक कवि के रूप में हमारे सामने आते हैं। पूरी कविता अंधेरे के ख़िलाफ रोशनी की लड़ाई है। कवि का कहना है–

"इसीलिए मैं हर गली में और हर सड़क पर
झांक झांक कर देखता हूँ हर एक चेहरा
प्रत्येक गतिविधि
प्रत्येक चरित्र,
वह हर एक आत्मा का इतिहास
हर एक देश व राजनैतिक परिस्थिति
प्रत्येक मानवीय स्वानुभूत आदर्श
विवेक - प्रक्रिया, क्रियागत परिणति!!
खोजता हूँ पठार.... पहाड़ समुंदर जहाँ मिल सके मुझे मेरी वह खोई हुई
परम अभिव्यक्ति अनिवार
आत्म - संभवा।"

मुक्तिबोध अभिव्यक्ति के खतरे उठाने की बात करते हैं और इसके लिए मठ और गढ़ तोड़ने की बात करते हैं। ये मठ और गढ़ उस प्रभुत्ववादी सोच के प्रतीक हैं जो धर्म, राजनीति, समाज और सत्ता को जकड़े हुए हैं। ये जनतंत्र विरोधी हैं। दरअसल जन विचिछन्न होना आज के वक्त में अभिव्यक्ति का सबसे बड़ा खतरा है। कवि का यह नैतिक और सामाजिक दायित्व है कि वे प्रतिरोध की संस्कृति के तहत जनता को इन खतरों के प्रति आगाह करता रहे। मुक्तिबोध ने जोखिम उठाया था, साहस दिखाया था। वे अपने कवि-कर्म के प्रति बेहद ज़िम्मेदार, सजग और संजीदा थे। उनका कहना है—

"अब अभिव्यक्ति के ख़तरे
उठाने ही होंगे।
तोड़ने ही होंगे मठ और गढ़ सब।
पहुंचना होगा दुर्गम पहाड़ों के उस पार
तब कहीं देखने मिलेंगी बाहें
जिसमें कि प्रतिपल कांपता रहता
अरुण कमल एक।"

जब हम आज की कविता और कवि की बात करते हैं तो अभिव्यक्ति के खतरे उठाने की बात न के बराबर मिलती है। जो उठाते भी हैं, उन्हें देश के विरुद्ध मान लिया जाता है। आज देश और राष्ट्र का मतलब उस विचार से है जो एक ख़ाक धर्म, विचार जीवन-शैली को महत्व, तरजीह देते हैं। दूसरे को नहीं। नेहरू ने एक दफा जनसभा को संबोधित करते हुए कहा था देश और राष्ट्र का मतलब खेत, खलिहान, मैदान, पर्वत, पहाड़ ही नहीं होते, बल्कि अवाम की मुक्ति और अभिव्यक्ति

में ही वस्तुतः भारत की जय है। उसकी जीत की बात निहित है।

फैंटसी का प्रयोग इन्होंने खूब किया। इससे इनकी कविता में नई अर्थवत्ता आई। साथ ही कविता को विस्तार भी मिला। फैंटसी का प्रयोग मुक्तिबोध ने व्यंग-उपहास से लेकर करुण भावों की अभिव्यक्ति तक के लिए किया है। फैंटसी यानी एक अवास्तविक और आधारहीन स्वप्न, अपनी सुविधा या दुविधा से चुनी हुई एक ऐसी दुनिया जिसका अस्तित्व न हो। जो अनिवार नहीं दुर्निवार हो। इनकी तीन कविताएं 'भूल गलती', 'ब्रह्मराक्षस' और 'अंधेरे में' फैंटसी मिलती है। 'भूल ग़लती' कविता में फैंटसी की ज़मीन मध्ययुग है। जबकि 'ब्रह्मराक्षस' कविता में सब कुछ फैंटसी के भीतर ही घटित होता है। अंधेरे में फैंटसी के स्तर पर नाट्य शैली में अभिव्यक्त है। कवि स्वप्न के माध्यम से फैंटसी रचकर यथार्थ का चित्रण करता है। 'जादुई' इनका प्रिय शब्द है। साथ ही इन्होंने कविता में उर्दू, फारसी, संस्कृत और अंग्रेजी के शब्दों का प्रयोग खूब किया। इन्होंने कविता को कुछ इस तरह से हमारे सामने रखा कि हम सब इनके मुरीद हो गए। वो कहते हैं न–

एक अंदाज़-ए-बयां ही रंग ला देता है।
वर्ना दुनिया में कोई बात नई बात नहीं।।

मुक्तिबोध की कविता का कैनवास बड़ा है। संवेदना और शिल्प के हिसाब से ये आज़ादी के बाद के बेजोड़ कवि हैं। नए कवियों को न केवल कविता लिखने का सलीका दिया, बल्कि उसके विराट सौंदर्यबोध की अवधारणा को भी प्रस्तुत किया। साथ ही कविता की व्याप्ति में सबको शामिल भी किया। कुछ लोगों को उनकी कविता दुरुह लगती है। दरअसल उन्हें ऐसा इसलिए लगता है क्योंकि वे अपनी शर्तों पर उनकी कविता को समझाने की कोशिश करते हैं। मुक्तिबोध को अगर मुक्तिबोध की शर्त पर समझा जाए तो उनकी कविता समझ में आएगी।

मुक्तिबोध संस्कृति निर्माण की प्रक्रिया के दुर्द्धर्ष योद्धा थे। वे आजीवन वैसी संस्कृति विकसित कर रहे थे जो मनुष्य और समाज की व्यापक मुक्ति की बात करती थी। जो धर्म, समाज और राजनीति की तंगख़्याली से दूर सूरज की रोशनी में सबकुछ पहचानने, देखने और समझने जैसा था। इसीलिए धर्मा और राजनीति की दुकान चलाने वालों के आंखों की वे हमेशा किरकिरी बने रहे। जर्मन कवि रिल्के ने" बुक ऑफ लाइफ़ एण्ड सांग्स" में लिखा है–

"...यदि कोई युग अपने लिए बड़ा मनुष्य नहीं गढ़ता तो मनुष्य गढ़ लेता है अपने लिए बड़ा समय..."

मुक्तिबोध का जीवन और उनकी कविता कुछ ऐसी ही थी।

मनुष्य की विकृतियों के भविष्यदर्शी

भरत प्रसाद

"कहानियों के आइडिया मेज पर बैठकर नहीं मिलते। लोगों के बीच जाकर मिलते हैं। लोगों के बीच जाकर मैं उनसे एक रस हो जाता हूँ। उनकी आशाएँ-निराशाएँ -अनुभूतियाँ मेरी अपनी हो जाती हैं, और फिर मैं एक चित्रकार की तरह उन्हें कागज पर अंकित करने का प्रयास करता हूँ।" अर्नेस्ट हेमिंग्वे (समकालीन युवा कहानी, पृ.355)

अमेरिका के इस दृष्टिशिल्पी कथाकार में अपने उपरोक्त कथन के बहाने मानो कलम के कालजयीपन की अनिवार्य शर्त रख दी हो। ठेठ जमीन की विकट, विषम हकीकतों का साक्षात्कार किए बगैर कोई भी लेखक अपने सृजन की लम्बी उम्र दे ही नहीं सकता। सुखद या पीड़ादायी यथार्थ को सीधे अपनी निगाहों से देखे बगैर अपनी रचना में प्राण-प्रतिष्ठा हो ही नहीं सकती।

नयी कविता ही नहीं, हिन्दी काव्य परम्परा के शिखरों में से एक गजानन माधव मुक्तिबोध बहुमुखी प्रतिभा सम्पन्न साहित्यिक थे। मात्र 47 की उम्र में अनेक कालजयी कविताएँ, निबंध और कहानियाँ देने वाले मुक्तिबोध वस्तुतः अपनी विपुल रचनात्मकता का आश्चर्य पैदा करते हैं। उनकी कविताओं, कहानियों और उपन्यासों में एक सशक्त तार दौड़ा हुआ दिखाई देता है। वह तार है- बौद्धिक ईमानदारी के तनाव का, अनोखी अनुभूतियों के आवेग का और कभी न थकने वाली जिद का।

मुक्तिबोध अपनी कहानियों के पात्रों का चुनाव अपनी उछलती-मचलती-अन्तर्मन में विद्युत की तरह दौड़ती विचारधारा के प्रकाशन के लिए करते थे। तात्पर्य यह कि वे सामान्य चरित्रों का नहीं, बल्कि असाधारण चरित्रों का चुनाव करते थे। हमारी-आपकी

निगाह में वे चरित्र भले ही बेखास और मामूली दिखें, परन्तु मुक्तिबोध उन चरित्रों के व्यक्तित्व में अप्रत्याशित क्षमता का विस्फोट करा डालते थे। निस्संदेह कहा जा सकता है कि मुक्तिबोध अपने चरित्रों को खूब तराशते, काटते-छांटते, गढ़ते और चमकाते हैं, और उन्हें सामान्य से खास बना देते हैं। इस अर्थ में उन्हें चरित्र-शिल्पी कहानीकार कहा जा सकता है। याद कीजिए इन्हीं की नायाब कृति- 'एक साहित्यक की डायरी को, जिसमें लगभग प्रत्येक अध्याय किसी न किसी चरित्र के आधार पर खड़ा है। मुक्तिबोध ने अपने पात्रों से अर्थपूर्ण, भावपूर्ण, दृष्टिपूर्ण संवाद करवाकर अपनी विचारधारा को चिर स्थापित करने का मार्ग चुना।'

उल्लेखनीय यह भी है कि मुक्तिबोध के ये पात्र बिल्कुल आजकल के, हमारे आसपास के, दैनिक जीवन में सक्रिय पात्र हैं। उनकी कहानियों के अधिकांश चरित्र निम्न या उच्च मध्यवर्गीय हैं, जो कि अपनी पारिवारिक, सामाजिक, आर्थिक परिस्थितियों से बेतरह उखड़े हुए भीतर ही भीतर कसमसा रहे हैं। ये चरित्र अपनी दुर्बलताओं से मुक्ति पाने का विकट आत्मसंघर्ष कर रहे हैं। यह बात और है कि यह आत्मसंघर्ष उन्हें सफलता नहीं दिला पाता। आजादी के बाद लड़खड़ाते हुए बनने, पुनर्निमित होने की ओर अग्रसर भारतवर्ष मुक्तिबोध के सामने महाचिन्ता की तरह उपस्थित था। मुक्तिबोध का सम्पूर्ण साहित्य आधुनिक मनुष्य के नवनिर्माण का आह्वान है, जिसे वे किसी उपदेश, नीति या आदर्श के तहत नहीं, बल्कि उसके व्यक्तित्व की तहों में घुसकर सूक्ष्म, महासूक्ष्म कमजोरियों का पोस्टमार्टम करने के बाद करते हैं। मुक्तिबोध की एक चरित्र प्रधान कहानी है-'मैं फिलासफर नहीं हूँ', जिसमें वे अपने पात्र के मुँह से कहलवाते हैं - "मैं कोई ले मैन, साधारण आदमी नहीं हूँ। मैं कॉलेज में प्रोफेसर हूँ और घर में जनक हूँ और थियोसाफिकल लॉज में फिलासफर के नाम से मशहूर हूँ। और कुछ मत पूछिए, मैं कुछ-कुछ क्रांतिकारी भी हूँ और थोड़ा साम्यवादी हूँ। कवि मैं जन्म से ही हूँ, पर अब मैंने कविता लिखना छोड़ दिया है, क्योंकि राजनीति के अभ्यास में दत्तचित्त हूँ।" (मुक्तिबोध रचनावली, भाग - 3, पृ. संख्या - 33)

मुक्तिबोध के समकक्ष और अभिन्नतम मित्र हरिशंकर परसाई अपनी व्यंग्यधर्मी कहानियों में असंख्य चरित्रों की निर्मम धुनाई करते हैं और उनकी चालाकियों, स्वार्थान्धता, धूर्तता, दोहरे-तिहरे-चौहरेपन को निर्भीक संकल्प के साथ उघाड़ कर रख देते हैं। भावुक मुक्तिबोध अपनी चरित्रों के साथ इतनी निर्ममतापूर्वक पेश नहीं आते। लगता तो ऐसा है कि अपने चरित्रों की लाख दुर्बलताओं के बावजूद मुक्तिबोध उनसे प्रेम करते हैं, सहानुभूति रखते हैं, उनके प्रति कठोर हृदयी नहीं बन पाते। 'उपसंहार' कहानी का रामलाल, 'नई जिन्दगी' कहानी का रमेश, 'क्लाड ईथरली' कहानी का ईथरली, ऐसी ही बेचैन आत्माएँ हैं।

मुक्तिबोध की कहानियों में सहज और सामान्य कुछ भी नहीं। न पात्र, न विषय, न उद्देश्य और न ही भाषा। जिस तरह बाहर से साधारण दिखते चरित्रों को उन्होंने असाधारणत्व प्रदान किया, उसी प्रकार अपनी कहानियों के विषयों को। 'मैं फिलॉसफर नहीं हूँ' कहानी का विषय है- आधुनिक युग के बौद्धिक व्यक्ति की अर्थशून्य नियति। इसमें प्रोफेसर जो कि प्रतिभा सम्पन्न है, सुशिक्षित है, बदलाव लाने की क्षमता रखता है, किन्तु वह अपनी कमजोरियों का गुलाम है, निर्णायक संकल्प का अभाव है उसमें, वह आत्मशक्ति से हीन है- इसीलिए वह पतनशील हालात को रोकने या कम करने में कोई भूमिका नहीं निभा सकता। याद हो आती हैं-'अंधेरे में' कविता की चट्टानी पंक्तियाँ - 'अब तक क्या किया, जीवन क्या किया?' मुक्तिबोध ने यह कहानी मात्र 23 साल की उम्र में लिखी, जिसमें उन्होंने फैंटेसी में तो नहीं, परन्तु अपनी अलहदा कल्पना शक्ति का प्रयोग करते हुए बौद्धिक व्यक्ति के खोखले भविष्य का नक्शा खींचा है। बी.ए.एम.ए., पी.एच.डी., मगर सारी डिग्रियाँ 'ढाक की तीन पात'। पूछिए क्यों? क्योंकि वह समाज, व्यवस्था, संस्कृति की बेहतरी में कोई अहम् भूमिका नहीं निभा रहीं। सवाल है कि अपनी अर्थहीनता की आत्म-स्वीकृति क्या अकेले मुक्तिबोध की सच्चाई है? देश में हैं तो करोड़ों बौद्धिक, डॉक्टर, इंजीनियर, प्रबन्धक, निर्देशक, कुलपति, प्रोफेसर, अध्यक्ष, वैज्ञानिक...सबके सब एक से बढ़कर एक डिग्रीधारी, लेकिन अधिकांश की हैसियत जीवन भर ऑफिस में ड्यूटी बजाने के सिवा क्या है? इसी तरह मुक्तिबोध ने 'जिन्दगी की कतरन' कहानी में पुनः जिन्दगी के खोखलेपन, खालीपन और अर्थहीनता को लक्ष्य बनाया है। यह आजादी के ठीक बाद मध्यवर्गीय भारतीय युवक की सच्चाई बन चुकी थी। कवि मुक्तिबोध द्वारा तराशा जा रहा यह युवक सदैव आत्महत्या की मनोदशा में जीता है। पराजित, निराशा, खंडित और खोखला हो चुका है वह भावुक, संवेदनशील और सीधा चुवक। गवाह है कहानी की चंद पंक्तियाँ – "जिन्दगी मन बहलाव है जो बाज आया ऐसे मन बहलाव से, क्योंकि इस तरह का मन बहलाव सिर्फ खालीपन और दासी ही छोड़ जाता है...सिर्फ उपन्यास, पैसा, कमाई और अध्ययन शादी इत्यादि अपने आप में कुछ नहीं है।" (मुक्तिबोध रचनावली, भाग-3, पृ. संख्या - 72)

मुक्तिबोध ने 'अंधेरे में' कविता के अतिरिक्त एक कहानी भी लिखी– 'अंधेरे में'। छोटी बेखास और सीधी-सपाट होकर भी यह कहानी अन्धकार को प्रतीक के रूप में प्रस्तुत करती है। मुक्तिबोध की कलम का सबसे स्थायी भाव भी है अंधेरा, जो कि संदर्भ के अनुसार कई परतों वाले अर्थों में प्रकट होता रहता है। एक और कहानी 'उपसंहार' का केन्द्रीय भाव है– खीझ, उलझन, तनाव, कुंठा, खुद से असंतोष और पलायन। तत्कालीन सामाजिक और आर्थिक परिस्थितियाँ इस कदर बिगड़ी हुई

थीं कि कोई भी सजग, ईमानदार और भाव प्रवण व्यक्ति भीतर से पूर्णतः विचलित हो सकता था। 'उपसंहार' कहानी का प्रमुख चरित्र एक टीचर है, जो कि अपने परिवार का भरण-पोषण करने, उनका पेट भरने में असमर्थ है। अन्ततः वह टीचर स्वयं को धिक्कारता हुआ आत्महत्या कर लेता है। इस अध्यापक का नाम है - रामलाल। फर्क यहाँ नाम भर का है, वरना कदम-कदम पर, रोज-ब-रोज, सिर से पाँव तक बेतरह मात खाया हुआ, अपमानित और उपेक्षित ऐसा कौन नौजवान है, जो मृत्यु के पहले जीवन में सौ बार नहीं भरता। कवि रघुवीर सहाय की प्रसिद्ध कविता– 'आत्महत्या के विरूद्ध' की भी यही खोज है - वर्तमान युग में सक्रिय आत्महत्या की स्थायी मनोदशा।

'नई जिन्दगी' कहानी के प्रमुख चरित्र रमेश का संघर्ष जितना बाह्य जगत से सामंजस्य का है, उतना ही अपनी सहज मानवीय दुर्बलताओं से भी। वह कैसे विषम यथार्थ पर जीत दर्ज करे और अपनी सशक्त दुर्बलताओं पर पूर्ण नियंत्रण स्थापित करे, यही रमेश के जीवन के मूलभूत प्रश्न हैं। रमेश पारिवारिक स्तर पर निम्न मध्यवर्गीय व्यक्ति है, जिसकी विधवा माँ दूसरों के घर में रोटियाँ सेंक चुकी है। रमेश मात्र कक्षा नौ पास है। उसने युवावस्था में भर तबीयत आवारागर्दी की, जिससे वह संभ्रांत परिवारों में गुण्डा समझा गया। इसी बीच उठता-गिरता-फिसलता वह पढ़ाई भी करता रहा। संयोग से वह नेता भी बन गया, अपने आर्थिक हालात को बेहतर भी कर लिया, मगर युवावस्था में जड़ जमा चुकीं चारित्रिक दुर्बलताएँ खत्म न हो सकीं, जिसके कारण रमेश खुद को मूल्यहीन, निरर्थक और मामूली समझता है। तड़प है अपने इस खोखले व्यक्तित्व से बाहर निकलने की, मगर अपने आप से लाचार इस कदर कि कुछ खास कर नहीं पा रहा। एक कदम आगे बढ़ता है—तो दो कदम पीछे आ रहता है।

'ब्रह्मराक्षस का शिष्य जो कि मुक्तिबोध की प्रतिनिधि कहानियों में से एक है, आशावाद का उद्दाम स्वर बुलंद करती है। कहानी की पृष्ठभूमि में मौजूद वातावरण निश्चय ही तनावपूर्ण, भयावह और सन्ना देने वाला है। एक सूनसान हवेली की अन्तिम मंजिल पर ब्रह्मराक्षस दशकों से रह रहा है, सशरीर, हूबहू इंसान की तरह। एक युवक को ज्ञान की पिपासा है, आत्मज्ञान की। अत्यन्त सीधा, गंवई और साफ हृदय वाला है वह युवक। सीढ़ियाँ-दर-दर सीढ़ियाँ पार कर वह उपस्थित होता है। आदमीनुमा ब्रह्मराक्षस उस युवक को आत्ममुक्ति का मार्ग बताने को तत्पर है, मगर शर्त रखता है— कि जिस तरह उसने पूरे बारह वर्ष बाहरी दुनिया से खुद को काटकर एकान्तिक साधना की है, वैसे ही वह युवक खुद को बारह वर्षों तक हवेली में कैद कर ले। आत्मसिद्धि की लालसा में वह युवक तत्पर हो जाता है। ब्रह्मराक्षस उस युवक को

आत्मज्ञान का कठिन मार्ग बताता है, ध्यान का मार्ग, योग का मार्ग, आत्म-निग्रह का मार्ग। याद कीजिए संत कबीर की पंक्तियाँ - 'मैंमंता मन मारि रे, नान्हा करि करि पीसि, तब सुख पावै सुन्दरी, ब्रह्म झलक्कै शिशि।' भारतीय दर्शन में यह मार्ग खुद को जानने-पहचानने और सम्पूर्ण करने का स्वर्णिम मार्ग है, जिस पर चलकर सिद्धार्थ गौतम बुद्ध हो गये, वर्धमान-महावीर हो गये, निगुरा बालक कबीर हुआ और रामबोला-तुलसीदास बन गये। ध्यान, साधना की कला सीखाने के बाद ब्रह्मराक्षस अपने हृदय-शिष्य को उपदेश देता है - "तुम्हारे चेहरे पर जिज्ञासा का आलोक था। मैंने अज्ञान से तुम्हारी मुक्ति की। तुमने मेरा ज्ञान प्राप्त कर मेरी आत्मा को मुक्ति दिला दी। ज्ञान का लाया हुआ उत्तरदायित्व मैंने पूरा किया। अब मेरा यह उत्तरदायित्व तुम पर आ गया है।" (मुक्तिबोध रचनावली, भाग - 3, पृ. संख्या - 120)

'भूत का उपचार' कहानी का केन्द्रीय चरित्र न तो समुचित ढंग से बहिर्मुखी बन पाता है, न ही कीमती स्तर का अन्तर्मुखी। मुक्तिबोध का यह आत्मचरित्र अपने दुर्लभ क्षमताओं से परिपूर्ण होने के बावजूद आधा-अधूरा है, दृढ़ संकल्पी नहीं है, मनोवांक्षित मंजिल की ओर पांव मजबूती से बढ़ा नहीं पाता। वह मानवीयता का धारक है, सहज है, संवेदनशील है—किन्तु उसके भीतर एक पराजय छिपी बैठी है।

मुक्तिबोध मानो जन्मजात उदग्र, उदात्त और स्वयंभू चिन्तक थे। वे अपनी बुद्धि विवेक और अनुभव दायरे में आयी हुई लगभग प्रत्येक समस्या, घटना और वस्तु पर नितांत अभिनव, बेलीक और तत्वपूर्ण चिंतन करते थे। निश्चय ही वे अपने युग के सबसे मौलिक सृजनकर्ता थे। उपरोक्त कहानी में मुक्तिबोध एक नयी स्थापना कर देते हैं कि शुद्ध तर्कों के मैदान में भी भारी रोमांस छिपा होता है।

'क्लाड इथरली' विशुद्धः चरित्र-प्रधान कहानी है। द्वितीय विश्वयुद्ध के दौरान अमेरिकी विमान चालक 'क्लाड इथरली' ने ही जापान के हिरोशिमा नगर पर परमाणु बम गिराया था, जिसका भयानक असर आज भी वहाँ खत्म नहीं हुआ है। इस कहानी में मुक्तिबोध इस निष्कर्ष पर पहुँचते हैं कि - "भारत के हर बड़े नगर में एक-एक अमेरिका है।" (मुक्तिबोध रचनावली, भाग - 3, पृ.संख्या - 155)

हिरोशिमा पर परमाणु बम गिराने के बाद क्लाड इथरली अमेरिका की जनता की निगाह में हीरो बन जाता है, जबकि क्लाड दिन-प्रतिदिन आत्मधिक्कार की आग में बेतरह सुलझता हुआ विक्षिप्त सा होने लगता है और जान बूझकर वह वहशियाना हरकतें करता है, जिससे वह कैदखाने में पहुँच जाए। क्लाड खुद को दण्डित करना चाहता है- क्योंकि उसे यह अच्छी तरह ज्ञात है कि लाखों की संख्या में काल-कवलित होने वाली आम जापानी जनता का गुनहगार वही है। इसी कहानी में मुक्तिबोध एक मनोवैज्ञानिक निष्कर्ष देते हैं - "हमारे अपने-अपने मन-हृदय-मस्तिष्क में ऐसा ही

एक पागलखाना है, जहाँ हम उन उच्च, पवित्र और विद्रोही विचारों और भावों को फेंक देते हैं। (मुक्तिबोध रचनावली, भाग-3, पृ.संख्या - 160)

मुक्तिबोध की लगभग सभी कहानियों का अध्ययन, मनन और चिंतन करने से यह निष्कर्ष निभ्रांत रूप से सामने आता है कि वे कहानी के लिए कहानी लिखते ही नहीं थे, बल्कि अपने विचारों, बौद्धिक चिन्तन सूत्रों या गहरे पैठे हुए विवेक के तारों को सिद्ध करने, उन्हें प्रकाशित करने के लिए कहानी का बहाना लेते थे। वे कहानी के मूलभूत नियमों का भी पालन करते नहीं दिखाई देते। सहजता, रोचकता, नाटकीयता इत्यादि उनकी कहानियों में अत्यल्प हैं। वे अधिकांश कहानियों में लगभग एक ही वातावरण खड़ा करते हैं-रहस्यपूर्ण, तनावग्रस्त, अन्धकारमय और भयावह। प्रकृति उनकी कहानियों में एक भुतहा सन्नाटा बिखेरती हुई दिखाई देती है। निश्चय ही मुक्तिबोध के मनो-मस्तिष्क पर अपने समय की विकृतियों का आतंक अत्यन्त गहरा था। वे आतंक के विविध रूपो की उस हद तक देखते, समझते और भांप लेते थे, जहाँ तक साधारण व्यक्ति की कल्पना पहुँच ही नहीं सकती थी। मुक्तिबोध अपने समय के अध्ययन-सम्पन्न साहित्यकारों में थे, जिन्होंने प्रेमचन्द, जैनेन्द्र, प्रसाद जैसे मार्गजनक साहित्यकारों के साथ-साथ रवीन्द्रनाथ तक की कहानियों को पढ़ा-समझा। इसे आश्चर्य ही कहा जाएगा कि मुक्तिबोध की कहानी-संरचना पर किसी भी मानक-कहानीकार का प्रभाव नहीं है। यही मुक्तिबोध के कहानीकार की सबसे बड़ी उपलब्धि है। अपनी कविताओं और आलोचना की तरह वे कहानी के क्षेत्र में नितांत मौलिक मार्ग की खोज न कर सके, 'ट्रेंड सेटर' कहानीकार न कहला सके, किन्तु अपने अलग अंदाज में छोटी-छोटी, दृष्टि-सम्पन्न कहानियो का सृजन करके उन्होंने यह स्पष्ट संदेश दे दिया कि हिन्दी कहानी प्रेमचन्द और जैनेन्द्र कुमार के बाद भी बहुत दूर तक बाकी है। आगे चलकर रेणु ने कहानी के जिस नये क्षितिज की खोज की, वह भी कम ऐतिहासिक नहीं है, किन्तु कहानी में मुक्तिबोध की दिशा का चरम विकास अभी बाकी है।

मुक्तिबोध अपने समय की प्रतिसृष्टि रचने के लिए भी कहानी नहीं लिखते थे, न ही उनका यह मकसद था कि उनकी कहानियाँ हालात-ए-वक्त का प्रामाणिक आइना बन जाएं। वे तो बस चुनाव करते थे-चरित्रों का, परिस्थितियों और मनःस्थितियों का। कई बार तो अपनी इच्छानुसार घटनाओं का काल्पनिक निर्माण भी कर डालते थे।

चूंकि मुक्तिबोध विचारक हैं, मीमांसक हैं, तत्वदर्शी हैं-इसीलिए उनके सृजन की किसी भी विधा में उनका यह व्यक्तित्व सर्वाधिक प्रबल दिखाई देता है, मानों मौलिक विचारों की बौछार करने के लिए ही साहित्य का चुनाव किए हों। उनकी कहानियाँ

बहुउद्देशीय भी नहीं हैं। तात्पर्य यह कि वे एक ही निहित उद्देश्य को सिद्ध करने, एक ही निष्कर्ष को स्थापित करने या एक ही गूढ़ विचार को प्रभावित करने के लिए कहानी का ताना-बाना रचते हैं। कहानियों की परम्परा में यदि उनका स्थान निर्धारित किया जाय तो वे सर्वप्रथम एक मनोवैज्ञानिक कहानीकार सिद्ध होते हैं। हिन्दी साहित्य में इस धारा के प्रवर्तक प्रेमचन्द ही हैं, जिसमें आगे चलकर जैनेन्द्र कुमार, इलाचन्द जोशी जैसे सशक्त व्यक्तित्व सामने आए। मुक्तिबोध मानव जीवन के प्रतिसृष्टिकार नहीं, बल्कि मध्यवर्गीय आधुनिक भारतीय मनुष्य के विश्लेषक हैं, मीमांसक हैं। उनकी कहानियों में विषयों की व्यापकता और विविधता भी नहीं हैं। न ही वे जीवन-जगत में सक्रिय हर प्रकार के चरित्रों को कहानियों में स्थान देते हें। उनकी कहानियों की एक अन्य स्थायी विशेषता संवाद-धर्मिता है। पात्रों के बीच मर्मपूर्ण संवादों के बहाने वे अपने गूढ़ विचारों का दरवाजा खोलते हैं। ठीक यही शैली प्रेमचन्द ने भी अपनाई। निष्कर्ष रूप में कहा जा सकता है कि मुक्तिबोध हिन्दी कहानी की ऐसी दुर्लभ संभावना हैं, जिसने दिशा दिखाई।

स्मरण मुक्तिबोध : वे कही गए हैं, बस आते ही होंगे

दिवाकर मुक्तिबोध

'शिष्य। स्पष्ट कह दूं कि मैं ब्रम्हराक्षस हूँ किंतु फिर भी तुम्हारा गुरु हूँ। मुझे तुम्हारा स्नेह चाहिए। अपने मानव जीवन में मैंने विश्व की समस्त विद्या को मथ डाला, किन्तु दुर्भाग्य से कोई योग्य शिष्य न मिल पाया कि जिसे मैं समस्त ज्ञान दे पाता। इसलिए मेरी आत्मा इस संसार में अटकी रह गई और मैं ब्रम्हराक्षस के रूप में यहाँ विराजमान रहा।'

'नया खून' में जनवरी 1959 में प्रकाशित कहानी 'ब्रम्हराक्षस का शिष्य' मैंने बाबू साहेब से सुनी थी। बाबू साहेब यानी स्वर्गीय श्री गजानन माधव मुक्तिबोध, मेरे पिता जिन्हें हम सभी, दादा-दादी भी बाबू साहेब कहकर पुकारते थे। यह उन दिनों की बात है जब हम राजनांदगाँव में थे - दिग्विजय कॉलेज वाले मकान में। वर्ष शायद 1960। तब हमें बाबू साहेब यह कहानी सुनाते थे पूरे हावभाव के साथ। हमें मालूम नहीं था कि यह उनकी लिखी हुई कहानी हैं। वे बताते भी नहीं थे। कहानी सुनने के दौरान ऐसा प्रभाव पड़ता था कि हम अलग दुनिया में खो जाते थे। विस्मित, स्तब्ध और एक तरह से संज्ञा शून्य। अपनी दुनिया में तभी लौटते थे जब कहानी खत्म हो जाती थी और ब्रम्हराक्षस अंतरध्यान हो जाता था। बचपन की कुछ यादें ऐसी होती हैं जो कभी भुलाई नहीं जा सकती। कितनी भी उम्र हो जाए वे अंतःकरण में जिंदा रहती हैं। मेरे साथ भी कुछ ऐसा ही है। अक्सर कोई न कोई याद जोर मारने लग जाती है। अतीत को टटोलते हुए मन कुछ पल के लिए ही सही, हवा में उड़ने लगता है। ऐसा पिताजी को लेकर, माँ को लेकर होता है। बाबू साहेब को गुजरे हुए अर्द्धशती बीत गई। 52 वर्ष हो गए। 11 सितंबर 1964 और माँ शांता मुक्तिबोध 8 जुलाई

2010। हम खुशनसीब हैं कि हम पर माँ का साया लंबे समय तक बना रहा। पिताजी के गुजरने के बाद लगभग 46 वर्षों तक वे हमारे लिए कवच का काम करती रहीं। हमारी शिक्षा-दीक्षा, नौकरी-चाकरी, शादी-ब्याह, बहू-बेटी, पोते-पोतियों सभी को उन्होंने अपने वात्सल्य से एक सूत्र में बांधे रखा। वात्सल्य का यह धागा अटूट है और हम सभी अभी भी साथ-साथ हैं और जिंदगी भर साथ-साथ रहने वाले हैं।

बहरहाल, पिताजी की याद करते हुए मैं कुछ सिलसिलेवार कहने की कोशिश करता हूँ इसलिए ताकि कुछ क्रमबद्धता आए। वरना छुट-पुट प्रसंगों को पहले भी शब्दों में पिरोया जा चुका है। कुछ यत्र-तत्र छपा भी है।

जहाँ तक मेरी यादें जाती हैं, शुरू करता हूँ नागपुर से। आज से करीब 60 बरस पूर्व, वर्ष शायद 1954-55। नागपुर की नयी शुक्रवारी में हमारा किराये का कच्चा मकान। मिट्टी का। छत कवेलू की। फर्श गोबर से लिपा-पुता। घर में भाई-बहनों में मैं, दिलीप, ऊषा एवं सरोज। हमें नहीं मालूम था हमारा कोई बड़ा भाई भी है जो उज्जैन में दादा-दादी के पास रहता है। एक दिन जब वे नयी शुक्रवारी के घर में आए तो पता चला बड़े भाई हैं - रमेश।

6-7 वर्ष की उम्र में कितनी समझदारी हो सकती है? इसलिए नयी शुक्रवारी के उन दिनों को लेकर मन में कुछ खास नहीं है। अलबत्ता मकान का स्वरूप और कुछ गतिविधियां जरूर ध्यान में आती है। मसलन पिताजी आकाशवाणी में थे। रात में उन्हें घर लौटने में प्रायः विलंब हो जाता था। उनकी प्रतीक्षा में माँ घर के बाहरी दरवाजे पर चौखट पर, घंटों बैठी रहती थी। कुछ टोटके भी करती थी, ताकि वे जल्दी घर लौटे। चुटकीभर नमक चौखट के दोनों सिरे पर बाएँ-दाएँ रखती थी। पता नहीं इस क्रिया में ऐसी क्या शक्ति थी। जाहिर है विश्वास जो उन्हें ताकत देता था। मनोबल बढ़ाता था। पिताजी देर रात लौटते। तब तक हम सो चुके होते। आँखों के सामने एक और दृश्य है - दूर कुएँ से पिताजी रोज सुबह या शाम जब जैसी जरुरत पड़े, पानी भरकर लाते थे। दोनों हाथों में पीतल की दो बड़ी-बड़ी बाल्टियां लिए उनका चेहरा अभी भी आँखों के सामने हैं, पसीने से नहाया हुआ। बाल्टी से छलकता हुआ पानी, पसीने की बूंदे और तेज चाल।

उन दिनों की न भूलने वाली एक और घटना है - स्कूलिंग की। स्कूल में दाखिले के वक्त की। स्कूल का पहला दिन प्रायः सभी बच्चों के लिए भारी होता है। उनका जी घबराता है। रोना-धोना शुरू कर देते हैं। माँ-बाप का हाथ नहीं छोड़ते। शिक्षिकों को उन्हें चुप कराने, मनाने में पसीना आ जाता है। मेरे साथ भी कुछ ऐसा ही हुआ। बल्कि अपेक्षाकृत कुछ ज्यादा ही। एक दिन पिताजी मुझे गोदी में उठाकर स्कूल ले गए। कक्षा पहिली में दाखिले के लिए। कक्षा में जब तक वे साथ में थे, मैं दहशत

में होने के बावजूद खामोश था। वे मुझे पुचकारते हुए, दिलासा देते रहे और फिर कक्षा के बाहर निकल गए। कुछ पल मैंने इंतजार किया और फिर जोर की रुलाई फूट पड़ी। शिक्षक रोते, इसके पूर्व ही मैं कक्षा से बाहर। सड़क पर दूर पिताजी जाते हुए दिख पड़े। मैं रोकते हुए उनके पीछे। पता नहीं कितना सफर तय हुआ। न जाने किस अहसास से एकाएक वे पलटे और पीछे मुझे देखकर हैरान रह गए। लौटे, मुझे गोद में लिया, पुचकारा, चुप कराया और फिर नीचे उतारकर उंगली पकड़कर मुझे घर ले आए।

स्कूल न जाने का परिणाम यह निकला कि मेरी बड़ी बहन जो उसी स्कूल में कक्षा तीसरी में पढ़ती थी, उसे मेरे साथ पहली में बैठाया गया। आज बड़ी बहन भी दुनिया में नहीं है। पर उसका मासूम त्याग व बालपन की तस्वीर दिलो-दिमाग में जस की तस है।

नयी शुक्रवारी के बारे में और ज्यादा कुछ याद नहीं। इतना जरुर है कि जाफरीनुमा कक्ष में बैठकें हुआ करती थीं, चाय-पानी का दौर चलता था। बैठकों में शामिल होने वाले पिताजी के मित्रों में मुझे शैलेंद्र कुमार जी का स्मरण है। नागपुर नवभारत के संपादक। एक कारोबारी भी थे मोटेजी। विचारों से कामरेड। उनके यहाँ हमारा आना-जाना काफी था। उनकी पत्नी वत्सला बाई मोटे माँ की अच्छी सहेली थी। मुझे याद नहीं, स्वामी कृष्णानंद सोख्ता उस घर में आया करते थे। साप्ताहिक 'नया खून' के संपादक। विशाल व्यक्तित्व और दबंग आवाज। भैया बताते हैं - नयी शुक्रवारी की उस मकान में हमारे यहाँ आने वालों में प्रमुख थे सर्वश्री स्वामी कृष्णानंद सोख्ता, जीवनलाल वर्मा विद्रोही, प्रमोद, वर्मा, शरद कोठारी, लज्जाशंकर हरदेनिया, के.के. श्रीवास्तव, श्रीकांत वर्मा, रामकृष्ण श्रीवास्तव, अनिल कुमार, मुस्तजर, भीष्म आर्य और नरेश मेहता।

स्वामी कृष्णानंद सोख्ता के बारे में याद हैं वे हमारे गणेशपेठ के मकान में अक्सर आया करते थे। जीवनलाल वर्मा विद्रोही, प्रमोद वर्मा, रम्मू श्रीवास्तव, हरिशंकर परसाई, टी.आर. लूनावत, भाऊ समर्थ और प्रभात कुमार तिवारी (जबलपुर) इन विद्वानों के चेहरे याद हैं। लेकिन कांतिकुमार जैन जिनके संस्मरण बहुचर्चित माने जाते हैं, घर कभी नहीं आए। न नागपुर के दोनों मकानों में आए न राजनांदगाँव में। बहरहाल घर में हाने वाली साहित्यिक बहसों में और भी लोग शामिल रहते थे, पर अधिक कुछ स्मरण नहीं। सोख्ता जी का स्मरण इसलिए कुछ ज्यादा है क्योंकि वे आते ही हम लोग के साथ घुल मिल जाया करते थे। छोटे भाई दिलीप को कंधों पर बिठा लेते थे और इसी अवस्था में पिताजी के साथ चर्चा करते थे। चूंकि कच्ची उम्र दुनिया से बेखबर डाली होती है इसलिए साप्ताहिक नया खून के बारे में हम विशेष कुछ

जानते नहीं थे। यह उस समय का गंभीर वैचारिक साप्ताहिक पत्र था जिसकी महाराष्ट्र एवं महाराष्ट्र के बाहर, बुद्धिजीवियों की जमात में अच्छी पकड़ थी, प्रतिष्ठा थी।

गणेशपेठ निवास में दो घटनाएँ स्मृतियों में बेहतर तरीके से कैद है - पहली - मेरी छोटी बहन सरोज से जुड़ी हुई है। बहुत सुंदर थी, घुघराले बाल थे उसके। एक बार उसे बुखारा आया। पता नहीं कितने दिन चला। लेकिन एक दिन माँ ने देखा वह बिस्तर पर नहीं थी। ढूंढा गया तो वह मकान से अलग-थलग, बाथरूम में फर्श पर दोनों घुटनों को मोड़कर, गठरीनुमा पड़ी हुई थी। शायद बुखार तेज था, बर्दाश्त नहीं हो रहा था, सो वह शरीर को ठंडा करने गुसलखाने में पहुंच गई थी। वह नहीं रही। उसके न रहने का सदमा, कैसा और कितना गहरा था, मैं नहीं जानता था अलबत्ता माँ का रो-रोकर बुरा हाल था, और पिताजी गुमसुम से थे। अब सोचता हूँ उन्होंने किस कदर अपने आपको संयमित रखा होगा, कैसे इस अपार दुःख से उबरने की कोशिश की होगी।

दूसरा प्रसंग - प्रायमरी में पढ़ता था। कक्षा याद नहीं। एक दिन स्कूल से लौटा। माँ ने खाना खाने बुलाया। रसोई में मैं और माँ खाना खाने बैठे। खाते-खाते माँ ने मुझे दाल परोसने के लिए गंजी में बड़ा चम्मच डाला तो उसमें एक मरी हुई छिपकली आ गई जो फूलकर काफी मोटी हो गई थी। छिपकली को देखते ही माँ को मिलती शुरू हो गई और भागकर गुसलखाने में चली गई और उल्टियां करने लगी। मुझे पर मरी छिपकली का कोई असर नहीं हुआ। मैं मजे से कटोरी में परोसी हुई दाल खाता रहा जब तक माँ लौट न आई। मुझे उल्टियां नहीं हुई। कुछ भी विचित्र सा नहीं लगा। लेकिन तनिक स्वस्थ होने के बाद माँ हाथ पकड़कर उसी अवस्था में पैदल जुम्मा टैंक के निकट स्थित 'नया खून' के दफ्तर ले गई। पिताजी को बाहर बुलाया, बताया। और फिर मुझे मेयो हॉस्पिटल में भर्ती कर दिया गया। शरीर से विष निकालने डॉक्टरों ने क्या प्रयत्न किए नहीं मालूम। आलबत्ता मैं कुछ दिन तक अस्पताल में पड़ा रहा। दिन-दुनिया से बेखबर। माँ-पिताजी की चिंता से बेखबर। माँ को चूंकि उल्टियां हो गई थी इसलिए वे लगभग स्वस्थ थी। हालांकि वे भी अस्पताल में भर्ती थी। मेरी चिंता उन्हें खाए जा रही थी। उन्हें इस बात का अफसोस था अंगीठी पर रखी दाल की गंजी खुली क्यों छोड़ी। कैसे पता नहीं लगा कि छिपकली कब गिरी। कब से उबल रही थी। बहरहाल यह घटना दिमाग से कभी नहीं गई। छिपकली को देखता हूँ, तो वह दिन याद आ जाता है। जब उसे देख घिन आने लगती है लेकिन मारने की कभी कोशिश नहीं करता। छिपकलियां तो घर की दीवारों पर चिपकी रहती ही हैं। इसलिए उन्हें भी जिंदगी के हिस्से के रूप में देखता हूँ क्योंकि वे यादें ताजा करती हैं। अच्छी-बुरी जैसी भी।

इसके पूर्व का एक और प्रसंग—मकान गणेशपेठ का ही। शुक्रवारी से कुछ बेहतर। पक्का खुला मकान। बड़ा सा आँगन। ऊपर छत। पतंगें उड़ाने के लिए और कटी पतंग को पकड़ने के लिए लगभग पूरा दिन हम छत पर ही बिताते थे। पतंगबाजी में खूब मजा आता था। मैं और बड़े भैय्या रमेश। मेरा काम चक्री पकड़ने का रहता था, पतंगें वे उड़ाया करते थे, पेंच लड़ाते, काटते-कटते। जब भी कोई कटी पतंग हमारे छत के ऊपर से गुजरती थी, हम धागा पकड़ने के फेर में रहते थे। मुझे याद है एक बार ऐसी ही कटी पतंग को पकड़ने की कोशिश की कुछ बड़े लड़के अपशब्दों की बौछार करते हुए घर में लड़ाई करने आ गए। वे काफी उत्तेजित थे और मारने-पिटने पर उतारु थे। माँ ने किसी तरह समझाकर उन्हें बिदा किया। हमें जो डांट पड़ी, वह किस्सा तो अलग है। इस घटना ऐसा असर हुआ कि हम कुछ दिन तक छत पर ही नहीं गए। न मंजा पकड़ा और न ही पतंगे उड़ाई।

पिताजी आकाशवाणी में ही थे। नया मध्यप्रदेश बनने के बाद उनका भोपाल ट्रांसफर हो गया। इस ट्रांसफर को लेकर वे काफी पसोपेश में थे। क्या किया जाए। जाएं या नहीं। इस बीच सोख्ताजी के चक्कर यथावत थे। वे घर आते थे और पिताजी की अवस्था देखते थे। अंततः पिताजी ने भोपाल जाना तय किया। उनका विस्तर बंध गया। एक छोटी पेटी के साथ रस्सी से बंधा उनका बिस्तर हाल में रख दिया गया। शायद दोपहर की कोई ट्रेन थी। हम सब हाल में इक्कठे थे। इस बीच सोख्ताजी आ गए। पता नहीं उनके बीच क्या बातचीत हुई। नतीजा यह निकला कि बिस्तर खोल दिया गया, पेटी अंदर चली गई और सामान फिर अपनी जगह पर रख दिया गया। पता चला पिताजी ने आकाशवाणी की नौकरी छोड़ दी और सोख्ताजी के अखबार में संपादक बन गए। लिखने-पढ़ने के लिए उन्हें नया ठिकाना मिला। यह उनके मन के अनुकूल बात थी। अब यह कहने की जरूरत नहीं कि नया खून को नई प्रतिष्ठा मिली और वैचारिक पत्रकारिता को नया आया। साहित्य के अलावा नया खून सहित समय-समय पर साप्ताहिक पत्रों के लिए उनके द्वारा किया गया लेखन उन्हें श्रेष्ठ पत्रकार के रूप में भी स्थापित करता है।

नागपुर की यादें बस इतनी ही। उसके अंतिम दृश्य को याद करता हूँ। आज भी जब कभी नागपुर रेलवे स्टेशन से गुजरता हूँ, या रुकता हूँ तो मुझे पिताजी सीढ़ियों से नीचे उतरते हुए दिखाई देते हैं। हम लोग राजनांदगाँव जाने के लिए पैसेंजर ट्रेन के डिब्बे में बैठे हुए थे। ट्रेन छूटने को ही थी कि पिताजी सीढियों पर दिखाई दिए। माँ की जान में जान आई। वे आए और ट्रेन चल पड़ी। वह दृश्य कैसे भुलाया जा सकता है? अब बात सन् 1957-58 की। हम राजनंदगाँव के बसंतपुर में रहते थे। शहर से चंद किलोमीटर दूर बसा गाँव। राजनांदगाँव भी उन दिनों बड़ा गाँव जैसा

ही था। कस्बाई जैसा जहाँ कॉलेज थे, अस्पताल था, शालाएं थीं। शहरी चहल-पहल थी। शांत-अलसाया सा लेकिन सुंदर। दिल को सुकून देने वाली हवा बहती थी, लोगों में आपस में बड़ी आत्मीता थी, भाईचारा था। पिताजी राजनांदगाँव के दिग्विजय महाविद्यालय में प्राध्यापक नियुक्त हुए थे और बसंतपुर से आना-जाना करते थे। कभी पैदल, कभी साइकिल से।

बसंतपुर में हमारा मकान था बढ़िया। बाहर परछी, परछी से सटा छोटा कमरा जो पिताजी की बैठक थी, दो लंबे कमरे और पीछे रसोई तथा रसोई के बाहरी दीवारों से सटा खूब बड़ा बगीचा जिसमें फलों के झाड़ थे, सब्जियां उगाई जाती थी। यह मकान चितलांगियाजी का था और बगीचा भी उनका। बसंतपुर के दिन वाकई बहुत खूबसूरत थे। उसका सुखद अहसास अभी तक कायम है।

बाबू साहेब को हमने गुस्से में कभी नहीं देखा। दिन-रात व्यस्तता के चलते हमारी पढ़ाई के बारे में पूछताछ करने या हमें पढ़ाने के लिए वक्त निकालना उनके लिए बहुत कठिन था। लेकिन वसंतपुर के मकान में रात्रि में कंदील की रोशनी में जब कभी वे हमें किताब कापी लेकर आने के लिए कहते थे, तो हमारी रूह कांप जाती थी। हालांकि वे हम पर कभी नाराज नहीं होते थे और न ही डांटते-फटकारते थे। हम पढ़ते कम थे पर उन्हें एतराज नहीं था। मैं और मेरी बड़ी बहन उषा नगर पालिका की प्राथमिक शाला के विद्यार्थी थे। पढ़ाई लिखाई में मैं सामान्य था लेकिन उषा से कुछ बेहतर। इसलिए पिताजी के सवालों का टूटा-फूटा सा जवाब मैं दे देता था। इससे उन्हें संतोष हो जाता था किन्तु ऊषा मूक बनी रहती थी इसलिए वह उनके गुस्से का शिकार बन जाती थी। उनका रौद्र रूप देखकर हम दोनों सहम जाते थे। यद्यपि गुस्सा शांत हो जाने के बाद वे हमें दुलारते भी थे। वक्त पर मेरे साथ शतरंज खेलते थे। जानबूझकर मुझे जीताते थे। शाम को कॉलेज से घर आने के बाद शायद ही कभी शहर जाते हों। यानी उसके बाद उनका पूरा समय हमारा था। हमारे साथ वक्त बिताते। बाते करते या फिर हाथ में किताब या कागज कलम लेकर लिखने बैठ जाते। यह अच्छा था कि पढ़ाई-लिखाई का वह दौर न ज्यादा समय के लिए चलता था और न ज्यादा दिन चलता था। दिग्विजय कॉलेज परिसर वाले मकान में रहने के लिए आने के बाद वह खत्म हो गया। वक्त ने उन्हें वक्त नहीं दिया। वे बीमार पड़ गए। वे कितने पारिवारिक थे, कितने संवेदनशील यह बहुतेरी घटनाओं से जाहिर है। एक प्रसंग है- बसंतपुर में पतंग उड़ाते-उड़ाते मैं पीछे हटता गया और अंत में मेरा पैर एक बड़े पत्थर से जा टकराया। हड्डी में चोट आई। कुछ दिनों में वह बहुत सूज गया और उसमें मवाद आ गया। सरकारी अस्पताल में डॉक्टर ने कहा चीरा लगाना पड़ेगा। दर्द के उन दिनों में पिताजी हर पल मेरे साथ रहे। अस्पताल

लाना-ले-जाना, पास में बैठना,-पुचकारना और आखिर में सरकारी अस्पताल में चीरा लगाते समय मुझे पकड़कर रखना। उन दिनों ऐसी छोटी-मोटी सर्जरी पर एनेस्थिसिया नहीं दिया जाता था। छोटे बच्चे इंजेक्शन से वैसे भी घबराते हैं और ऊपर से चीरा। भयानक क्षण थे। मेरी दर्द भरी चीखें और मजबूती से मेरे पैर पकड़े हुए घबराए से पिताजी। उनका चेहरा, वह दृश्य अभी भी आँखों के सामने है।

बसंतपुर में हम ज्यादा दिन नहीं रहे। शायद साल-डेढ़ साल। राजनांदगाँव महाविद्यालय परिसर में अंतिम सिरे पर स्थित शीर्ण-जीर्ण लेकिन महलनुमा मकान में रंग-रोगन चल रहा था, हम यहीं शिफ्ट होने वाले थे। एक दिन शिफ्ट हो गए। पुराने जमाने के बड़े-बड़े कमरों और मंजिलों वाला नहीं था - नया मकान। दरअसल राजनांदगाँव बहुत छोटी रियासत थी इसलिए महल भी साधारण थे। लेकिन तब भी उसका सौंदर्य अद्भुत था, हालांकि वह खुरदुरा था। शहर में रहते हुए गाँव जैसा अहसास। सिंह द्वार, आम रास्ता था। सुबह-शाम खुलता-बंद होता। दरवाजों पर बड़ी-बड़ी कीलें ठुकी हुई थीं जो राजशाही की प्रतीक थी। वे अभी भी वैसी ही हैं। इस द्वार से सबसे ज्यादा आते-जाते थे वे धोबी जिनके लिए दोनों तालाबों के घाट ज्यादा मुफीद थे। धोबीघाट पर कपड़े पटकने की ध्वनि में भी एक अलग तरह की मिठास थी। मकान की बड़ी-बड़ी खिड़कियों से टकराती ध्वनियां मधुर संगीत का अहसास कराती थी। नीचे एक अलग-थलग कमरा जहाँ बड़े भैया रमेश पढ़ाई करते थे, दूसरे छोर पर प्रवेश कक्ष और ऊपर की मंजिल पर तीन हालनुमा कमरे, एक रसोई और खुली बालकनी। खिड़कियां बड़ी-बड़ी व दरवाजों के पल्ले भी रंग-बिरंगे काँच से दमकते हुए। पिताजी ने जिस कक्ष में अपनी बैठक जमाई वहाँ छत पर जाने के लिए चक्करदार सीढ़ियां थी जो उनकी प्रसिद्ध कविता 'अंधेरे में' प्रतीक के रूप में है। इसी कक्ष में वे लिखते-पढ़ते, आराम करते थे। जब कभी दादा-दादी राजनांदगाँव आते, उनका डेरा भी यही लगता था। दादाजी के लिए पलंग था, दादी फर्श पर बिस्तर लगाकर सोती थी। यहाँ उनकी उपस्थिति के बावजूद लिखते या पढ़ते वक्त पिताजी की एकाग्रता भंग नहीं होती थी। शुरू-शुरू में दादाजी का पलंग प्रवेश द्वार यानी भूतल पर स्थित कक्ष में रखा गया था ताकि बाथरूम तक जाने के लिए उन्हें कष्ट न हो। लेकिन पिताजी के लिए यह भी एक प्रकार से मिनी बैठक ही थी। पिताजी के जीवन के ये सबसे अच्छे दिन थे।

वे देर रात तक लिखते और सुबह होने पहले उठ जाते। करीब 4 बजे। हमें भी जगाते थे ताकि हम पढने बैठें। लिखने के लिए बैठने के पूर्व चाय उनके लिए बेहद जरूरी थी। कोयला रहता था तो सिगड़ी जलाते थे या फिर रद्दी कागजों को जलाकर खुद चाय बनाते थे। कभी-कभी यह काम हम भी कर देते थे। सिगड़ी के

आसपास बैठना, या फिर कागज जलाकर चाय बनाने में अलग आनंद था। आग की रोशनी में पिताजी का चेहरा दमकता रहता था। वे इत्मीनान से कंटर भर (पीतल का बड़ा गिलास) चाय पीते और फिर लिखने बैठ जाते थे। यह सिलसिला सुबह 8 बजे तक चलता था। फिर उनके कपड़े, इस्त्री करने का काम मेरा था। पैजामा-कुर्ता और कभी भी खादी की जैकेट भी।

दोपहर हो, शाम हो या फिर रात। लिखते-लिखते जब वे थक जाते, मुझसे जासूसी किताब मांगा करते तनाव मुक्त होने के लिए। मुझे उन दिनों जासूसी किताबें पढने का इतना शौक था कि दिन में एक किताब खत्म हो जाती। जासूसी दुनिया, जासूसी पंजा, रहस्य, जे.बी. जासूस, गुप्तचर, मनोहर कहानियां आदि। लेखकों में इब्ने सफी बीए, ओमप्रकाश शर्मा, निरंजन चौधरी, बाबू देवकीनंदन खत्री आदि। जासूसी दुनिया के लेखक इब्ने सफी बी.ए. उन्हें पसंद थे और उनके पात्र कर्नल विनोद, कैप्टन हमीद को वे याद करते थे। वेदप्रकाश काम्बोज के भी जासूसी उपन्यास उन्हें अच्छे लगते थे। हिन्दी में रहस्य-रोमांच के उपन्यासों के अलावा वे अंग्रेजी के डिटेक्टिव नॉवेल भी खूब पढ़ा करते थे। पैरी मेसन, आर्थर कानन डायल और भी बहुत सी किताबें पढ़ने के लिए कहीं से लाते थे। मेरे लिए उनकी यह पसंद एक सुरक्षित व्यवस्था थी क्योंकि मुझे जासूसी किताब को कापी के भीतर छिपाकर पढने की जरूरत नहीं पड़ती थी। माँ की डाट-फटकार से भी, मैं बचा रहता था। मुझे तब और अच्छा लगता था जब वे मेरा हाथ अपने हाथ में लेकर रेखाओं को पढ़ने की कोशिश करते। मेरी हथेली की रेखाएँ बहुत कटी-पिटी हैं और अंगूठा काफी चौड़ा। मेरी माँ के अंगूठे जैसा। वे तल्लीन होकर देखते थे, बताते कुछ नहीं थे। जाहिर है ज्योतिष भी उनकी रुचि का विषय था, साइंस की तरह।

पिताजी प्रायः रोज सुबह-सुबह, अखबार के आते ही, उतर आते थे और दादाजी को अखबार की खबरें पढ़कर सुनाया करते थे। खबरों पर लंबी-लंबी बातें होती थीं। घंटे दो घंटे कैसे निकल जाते थे, पता ही नहीं चलता था। कॉलेज से लौटने के बाद शाम को भी वे दादाजी के पास बैठते थे। बाते करते थे। हमारी दादी को पढ़ने का बहुत शौक था। पिताजी कॉलेज की लाइब्रेरी से उनके लिए उपन्यास-कहानी संग्रह लेकर आते थे। मुझे पढ़ने का चस्का दादीजी की वजह से हुआ। किताबें आती थी, मैं भी देखता-परखता था। कुछ-कुछ पढ़ता भी था। बंकिम चटर्जी, शरतचंद्र, प्रेमचंद, कन्हैयालाल माणिक लाल मुंशी, आचार्य चतुरसेन, वृंदावन लाल वर्मा और यशपाल भी मेरी प्रिय लेखक थे।

बसंतपुर के तुलना में दिग्विजय कॉलेज के दिन और भी बेहतर थे। मित्रों के साथ साहित्यिक चर्चाओं का सिलसिला तेज हो गया था। दूसरे शहरों से आने वालों

में प्रमुख थे- शमशेर बहादुर सिंह, श्रीकांत वर्मा, हरिशंकर परसाई, आग्नेश्का कोलावस्का सोनी व विजय सोनी। प्रायः रोज आने वालों में ये प्रमुख थे- डॉ. पार्थ सारथी, अंग्रेजी साहित्य के प्राध्यापक। कॉलेज में एकमात्र वे ही थे जिनसे प्रायः अंग्रेजी में वैचारिक बहस हुआ करती थी। डॉ. पदुमलाल पुन्नालाल बख्शी व उनका परिवार भी पास ही में रहता था पर वे शायद ही कभी आए। अलबत्ता पिताजी कभी-कभी उनके यहाँ जाया करते थे। वे भी हिन्दी पढ़ाते थे। शरद कोठारी, रमेश याग्निक, जसराज जैन, विनोद कुमार शुक्ल, निरंजन महावर, कन्हैयालाल अग्रवाल, अटल बिहारी दुबे, कॉमरेड किस्म के कुछ और लोग, जिनके नाम याद नहीं, आया जाया करते थे। कॉलेज के प्रिंसिपल किशोरीलाल शुक्ल भी घर आते थे। महफिल जमती थी, बातें खूब होती थी। प्रायः शाम के बाद। पिताजी धार्मिक कर्मकांड पर कितना विश्वास रखते थे, मुझे नहीं मालूम। उन्हें मंदिर जाते न मैंने देखा न सुना। अलबत्ता दादाजी की गैरहाजिरी में या अस्वस्थ होने पर वे घर में पूजा जरुर करते थे, पूरे मंत्रोच्चार के साथ। होलिका दहन के दिन होली घर के बाहर सजाकर होली पूजा भी वे करते थे, बकायदा धवल वस्त्र यानी धोती पहनकर। इसलिए वे नास्तिक तो नहीं थे, कितने आस्तिक वह थे, यह अब कौन तय कर सकता है? इतना जरुर कहा जा सकता है कि वामपंथी विचारधारा से सहमत होने का अर्थ नास्तिक होना नहीं है। ईश्वर में आस्था सबकी होती है, भले ही कोई कुछ भी कहे।

बहरहाल राजनांदगाँव में जितना समय भी बीता था, सुखद था, बहुत सुखद। अभावग्रस्तता कभी इतनी विकट नहीं थी कि फाके करने की नौबत आए। वरन यह कहना ज्यादा ठीक होगा कि राजनांदगाँव में अर्थाभाव चिंतात्मक नहीं था। काम चल रहा था, मजे से चल रहा था। पिताजी खुश थे और हम सभी भी। छोटे थे, पढ़ते थे, खेलते-कूदते थे। सारा दिन खुशी-खुशी बीत जाता था। हमारे घर के आजू-बाजू में दो बड़े तालाब थे, हैं, जो अब और भी खूबसूरत हो गए हैं। पिताजी हमें सुबह तालाब में नहाने-तैरने ले जाते थे। तैरना हमने उन्हीं से सीखा। खुद अच्छे तैराक थे, दूर तक जाते थे। लौटने के बाद एक-एक करके हम भाई-बहनों को तैरना सिखाते थे। कभी-कभी साथ में माँ भी हुआ करती थी। घंटे दो घंटे कैसे निकल जाते थे, पता ही नहीं चलता था।

चाय और बीड़ी के बाद पिताजी को भोजन में यदि सबसे अधिक प्रिय कोई चीज थी तो वह थी दाल। तुवर दाल। दाल के बिना उनका भोजन पूर्ण नहीं होता था। वे दाल खूब खाते थे। अंडे को कच्चे निगल लेते थे क्योंकि सवाल दूध की उपलब्धता का था।

उन्हें जब कभी समय मिलता, लिखने बैठ जाते थे। एक बैठक के बाद जब

वे उठते थे, नीचे फर्श पर कटे-पिटे कागजों का ढेर पड़ा रहता था जिन्हें वे सहेजकर रद्दी की टोकरी में डाल देते थे। मेरी लिखावट कुछ बेहतर थी इसलिए कई बार अपनी कविताओं की कॉपी करने देते थे। लंबी-लंबी कविताएँ। कार्बन कापी तैयार की जा सकती थी लेकिन इसके लिए पैसे की जरुरत होती है। लिहाजा पत्र-पत्रिकाओं को हस्तलिखित कविताएँ भेजने के बाद शायद कोई दूसरा ड्राफ्ट नहीं रहता होगा। यह भी संभव है प्रकाशन के लिए स्वीकार न किए जाने की स्थिति में कविताएँ लौटकर न आती हों। प्रकाशक ने वापस न भेजी हों। नागपुर में उनके एक मात्र उपन्यास का ड्राफ्ट, जैसा कि मैंने सुना, खोने का संभवतः यह भी एक कारण रहा होगा।

बाबू साहेब की उर्दू शायरी में भी गहरी दिलचस्पी थी। उस दौर के प्रख्यात उर्दू शायरों की किताबें उनकी लायब्रेरी में थी, जिन्हें वे बार-बार पढ़ा करते थे। जिन पंक्तियों को मैने अक्सर उन्हें गुनगुनाते हुए सुना है वह है - ''अभी तो मैं जवान हूँ, अभी तो मैं जवान हूँ'' मुझे पता नहीं था कि वे किस शायर की लिखी कविता है पर मैं देखता था, उन्हें गुनगुनाते समय पिताजी बहुत प्रसन्न मुद्रा में रहते थे। चक्करदार सीढ़ी वाले हालनुमा करमें में चक्कर लगाते हुए वे इन पंक्तियों को बार-बार दोहराते थे। मैं समझता हूँ संतोष और खुशी के जितने भी लम्हें उनकी जिंदगी में थे, कविताएँ उन्हें ताकत देती थीं। उनकी उम्र कुछ भी नहीं थी, महज 40-42 के लेकिन 'अभी तो मैं जवान हूँ' गुनगुना कर वे बढ़ती उम्र के अहसास को शायद कम करने की कोशिश करते थे। संभवतः आशंकाग्रस्त थे। फिर भी इन पंक्तियों को गाकर उनके चेहरे पर जो खुशी झलकती थी, वह उन्हें संतुष्टि देती थी, आशंकाओं से मुक्त करती थी। लेकिन हकीकतन ऐसा हुआ कहाँ? वे अपने जीवन के प्रति कितने आशंकाग्रस्त थे, इसकी झलक 5 फरवरी 1964 (मुक्तिबोध रचनावली खंड-6 पृष्ठ 388) को श्री श्रीकांत वर्मा को लिखे गए पत्र से मिलती है। एक स्थान पर उन्होंने लिखा है- 'जबलपुर से लौटने पर मैं बहुत बीमार पड़ गया। चलने में, सोने में, यहाँ तक कि लिखने में भी चक्कर आते रहते हैं, खूब चक्कर आते हैं। इस कारण छोटी-मोटी दुर्घटनाओं का भी शिकार होता रहा। अपने स्वास्थ्य के संबंध में भयानक और विकृत सपने आते रहते हैं बहुत दुर्भाग्यपूर्ण अपने को महसूस करता हूँ।' दुर्भाग्य ने वाकई उनका पीछा नहीं छोड़ा। 47 की उम्र में इस दुनिया से चले गए। 11 सितंबर 1964। आल इंडिया इंस्टीट्यूट ऑफ मेडिकल साइंसेस, नई दिल्ली। समय रात्रि लगभग 8 बजे।

कविता के उनके श्रोता कम नहीं थे। घर में किसी न किसी साहित्यिक का प्रायः रोज आना-जाना लगा ही रहता था। पर कभी-कभी ऐसा भी होता था जब वे बिना किसी की उपस्थिति के कविता का जोर-जोर से पाठ किया करते थे।

"पता नहीं कब कौन कहां, किस ओर मिले,
किस सांझ मिले, किस सुबह मिले,
यह राह जिंदगी की, किस सुबह मिले,
यह राह जिंदगी की, जिससे जिस जगह मिले।"

कविता की ये वे पंक्तियां हैं जिन्हें मैं बचपन में अक्सर सुना करता था। मैं उनका श्रोता उस दौर में बना जब मुझे अस्थमा हुआ। दमे के शिकार बेटे को गोद में लेकर हालांकि वह इतना बड़ा हो गया था कि गोद में नहीं समा सकता था, थपकियां देकर वे जो कविताएं सुनाया करते थे, उनमें "पता नहीं" शीर्षक की इस कविता की प्रारंभिक लाइनें मेरे जेहन में अभी भी कौंधती हैं। वह शायद इसलिए कि मैंने उसे उनके स्वर में बार-बार सुना है। जिस लयबद्ध तरीके से वे इसे सुनाया करते थे, कि मुझे थोड़ी ही देर में नींद आ जाती थी। अस्थमा एक ऐसा रोग है जो आदमी को चैन से सोने भी नहीं देता था। धौंकनी की तरह बेचैनी होती सांसे ऊपर-नीचे होती रहती हैं जिसकी वजह से सीधा लेटा नहीं जा सकता। दो-तीन तकियों के सहारे आधा धड़ ऊपर रखकर-एक तरह से बैठे-बैठे रातें काटनी पड़ती हैं। 10-11 साल की उम्र में मुझे दमे ने कब कब पकड़ा, याद नहीं, अलबत्ता पिताजी की बड़ी चिंता मुझे लेकर थी। इसलिए जब अधलेटे बेटे की हालत उनसे देखी नहीं जाती थी, तब वे उसे गोद में लेकर सस्वर कविताओं का पाठ करते थे, आगे पीछे अपने शरीर को झुलाते हुए ताकि मुझे नींद आ जाए और वह आ भी जाती थी। लेकिन मेरी बीमारी उनकी चिंता का सबसे बड़ा कारण थी।

चूंकी घर के आजू-बाजू तालाब था-रानीसागर और बूढ़ासागर। लिहाजा ठंड के दिनों में ठंडी हवाएं खूब चलती थीं। वातावरण में हमेशा आद्रता रहती थी। यह समझा गया कि मेरे दमें की एक वजह हवा में पसरी हुई ठंडक हो सकती है। फलतः शहर से दूर जैन स्कूल में मेरे रहने का प्रबंध किया गया। गर्मी के दिन थे, स्कूल में छुट्टियां थीं। मैं कुछ दिन माँ के साथ वहीं रहा। बाद में लेबर कॉलोनी में मेरे लिए अलग से छोटा सा मकान किराये पर लिया गया जहाँ मैं और बड़े भैय्या रहने लगे। कॉलेज छूटने के बाद पिताजी रोज अपने किसी न किसी मित्र को लेकर मुझे देखने आते थे। धीरे-धीरे मेरी तबीयत ठीक होती गई और शायद जनवरी 1964 में मैं फिर से कॉलेज वाले घर में आ गया। लेकिन पिताजी बीमार पड़ गए। उन पर अकस्मात पैरालिसिस का अटैक हुआ। शायद कॉलेज से लौटते हुए वे गिर गए। उनका आधा शरीर निर्जीव हो गया, अलबत्ता चेहरा अछूता था। लेकिन शब्द टूटने लगे थे। बहुत धीमे बोल पाते थे। वे बीमार पड़ गए। मैं ठीक होता गया। इतिहास का वह किस्सा मुझे याद आने लगा कि कैसे बादशाह बाबार ने अपने बीमार बेटे हूमायूं की जिंदगी

बचाने के लिए प्रार्थनाएँ की जो कबूल हुईं। हूमायूं ठीक हो गये। बादशाह बीमार पड़ गए और अंततः चल बसे।

क्या मेरे साथ भी ऐसा ही कुछ होने वाला था? यह बात तर्क संगत भले न लगे पर मैं इतिहास के उस किस्से को अपने साथ जोड़ ही सकता हूँ। दरअसल एक दिन मैं घर की बड़ी सी खिड़की पर बैठा हुआ था। घर की खिड़कियां कमरे के भीतर से इतनी चौड़ी रहती थी कि कोई भी उस पर आराम से बैठ सकता था। रात हो चली थी, पिताजी आए। वे अपने साथ पासपोर्ट साइज की जैकेट से वाली तस्वीर लेकर आए थे। फोटो उन्होंने कब और किससे खिंचवायी थी मुझे याद नहीं। वह फोटो उन्होंने मुझे देखने के लिए दी। किन्तु उनका फोटो देखकर न जाने क्यों मेरा मन रूआंसा हो गया। क्या यह कोई संकेत था? दूसरी घटना : भोपाल रेलवे स्टेशन की हमीदिया अस्पताल में उनकी सेहत सुधरती न देखकर उन्हें नई दिल्ली के अखिल भारतीय आयुर्वेद विज्ञान संस्थान (ऐम्स) में भर्ती कराने की व्यवस्था की गई। हम रेलवे स्टेशन पर थे। एक कंपार्टमेंट में बर्थ पर पिताजी अर्द्धचेतनावस्था में में लेटे हुए थे। आसपास के वातावरण से एकदम बेखबर। माँ साथ में थी और पिताजी मित्रगण - परसाई जी, प्रमोद वर्मा जी और भी कई। पिताजी की ऐसी अवस्था देखकर मन फिर भीग या। लगा जैसा कि यह उनका अंतिम दर्शन है। वाकई मेरे लिए वह अंतिम दर्शन ही था। उनसे मिलने हम दिल्ली जा नहीं पाए। पिताजी 11 सितंबर 1964 को विदा हो गए। हूमायूं का किस्सा मुझे लगता है, मेरे लिए हकीकत बन गया। मेरे लिए जीवन का यह सबसे बड़ा सत्य है।

अपनी याद में पिताजी की बीमार पड़ते मैंने कभी नहीं देखा। बचपन की यादें यानी नागपुर में सन् 1954-55, राजनांदगाँव में 1964, उनकी मृत्यु पर्यन्त तक। जनवरी 1964 में पक्षाघात के बाद वे कभी नहीं उठ पाए। ऊंचे-पूरे, अच्छी पर्सनालिटी के मालिक थे। उन्हें देखकर ऐसा नहीं लगता था कि कोई बीमारी उन्हें तोड़ सकती है। लेकिन हाथ-पैर उनके दर्द देते थे। कॉलेज से लौटने के बाद या निरंतर लेखन से आई शारीरिक शिथिलता दूर करने के लिए वे हमें हाथ-पैर दबाने के लिए कहते थे। यह काम मालिश जैसा नहीं था यानी यहाँ हाथों की उंगलियों का कोई काम नहीं था। वे पेट के बल लेट जाते थे और हमें ऊपर से नीचे तक, पैरों से लेकर गर्दन तक पांव से दबाने कहते थे। हम दीवार के सहारे एक तरह से उनकी पीठ व कमर पर नाचते थे। यह हमारे लिए खेल था किन्तु उन्हें इससे आराम मिलता था। कभी-कभी वे पेट भी इसी तरह हमसे दबवाया करते थे। इससे अनुमान लगाया जा सकता है कि उन्हें कितनी तकलीफ थी पर न तो वे डॉक्टर के पास जाते थे और न दवाई लेते थे। इसलिए उनकी शारीरिक पीड़ाओं का हमें अहसास नहीं था।

अलबत्ता कभी-कभी विषाद और चिंताएं उनकी बेचैनी भरी चहलकदमी से महसूस की जा सकती थी। स्वामी कृष्णानंद सोख्ता के रोड एक्सीडेंट में मारे जाने की खबर जब उन्हें मिली तो वे बेहद दुःखी हुए। इसी तरह भोपाल के हमीदिया अस्पताल में बिस्तर पर पड़े-पड़े जीवन के प्रति उनका निराशा को चेहरे पर देखा-पढ़ा जा सकता था। हालांकि इलाज के चलते उनकी तबीयत में कुछ सुधार हुआ था। सहारा लेकर वे कुछ कदम चलने-फिरने लगे थे लेकिन इलाज का प्रभाव सीमित ही रहा। मुझे लगता है दो बड़ी घटनाओं ने उन्हें तगड़ा मानसिक आघात दिया जिसका असर उनकी सेहत पर पड़ा। पहली घटना जब तत्कालीन मध्यप्रेदश सरकार के पाठ्यपुस्तक के रूप में स्वीकार की गई उनकी किताब भारत इतिहास और संस्कृति पर प्रतिबंध लगा, संघ समर्थकों ने जगह-जगह किताब की होली जलाई और दूसरी घटना बीमारी के दौरान उनके लिए की गई आर्थिक सहायता की अपील। धर्मयुग में प्रभाकर माचवेजी का लेख और मदद की अपील ने उन्हें बहुत विचलित किया। स्वाभिमान पर ऐसी चोट उनके जैसा संवेदनशील कवि कैसे बर्दाश्त कर सकता था? उन्होंने इस अभियान को पंसद नहीं किया किन्तु उसे रोक नहीं पाए। शारीरिक अवस्था ऐसी नहीं थी कि प्रतिकार किया जाए। पर वे बहुत दुखी थे।

राजनांदगाँव के दिग्विजय कॉलेज जो अब शासकीय है, में आप जाएं तो उसके सौंदर्य को देखकर आप अभिभूत हो जाएंगे। पिछले सिंह द्वार का हमारा वह मकान, दोनों तरफ बड़े तालाब, रानी सागर, बूढ़ासागर, पिताजी की मृत्यु के बाद उनकी कीर्ति का यशोगान करते हुए नजर आएंगे। इसमें संदेह नहीं कि राज्य सरकार ने उसके सौंदर्य को निखारा है, समूचे परिसर को स्मारक में तब्दील किया है, मूर्तियां स्थापित की हैं, परिसर को हरा-भरा कर दिया है, एक नया भवन भी बनाया है, इस सोच के साथ कि देश-प्रदेश के लेखक, विचारक इस भवन में सरकार के मेहमान बनकर रहेंगे और रचनात्मक कार्य करेंगे। सिंह द्वार के ऊपर मंजिल पर जहाँ हम रहते थे, पिताजी की स्मृतियों को संजोया गया है, उनकी लेखन सामग्री, उनकी कुछ किताबें, उनके कुछ वस्त्र, कुछ पांडुलिपियां प्रदर्शित की गई हैं। दीवारों पर दुर्लभ फोटोग्राफ थे जो उनकी जीवन यात्रा के कुछ पलों के साक्षी थे। किन्तु सीलन आने की वजह से वे निकाल दिए गए। स्मृतियों का यह झरोखा उस हाल तक सीमित हैं जहाँ वे चक्करदार सीढ़ियां हैं, जो उनकी प्रख्यात कविता 'अंधेरे में' जीवन की रहस्यात्मकता की प्रतीक बनी है। बगल के दो अन्य कमरों में पदुमलाल पुन्नालाल बख्शी हैं और डॉ. बलदेव प्रसाद मिश्र। इसलिए हमारे उस मकान को राज्य सरकार द्वारा त्रिवेणी नाम दिया गया है। कभी खंडहर रहे इस भवन में जिसे कॉलेज के प्राचार्य स्व. किशोरीलाल शुक्ल के निर्देश पर रहने लायक बना दिया गया था, हम रहते थे।

बख्शीजी या मिश्रजी नहीं। यह कोई कीर्ति की प्रतिस्पर्धा नहीं थी पर ज्यादा अच्छा होता यदि इस मकान एवं परिसर में सिर्फ पिताजी की स्मृतियों को संजोया जाता। यह अलग बात है कि हिन्दी साहित्य जगत में इस त्रिवेणी को मुक्तिबोध स्मारक के रूप में ही जाना जाता है। बहरहाल राज्य सरकार ने एक दशक पूर्व परिसर की कायाकल्प करके साहित्य जगत में बड़ी वाहवाही लूट ली थी, बड़ी सराहना मिली थी, किन्तु उसके बाद उसने पलटकर नहीं देखा। साहित्य - सृजन के लिए बना भवन सृजनात्मकता की बाट जोह रहा है। अब तक उसे एक भी लेखक नहीं मिला जो उसकी उदासी दूर कर सके। सरकार ने अपने कारणों से जिसे राजनैतिक भी कह सकते हैं और सांस्कृतिक सोच का अभाव भी, इससे पल्ला झाड़ लिया है। राज्य की भाजपा सरकार के साथ ऐसा होना अस्वाभाविक नहीं। वर्ष 2014 में राष्ट्रीय साहित्य महोत्सव का आयोजन करके उसने देशव्यापी सराहना अर्जित की थी। फिर उसे इसकी दुबारा जरूरत नहीं पड़ी। राजनांदगाँव में मुक्तिबोध स्मारक के साथ भी कुछ ऐसा ही है।

यकीनन राजनांदगाँव उनकी सृजनात्मकता का स्वर्णिम काल था। जीवन में कुछ निश्चिंतता थी, कुछ सुख थे पर दुर्भाग्य से वे यह समय उत्यल्प रहा। लेकिन मात्र 6-7 साल की अवधि में उनका सर्वाधिक महत्वपूर्ण लेखन यहीं हुआ। वे छत्तीसगढ़ के प्रति कितने कृतज्ञ थे, इसका प्रमाण श्री श्रीकांत वर्मा को लिखे गए उनके पत्र से मिलता है - 14 नवंबर 1963 के पत्र में उन्होंने लिखा है - ''उस छत्तीसगढ़ का मैं ऋणी हूँ जिसने मुझे और मेरे बाल बच्चों को शांतिपूर्वक जीने का क्षेत्र दिया। उस छत्तीसगढ़ में जहाँ मुझे मेरे प्यारे छोटे-छोटे लोग मिले, जिन्होंने मुझे बाहों में समेट लिया और बड़े भी मिले, जिन्होंने मुझे सम्मान और सत्कार प्रदान करके, संकटों से बचाया।''

पिताजी को गुजरे 52 वर्ष हो गए। आधी शताब्दी बीत गई। हम, उम्रदराज हो गए, एक को छोड़ तीनों भाई 60 के पार। इस बीच माँ नहीं रहीं, विवाहिता बहन नहीं रहीं, भाभी नहीं। कितना कुछ बदल गया लेकिन नहीं बदला तो घर का वातावरण। वह अभी भी वैसा ही है जैसा हमारे नागपुर में नयी शुक्रवारी, गणेश पेठ, राजनांदगाँव में बसंतपुर व दिग्विजय कॉलेज परिसर वाले मकान में था। पिताजी की सशरीर मौजूदगी वहाँ थी और अब रायपुर में हमारे घर में उनकी अदृश्य उपस्थिति, हमारी आत्मा में उपस्थित मौजूद है। इसलिए हमेशा यह महसूस होता है, वे कहीं गए हैं, बस आते ही होंगे।

मानवाधिकार और मुक्तिबोध की कविता

डॉ. जेटी' एम्मानुवल

मानवाधिकार की भावना एक विश्व भावना के अर्थात् विश्व के सभी मानवों से संबंधित नियम है। यह किसी एक देश या नस्ल या धर्म से संबंधित नहीं, इस पृथ्वी में मनुष्य को साधारण जिंदगी बिताने के लिए आवश्यक बुनियादी अधिकार है मानवाधिकार। हमारे राष्ट्र भारत के विधान में तीसरा और चौथा भाग में मानवाधिकार के बारे में जोर देते हैं। व्यक्तियों को जीने का, शिक्षा पाने का, बराबरी का, स्वतंत्रता का ये तमाम अधिकार मानवाधिकार के अंतर्गत आते हैं।

हमारे संविधान में मानवाधिकार को तीन भागों में विभक्त किया है। इनमें प्रथम नागरिक और राष्ट्रीय अधिकार है। यह राष्ट्र के विरुद्ध नागरिक के अधिकार पर जोर देता है। अर्थात् व्यक्ति को राष्ट्र का संरक्षण मिलता है। जीने का और स्वातंत्र्य का हक, लिंग, नस्ल, वर्ग के नाम पर विवेचना से संरक्षण, गुलामी, बेकानूनी गिरफ्तारी से मुक्ति, चलने की स्वतंत्रता, विचार की स्वतंत्रता, अभिव्यक्ति की स्वतंत्रता आदि इसके अंतर्गत आते हैं।

द्वितीय भाग को मार्क्सवादी दर्शन का थोड़ा प्रभाव है। इसमें आर्थिक, सामाजिक सांस्कृतिक अधिकार पर जोर देते हैं। व्यक्ति के जीवन स्तर उच्चतर करना ही इसका लक्ष्य है। सामाजिक सुरक्षा का, काम करने का, आराम करने का, शिक्षा पाने का अधिकार इनमें शामिल है।

तृतीय कुछ एकीकृत अधिकार हैं यह व्यक्ति से ज्यादा एक समाज के अधिकार पर जोर देते हैं। यह एकीकृत या सामूहिक अधिकार नाम से माने जाते हैं। इसमें आर्थिक और सामाजिक विकास पाने का अधिकार, स्वच्छ पर्यावरण सृजित करने का

अधिकार, प्राकृतिक विभव, सांस्कृतिक संपत्ति सुरक्षित रखने तथा सामाजिक, आर्थिक राजनीतिक बातों में निजी निर्णय लेने का अधिकार इसके अंतर्गत आते हैं।

राष्ट्रीय और अंतर्राष्ट्रीय स्तर पर मानव अधिकार की सुरक्षा के लिए अनेक नियम हैं। हिंदी साहित्य में जहाँ मानवाधिकार की चर्चा होती है वहीं मुक्तिबोध की चर्चा के बिना आगे बढ़ना असंभव है। संवेदनशील मनुष्य ही साहित्य से संबंध रख सकता है। हिंदी साहित्य में मुक्तिबोध एक ऐसे साहित्यकार हैं जो विश्व व्यक्तित्व में अपने व्यक्तित्व को एकीकृत किया है। अपने जिंदगी भर में खुले दिल और दिमाग के साथ एवं पूरी मनुष्यता के साथ वे जीते थे। मुक्तिबोध की तमाम रचनाएँ मानव अधिकार का साक्षीपत्र हैं।

मुक्तिबोध ने साहित्य का उद्देश्य सांस्कृतिक परिष्कार माना है। मुक्तिबोध कहते हैं "जनता के मानसिक परिष्कार, उसके आदर्श मनोरंजन से लगातार तो क्रांतिपथ पर मोड़नेवाला साहित्य, मानवीय भावनाओं का उदात्त वातावरण उपस्थित करनेवाला साहित्य, जनता का जीवन चित्रण करनेवाला साहित्य, मन को मानवीय और जन को जन जन करनेवाला साहित्य, शोषण और सत्ता के घमण्ड को चूर करने वाले स्वातंत्र्य और मुक्ति के गीतों वाला साहित्य, प्राकृतिक शोभा और स्नेह के सुकुमार दृश्यों वाला साहित्य सभी प्रकार का साहित्य सम्मिलित हैं।"[1] स्पष्ट है जनता को तमाम बंधनों से मुक्ति के रास्ते की ओर अग्रसर करना ही मुक्तिबोध की नज़र में साहित्य है और वे साहित्य के मानवीय पक्ष को ही प्रधानता देना चाहता है।

औसत आदमी की समस्यायें मुक्तिबोध की साहित्यिक कृतियों का केंद्रीय विषय है। मानवीय समस्याओं से उनका मन बेचैन है। बेचैनी मुक्तिबोध के साहित्यिक मन की अस्मिता है। इसी बेचैनी के कारण वे जीवन भर संघर्षरत दीख पड़ते हैं। उनके अपने शब्दों में –

'समस्या एक मेरे सभ्य नगरों और ग्रामों में
सभी जन सुखी सुंदर व शोषण मुक्त कब होंगे'

जिस युग में मुक्तिबोध साहित्यिक क्षेत्र में पदार्पण किया उस युग में साम्राज्य के अधीन थके हुए भारतीय जन साधारण वर्गीय वैषम्य से घनघोड़ करते थे। उच्च, मध्य, निम्न वर्गों के बीच की खाई मुक्तिबोध के लिए चिंता का विषय है। उनकी नज़र समाज में मानव अधिकारों से वंचित निम्नवर्ग सर्वाहारा पर पड़ी। उनकी कविताएँ सर्वहारा वर्ग की पक्षधर कविता हैं अपनी कविताओं में वे अपने को सर्वहारा के साथ जोड़ते दिखाई पड़ते हैं। 'गुँथे तुमसे बिधे तुमसे' शीर्षक कविता में कवि निम्नवर्गीय श्रमिकों से वैचारिक एकता स्थापित करते हैं,

"वेदना में हम विचारों की

गुँथे तुमसे
बिंधे तुमसे
व अवेष्टिम परस्पर हो गये"[2]

समसामयिक, सामाजिक, राजनीतिक और धार्मिक परिस्थितियों के संबंध में अपनी प्रतिक्रियायें मुक्तिबोध ने अपनी साहित्यिक रचनाओं में व्यक्त किया है। मुक्तिबोध देश के समसामयिक शासन व्यवस्था पूँजीवाद पर आधारित मानते हैं। पूँजीवादी समाज में जनसाधारण शोषण का शिकार है। यहाँ पर चीज़ खरीदी और बेची जाती है। बुद्धिजीवी वर्ग बुद्धि चेतना है। इस समाज में स्त्री बिकती है, श्रम बिकता है अंतरात्मा भी यहाँ विकाऊ माल है। इस पूँजीवादी समाज में व्यक्तिस्वातंत्र्य अगर किसी को है तो वह धनिक वर्ग को है क्योंकि धनिक वर्ग दूसरों को स्वतंत्रता खरीदकर अपनी स्वतंत्रता बढाता है। "व्यक्ति को खरीदने और बेचने की खरीद जाने और बेचे जाने की दूसरों के स्वतंत्रता को खरीदने की अपनी स्वतंत्रता बेचने की आज़ादी की मज़बूरी है।"[3] मुक्तिबोध की राय में जो व्यक्ति स्वतंत्र्य का पूरा समाज सार्वजनिक रूप से निंदित और तिरस्कृत करें।

'भूल गलती' शीर्षक कविता में असत्य का प्रतिरूप सुलतान गलत सत्ता के खिलाफ लड़नेवाले ईमान को कैद कर लाया है। या व्यवस्था द्वारा व्यक्ति स्वातंत्र्य का हनन है।

"भूल गलती
आज बैठी है जिरहबख्तर पहनकर
तख्त पर दिल के
....
....
वह कैद कर लाया गया ईमान
सुलतानी निगाहों में निगाहें डालता
बेखौफ नीली बिजलियों को फेंकता खामोश"[4]

इस कविता में मुगल दरबार के वातावरण के फैंटास्टिक अभिव्यक्ति के सहारे पूँजीवादी व्यवस्था में व्यक्तिस्वातंत्र्य का हनन करनेवाले पूँजीवादी सत्ताधारी शासक वर्ग का जीवंत चित्रण अंकित करते हैं। व्यक्ति वास्तव में राष्ट्र द्वारा अपनी स्वतंत्रता का संरक्षण चाहता है। लेकिन पूँजीवादी समाज में यदि कोई व्यवस्था के खिलाफ आवाज उठाते तो उनका जीने का हक भी नष्ट हो जाता है। बेकानूनी गिरफ्तार से उसे अपने षडयंत्र के जाल में फँसाते हैं। वर्तमान राजनीति में ये बातें ज्यादा प्रासंगिक है।

वर्तमान जनतांत्रिक शासन व्यवस्था आम जनता को बेवकूफ मानते हैं। नेतागण जनता के समीप आते हैं केवल वोट के लिए, केवल चुनाव के दिनों में वे जनता के अपने। इसके बाद वे अपने स्वार्थ पूर्ति के लिए अपने पदोन्नति के लिए जीते हैं। 'लकड़ी का बना रावण' कविता राजनीतिक शोषण का दस्तावेज़ है।

"उस शैल शिखर पर
खड़ा हुआ दीखता है एक द्योःपिता भव्य
निःसंग
ध्यान मग्न ब्रह्म...
मैं ही वह विराट् पुरुष हूँ
सर्व-तंत्र स्वतंत्र सत् चित्
....
....
दीखता
त्रिकोण इस पर्वत शिखर से
अनाम, अरूप और अनाकार
असीस एक कुहरा"[5]

देश में असमानता लाने वाली यह व्यवस्था ईमानदार जनसाधारण के लिए एक अभिशाप है। देश के बुद्धिजीवियों की ताकत को हनन करनेवाली यह व्यवस्था मात्र पूँजीपति के लिए अभिकाम्य है। यह मानव अधिकार के बिल्कुल खिलाफ है।

भोजन, कपड़ा, आवास मनुष्य की प्राथमिक जरूरतें हैं इसकी प्राप्ति के लिए आर्थिक स्थिति में वृद्धि आवश्यक है। देश के आर्थिक विघटन पर इशारा करते हुए आर्थिक उन्नयन की ज़रूरत पर मुक्तिबोध बल देते हैं। समाज को बदलने के लिए मुक्तिबोध प्रतिबद्ध हैं। उनकी कविताओं में संस्कृति के विभिन्न क्षेत्रों जैसे सामाजिक, आर्थिक, राजनीतिक, वैज्ञानिक, धार्मिक, साहित्यिक, नैतिक विघटन का चित्रण है आर्थिक अभावग्रस्त गरीबी से पीडित, आवास, कपड़े के अभाव में ग्रस्त हिंदुस्तानियों का चित्रण 'सूरज के वंशधर' शीर्षक कविता में मिलता हैं,

"सूखी हुई जांघों की लंबी लंबी अस्थियाँ
हिलाता हुआ चलता है
लंगोटीधारी यह दुबला मेरा हिन्दुस्तान
रास्ते पर बिखरे हुए
चावल के दानों को बीनता है लपक कर
मेरा यह साँवला इकहरा हिंदुस्तान

सटर पटर सामान को धरे हुए शीश पर
रोते हुए बच्चों को कंधे पर बिठाए हुए
ज़िदगी को ढ़ोता है बहादुर हिंदुस्तान"[6]

रहने का स्थान मनुष्य की बुनियादी जरूरत है। 'विक्षुब्ध बुद्धि के मारक स्वर' शीर्षक कविता में पूँजीपति सत्ताधारी मकान मालिक तथा टैक्स इन्सपेक्टर का रूप धारण करते हैं। इस धरती पर रहने के लिए वे जन साधारण से किराये के रूप में ज़बरदस्ती रक्त और माँस की वसूल करने का चित्रण है,

"वह दुष्ट ब्रह्म कर रहा ज़बरदस्ती वसूल
हमसे तुम से
यह रक्त किराया, अस्थि-मांस-भाड़ा
इस धरती पर रहने का"[7]

मकान मालिकों और टैक्सइन्सपेक्टरों की संख्या आज बढ़ गयी है। इसलिए मुक्तिबोध ने ज़िंदगी की भूलों को बड़ा माना है। आज की व्यवस्था मानव संबंध और मानवाधिकार को संरक्षित रखने वाली व्यवस्था नहीं वह धन सत्ता पर आधारित है।

मनुष्य की ज़िंदगी परिस्थिति सापेक्ष है परिस्थिति अपने अनुसार मनुष्य को रूपायित करती है सद्भावनायें या विकृत भावनाएँ मनुष्य गुज़री हुई परिस्थिति द्वारा रूपायित होती हैं। हमारी व्यवस्था ऐसी है जिसने व्यक्ति से अपना स्वतंत्र्य छीनकर उसे व्यवस्था के अनुसार मोड़ती है। 'ओ अप्रस्तुत श्रोता' 'शीर्षक कविता में पूंजीवादी सभ्यता को एक अंधेरे कारखाने के रूप में चित्रित कर पूँजीवादी व्यवस्था में होनेवाले व्यक्तिरूपांतरण का वर्णन किया गया है,

"हाँ अँधेरे कारखाना यह
जिसकी लाल भड़क बेताब धमन भट्टी में
झोंक खुद ही को रोज़
आत्महत्या करता है व्यक्ति
किंतु वह मरता नहीं
वरन वह पुनर्जन्म पा
विकसित करता नया एकदम नया
पेट धड़ सींग पूँछ और पंख
और फिर उड़ता फिरता चरता फिरता
खूब बोलता फिरता।"[8]

पूँजीवादी व्यवस्था में व्यक्ति पूँजीवादी कारखाने की धमनभट्टी में झोंककर रोज खुद आत्महत्या करता है। किंतु मरता नहीं वरन वह एक पूँजीवादी के रूप में पुनर्जन्म

पाता है। इस तरह की व्यवस्था मानवाधिकार पर हमला करती है और अपने अनुकूल मनुष्य को मोड़ती है।

प्रतियोगिता का संबन्ध अपर्याप्तता से है। जहाँ अवसर की अपर्याप्तता है वहाँ प्रतियोगिता बढ़ती है प्रतियोगिता से मानविकता नष्ट होती है तब मानवाधिकार पर चोट पडती है। अस्तित्व के समर में मज़बूत जन जीते हैं। बाकी सब अवसरवंचित होकर पीछे पड़ते हैं। मानवाधिकार पर धाव लगाने की सूचना का स्पष्ट गवाह है मुक्तिबोध की कविता 'भाग गयी जीप',

"तुम्हें कुछ
अच्छाई ही शेष थी
इसलिए घबरा गये
पकड़ न सके बस
और वह छूट गयी
पीछे रह गये तुम...."[9]

आज के इस समाज में समझौतावाद, अवसरवाद, स्वार्थता, धनमोह, पदलिप्सा आदि के समक्ष औसत आदमी अवसर वंचित है मानव के लिए प्राप्त करने योग्य साधारण अधिकार से वे वंचित हैं क्योंकि उनमें कुछ भलाई शेष है इसलिए दूसरों को धोखा देने में वे डरते हैं। इसलिए अवसरवादी सुविधाजीवी मुसाफिरों के समान सुविधाओं के बस पकड़ न सके और अवसर वंचित होकर पीछे रह गये। अवसर की अपर्याप्तता से उत्पन्न प्रतियोगिता मानवाधिकार के लिए चुनौती है यह फटेहाल और अकर्मण्य लोगों की जिंदगी को कष्टदायक और पीड़ादायक बनाती है।

मौकापरस्ती, पदलिप्सा धनमोह तथा प्रतिष्ठाओं की प्यास में वे आदर्श खो देते हैं और दूसरों को लूटते हैं। वे उत्तरोत्तर भौतिक उन्नति करते जाते हैं। लेकिन जो ईमानदारी है वे इस व्यवस्था में फिट नहीं होते हैं। उनकी ज़िदगी मेमने की तरह कुरबान होती है। उनका करुण आक्रंदन आसमान में छाया हुआ है। फिर भ्रष्टाचार रूपी काले सागर में डूबकर मिट जाता है। 'डूबता चाँद कब डूबेगा' कविता में वसुदेव और कंस के मिथक के द्वारा इस पाश्विक व्यवस्था में आत्मज सत्य (मानवाधिकार) को सुरक्षित रखने की मुसीबत पर विचार करते हैं--

"जाने कितने कारावासी वसुदेव स्वयं अपने घर में
शिशु आत्मज ले
बरसाती रातों में निकले
धँस रहे अँधेरी रातों के
विक्षुब्ध पुर में यमुना के

अति दूर अरे उस नन्दग्राम की ओर चले
जाने किसके डर स्थानान्तरित कर रहे थे वे
जीवन के आत्मज सत्यों को।
किस महाकंस के भय खाकर गहरा-गहरा।"[10]

इस कविता में चित्रित कारावासी वसुदेव की स्थिति आज मानवाधिकार से वंचित ईमानदार आदमी का भी है महाकंस ने आज पूँजीपतियों का रूप धारण कर अपने विरुद्ध आवाज उठानेवालों का अंत कर देता है। शोषण से कलुषित समाज में शोषण की समस्याओं को सुलझाने के रास्ते तो हैं पर उन्हें पल्लवित होने के पहले ही उखाड़कर नष्ट किया जाता है। इसलिए हल रूपी बालक जन्म लेने के पहले ही मरता है–

"बीमार समाजों के घर में
जितने ही हल हैं प्रश्नों के
वे हल जीने के पूर्व मरे"[11]

लेकिन मानवाधिकारों का उल्लंघन करने वाले राक्षसों बालकों का जन्म अधिकाधिक है,

"शोषण के वीर्य-बीज से अब जन्में दुर्दम
दो सिर के - चार पैर वाले राक्षस-बालक
विद्रूप सभ्यताओं सरयताओं के गर्भ से निकले।"[12]

जिस प्रकार कारा के कुशल चौकीदार ने शिवजी को फलों के बक्से में भरकर दक्षिण की ओर ले जाकर मुगल सम्राट के शोषण तंत्र से बचाया उसी प्रकार पूँजीवादी शोषण तंत्र में फंसनवाले युग वीरों को मुक्त करने के लिए जन में जीवन की तीव्र धार कुशल चौकीदार रहेगा और मानवाधिकारों का बचेगा यही कवि का स्वप्न है।

नारी को सुरक्षित रहने का अधिकार तथा बाल बच्चों की सुरक्षा मानव अधिकार के अंतर्गत आते हैं। हमारे विरासत के अनुसार नारी सम्मान की पात्र है। नारी को माँ-बहन के रूप में देखने के बजाय हमारी व्यवस्था के पूँजीवादी धुग्धुओं का स्वर सुनकर नारी यहाँ डरावने माहौल में जीती है। तथा मार लगने से रोती हुई बहू की छाती आँसू से भरती है। कभी नारी अपना विवेक खो देती है एक नारी की दुस्थिति का दूसरी नारी कारण बन जाती है।

"सामंती घराने की जागीरदार
बूढ़ी सी सास ज्यों
स्वयं पिशाचिनी का प्रचण्ड रूप ले
विद्रोहिणी विधवा निज बहू की पीटी गयी

पीठ पर बैठकर

जबर्दस्त हाथ में''

हमारे संविधान में नारी सुरक्षा का नियम है फिर भी नारी पीड़ित है। इस समाज में शोषण का सबसे बड़ा शिकार श्रमशील वर्ग की नारी है,

''आँखों में तैरता है चित्र एक
उर में संभाले दर्द
गर्भवती नारी का
कि जो पानी भरती है वज़नदार घड़ों से,
कपड़ों की धोती है भाड-भाड,
घर के काम बाहर के काम सब करती है,
अपनी सारी थकान के बाबजूद।
मज़दूरी करती है घर की गिरस्ती के लिए
पुत्रों को भविष्य के लिए सब
उसके पीले अवसाद भरे कृश मुख पर
जाने किस (धोखे-भरी) आशा को दृढता है।
करती वह इतना काम क्यों किस आशा पर?''[13]

श्रमजीवी नारी का यह यथार्थ चित्रण है। वह गर्भवती है सारी थकान भूलकर वह घर का और बाहर का काम करती है संतान के भविष्य के लिए घर की गृहस्थी के लिए क्यों किस आशा पर वह इतना काम करती है? मानवाधिकार के अनुसार लिंग के नाम पर हर प्रकार का विवेचन मना है फिर भी सिर्फ नारी होने के कारण सारा काम करना पड़ता है लेकिन आज की स्थिति ऐसी है कि घर का निर्वाह के लिए उसको बाहर का काम भी करना पड़ता है। इस प्रकार घर का श्रीवत संचालन के लिए नारी की ज़रूरत है पर घर के प्रमुख निर्णय लेते वक्त उसे हाशिए पर रखा है।

बच्चों पर किये जानेवाले अत्याचार एक ज्वलंत सामाजिक समस्या है। बच्चों को काम पर भेजना मानवाधिकार में अवैध है। बच्चों की कष्टदायक ज़िंदगी के कई चित्र मुक्तिबोध की कविताओं में है। ज़िंदगी का रास्ता कविता में बच्चे का चित्र देखिए।

''किंतु हाथ गरीबिन माँ ने ही बेचे हुए,
खाते हुए मार और करते हुए काम नित
उदास पाँच-बरस के बालक के
दर्द भरे फटे-हाल जीवन-सा जिससे

पुचकार का रस
(और प्रोत्साहन) मिला ही नहीं फिर भी
पढने के शौक और
जानने की चाह ने
मुसीबते बढ़ा दी।"[14]

बच्चों की शिक्षा तथा संरक्षण का दायित्व सिर्फ माँ-बाप पर निर्भर नहीं, बल्कि उसे उठाने का दायित्व समाज पर भी है। देश का भविष्य बच्चों पर निर्भर है। वर्तमान शासन व्यवस्था बच्चों को संरक्षण और प्रोत्साहन देने के बजाय उसे उनका सेवक बनाती है। नारी शोषण के समान बाल समाज का शोषण भी समाज की गंभीर समस्या है। समाज की कल्याणकारी परिभाषाएँ जब अर्थहीन हो जाती हों तो बच्चे भी अरक्षित हो जाते हैं यह सिर्फ बच्चों को अरक्षित होते जाना नहीं है यह समाज की नैतिकता का लुप्त हो जाना है मानवाधिकार के इस उल्लंघन का मुक्तिबोध गंभीर पतन मानते हैं।

व्यवस्था द्वारा, सत्ताधारियों द्वारा शोषकों द्वारा मानवाधिकार के उल्लंघन से बचाने के लिए मुक्तिबोध के सामने एक ही विकल्प है - वह है संघटित करना और शोषण के खिलाफ लड़ना, 'चंबल की घाटी में' कविता द्वारा मुक्तिबोध हमें याद दिलाते हैं,

"याद रखो
कभी अकेले में मुक्ति न मिलती
यदि वह है तो सबके ही साथ है"[15]

संक्षेप में मुक्तिबोध समकालीन कविता के बुनियाद पर प्रतिष्ठित साहित्यकार हैं शोषितों को मानवाधिकार का अवबोध कराना ही मुक्तिबोध की कविताओं का लक्ष्य है मानवाधिकार का कानून कायम रखने के लिए विश्व को आज कल किन-किन चुनौतियों का सामना करना पडता है इन सब की सूचना मुक्तिबोध की कविताओं में मिलती है। मानवाधिकार का उल्लंघन करनेवाले व्यवस्था का विरोध तथा उस व्यवस्था के विरुद्ध कुछ करने की संकल्पना का जो स्वप्न मुक्तिबोध कीकविताओं का प्राण है।

संदर्भ :

1. मुक्तिबोध रचनावली 5, मुक्तिबोध, पृ. 76
2. भूरी भूरी खाक धूल, मुक्तिबोध, पृ. 34
3. मुक्तिबोध रचनावली 3, मुक्तिबोध, पृ. 221
4. मुक्तिबोध रचनावली 2, मुक्तिबोध, पृ. 390
5. लकड़ी का बना रावण (कविता)
6. भूरी भूरी खाक धूल, मुक्तिबोध, पृ. 171-171

7. भूरी भूरी खाक धूल, मुक्तिबोध, पृ. 161
8. भूरी भूरी खाक धूल, मुक्तिबोध, पृ. 44
9. भूरी भूरी खाक धूल, मुक्तिबोध, पृ. 20
10. मुक्तिबोध रचनावली 2, मुक्तिबोध, पृ. 305
11. मुक्तिबोध रचनावली 2, मुक्तिबोध, पृ. 303
12. मुक्तिबोध रचनावली 2, मुक्तिबोध, पृ. 303-304
13. मुक्तिबोध रचनावली 2, मुक्तिबोध, पृ. 239
14. भूरी भूरी खाक धूल, मुक्तिबोध, पृ. 178
15. मुक्तिबोध रचनावली 2, मुक्तिबोध, पृ. 419

मानवीय सांस्कृतिक विमर्श का वैभव

ज्योतिष जोशी

समकालीन हिंदी कविता में गजानन माधव 'मुक्तिबोध' की उपस्थिति एक ऐसे विराट् चिंतनशील सर्जक की उपस्थित है जिसके प्रभाव से न केवल समकालीन कविता बल्कि विचार और आलोचना के क्षेत्र भी प्रभावित रहे हैं। मुक्तिबोध की दृष्टि का विन्यास भी इतना विस्तृत है कि उसमें सहज ही जागतिक समस्याओं, प्रश्नों और प्रत्ययों का विमर्श पाया जा सकता है। मुक्तिबोध की ख्याति एक कवि के रूप में है, पर वह विचारक भी बड़े हैं और अपने समय की गहरी बहस में उतरते उत्कट चिंतक भी। उनकी मानसिक बनावट ही ऐसी है जो प्रत्येक प्रश्न पर जिरह करने को उन्हें प्रेरित करती है। यही कारण है कि धर्म, समाज, संस्कृति, दर्शन, राजनीति और समकालीन जीवन का शायद ही कोई क्षेत्र रहा हो जिस पर मुक्तिबोध ने विचार न किया हो और उस विचार पर बहस न छिड़ी हो। ऐसे मुक्तिबोध की सहजता और उनके विचारों की प्रगल्भता अनायास ही हमें बाँधती है। 'तार सप्तक' के अपने वक्तव्य में वे कहते हैं—"यहाँ यह स्वीकार करने में मुझे संकोच नहीं कि मेरे व्यक्तित्व में बद्धमूल है। यह मैं निकटता से अनुभव करता आ रहा हूँ कि जिस भी क्षेत्र में मैं हूँ वह स्वयं अपूर्ण है, और उसका ठीक-ठीक प्रकटीकरण भी नहीं हो रहा है। फलतः गुप्त अशांति मन के अंदर घर किये रहती है।"

यह मुक्तिबोध का स्वागत है जिसमें उनके मानसिक द्वंद्व का पता चलता है। उनकी यह बेचैनी उनकी कविताओं, विचारों और गहरे विमर्शों में स्पष्ट ही दिखाई देती है जहाँ वे जूझते हुए एक बड़े यथार्थ के सामने होते हैं। मुक्तिबोध का असंतोष केवल यह नहीं है कि वे कुछ कर क्यों नहीं पा रहे हैं, बल्कि यह कि सब कुछ उम्मीद

के विपरीत ही क्यों हो रहा है। अपनी कविताओं के बारे में वे कहते हैं – "मेरी कविताओं के प्रति-परिवर्तन का कारण है यही आंतरिक जिज्ञासा। परंतु इस जिज्ञासु–वृत्ति का वास्तव (ऑब्जेक्टिव) रूप अभी तक कला में नहीं पा सका हूँ। अनुभव कर रहा हूँ कि वह उपन्यास के द्वारा ही प्राप्त हो सकेगा। वैसे काव्य में जीवन के चित्र की–यथा वैज्ञानिक 'टाइप' की–उद्भावना की, अथवा शुद्ध शब्द-चित्रात्मक कविता हो सकती है। इन्हीं के प्रयोग मैं करना चाहता हूँ। पुरानी परंपरा बिल्कुल छूटती नहीं है, पर वह परंपरा है मेरी ही, और उसका प्रसार अवश्य होना चाहिए।....जीवन के इस वैविध्यमय विकास-स्रोत को देखने के लिए इन भिन्न-भिन्न काव्यरूपों को, यहाँ तक कि नाट्यतत्व को, कविता में स्थान देने की आवश्यकता है। मैं चाहता हूँ कि इसी दिशा में मेरे प्रयोग हों।"

मुक्तिबोध के उपर्युक्त वक्तव्य को उद्धृत करने का मूल कारण उनकी काव्यगत स्थितियों को जानना और रचनाधर्मिता से संबंधित उनके द्वंद्वों से गुजरना है। मुक्तिबोध की रचनाओं को उनकी इस मनःस्थिति को जाने बिना समझना थोड़ा मुश्किल है। वे ऐसे कवि-चिंतक के रूप में स्थित हैं जिन्हें देखने-जानने की अनेक चेष्टाएँ हुई हैं जिनमें कुछ अधिक उलझाती हैं कुछ दिशाबोध कराती हैं। मुक्तिबोध के लिए कविता विराट् आख्यान की तरह है जिसमें प्रांत-परिवर्तन, जिज्ञासु-वृत्ति, वस्तु के यथार्थ की प्रतीति और प्राप्ति के साथ परंपरा का निर्वाह तथा प्रयोग की भी भूमिका है। कविता में नाट्य-तत्व भी हो, यह भी वे चाहते हैं। अपने वक्तव्य में वे यह भी घोषित करते हैं कि उनकी इच्छा उपन्यास लिखने से शायद पूरी हो सके।

वे उपन्यास लेखन में भी प्रवृत्त हुए और 'विपात्र' नामक उपन्यास भी उन्होंने लिखा। कहानियाँ भी लिखीं, जो दो संग्रहों में संकलित हैं–'काठ का सपना' और 'सतह से उठता आदमी'। इन रचनाओं में–उपन्यास और कहानियों में हमें ऐसी मुक्तिबोध से भेंट होती है जो विघटित व्यक्तित्व को दिखाते हैं। इसमें कथा की न्यूनता है और मध्यवर्गीय जीवन के पाखंड, झूठ, आत्मभर्त्सना, अंतर्विरोध आदि पर कटाक्ष और उत्तेजक बहस है। वाचक ही इसका नायक है, अपने पर ही क्रुद्ध, कुपित और लानत भेजता हुआ जो व्यवस्था में अपनी जगह के छीजते जाने से लेकर अपने अस्तित्व तक पर प्रश्नाकुल है। उनकी कहानियाँ भी मध्यवर्गीय जीवन की विडंबनाओं को व्यक्त करती हैं जिसमें व्यक्ति विघटित है, जीवन गतिहीन है, सब तरफ खामोशी और उदासी है, चीत्कार है और आशंका से घिरी घोर परिस्थितियाँ हैं जिसमें मालूम ही नहीं है कि अगले क्षण क्या होनेवाला है। मुक्तिबोध की रचनाशीलता में यह द्वैत अस्वाभाविक नहीं है, क्योंकि वे स्वीकार कर ही चलते हैं कि 'मानसिक द्वंद्व मेरे व्यक्तित्व में बद्धमूल है।' यह सच है कि जिस वास्तव (ऑब्जेक्टिव) रूप को वे

उपन्यास-लेखन के माध्यम से पाना चाहते थे, वह उन्हें नहीं मिल पाया; क्योंकि जिस तरह की मानसिक और बौद्धिक बेचैनी से वह लगातार लड़ रहे थे, उसमें यह संभव न था कि वे उपन्यास और कहानियों में जीवन के इसी बोध और संत्रास को कलात्मक अभिव्यक्ति दे पाते, पर इनमें भी उन छवियों को विन्यस्त कर सके जो उनकी कविताओं में फैंटेसी की शक्ल में उभरती हैं। एक दुःस्वप्न की तरह पीछा करतीं यह छवियाँ अशांत मन को और भी उद्वेग और यातना से भर देती हैं। इस स्तर पर देखें तो पायेंगे कि मुक्तिबोध के उपन्यास और कहानियाँ उनकी कविताओं के गहरे अर्थ को खोलती हैं। कविताओं के अँधेरे गह्वर उनकी कथाकृतियों से रौशन होते हैं।

मुक्तिबोध को उनकी पूरी बनावट में समझने के लिए निश्चय ही उनकी कथाकृतियाँ बहुत कारगर साबित होती हैं जिन पर आलोचक न जानें क्यों चर्चा से लगातार बचने की चेष्टा करते पाये जाते हैं। उनकी यह रचनाएँ यद्यपि उनकी कविताओं की तरह विराट् संवेदनात्मक धरातल नहीं देतीं, पर निश्चय ही वे तत्कालीन समय को उसके पूरे वितान में उठाती हैं और उस समय के यथार्थ को उसके अंतर्विरोधों सहित व्यक्त करती हैं। विभाजित व्यक्ति का अनवरत विघटन और तत्कालीन परिस्थितियों में सामाजिक जड़ता का विरूपण उनकी कथाकृतियों को महत्वपूर्ण बनाता है। यह रचनाकार के रूप में मुक्तिबोध का व्यक्तित्व जिन विपरीत परिस्थितियों का शिकार रहा, उसको अभिव्यक्त करतीं यह कृतियाँ ऐसे भयावह क्षणों से साक्षात्कार कराती हैं जो मध्यवर्गीय व्यक्ति के अस्तित्व पर भारी हैं। मुक्तिबोध इस भयावह क्षण को जी रहे थे, इसलिए भी यह संभव हो सका कि वे अपनी रचनाओं में उससे मुठभेड़ कर सके। अपने वैचारिक लेखन में भी वे इन परिस्थितियों का सामना करते हैं। उनकी कोई भी कृति देखी जाय, यह रेखांकित की जानेवाली सच्चाई है कि उसमें बनावटी लय, रस, झूठी उम्मीद, सरसता और जीवन की आयातित या सपनीली समृद्धि के प्रति विद्रोह दिखेगा। 'कामायनी : एक पुनिर्विचार', 'नई कविता का आत्मसंघर्ष', 'नए साहित्य का सौंदर्यशास्त्र' और 'एक साहित्यिक की डायरी' तथा 'भारत : इतिहास और संस्कृति' जैसी अपनी कृतियों में मुक्तिबोध ऐसे ही विचारक और आलोचक के रूप में सामने आते हैं जिसे हर तरह की यथास्थिति परेशान करती है और वे तनकर उसकी खुशफहमी को तार-तार कर देते हैं। यह अकारण नहीं है कि मुक्तिबोध को अतीत का गौरवगान नहीं सुहाता, सामंती जीवन-मूल्य चिढ़ाते हैं और सुनहरे स्वप्नों में जीने की लत को वे लानत भेजते हैं। उनकी चेतना यथार्थ को पहचानती है, वे अपने समय की भयावहता, व्यवस्था की कुटिलता तथा व्यर्थ की खुशफहमी का हश्र पहचानते हैं। यही कारण है कि रचना और विचार, दोनों ही स्तरों पर झूठ को वे नहीं सह पाते और हर तरह के पाखंड का निषेध करते हैं। वे इस सच्चाई को भी

स्वीकार करते हैं कि 'साहित्य पर आवश्यकता से अधिक भरोसा करना मूर्खता है।' उनके लिए व्यक्ति की निर्मिति अधिक महत्वपूर्ण है; क्योंकि वही सामाजिक संघर्षों की भूमि तैयार करता है और उसी के हाथों परिवर्तन की आकांक्षा भी पूरी होती है। साहित्य की कुटिल राजनीति में गहरे धँसे साहित्यकारों के बारे में भलीभाँति जानते हैं कि उनमें समाज से अधिक अपनी चिंता है। उन्हें पद, प्रतिष्ठा, पुरस्कार का लोभ इतना अधिक है कि वे इसके लिए अपना ईमान भी गिरवी रख दें, कदाचित् इसीलिए उन्होंने कहा कि "जो व्यक्ति साहित्यिक दुनिया से जितना दूर रहेगा, उसमें अच्छा साहित्यिक बनने की संभावना उतनी ही ज्यादा होगी।"

मुक्तिबोध ऐसे ही विकट समय के कवि हैं जिन्होंने अपने जीवन तथा अपने ही संघर्षों से अपने काव्यसत्य को पाया। मुक्तिबोध की कविताएँ गहरे अर्थों में अपने समय की संघर्षात्मक अभिव्यक्तियाँ हैं। यह एक तरह से अपने समूचे युग को कविताओं में व्यक्त करने का विकट रचनात्मक प्रयत्न था जिसमें वे अपनी प्रतिभा के कारण सफल हो गये। कविता के क्षेत्र में भी खुशफहमी उन्हें इष्ट न थी। वह ऐसे कवि के रूप में प्रतिष्ठित हो पाये जो जीवन, समय, समाज और समूची सभ्यता पर प्रश्न करने की कूव्वत रखता है तथा जो हर पल बदलती छवियों की कुटिलता देखता है। उनकी कविताएँ मध्यवर्गीय समाज की विरूपता, अंतर्विरोध, छल, प्रवंचना और भारतीय व्यवस्था की खोखली उम्मीदों से मोह भंग की कविताएँ हैं जो जन को भरोसे के साथ खड़ा कर प्रतिरोध की ताकत से लैस करती हैं। उनकी कविताओं में मनुष्य को पराजय नहीं, उसके पुरुषार्थ और उसकी अजेयता का उद्घोष है। वे अपने लिए जिस विधा की तलाश में थे, जहाँ वे अपने वास्तव रूप को पा सकें, उस दिशा में उपन्यास प्रस्थान तो बना पर कविता ही उन्हें लक्ष्य तक ला पाई। उनकी कविताएँ नाना तत्वों और प्रक्रियाओं की उपज हैं। उनमें गझिन विचार, दार्शनिक तात्विकता, महाकाव्यात्मकता, बौद्धिकता जैसे तत्त्व इतने अधिक हैं कि वे कविता को नई संरचना में बाँध देते हैं। ठीक ही कहा जाता है कि मुक्तिबोध की कविताओं की?

> अचानक एक काला स्याह चेहरा प्रकट होता है
> विकट हँसता हुआ।
> अध्यक्ष वह
> मेरी अँधेरी खाइयों में ('अंतःकरण का आयतन')
> घुसती है लाल-लाल मशाल अजीब सी
> अंतराल विवर के तन में
> लाल-लाल कुहरा,

कुहरे में, सामने, रक्तलोक स्नात पुरुष एक,
रहस्य साक्षात!! ('अँधेरे में')

ध्यान देने की बात है कि इस महानतम कविता 'अँधेरे में' की उपर्युक्त पंक्तियाँ उस समय के यथार्थ को व्यक्त करती हैं जिसमें समग्र समाज के जीवन का अंधकार प्रतिक्षण अपना रूप बदलता है। ऐसे ही विकट समय में 'परम अनिवार अभिव्यक्ति' की खोज यहाँ निरंतर चलती रहती है। कवि के शिल्प के तानेबाने की जटिलता और संरचना की गझिन बुनावट में कथ्य की प्रक्रिया बड़ी संश्लिष्ट है जिसमें अवसाद, निराशा, अंधकार और परिस्थितियों की विकटता के बावजूद अभिव्यक्ति की यात्रा रुकती नहीं है। यहाँ भ्रम या आशावाद में उलझने का कोई मुगालता नहीं है। मुक्तिबोध यहाँ अपने समय के अँधेरे को भली भाँति पहचानते हैं, वे उस शक्ति को भी पहचानते हैं जो हर संभव प्रयत्नों से सफल नहीं होने देना चाहती। समाज अपनी दिशा नहीं पा रहा है। जब उसे दिशा ही नहीं मिलती तब उस गंतव्य कहाँ मिलेगा। 'अँधेरे में' में जिस अभिव्यक्ति की खोज का प्रयत्न है, वह अभिव्यक्ति ही जीवन और समाज का 'स्वत्व' है, 'अस्मिता' है। चारों तरफ ठगने, लूटनेवाले बैठे हैं, आत्मा भी अँधेरे में छुपी है, कोई उजास नहीं, कहीं कोई रौशनी नहीं। 'अँधेरे में' के अंतिम पद को कविता के निहितार्थ के रूप में देखा जाता है जिसमें कवि अपनी 'अभिव्यक्ति' की खोज में वाचक से कहलवाता है–

परम अभिव्यक्ति
लगातार घूमती है जग में
पता नहीं जाने कहाँ, जाने कहाँ
वह है।
इसीलिए मैं हर गली में
और हर सड़क पर
झाँक-झाँककर देखता हूँ, हर एक चेहरा,
प्रत्येक गतिविधि
प्रत्येक चरित्र,
व हर एक आत्मा का इतिहास
हर एक देश व राजनीतिक परिस्थिति
प्रत्येक मानवीय स्वानुभूत आदर्श
विवेक-प्रक्रिया, क्रियागत परिणति!
खोजता हूँ पठार.....पहाड़ समुंदर
जहाँ मिल सके हुई

मेरी वह खोई मुझे
परम अभिव्यक्ति अनिवार
आत्म-संभावना।

'अँधेरे में', मुक्तिबोध की कविता-यात्रा की एक बड़ी उपलब्धि तो है ही, बीसवीं शताब्दी की हिंदी को उनकी सबसे बड़ी देन भी है। यह अकेली कविता रचना और रचनाकार के द्वैत में निष्ठा को प्रतिष्ठित करने का यत्न भी करती है। कविकर्म कोई साधारण कार्य नहीं, वह अपने 'आत्म' को बचाने और पाने की बीहड़ यात्रा भी है। यही 'आत्म', 'अभिव्यक्ति' है और कदाचित् अपने को खो चुके समाज की 'अस्मिता' भी। मुक्तिबोध अनवरत संघर्ष कर उस 'आत्म' को पाना चाहते हैं जो खो गया है और इस खोज में वे अपने युग को भी शामिल करना चाहते हैं। 'अँधेरे' का रूपक केवल यहाँ परिस्थिति की विवशता-भर नहीं है, बल्कि वह यह संदेश भी है कि अँधेर अँधेरा आता है और हम उसे भेदने के लिए प्रकाश की खोज करते हैं। जीवन में, देश में, समाज में अँधेरा आता है, यह प्राकृतिक नियति है, पर हम उसे मिटाते हैं। सर्जना भी अँधेरे से प्रकाश की यात्रा है, कहीं वह खो न जाय, इसके लिए सतत जागरूकता भी जरूरी है। कविता में व्यक्त वेदना ही 'सद्चित' है, सर्जक की अनुभूति की प्रामाणिकता का जीवंत साक्ष्य। मुक्तिबोध की इस कविता को भारतीय समाज की जड़ता के प्रति एक आह्वान कहा जाना चाहिए। 'अँधेरे में' सहित मुक्तिबोध की अन्य महत्त्वपूर्ण कविताओं की संरचना, भाषा, शिल्प और उनकी बिंब योजना में भी जैसी व्यंजना तथा संश्लिष्टता देखी गई, वैसी किसी भी अन्य कवि के यहाँ दुर्लभ है। मुक्तिबोध की कविताओं का पूरा वितान महाकाव्यात्मक है जिसमें संवेदनात्मक धरातल विस्तृत है और अपने समय से गहरा संवाद है। कथात्मकता, फैंटेसी के प्रयोग, बिंबात्मकता, संवादात्मकता तथा गहरे दार्शनिक और बौद्धिक विमर्शों से निर्मित इन कविताओं की सचमुच कोई परंपरा नहीं है और आगे भी चाहे इस प्रभावछाया में जितना लिखा जाय, इस परंपरा का विकास संभव नहीं है। अपनी प्रविधि के पुरस्कर्ता मुक्तिबोध स्वयं थे और उन्होंने इस प्रविधि की सारी संभावनाएँ निचोड़ लीं। न केवल प्रविधि, बल्कि भाषा की वह तल्खी और व्यंजना भी आगे के कवियों के साधे न सधी जिसे मुक्तिबोध ने रख छोड़ा था। यह बीसवीं शताब्दी के एक विराट् कवि-चिंतक की परंपरा थी जिसकी संवेदना से चाहे जितनी निकटता हो, उस कविता की परंपरा सृजन की उसी प्रविधि में नहीं चल सकती थी, नहीं चल पाई। मुक्तिबोध वैसे ही सर्जक हैं जैसे कबीर, वैसे ही अक्खड़, पारदर्शी, आक्रामक, चिंतनशील और विद्रोही। क्या कबीर की रचना-परंपरा चली? साधु-परंपरा निश्चय ही चली जिसमें धुईं रमाने और राख मलनेवाले हजारों जोगी पैदा हो गए पर कबीर की चिंताएँ और उनकी शिक्षाओं को

भूल गए। मुक्तिबोध के साथ ऐसा ही हुआ। उनकी भक्ति के आज बहुत-से मठ हैं, उसके माला-जाप में अनगिनत लेखक लगे हैं, पर वे मुक्तिबोध के संघर्षों से वास्ता नहीं रखते, उनमें सच को सच कहने का साहस नहीं है और टुच्चे स्वार्थों के लिए वे नित्य ही समझौते किया करते हैं, अपना इमान गिरवी रखते हैं।

मुक्तिबोध का काव्यनायक ऐसे विदूषकों को देखता है, वह उनकी सही शक्ल पहचानता है। वह अपनी आत्मप्रवंचना में जो कहता है, उसमें ऐसे लोगों की खबर भी तो है–

ओ मेरे आदर्शवादी मन,
ओ मेरे सिद्धांतवादी मन,
अब तक क्या किया?
जीवन क्या जिया!!

उदरंभरि बन अनात्म बन गए,
भूतों की शादी में कनात से तन गए,
किसी व्यभिचारी के बन गए बिस्तर,
दुखों के दागों को तमगों-सा पहना
अपने ही खयालों में दिन-रात रहना,
असंग बुद्धि व अकेले में सहना,
जिंदगी निष्क्रिय बन गई तलघर,
अब तक क्या किया?
जीवन क्या जिया!!

बताओ तो किस-किस के लिए तुम दौड़ गए,
करुणा के दृश्यों से हाय! मुँह मोड़ गए,
बन गए पत्थर,
बहुत-बहुत ज्यादा लिया,
दिया बहुत-बहुत कम;
मर गया देश, अरे, जीवित रह गए तुम!!

मुक्तिबोध के काव्यनायक की आत्मभर्त्सना उन लोगों की भर्त्सना है जो पल-पल समझौते करते हैं और सिद्धांतों की हत्या कर अवसर का दामन थामते है कहने की आवश्यकता नहीं कि मुक्तिबोध का समग्र लेखन एक मनवीय सांस्कृतिक प्रश्न और प्रतिबद्धता का लेखन है जिसमें उनका असंतोष तथा उनकी बद्धमूल द्वंद्वात्मकता हमारी

पूरी सभ्यता को एक बड़े विमर्श में ला खड़ी करती है। वे केवल अपने समय के अँधेरे को विदीर्ण कर प्रकाश को पाने का संघर्षशीलता के लेखक नहीं है, वरन् अपने पक्ष को ईमानदारी के साथ रखने की माँग के लेखक भी हैं। जब तक मुक्तिबोध की यह माँग हम पूरी नहीं करते, तब तक उनकी पक्षधरता की दलीलें देना निरर्थक है।

कंधे पर पानी की कांवड़ का भार उठाए कवि

डॉ. कृष्ण कुमार साहू (रजत कृष्ण)

मुक्तिबोध की कविता पर बातचीत की शुरूआत 'कई बार' शीर्षक कविता से करना चाहूँ जो कि विष्णुचंद शर्मा द्वारा संपादित–प्रकाशित 'कवि' पत्रिका के जून 1957 अंक में पहली बार प्रकाशित हुई और कालांतर में 'भूरी-भूरी खाक-धूल' संकलन में संकलित की गई। पूरी कविता इस प्रकार है –

कई बार / किरणों की अप्सरा / आई और चली गयी,
निर्विकार किन्तु मैं / घिरा रहा अँधेरे से सूने में ताकता।
सत्यों का फेरा / शुरू हुआ, खतम हुआ कई बार,
निराकार सूने का घेरा / किन्तु अखण्ड स्थिर रहा
वह मेरा भयाम शून्य / अनिमेश निहारता खड़ा रहा सत्यों को एकटक।
उदित हुआ सूर्य लाल, डूब गया।
चन्द्र व नक्षत्र आये, चले गये
किन्तु उन सबके पार परे रह / अँधेरे की परम्परा
अम्बर में खड़ी रही
व्यथाएँ उभरी खूब, डूब गयी
निराकार आदि दिखाएँ किन्तु / खड़ी रही मुँहबाये!

मेरा मन / निराकार सँवतलाया तमोलीन / परदा बना रहा
उभरे सौ रश्मि-चित्र / जीवन के मर्म के / उभरे विलुप्त हुए।
बन्द हुआ थिएटर / भावुक दार्शिनिक / बहु स्वभाव कि चले गये!

बुझ गयी बिजलियाँ / खाली पड़ी कुर्सियों की पाँतें वे।
दरवाजे बन्द हुए / सूने उस तमोलीन / अन्तराल भीतर
सुदूर वह परदा किन्तु / गत रश्मि-चित्रों के
विलुप्त-संवेदना-प्रकाश पर्व भूमि में
स्वयं की असंग / अप्रमाणित / असम्पर्कित तटस्थ अँधकारिता को
देख चकित है, विस्मित है।
सत्य आये व चले गये / रश्मि उभरी व लीन हुई
अन्धकार किन्तु जो तब भी था, अब भी है।

मेरा मन / अँधकार प्रतिरूप।
प्रदान वह करता है / आकाश - अवकाश-प्रभास व रेखाएँ
रश्मियों की रश्मि चरित्र को, सत्य को!
सार्थकता उसकी अपार है!

मुक्तिबोध की कोई भी कविता पढ़ें, वह न तो अपने आप में पूर्ण होती है न ही उसके भाव एकार्थ में व्यंजित होते हैं। प्रत्येक कविता और उसके हरेक पदबंध जैसे अपने भीतर कई अर्थ छवियाँ और कई संदर्भ—प्रसंग समेटे होते हैं, जो काल की गति में चिर नवीन भाव संवेदना भी पाठक के भीतर उत्पन्न करती हैं। यहाँ संबंधित कविता का जितनी बार पाठ करें, उतनी ही बार नए-नए संदर्भ-प्रसंग और अर्थ छवियों उभरती-खुलती हैं।

'अँधेरा,' 'सूनापन', 'निराकार' आदि, 'व्यथाएँ', 'लाल-सूर्य', 'बुझी बिजलियाँ', 'खाली कुर्सियाँ', 'संवेदना', 'जैसे बिंब व प्रतीक' मुक्तिबोध की विभिन्न कविताओं (और कहानियों में भी) हमें मिलेंगे—जो सही अर्थ में उनके काव्य सरोकारों, स्वप्नों व यथार्थ से मुठभेड़ करने के तरीके, उनके रचनाकार की सतत प्रयत्नाकुलता, बेचैनी और गहन सृजनात्मक संघर्ष को ही उद्घाटित व व्यंजित करते हैं।

मुक्तिबोध की रचना प्रक्रिया तथा रचना शीलता आदि को समझना चाहें तो वहाँ जितना हासिल आता है उससे कहीं ज्यादा छूटा रह जाता है, जिसे फिर-फिर पकड़ना पड़ता है—बड़े धैर्य पूर्वक, चुनौतियाँ स्वीकार करते हुए। यहाँ संबंधित कविता के अंतिम पदबंध में जो कहा गया है कि "सत्य आये व चले गये / रश्मि उभरी व लीन हुई। अँधकार किन्तु जो तब भी था, अब भी है" उसमें स्पष्ट संकेत है कि परतंत्र भारत में जिन आकांक्षाओं और मूल्यों की खातिर लड़ाई लड़ी गई, संघर्ष किया गया था, वह स्वतंत्रता के सालों बाद भी न तो पूर्ण हुई न ही उन मूल्यों की रक्षा

की जा सकी जिनकी खातिर गाँव–जनपद और बाहर के असंख्य जन आंदोलन का हिस्सा बन प्राण दिए, दुख सहे। 'व्यथाओं का उभरकर डूब जाना' आजाद भारत की तात्कालीन व्यवस्था की घोर असफलता को दर्शाता है। यों वर्तमान की भी यही व्यथा-कथा है। बल्कि आज 'अँधेरा' तो 'उजाले के छद्म भेष' में आता है– जो ज्यादा खतरनाक है। ऐसे खतरनाक स्थिति में मुक्तिबोध की कविताएँ हमें रास्ता दिखाती हैं। दोगले चरित्रों को पहचानते हुए उनके खिलाफ संघर्ष तेज करने का आह्वान करती है, साथ ही आह्वान होता है 'स्व के प्रति सजगता और समूह के प्रति प्रतिबद्धता' बनाए व बचाए रखने का।

मुक्तिबोध का स्पष्ट मत था कि संघर्ष और आंदोलन का कोई विकल्प नहीं होता। वह लगातार स्वयं संघर्षपथ पर चलते हुए साम्राज्यवादी, सामंतवादी व पूंजीवादी ताकतों की मुट्ठी में कैद जन साधारण के स्वप्न को उबारने और उसे यथार्थ जीवन में परिघटित करने की लड़ाई लड़नी होगी, इसकी उन्हें स्पष्ट समझ थी, अतः उन्होंने सामूहिक संघर्ष पर बल दिया और साथ ही लड़ाई की निरंतरता बनाए रखने स्वयं के साथ अपने परिजनों, वर्गीय जनों को भी मैदान पर उतरने को प्रेरित करते हुए खुलकर के यह कहा कि –

"जड़ी–भूत ढाँचों से लड़ेंगे हम / चाहे प्रतिनिधि तुम
चाहे प्रतिनिधि मैं / वैचारिक डीजल के इंजन को तोड़ेंगे।
उड़न्त घोड़ों–से जरूर हम अड़ेंगे
चाहे प्रतिनिधि तुम / चाहे प्रतिनिधि मैं।
द्वंद्व में हार जाऊँ यदि मैं / तुम मेरे घर आना / बच्चे पुचकारना
तुम्हारी भाभी को / आखिरी मेरी बात कहना–
स्वयं के पैरों पर खड़ी होकर जीना।"

स्पष्ट है कि मुक्तिबोध के लिए कविता, कहानी, लेख आदि अभिजात्य वर्ग से आए लेखक–कवि की तरह कभी भी बौद्धिक जुगाली नहीं, बल्कि परिवर्तनकारी चेतना के संवाहक रचनाकार वर्ग की जरूरी जीवनचर्या रहे हैं। वे अक्सर किसान–मजदूर–मछुआरे, गाड़ीवान व ठेले–गुमटी वाले के बीच बैठते–उठते, उनसे संवाद करते थे। उनके दुःख–दरद को बाँचते हुए संघर्ष की प्रेरणा देते और स्वयं भी उनसे प्रेरित होते थे। इसीलिए वह लिख सके कि–

–रहूँगा तुम से मैं ईमानदार प्रतिपल, प्रतिक्षण
मेरी साँसों के साथ–साथ जितनी धड़कन
दिल के गहरे खड्डे में लाल रक्त जितना
उतनी ताकत से हिम्मत से

कलपुर्जे अपने तन—मन के
हर मिनिट जोर से खूब घुमाता हुआ तुम्हारी तरफ
(रहूँगा तुमसे मैं ईमानदार)

मुक्तिबोध जी जान लगाकार जीवन संग्राम में जिस तरह जूझते रहे, उसी तरह साहित्यिक क्षेत्र में रहे। उनकी कविताएँ उनके गहन आत्मसंघर्ष, तीव्र वैचारिक उद्वेलन और संवेगात्मक उठान की सहज परिणति होती थी। उनकी एक-एक कविता में कई-कई कविताओं के सूत्र विन्यस्त होते थे। उनकी सर्जनात्मक क्षमता अद्भुत व अप्रतिम थी। वे सामाजिक विषमताओं, रूढ़ियों और शोषण व दमनकारी तात्कालीन व्यवस्था, अंतर्विरोधी चरित्रों को सतर्क और सचेत रूप से ताउम्र उजागर करते रहे हैं। सत्य के पथ पर चलना और अन्याय न सहना मुक्तिबोध के कवि व मनुष्य जीवन का मूलाधार था। इसलिए वे जीवन भर कष्ट में रहे। चाहते तो अपनी बेहतरी के लिए सुविधाभोगी लेखक-कवियों की तरह सत्ता व शासन तंत्र से साँठ-गाँठ कर सुख के साजो-सामान व जीवन-तंत्र विकसित कर सकते थे, परंतु उन्होंने कुत्सित सुख के बजाय कठोर यातना पथ पर चलते हुए विजड़ित जीवन को कहीं श्रेयस्कर समझा और लिखा—

'सत्य के गरबीले / अन्याय न सह मित्र
संघर्ष करता हुआ तू जीवन का खींच चित्र
मिथ्या की हत्या कर बुद्धि के आत्मा के विष भरे तीरों से
खींच चित्र मानव का प्राणों के रूधिर लकीरों से!
(सत्य के गरबीले अन्याय न सह)'

रचनाकारों का एक वर्ग विशेष सुनियोजित रूप से मुक्तिबोध की रचनाओं का मजाक उड़ाता था उससे उन्हें स्वाभाविक रूप से पीड़ा होती थी, लेकिन वे निराश, विशाद या कुण्ठा से नहीं घिरे। उन्होंने दृढ़तापूर्वक कहा कि—"हो सकता है मेरी कविताएँ रद्दी की टोकरी में डाल दी जाएँ, मेरी मृत्यु के बाद वे जला दी जाएँ, फिर भी मैं उन्हें लिखता अवश्य हूँ। मेरा वातावरण, मेरा परिवेश मुझे साहित्यिक कार्यों के लिए कोई प्रोत्साहन नहीं देता, इसके विपरीत वह मुझे परावृत्त करता है, फिर भी मैं उन्हें लिखता हूँ। दीर्घ कविताएँ लिखता हूँ। एक-एक कविता छः-छः महीनें तक चलती है। सब कार्य उसके अधीन कर देता हूँ। "

मुक्तिबोध का संघर्ष आंतरिक और बाह्य दोनों स्तर पर गहन व जटिल था। यो इन्हीं सब के बीच वे उस समानधर्मी की निरंतर तलाश भी करते रहे जिनके साथ संघर्ष किया जा सके। वह समानधर्मी किसी देश विशेष या राज्यों की सीमा से बंधे न होकर समूची मानव जाति व वैश्विक फलक पर हस्तक्षेप करने वाले अभावग्रस्त

किंतु कर्मठ और प्रतिबद्ध जन थे। अपनी जन्मभूमि मालवा के संघर्षशील किसान-मजदूर की विपन्नता व अकालजनित तमाम दुःसह स्थितियों को मुक्तिबोध ने देखा-भोगा था और साथ ही यह भी जाना था कि कैसे विपरीत समय में भी ईमानदारी और कर्मठता जैसे उदात्त मूल्यों को वहाँ के लोगों ने त्यागा नहीं। पेट की खातिर भले वे अपनी धरती से पलायन करते रहे लेकिन जीवन से कभी पलायन नहीं किया, 'मालव निर्झर की झर-झर कंचन रेखा' कविता में उन्होंने लिखा—

"हम खण्डहर के वासी हैं
कोमल खुली-खुली आकाश-नीलिमा को पीकर
तारों की गतिविधियाँ जीकर
गहरा दिक्-बोध हमें होते रहना स्वाभाविक है
करते रहते हैं तीखा-तीखा विश्लेषण!
रखते हैं ध्वस्त भीत के आले में दीपक
उसकी आलोक-महक में बालक हँसकर भी
गम्भीर गहन एकाग्र पीत-मुख दिखते हैं,
माना कि जिंदगी बदरंग विकृताकृति सी है....
दिल में मीठी-ताकत सी एक दमकती है।
व्यक्तित्व महकते रहते हैं।"

'ध्वस्त गीत के आले में दीपक रखने', 'गहरे दिकबोध होने' व 'दिल में मीठी ताकत दमकने' जैसी उदात्त चेतना के संवाहक कवि मुक्तिबोध का पारिवारिक जीवन भले ही अभाव, विपन्नता व खानाबदोशी में भी बीता हो उनके विचार और साहित्य में पलायन नहीं है। उनके भीतर सदैव 'आत्म निर्भर' दृढ़ संकल्पी समाज और स्वाभिमानी राष्ट्र के साथ वैश्विक मानव-संस्कृति वाले महादेव का स्वप्न' पलता रहा— जो दुर्भाग्य से आजादी के 70 साल बाद भी जैसे रोज थोड़ा-थोड़ा स्खलित होता गया है।

मुक्तिबोध अपने समय के समग्र सामाजिक राजनीतिक व सांस्कृतिक घटनाक्रमी, समकालीन विसंगतियों, अंतर्विरोधी और पतनशीलता पर खुली चोट करते थे। उनका संबंध किसान—मजदूर व शोषित उत्पीड़ित वर्ग से 'संवादी—संगी' का था। वह कभी मध्यवर्गीय ढुलमुलपन का शिकार नहीं हुए और बड़े साफ शब्दों में अपनी पक्षधरता जाहिर करते हुए कहा कि —

"नहीं चाहिए मुझे हवेली / नहीं चाहिए मुझे इमारत
नहीं चाहिए मुझको मेरी / अपनी सेवाओं की कीमत

नहीं चाहिए वह आईना / बिगाड़ दे जो सूरत मेरी
बड़ों-बड़ों के इस समाज में / शिरा-शिरा कंपित होती है

अहंकार है मुझको भी तो / मेरे गौरव की भेरी
यदि न बजे इन राजपथों पर / तो क्या होगा।

मैं न मरूंगा / कंधे पर पानी की काँवड़ का
यह मार अपार सहूँगा।।
(नहीं चाहिए मुझे हवेली)''

'कंधे पर पानी की काँवड़ लेकर चलने' और उसका पूरा भार सहने वाले हिंदी के स्वाभिमानी व धुर संघर्षी कवि मुक्तिबोध समूची मानव जाति की मुक्ति और उनके विकास के पक्षधर थे। उनके सरोकारों व स्वप्न का ऐक्य उनकी सहज अभिलाषा थी। सही अर्थों में मुक्तिबोध विश्वचेता कवि थे। उनकी चेतना, संवेदना और सृजन के आयाम समय के साथ निरंतर व्यापक से व्यापकतर होते गए थे। उन्होंने यों ही नहीं लिखा कि –

चाहे जिस देश प्रांत पुर का हो / जन-जन का चेहरा एक
एशिया की, यूरोप की, अमेरिका की / गलियों की धूप एक।
कष्ट-दुख-संताप की / चेहरों पर पड़ी हुई झुर्रियों का रूप एक
जलता हुआ लाल कि भयानक सितारा एक / उद्दीपन उसका विकराल सा इशारा एक।
(जन-जन का चेहरा एक)

युद्ध और राजनीति जन-मन को कैसे बाँटते व नितांत अकेला कर देते हैं, मुक्तिबोध यह गहरे जानते थे। उन्होंने द्वितीय विश्व युद्ध की विभीषिका को न सिर्फ महसूस किया था, बल्कि बड़े व्यथित रहे युद्ध की उस परिणति से जिसने मनुष्य जाति से ज्यादा मनुष्यता को मार डाला था। परमाणु बम के शिकार लोगों की पीड़ा से भरे उन्होंने 'क्लाड ईथरली' कहानी लिखी और कविताओं में भी उतारी अपनी भावना को। उन्होंने मानवता के पक्ष में बातें करते हुए सुझाया कि-

उन्हें युद्ध की ही करने दो बात / चाँद की बात हम करें
सूत्र निकाले गणित जमायें / अज्ञातों को ज्ञात हम करें
फिर उन ज्ञातों से अगले सब अज्ञातों तक
ऊँची निःश्रायणी लगायें / भव्य सातवें मंजिल के सपनों तक ले जायें...
फिर से जाँचे गणित / कि ज्ञात हो और भी अधिक ज्ञात..।

स्पष्ट है कि मुक्तिबोध की कविताओं का फलक व्यापक है और वहाँ अद्योपति 'जीवन', 'संघर्ष' व 'सृजन' के भाव ही गहरे हैं। अणु से लेकर परमाणु तक, तृण से जंगल व धरती से लेकर आकाश तक, अँधेरे से उजाले, जीव से ब्रम्हाण्ड तक, बुद्ध से गांधी और हिटलर से क्लाड ईथरली तक संवाद व सृजनात्मक उत्स का विस्तार है।

मुक्तिबोध को कभी 'दुरूह' तो कभी 'ठस गद्यात्मकता' का कवि और कभी 'केंचुआ व रबर छंद' का कवि बताते हुए खूब मजाक उड़ाया गया। सांगठनिक हमले भी हुए, लेकिन षड़यंत्र व हमले के बीच मुक्तिबोध और भी जीवट, प्रासंगिक व अर्थोन्मुखी कवि होते गए। संघर्ष व प्रतिरोध का उनका स्वर तीखा एवं लक्ष्य भेदी होता गया। उन्होंने अपनी 'भूमिका' का निर्वहन करते हुए खुल करके लिखा, कि–

'अगर मेरी कविताएँ पसंद नहीं / उन्हें जला दो
अगर उसकी आग बुरी लगती है / दबा डालो
इस तरह बला टालो / लेकिन याद रखो
वह लोहा खेतों में तीखी तलवारों का जंगल बन सकेगा
मेरे नाम से नहीं, किसी और नाम से सही
और वह आग बार-बार चूल्हे में सपनों सी जागेगी
सिगड़ी में खयालों सी भड़केगी, दिल में दमकेगी
मेरे नाम से नहीं किसी और नाम से सहीं।
लेकिन मैं वहाँ रहूँगा / तुम्हारे सपनों में आऊँगा
सताऊँगा / खिलखिलाऊँगा / खड़ा रहूँगा
तुम्हारी छाती पर अड़ा रहूँगा।'

मुक्तिबोध के लोहे का 'खेतों में तलवार का जंगल बनना' और 'छाती पर अड़ा रहना' लिखत भर का नही, बल्कि काल की आँतों में उतर और छाती पर चढ़कर चुनौती देना था – ठीक उसी तरह जिस तरह से अपने समय में हिंदी के योद्धा कवि 'निराला' और बांग्ला के काजी नजरूल इस्लाम ने दी थी – कबीर का धज धारण करते। समर में अनवरत लड़ते।'

लोकतंत्र और मुक्तिबोध का समाज शास्त्र

मीरा श्रीवास्तव

मुक्तिबोध का आगमन हिंदी काव्य के अत्यंत सशक्त एवं सक्षम हस्ताक्षर के रूप में हुआ। प्रयोगवाद से लेकर नई कविता तक मुक्त यथार्थ को अपनी कविताओं के माध्यम से सशक्त अभिव्यक्ति देने में मुक्तिबोध के समकक्ष अन्य कोई कवि नहीं ठहर सकता। मूलतः मुक्तिबोध जनवादी कवि हैं। काव्य दृष्टि से उनकी प्रतिष्ठा ''तारसप्तक'' के परिप्रेक्ष्य में है। ''तारसप्तक'' के पश्चात् ''चाँद का मुँह टेढ़ा है'' तथा "भूरी-भूरी खाक धूल" ने उन्हें हिंदी काव्य क्षेत्र में स्थायित्व प्रदान किया, यद्यपि गणेश खरे ने दिसम्बर 1935 में प्रकाशित उनकी कविता ''हृदय की प्यास'' को ही उनकी काव्य यात्रा का आरम्भ बिंदु माना।

''तारसप्तक'' में मुक्तिबोध एक सिद्धहस्त प्रयोगशील कवि के रूप में दिखाई देते हैं। ''तारसप्तक'' के संकलनकर्ता अज्ञेय ने उन्हें, ''राहों के अन्वेषी'' कहा। अपनी आरंभिक कविताओं में मुक्तिबोध का सहज रुझान छायावाद की ओर है एवं सौंदर्यवादी दृष्टि के कारण प्रवृत्ति भी तदनरूप रोमांटिक रही। कवि ने रोमांस को मानवीय प्राकृतिक गुण माना।

निर्विवाद रूप से मुक्तिबोध हिंदी साहित्य के एकमात्र ऐसे स्थापित कवि हैं जिन्होंने छायावाद से काव्य यात्रा आरम्भ करते हुए प्रगतिवाद, प्रयोगवाद एवं नई कविता की युगधाराओं के साथ तारतम्य स्थापित कर अपने लिए एक नितांत नवीन काव्य भाषा तथा शिल्प का निर्माण किया जो भावी रचनाकारों के लिए बहुत बड़ी प्रेरणास्त्रोत बनी। कबीर तथा निराला की मुक्तछंद की परम्परा को अपनी सटीक किन्तु सहजग्राह्य भाषा प्रयोग के द्वारा अग्रसारित करने वाले मुक्तिबोध एकमात्र कवि हुए।

मुक्तिबोध की काव्य भाषा एवं शिल्प को उनके नितांत नवीन प्रतीक, बिम्ब, अलंकार, अकूत शब्द भण्डार के वैविध्यपूर्ण प्रयोग, मुहावरे—लोकोक्तियों का प्रचुरता से प्रयोग तथा छन्दविधान के सार्थक प्रयोग के साथ-साथ फैंटेसी के रूप में हिंदी साहित्य में अपनी पहचान बनाई।

अशोक बाजपेयी के शब्दों में, "मुक्तिबोध का रचना संसार गढ़े गए लालित्य के स्थापत्य को ध्वस्त कर देता है। जब व्यवस्था नृशंसता पर उतर आती है, तब वह अंतःकरण का प्रश्न उठाते हैं।" संभवतः इसी कारण आलोचकों ने मुक्तिबोध को कठिन कवि कहा, जिन्हें एकबार पढने के बाद दुबारा पढने का आकर्षण शेष नहीं रह जाता। इस सन्दर्भ में आलोचकों ने टी एस इलियट की लम्बी कविता, "द वेस्ट लैंड" से करते हुए कहा कि यह एक दुरूह कविता है किन्तु उसकी आरंभ पंक्तियों की रचना और संयोजन कुछ ऐसे बने हैं कि पाठक के भीतर पूरी रचना से गुजरने की उत्सुकता और जिज्ञासा जगाती है। इन आलोचनाओं को दरकिनार करते हुए निःसंदेह मुक्तिबोध में ऐसा अवश्य कुछ है जो उन्हें पठनीय तो बनाता ही है, साथ ही उनकी रचनाओं को पढ़ने के लिए बाध्य भी करता है। संपृक्त दृष्टि एवं दृष्टि विस्तार का जो वृहद् आयोजन हम मुक्तिबोध में देखते हैं, वह अन्यत्र दुर्लभ है, और यही विशेषता उन्हें पूर्ववर्तियों से सर्वथा पृथक करती हुई अशोक बाजपेयी को यह कहने के लिए विवश किया कि मुक्तिबोध हिंदी के गोत्रहीन कवि हैं।

मुक्तिबोध ने प्रगतिवाद की मुख्य धरा से अपने को अलग करते हुए अपने काव्य की अंतर्वस्तु को व्यापकता और गहनता प्रदान किया। अपनी रचनाओं के माध्यम से वह समाज, जीवन और युग के जिस यथार्थ का साक्षात्कार करते हैं, वह वस्तुतः जटिल और इतना उलझा हुआ है कि पाना मुक्तिबोध के लिए स्वभावतः संभव ही नहीं था, इसी कारण उन्होंने क्रमशः आत्मसंघर्ष, अंतःकरण एवं आत्माभियोग को अपनी काव्यरचना के लिए बीजशब्दों के रूप में चुना। मुक्तिबोध की कवितायें प्रकृतितया प्रदीर्घ हैं। इन कविताओं से परिचय की प्रगाढ़ता में कई प्रश्नों से हमारा आमना-सामना होता है, मसलन—

क्या समय और कविता परस्पर एक दूसरे को रचने का काम करते हैं? समय के साथ मुक्तिबोध की कविताओं की समकालीनता और प्रासंगिकता क्यों बढ़ती चली जा रही है? संविधान को धत्ता बताने वाली शक्तिओं को आखिर कौन पोषित कर रहा है? सामाजिक समस्याओं से बुद्धिजीवी वर्ग की असम्पृक्तता क्यों बढ़ती चली जा रही है? स्वतंत्रता उपरान्त जो जनतांत्रिक संरचना अस्तित्व में आई, उसका बनावटीपन, सतहीपन, को मुक्तिबोध की पैनी अंतर्दृष्टि ने पकड़ा और भविष्यद्रष्टा के रूप में जिन खतरनाक क्षणों की आहट उन्होंने अपने जीवनकाल में ही पा ली

थी, उसकी ही अनुगूँज आज भी उनकी रचनाओं में मिलती है। मुक्तिबोध को आत्माभियोगी इस मायने में कहा जा सकता है कि अपने वर्ग के प्रति वह अत्यधिक क्रूर एवं निर्मम थे। उनके वैचारिक दृष्टिकोण में सामाजिक तथा राजनीतिक श्रेणियों के बीच कोई दरार नहीं थी। यह दूरी समय के बीतने के साथ और मोहभंग की वृद्धि की स्थिति में बढ़ती चली गई जिसे पाटने की आवश्यकता महसूस होने लगी। मुक्तिबोध की विचारधारा का निर्माण और विकास वर्तमान के संघर्षों से जूझने के क्रम में हुआ था आचार्य हजारी प्रसाद द्विवेदी ने भक्तकवियों के विषय में कहा था, "उनकी कवितायें उन के दार्शनिक चिंतन का सह उत्पाद है"। उसी तरह मुक्तिबोध के रचनाकर्म उनकी वैचारिकी का हिस्सा-सहउत्पाद कहा जा सकता है।

मुक्तिबोध की कविताओं में उनकी लोकतांत्रिक अवधारणा एवं समाजशास्त्रीय दृष्टिकोण को यद्यपि उनकी अधिकांश कविताओं में स्पष्ट रूप से देखा जा सकता है उनकी दो कविताओं में-

"अँधेरे में" तथा "शब्दों का अर्थ जब" के परिप्रेक्ष्य में इस बिंदु का विश्लेषण किया जाना सहज होगा।

"अँधेरे में" कविता प्रारूप की दृष्टि से मुक्तिबोध की सबसे प्रदीर्घ रचना है। मूलतः यह कविता ऐसे अँधेरे की पड़ताल करती हुई स्वतंत्रता के तत्काल बाद सम्पूर्ण राष्ट्र को अन्धकार में डुबो देने वाली व्यवस्था का अँधेरा है, लोकतंत्र का अँधेरा है। मुक्तिबोध की यह कविता अपने समय का जीवित इतिहास है जिसमें पीड़ा, दुःख-दर्द, संत्रास, मौन, विवश, आक्रोश, उद्वेलन, दमित, विद्रोह, घुटन—

बेचैनी, भय, मानसिक दोहन एवं असुरक्षा से आतंकित स्थिति, आर्थिक अभाव, वर्तमान—

भविष्य की चिंताएं व्यवस्था के भीतर व्याप्त अव्यवस्था का घटाटोप अन्धकार, संशय, नैराश्य में धकेलता माहौल, सपनों का निरंतर टूटते जाना, भ्रमात्मक स्थितियों का बढ़ते जाना, संसदीय व्यवस्था के ऊपर से भरोसे का टूट जाना, पूँजीवादिता, धर्म, वर्ण, और जातिवाद के तहत निर्मित की गई भयानक स्थितियों, मूल्यों का पतन, लाल फीताशाही के अंतर्गत लूट—

मक्कारी को वैधानिकता प्रदान करने का षड्यंत्र, और इस षड्यंत्र के तहत आम आदमी को दो वक्त की रोटी भी मोहताज बना देने की साजिश, क्रान्ति के मशाल को प्रज्वलित करने के अहर्निश प्रयास में उसके बुझते जाने की नाकामयाबी की पीड़ा, धुंधलकापन, धूसरता, विवशता और विवशता...कितना कुछ समाविष्ट है इस कविता में। जिस मोहभंग और यथार्थ की दारुण पीड़ा से एकात्म होते हुए कवि ने इस कविता की रचना की है, वे तमाम हालात रिसते हुए इसमें उतरे हैं।

मुक्तिबोध की कविता 'अँधेरे में' कल की नहीं, आज की कविता है, इसे प्रमाणित करने के लिए शमशेर बहादुर की कविता, 'काल तुझसे होड़ हैं मेरी / अपराजित तू-तूझसे अपराजित मैं वास करूं' को उद्घृत करना उचित होगा। इन पंक्तियों में इंगित अपराजेयता का भाव समय से गुत्थम गुत्था होने अथवा एक कठिन संघर्ष में शामिल होने का परिणाम है। एक ओर तो समय अपने को रचता है, तो दूसरी तरफ कविता समय को रचती है। इस क्रम में समय और कविता का एक द्वंद्वात्मक सम्बन्ध स्थापित होता है किन्तु इसी प्रक्रिया में कविता समय को लाँघ जाती है और वर्तमान से अधिक वह कविता भविष्य के लिए प्रासंगिक हो जाती है। इस कविता की कालसापेक्षता का इससे बड़ा प्रमाण और क्या हो सकता है कि जिस रचना के ऊपर अबूझता, अभेद्यता का आरोप लगा, इसके जटिल अर्थ विन्यास आदि के आधार पर इसे आलोचना का विषय बनाया गया, उसी कविता ने हिंदी कविता की भावी पीढ़ी के उत्प्रेरक के रूप में न केवल महत्वपूर्ण भूमिका निभाई, वरन नई पीढ़ी ने इस कविता से गहरी आत्मीयता का अनुभव किया।

मुक्तिबोध की इस कविता के कतिपय मूल सूत्रों को केंद्र में रखते हुए वर्तमान समय तथा समाज में व्याप्त अँधेरे से परिचय स्थापित करना संभव हो सकेगा–,

'वर्तमान समाज नहीं चल सकता' / 'पूँजी से जुड़ा हृदय नहीं बदल सकता'/ 'देश मर गया, अरे जीवित रह गए तुम' / 'सब चुप, साहित्यिक, 'कविजन निर्वाक. .....मात्र किंवदन्ति', 'अब अभिव्यक्ति के सारे खतरे उठाने ही होंगे' / 'तोड़ने होंगे गढ़ और मठ सभी', 'मिल सके मुझे / मेरी वह खोई हुई / परम अभिव्यक्ति अनिवार / आत्म सम्भवा'

''अँधेरे में'' कविता के रचनाकाल (नेहरू सरकार का मिश्रित अर्थ व्यवस्था एवं लोक कल्याणकारी राज्य की अवधारणा के साथ आना) को ध्यान में रखते हुए यदि हम उन स्थितियों को देखें तो कविता की पृष्ठभूमि स्पष्ट हो जाएगी, साथ ही तत्कालीन राजनीतिक परिदृश्य पर ही नहीं, शोषित, दमित जन की स्थिति को लेकर कवि के मन में कितना आक्रोश था, यह भी स्पष्ट हो जाएगा। आजादी के उपरान्त देश में लोकतांत्रिक शासन व्यवस्था लागू हुई एवं सत्ताशीन सरकार ने जनता को अनगनित मोहक सपने दिखाए, उसे भ्रमों के झूले पर खूब झुलाया। मध्यवर्ग, बौद्धिक समाज, साहित्यकारों को सम्मोहित करने के हर संभव प्रयास किये गए। इस सन्दर्भ में यह भी एक तथ्य है कि निःसंदेह स्वतंत्रता प्राप्ति के लिए देशवासियों ने अभूतपूर्व बलिदान दिये थे किन्तु हमारी स्वतंत्रता साम्राज्यवादियों से सम्बन्ध विच्छेद आधारित नहीं थी बल्कि एक समझौते के तहत हमें मिली थी। राष्ट्रीय विकास का जो मॉडल सत्तारूढ़ दल ने जनता के सामने रखा, निश्चित तौर पर वह लोक लुभावना तो था

किन्तु इसकी पृष्ठभूमि पूंजीवादी व्यवस्था ही थी, जो दमघोंटू अँधेरे की रचना कर रहा था। इसी यथार्थ का ताना –बाना बुना गया है, "अँधेरे में" कविता में जिसमें कवि, "अपनी खोई हुई परम अभिव्यक्ति" को पाने के उद्देश्य से मनुष्य के मनोमस्तिष्क से लेकर समाज को जकड़ने वाली पूंजी की व्यवस्था द्वारा उत्पन्न अँधेरे में अँधेरे से ही संघर्षरत है, गुत्थम –गुत्थ है। परम अभिव्यक्ति की खोज में भीतर के अँधेरे से निकला काव्य नायक का, "मैं" अब बाहर के अँधेरे से टकराता है, तो उसके समक्ष बाह्य जगत के क्रूर यथार्थ अपने नग्नतम रूप में प्रकट होते हैं, वह "मृत्यु दल" की शोभा यात्रा का रोमांचकारी दृश्य देखकर स्तंभित रह जाता है–

"गहन मृतात्माएं इसी नगर की / हर रात जुलूस से चलती / परन्तु, दिन में / बैठती हैं मिलकर करती षड्यंत्र / विभिन्न दफ्तरों, कार्यालयों, केन्द्रों में, घरों में हाय–हाय! मैंने उन्हें देख लिया नंगा /।"

काव्य नायक के "मैं" द्वारा देखा गया यह जुलूस काल्पनिक या स्वप्नवत न होकर हमारे वर्तमान परिवेश की वास्तविक तस्वीर है। इस अमानवीय शोषणकारी समाज व्यवस्था में शामिल दीखते हैं कई स्थानीय, "प्रतिष्ठित पत्रकार, प्रकांड आलोचक, विचारक, जगमगाते कविगण, मंत्री, उद्योगपति, विद्वान यहाँ तक कि शहर का कुख्यात हत्यारा डोमाजी उस्ताद। "कवि उन्हें मृतात्माएं कहकर संबोधित करता है और शोभायात्रा को मृत्यु दल का जुलूस। सचमुच इस शोभायात्रा में शामिल लोगों की आत्माएं मर चुकी हैं, जिनमें मानवीय संवेदना का लेशमात्र भी शेष नहीं हैं, अन्यथा वे मनुष्यता विरोधी षड्यंत्र में शामिल क्यों होते?

इसी कविता का एक दूसरा दृश्य है, "मार्शल लॉ" का हटाना है, जो सीधे और साफ-साफ इस प्रश्न को उठती है कि बंदूकों के साये में पलने वाली आजादी की सार्थकता आखिर क्या है? आज के राजनीतिक परिदृश्य में यह प्रश्न और भी मुखर हो गया है। देश के तथाकथित रक्षकों ने देश को ही अपनी कुत्सित स्वार्थपरता की पूर्ति के लिए गिरवी रख दिया। आजादी की चेतना, मूल्य, आदर्श सब एक-एक कर तिरोहित होते चले गए–"लोकहित पिता को घर से निकाल दिया / जनमत करुणा सी माँ को हलाल किया/ जम गए / जाम हुए / फँस गए / अपने की कीचड़ में धंस गए/विवेक बघाड़ डाला स्वार्थी के तेल में / आदर्श खा गए।" स्वतंत्रता विरोधी सत्ता के इस घिनौने खेल में बुद्धिजीवियों की भूमिका भी कम घृणित नहीं रही है–

"अबतक क्या किया / जीवन क्या जिया/ज्यादा लिया और दिया बहुत-बहुत कम / मर गया देश, अरे जीवित रह गए तुम।"

मुक्तिबोध ने स्वतंत्र भारत की बड़ी ही भयावह किन्तु सच्ची तस्वीर इस कविता में उकेरी है। कथा नायक के "मैं" की तरह किसी भी संवेदनशील व्यक्ति का हृदय

इस दृश्य को देख क्रोध, घृणा, विक्षोभ, और करुणा से एक साथ भर जाऐगा। यद्यपि यह स्थिति कथा नायक को जुगुप्सा से भरती है किन्तु वह हतोत्साहित नहीं होता। आजतक अपने जिन विचारों को, आक्रोश को व्यर्थ माँ वह मन के अँधेरे में दफन करता आ रहा था, वस्तुतः वे सच थे। असुरक्षा की चिंता उत्पन्न भाव ने उसे निष्क्रिय बना दिया था, जबकि समय की मांग कुछ और ही थी। अब तो वह निर्णायक बिन्दु पर खड़ा है–

इस पार या उस पार। जिस बिंदु पर वह जूझने के लिए कृतसंकल्प है।

मुक्तिबोध की लोकतांत्रिक अवधारणा परंपरागत नहीं और इसी कारण वह मठ एवं गढ़ तोड़ने की बात करते हैं क्योंकि उन्होंने इन मठों एवं गढ़ों को बनते और इनके भीतर पनपते खतरनाक भविष्य का मात्र संकेत नहीं पाया, बल्कि उसे देखा है। पूंजी, धर्म, वर्ण, जाति को मठ एवं गढ़ों के रूपक द्वारा कवि ने अत्यंत सशक्तता के साथ अभिव्यक्त किया है। राजनीति आज जनसेवा नहीं, स्वार्थसिद्धि एवं आर्थिक लाभ का क्षुद्र माध्यम बन गई है। ईमानदारी, नैतिकता, आदर्श, सौहार्द सहित तमाम जीवन मूल्य लालसा, कामना, वैयक्तिकता के तीव्र प्रवाह में बह गए। पूँजी के आकर्षण ने सबका चरित्र बदल दिया है–समाज, राजनीति, जीवन संस्कृति, अर्थनीति सबको इसने अपने चंगुल में जकड़ लिया है। इस स्थिति को राजेश जोशी ने बड़ी बारीकी से अपनी कविता में चित्रित किया है–

"अब तो इस गोल-मटोल और ढलुआ पृथ्वी पर/किसी जगह पाँव खड़े रहना भी मुमकिन नहीं/फिसल रही हैं हर चीज अपनी जगह से/कौन कहाँ तक फिसल कर जायेगा/किस रसातल तक जाएगी यह फिसलन/कोई नहीं कह सकता/हमारे समय का एक ही सच है/कि हर चीज फिसल रही है अपनी जगह से। "मुक्तिबोध की कविताएँ व्यवस्था की इसी अस्थिरता पर केन्द्रित हैं"

"पूँजी से जुड़ा हृदय बदल नहीं सकता" -

जहाँ मुक्तिबोध यह कहते हैं, गाँधी से भी उनका मतान्तर स्पष्ट है। जहाँ गाँधी के अनुसार समाज के प्रभुत्वशाली वर्गों तथा वर्चस्ववादी शक्तियों के हृदय परिवर्तन से समाज में समता स्थापित हो सकती है, वहीं मुक्तिबोध की धारणा इस, "उजली दुनिया के पीछे" के घटाटोप अन्धकार से संघर्ष करते हुए ही सामाजिक समता स्थापित हो पायेगी। इसी कारण मुक्तिबोध के काव्य में मध्य वर्ग की उपस्थिति अनिवार्य रूप से और बहुतायत में है। सामाजिक बदलाव के लिए अपरिहार्य संघर्ष में केवल सर्वहारा वर्ग की सहभागिता मायने नहीं रखती बल्कि मध्यवर्ग की भी सक्रिय भूमिका की मांग सामाजिक परिवर्तन करती है।

"अँधेरे में" कविता में अंधकार की महत्वपूर्ण और सार्थक भूमिका है। अँधेरा

जहाँ व्यक्तिमन और बाह्य परिवेश के दुहरे यथार्थ का प्रतीक है, वहीं शिल्प कौशल की दृष्टि से भी इसकी एक विशेष भूमिका है। अँधेरा काव्यगत वातावरण को भयावह और रहस्यमय बनाने के साथ–साथ मूर्त भी बनाता है। मुक्तिबोध ने इस कविता में अँधेरे के रूपक द्वारा स्वातंत्र्योत्तर सच्चाई को चित्रित किया है।

वह एक दुर्भाग्यपूर्ण संयोग है कि इस कविता का शीर्षक पहले ''आशंका के द्वीप; अँधेरे में'' था जो उन्होंने अपनी इतिहास–पुस्तक के प्रतिबंधित होने पर विशेष मनःस्थिति में लिखी थी जिसके तहत उन्होंने नए लोकतंत्र में फाँसीवाद की आहटें सुनीं। वस्तुतः यह भारतीय लोकतंत्र के शैशवकाल में सत्ता तंत्र और जनवादी मूल्यों का मूलभूत अंतर्द्वंद्व था जिसे कवि ने अपनी स्नायुओं में झेला। यही द्वंद्व ''अँधेरे में'' हमारे लोकतंत्र की कुंडली बन गई जिसकी इबारत को हम आजतक पढ़ते आ रहे हैं। मुक्तिबोध की चिंता इस बात को लेकर है कि आजादी मिलने के बाद जिस अँधेरे को खत्म हो जाना था बजाय इसके यह दिन प्रतिदिन बढ़ता चला गया। मुक्तिबोध इसका कारण ढूंढने, पूरे मनोयोग से, पूरी जिज्ञासा के साथ, अपनी ही उत्कट जिज्ञासा का शिकार हो उतर पड़ते हैं।

''शब्दों का अर्थ जब'' कविता कवि के हृदय में सुलग रही आग की अभिव्यक्ति है। सत्ता की निरंकुशता, नीति विहीन व्यवस्था में व्याप्त अव्यवस्थाओं के बीच पिसती, कराहती जनता की दारुण पीड़ा में कभी तो उनका आक्रोश, कभी उस आक्रोश को आकार देने की छटपटाहट बड़ी मुखरता से इस कविता में अभिव्यक्त हुई है–

''जनता को ढोर समझ / ढोरों की पीव भरे घावों में चोंच मार / रक्त भोज, मांस भोज करते हुए / गर्दन मटकाते दर्प भरे कौओं सा / भूखी अस्थि–

पंजर शेष / नित्य मार खाती सी / रंभाती हुई अकुलाती / दर्द भरी दीन मलिन गाँओं सा / शब्दों का अर्थ जब! ''ये पंक्तियां मुक्तिबोध की निरीहता, हतोत्साह मनोभावों को संप्रेषित नहीं करती, वरन् उनकी गहन संवेदनशीलता, अन्तर्द्वंद्व को रूपायित करती हैं। इतना ही नहीं शोषित जन को'' उनके बीच का ही मनस्वी के क्रांति के दमदमाते स्वप्नों के साथ अवतरित होने की सकारात्मक कल्पना है–

''श्रमिकों की, कृषकों की बांहों से बन जाता दोआबा/अर्थों की हिम गिरिजा गंगा में / प्राणों की सरयू यह मिलती है तुलसी स्वर गंधिता/...गरीबी की राहों के चौराहों, दुराहों पर/मंत्रमुग्ध भावों की शीर्षोन्नित जनता को पुकारता जागता है/मनस्वी एक अपना ही/तो प्राणों के भीतर/उस तेजस्वी साथी के दमदमाते क्रांतिकारी स्वप्नों सा/शब्दों का अर्थ जब!''

लोकतांत्रिक व्यवस्था की दुर्दशा की पराकाष्ठा को वर्णित करती ये पंक्तियां–''अनुभव विवेक हीन / ज्ञान संवेदनहीन / अंधकार अंबर में / जीवन्त पीड़ा ही न कठिन

बुद्धितर्कों की/बिजलियां चमकती हैं नाचती असियों सी/अहंकार तुष्टि के प्रसाधन/युक्ति रिक्त सूत्र, बाद, आत्मा आशंसी/गड़गड़ाते दिशाओं में/अहंकार तुष्टि के नशे में नित/तर्कों का चक्रव्यूह जाल रचा जाता है...''

यह आत्ममंथन की स्थिति मुक्तिबोध की प्रायः हर कविता में सामने आती है। इस संघर्ष की प्रासंगिकता इस बात में है कि मुक्तिबोध के सत्य से सत्ता के युद्ध का रंग कभी हल्का हो ही नहीं पाया, न हो पायेगा। मुक्तिबोध स्वयं आजीवन यह युद्ध लड़ते रहे। यह युद्ध उनका वैयक्तिक नहीं वर्ग संघर्ष है। इसी क्रम में वह आह्वान कर उठते हैं, ''मेरे युवकों में होता जाता है व्यक्तित्वांतरण और अपने ही वर्ग की कमजोरियों से जूझते हैं। उनकी कल्पना जब वर्तमान से टकराती है तो फैंटेसी की शक्ल ले लेती है। इसीलिए उनकी कविताएं सामाजिक यथार्थ के गुंफित तत्वों और उनके गतिशील यथार्थ की पहचान करने में समर्थ है!''

मुक्ति की कविता जिस अँधेरे से रू-ब-रू है वह पिछले दशकों में जन जीवन की सच्चाई बन कर उभरी है।

मुक्तिबोध : परंपरा एवं सामाजिक संरचना

नीरज कुमार मिश्र

कोई भी समाज तभी समृद्ध होता है, जब उसकी नींव समृद्ध और स्वस्थ पारम्परिक मूल्यों पर टिकी हो। साहित्य और समाज के प्रति उत्तरदायित्व लेने वाले मुक्तिबोध ने सार्थक परम्परा को वर्तमान साहित्य और समाज के लिए अनिवार्य माना है। मुक्तिबोध जीवन्त परम्परा को रूढ़ियों से मुक्त रखने के पक्षधर हैं। इसीलिए वे साहित्यिक और सामाजिक विकास के साथ नए मूल्यों की अनिवार्यता के लिए भी परम्परा को महत्त्व देते हैं-"परम्परा ने हमारे स्नान और भोजन से लेकर स्वास्थ्य रक्षा तक की ठेकेदारी की थी। परम्परागत शील के आदर्श ने हमारे आत्म-तत्व को विखण्डित होने से बचा लिया था। हमने अपने पुराने मूल्य तोड़ दिये। नये उपस्थित नहीं हुए। जो हुए, वो, वे दृढ़ नहीं हो सके। वे समाज की मान्यता बनकर नयी परम्परा का रूप धारण करते हुए आचरण की मूल प्रेरणा, सिद्धांत और साँचा नहीं बना सके।"

परम्परा कभी रूढ़ नहीं होती है। वह निरन्तर बदलती रहती है क्योंकि यदि वह रूढ़ होगी तो वह परम्परा नहीं रह जाती। आज के युग में स्वार्थी प्रवृत्ति और अवसरवादिता का बोलबाला है, मुक्तिबोध ऐसे समय को वैज्ञानिक एवं स्वस्थ परम्परा का अभाव मानते हैं। पहले हम सभी परम्परा के दास थे लेकिन आधुनिक युग में, न तो हमारे पास कोई मूल्य हैं और न हम परम्परा के दास हैं। तब चिंता और बढ़ जाती है, जब हम यह पाते हैं कि अब तक हमने किसी भी नई परम्परा की खोज तक नहीं की- "सवाल पुरानी परम्परा को समाप्त करके नये मूल्यों की नयी परम्परा को स्थापित करने का है। पहले हम परम्परा के दास, आज हमारी

हालत उससे भी खराब है क्योंकि नयी परम्परा के अभाव में इन अन्तःप्रवृत्तियों के दास हो गए हैं। इन अतःप्रवृत्तियों का चाहे जितना आदर्शीकरण किया जाये, वे मात्र व्यक्तिगत हैं और इस समय तो नये मूल्य केवल बौद्धिक स्तर पर हैं। वे जीवन का अनुशासन क्या कर सकेंगे? यदि समाज की संस्कृति मुख्यतः बौद्धिक संस्कृति होती, वैज्ञानिक दृष्टि समाज की प्रधान दृष्टि होती, तो शायद यह सम्भव भी था। किन्तु ये नये मूल्य कुछ ही लोगों के अन्तःप्रवाह की नालियाँ बन गये हैं। उन्हें कोई सामाजिक मान्यता प्राप्त नहीं। न उस मान्यता के लिए व्यापक संघर्ष का आयोजन किया गया। मूलतः व्यक्ति एक सांस्कृतिक शून्य में रह रहा है - एक कल्चरल वैक्यूम में।'' इसीलिए मुक्तिबोध नये मूल्यों और नई परम्परा के लिए वैज्ञानिक दृष्टि की अनिवार्यता पर बल देते हैं क्योंकि 'कल्चरल वैक्यूम' को भरने के लिए मुक्तिबोध एक ऐसी परम्परा की खोज करना चाहते हैं। परम्परा में ही सक्रियता, सार्वभौमिकता, सहधर्मिता और समरसता अन्तर्निहित होते हैं। 'एक अन्तर्कथा' कविता में मुक्तिबोध अपनी माँ के माध्यम से नई परम्परा की खोज करने में परिश्रमरत हैं -''अग्नि के काष्ठ /खोजती माँ/बीनती नित्य सूखे डण्ठल/सूखी टहनी, रूखी डालें/ घूमता सभ्यता के जंगल/ वह मेरी माँ/ खोजता अग्नि के अधिष्ठान/मुझमें दुविधा/पर, माँ की आज्ञा से समिधा/ एकत्र कर रहा हूँ/मैं हर टहनी में डण्ठल में/ एक-एक स्वप्न देखता हुआ/ पहचान रहा प्रत्येक/ जतन से जमा रहा/टोकरी उठा, मैं चला जा रहा हूँ।''

मुक्तिबोध यहाँ हर डण्ठल और डालों में पुरानी मान्यताओं एवं रूढ़ियों से मूल्यों को पहचान रहे हैं और उनमें भावी नये एवं सार्थक मूल्यों की खोज करते नजर आते हैं। इसीलिए माँ निर्जीव और असंवेदनशील जीवन रूपी कचरे से ज्ञानात्मक संवेदन खोजती है और उसी से नवीन परम्परा के निर्माण में संलग्न है -''माँ परम्परा निर्मिति के हित/ खोजती जिन्दगी के कचरे में भी/ ज्ञानात्मक संवेदन/ पर, रखती उनका भार कठिन मेरे सिर पर।''

मुक्तिबोध समाज को बदलने के लिए साहित्य को औजार के रूप में उपयोग करते है,इसीलिए वे मानते हैं कि हमें अपनी सांस्कृतिक, सामाजिक, साहित्यिक परम्परा से ऐसे मूल्य पहचान कर उपयोग करने होंगे, जो आने वाले समय में मानव के विकास में महत्त्वपूर्ण भूमिका अदा करें - ''हमारी सांस्कृतिक परम्परा में से हमें वही भाव आकर्षित करते हैं जो हमारे वर्तमान जीवन के आदर्शों तथा मूल्यों को विकसित करने में योग देते हों तथा वर्तमान जीवन-मूल्यों की स्थिति-रक्षा करते हों। यदि हमारे वर्ग तथा समाज में गलत जीवन-मूल्य प्रचलित हैं, तो हम पुराने साहित्य से केवल उन्हीं के अनुसार अपने लिए चुनाव कर सकते हैं।''

आज के विकट व्यक्तिवादी युग में ऐसी परम्परा की आवश्यकता है, जो ऐसे जीवन-मूल्यों का निर्माण करे; जिससे हम शोषण करने वाली शक्तियों का डट कर मुकाबला कर सकें। आज हमें 'माँ' को अगुवा करके आधुनिक सभ्यता के वन में उन्हीं कल्याणमयी करुणाओं एवं प्राणवान तत्त्वों को खोजना होगा, जिन्हें हम सभ्यताभिरुचिवश छोड़कर आये हैं -'आधुनिक सभ्यता के वन में व्यक्तित्व वृक्ष सुविधावादी/कोमल-कोमल टहनियाँ मर गयीं अनुभव मर्मों की/ यह निरूपयोग के फलस्वरूप हो गया/ अंतर्जीवन के मूल्यवान को संवेदन/ उनका प्रयोग हो सका नहीं/ कल्याणमयी करुणाएँ फेकीं गयीं/ रास्ते पर कचरे-जैसी/ मैं चीन्ह रही उनको/ वे गहन-अग्नि के अधिष्ठान/हैं प्राणवान/बीन रही उनको/ देख तो उन्हें सभ्यताभिरुचिवश छोड़ा जाता है/उनसे मुँह मोड़ा जाता है/ दम नहीं किसी में/उनको दुर्दम करे/अनलोपम स्वर्णिम करें।'

मुक्तिबोध अपने पूर्वजों से प्राप्त हर संस्कार या मूल्य को परंपरा का अंग नहीं मानते, बल्कि प्रगति के लिए परम्परा को अनिवार्य मानते हैं। परम्परा से उनका अभिप्राय विगत् रूढ़ियों पर आधारित परम्परा नहीं, वरन् वर्तमान की वास्तविकताओं पर आधारित नयी परम्परा से है। मानव जीवन में परम्परा के महत्त्व पर प्रकाश डालते हुए उन्होंने लिखा- ''मध्ययुगीन परम्परा गलत भले ही हो किन्तु उसका साँचा ऐसा नहीं था कि व्यक्ति में मानसिक शक्ति में अपव्यय होने की गुंजाइश नहीं थी। परम्परागतशील और शिष्टता ने उसे मानसिक संकटों से बचा लिया था। परम्परा में हमारे स्नान और भोजन से लेकर स्वास्थ्य-रक्षा तक की ठेकेदारी की थी। परम्परागतशील के आदर्श ने हमारे आत्मतत्व को विखण्डित होने से बचा लिया था। हमने पुराने मूल्य तोड़ दिए। नये उपस्थित नहीं हुए जो हुए, वे द्वंद्व नहीं हो सके। वे समाज की मान्यता बनकर नयी परम्परा का रूप धारण करते हुए, आचरण की मूल्य प्रेरणा, सिद्धांत और साँचा नहीं कर सके।'' इसीलिए मुक्तिबोध मानते हैं कि परम्परा की खोज करनी पड़ती है। मुक्तिबोध के अनुसार ''तीव्र करो द्वंद्व को / अग्र-गति सतयों को विजयों का करो साफ़ रास्ता/ जीवन-स्थिति बदल दो/ ध्यान रखो/ इस महान कार्य में/ तुम न अकेले हो/ अनगिनत लोगों ने द्वंद्व ये भोगे हैं/ उनने भी सर किये/ मैदान अनदेखे नये-नये/ पहले भी, आज भी/ कल भी करेंगें वे/ इसीलिए, अतीत से भविष्य तक वहनशील/ खोजो परम्परा।''

समाज से अर्जित अनुभवों को तर्कसंगत और विवेक संगत ज्ञानात्मक परिणति तक ले जाकर व्यक्तित्व को सक्रिय करना व्यक्ति का कार्य है। इसीलिए परम्परा को वर्तमान समाज के लिए अनिवार्य बताते हुए मुक्तिबोध ने लिखा - ''यह सच है कि आज जबकि आध्यात्म दर्शन हमारे पास व्याप्त जीवन-दर्शन के रूप में आवश्यक

है जिसमें अगर कुछ भी न हो तब भी बुनियादी बातें तो हों जिन्हें जनसाधारण अपने हृदय में महसूस करते हैं। जैसे अन्याय का प्रतिकार, मानव-साम्य की स्थापना के प्रयत्न, विकृत स्वार्थवाद और भ्रष्टाचार का विरोध, सामाजिक सम्बन्धों में प्रेम और त्याग की भावना अहंकार की उग्रता का विरोध... समझौता परस्ती के खिलाफ, कड़ाई और साधारण भारतीय जनमत के प्रति भक्ति और अनुराग क्या ये बातें किसी व्यापक जीवन-दर्शन में नहीं आ सकती? क्या जीवन दर्शन के लिए हमें पश्चिमी सूक्ष्मताओं की बारीकियों तक जाना होगा।''

मुक्तिबोध परंपरा के किसी भी जीवनोपयोगी तत्त्व को महत्त्व देते हैं। जिस साहित्य का परम्परा से जितना गहरा संबंध होता है वही साहित्य हमारी स्थायी सम्पत्ति हो जाता है ''भवभूति, कालिदास, कबीर, तुलसी, सूर, घनानंद आदि के काव्य में हमें जहाँ-जहाँ मनोहर सूक्ष्म-दृष्टियाँ जीवन-पक्षों का मार्मिक उद्घाटन तथा जीवन-विवेक दृष्टिगोचर होता है, यह हमारी स्थायी सम्पत्ति है।'' डॉ. रामविलास शर्मा भी साहित्यिक परम्परा के ज्ञान को आवश्यक मानते हैं - ''जो लोग साहित्य में युग-परिवर्तन करना चाहते हैं, जो लकीर के फकीर नहीं हैं, जो रूढ़ियाँ तोड़ कर क्रांतिकारी साहित्य रचना चाहते हैं, उनके लिए साहित्य की परम्परा का ज्ञान सबसे ज्यादा आवश्यक है।''

मुक्तिबोध ने अपने साहित्य के माध्यम से समाज और साहित्य को एक साथ परखने की कोशिश की है। आज की इस व्यवस्था में ईमानदार व्यक्ति को समाज में सबसे नीचे रखा जाता है। मुक्तिबोध उत्पीड़नकारी शक्तियों के खिलाफ हमेशा लड़ते रहे। उनकी वैचारिक लड़ाई इस बात का प्रमाण है कि वे शोषण और पूँजीपतियों की संप्रभुता पर टिकी हुई समाज व्यवस्था में बड़ा बदलाव करना चाहते थे इसलिए मुक्तिबोध इस समाज के लिए सर्वोज्ज्वल परम्परा की वकालत करते हैं -''यह कह माँ मुसकायी/ तब समझा/ हम दो क्यों/ भटका करते हैं बेगानों की तरह, रास्तों पर/ मिल नहीं किसी से पाते हम/फिट नहीं किसी से होते हैं/ मानों असंग की ओर यात्रा असंग की/ वे लोग बहुत जो ऊपर- ऊपर चढ़ते हैं/हम नीचे-नीचे गिरते हैं/ तब हम पाते वीथी सुसुंगमय ऊष्मामय/ हम हैं समाज के तलछट, केवल इसीलिए हमको सर्वोज्जवल परम्परा चाहिए।''

रामविलास शर्मा साहित्य और समाज के आपसी संबंध को परम्परागत मूल्य से जोड़कर देखते हैं। वे मूल्य शोषित वर्ग को कहाँ तक लाभ पहुँचाने वाले हैं, इस तथ्य को स्पष्ट करते हैं ''साहित्य की परम्परा का मूल्यांकन करते हुए सबसे पहले हम उस साहित्य का मूल्य निर्धारित करते हैं जो शोषक वर्गों के विरुद्ध श्रमिक जनता के हितों को प्रतिबिम्बित करता है। इसके साथ हम उस साहित्य पर ध्यान

देते हैं, जिसकी रचना का आधार शोषित जनता का श्रम है, और यह देखने का प्रयत्न करते हैं कि वह वर्तमान काल में जनता के लिए कहाँ तक उपयोगी है और उसका उपयोग किस तरह हो सकता है।''

मुक्तिबोध परम्परा का मूल्यांकन करते हुए विचारधारा को छोड़कर नहीं चलते बल्कि उसे और भी स्पष्ट करते जाते हैं- ''भारतीय जीवन की भीतरी गति का आपके साहित्य में प्रतिबिम्ब हो या न हो, उसकी तलाश हो या न हो, वह गति अपनी कन्नी काटकर निकल जायेगी। साहित्य में संघर्ष अधूरा रह जायेगा क्योंकि वह जीवन में अधूरा रहा। इसीलिए मेरे ख्याल से आज की सबसे बड़ी आवश्यकता है पुराने के प्रति और नये के प्रति, अवसरवादी दृष्टि खत्म की जाये और नया क्या है, उसका तत्त्व और रूप क्या है यह निर्धारित किया जाये। जब यह प्रक्रिया जीवन में,घर में और परिवार में शुरू होगी, तभी वह साहित्य में भी शुरू होगी। जीवन-मूल्य और कलात्मक साहित्यिक मूल्य में आवयविक सम्बन्ध है, यह न भूलना चाहिए इन्हें विकसित करने के लिए केवल साहस ही नहीं, स्पष्ट दृष्टि, स्पष्ट लक्ष्य और स्पष्ट विचारधरा के लिए कोशिश आवश्यक है।'' मुक्तिबोध यह मानकर चलते हैं कि पहले अपने परिवार में ही जीवन-मूल्यों के परिवर्तन की अलख जगानी पड़ेगी, उसके बाद ही हम सामाजिक और साहित्यिक जीवन-मूल्यों में परिवर्तन ला सकते हैं, इसीलिए परम्परा की खोज के लिए मुक्तिबोध 'माँ' का ही सहारा लेते हैं, और खुद, बालक रूप में परम्परा के सजीव रूप को सामने लाते हैं एवं अतीत से वर्तमान की यात्रा के दौरान मृत अंशों को छोड़कर सजीव अंशों को स्वीकारते जाते हैं -''अजीब अनुभव है/ सिर पर टोकरी-विवर में मानव-शिशु/ वह कोई सद्योजात/ मृदुल कर्कश स्वर में/ रो रहा/ सच प्यार उमड़ आता उस पर/ पर, प्रतिपालन-दायित्व भार/ से घबराकर/ मैं तो विवेक खो रहा/ वह कौन? कि सहसा प्रश्न कौंधता अन्तर में/ वह है मानव-परम्परा/ चिंघाड़ता हुआ उत्तर यह/ सुन, कालिदास का कुमार सम्भव वह।''

इसीलिए मुक्तिबोध पूर्वकालीन समाजों की उपलब्धियों को मूल्यवान मानते हैं- ''हमारे पूर्वकालीन समाजों की उपलब्धियाँ जिन्हें हम अमर कहते हैं इसलिए हमारे लिए मूल्यवान हैं कि उनके भीतर समाये हुए जीवन तत्वों को हमने अपनी परम्परा में अन्तर्भूत कर लिया है।''

मुक्तिबोध परम्परा की ताकत को जानते और समझते थे। इसीलिए वह लेखक की चेतना के निर्माण की प्रकिया को परिवेश और परम्परा से जोड़कर देखते हैं। किसी भी लेखक की मानसिकता के निर्माण एवं विकास में लेखक की परम्परा, परिवेश, उससे प्राप्त जीवन-मूल्य और वर्गीय-चेतना महत्त्वपूर्ण भूमिका निभाते हैं।

किसी लेखक की चेतना समाज के माध्यम से विकसित होती है। मार्क्स की तरह मुक्तिबोध की भी यही धारणा है कि - ''मनुष्य चेतना उसके अस्तित्व का निर्धारण नहीं करती वरन् उसका सामाजिक अस्तित्व ही उसकी चेतना का निर्धारण करता है इससे मुक्तिबोध की धारणा और प्रबल हो जाती है।''

इस तरह लेखक अपने समाज की परम्परा को लेकर चलता है लेकिन आज भारतीय परंपरा अनेक रूढ़ियों से ग्रस्त हो चुकी है, फिर भी इस परंपरा द्वारा स्थापित और स्वीकृत जीवन-मूल्यों ने एक स्थायी और सुदृढ़ सामाजिक व्यवस्था का निर्माण किया है। नये साहित्य ने उन मूल्यों को तोड़ा लेकिन उनका कोई विकल्प प्रस्तुत नहीं किया। मुक्तिबोध इसी बात से चिंतित हैं कि -''जो पुराना है, अब वह लौटकर नहीं आ सकता। लेकिन नये ने पुराने का स्थान नहीं लिया। धर्म भावना गई लेकिन वैज्ञानिक बुद्धि नहीं आई। धर्म ने हमारे जीवन के प्रत्येक पक्ष को अनुशासित किया था। वैज्ञानिक मानवीय दर्शन ने धर्म का स्थान नहीं लिया। इसलिए केवल हम अपनी अंतः प्रवृत्तियों के यंत्र से चालित हो उठे। उस व्यापक उच्चतर सर्वतोन्मुखी मानवीय अनुशासन की हार्दिक सिद्धि के बिना हम 'नया-नया' चिल्ला तो उठे लेकिन वह 'नया' क्या है? हम नहीं जान सके। क्यों? नया जीवन, नये मानव-मूल्य, नया इंसान परिभाषाहीन और निराकार हो गया। वे दृढ़ और व्यापक मानसिक सत्ता के अनुशासन का रूप धारण न कर सका। वे धर्म और दर्शन का स्थान नहीं ले सके।'' प्रत्येक समाज और भाषा समाज की अपनी विशिष्ट परम्परा होती है बल्कि एक परम्परा में होने के बोध से ही तो उसका एक समाज होना संभव है।

फंतासी और मुक्तिबोध की कहानी

पी. रवि

मुक्तिबोध के लिए मिथक व फंतासी अपनी बातों को प्रकट करने के लिए कल्पना द्वारा रची गयी दुनिया है। कविता की भांति कहानी में भी मुक्तिबोध ने ऐसी दुनिया को रचा है। इसका प्रयोग कहीं मिथकीय प्रसंग के रूप में, कहीं शीर्षक में, कहीं कहानी के बीच एक-दो नाम या शब्दों के रूप में देख सकते हैं। कहीं अपने मुख्य पात्र को पागल बनाकर एक खास परिवेश की सृष्टि भी वे करते थे। इससे एक और संप्रेषणीयता बढ़ जाती है तो दूसरी ओर काल सीमा को पार करने तथा खुरदरे संघ को रंखंकित करने की छूट भी मिलती है।

अन्य साहित्यिक विधाओं की अपेक्षा कहानी में मिथकीय/फंतासी का प्रयोग बहुत कम ही हुआ है। यहाँ फंतासी लोकमिथ, पुराण-प्रसंग, निजंधरी कथा, इतिहास-सब को मिलाकर देख सकते हैं। जयशंकर प्रसाद ने 'स्वर्ग के खण्डहर में' शीर्षक कहानी में इसका प्रयोग सबसे पहले किया। उसके बाद जैनेन्द्र कुमार ने 'नीलम देश की राजकन्या' शीर्षक कहानी के द्वारा जारी रखा। स्वातंत्र्योत्तर कालीन कहानी में भी ऐसे कुछ प्रयास हुए हैं। राजेन्द्र यादव की 'सिंह वाहिनी', 'अंधा शिल्पी और आँखोंवाली राजकुमारी', 'अभिमन्यु की आत्महत्या', कमलेश्वर की 'जार्ज पंचम की नाक', 'राजा निरबंसिया', भीष्म साहनी की 'भटकती राख', धर्मवीर भारती की 'सावित्री नंबर दो', हृदयेश की 'नए अभिमन्यु', कृष्ण भावुक की 'एक और शकुंतला', मुक्तिबोध की 'क्लॉड ईथरली', 'ब्रह्मराक्षस का शिष्य' आदि प्रमुख है। समकालीन कहानीकारों में संजीव, उदय प्रकाश, गिरिराज किशोर, रवि बुले, किरण सिंह, सुशांत सुप्रिय, वंदना राग आदि की कहानियाँ इस परम्परा को जारी रखती हैं।

'ब्रह्मराक्षस का शिष्य' मुक्तिबोध की एक चर्चित कहानी है, जिसके बारे में उन्होंने कहा कि 'ब्रह्मराक्षस' कविता में जो कह नहीं पाया उसे व्यक्त करने के लिए यह कहानी लिखी। 'ब्रह्मराक्षस का शिष्य' कहानी के माध्यम से वे ज्ञान, ज्ञान के वितरण और उसके लिए उचित पीढ़ी की जरूरत तथा सामाजिक परिवर्तन की आकांक्षा रखते हैं। इसके साथ प्रतिबद्ध नागरिक के दायित्व निर्वहण का कार्य भी। अपनी आशा-अभिलाषाओं की आपूर्ति के पहले असमय में मरे (कहीं पानी में डूब मरे) ब्रह्मण का प्रेत, जिसे मुक्ति नहीं मिली हो, उसे ब्रह्मराक्षस कहते हैं। ब्रह्मराक्षस मुक्ति नहीं मिलने के कारण घूमने-फिरने के लिए विवश हुआ, उसी प्रकार प्रतिबद्ध गुरु ज्ञान के वितरण के लिए उचित शिष्य व पीढ़ी न मिलने के कारण परेशान दिखाई देता है। मुक्तिबोध स्पष्ट करते हैं कि मिथक या परम्परागत विश्वास के पुनर्सृजन में रमना मेरा अभीष्ट नहीं, अपनी बात को स्पष्ट करने के लिए एक प्रतीक के रूप में यहाँ प्रयोग करता हूँ। कहानी का बुद्धिजीवि ब्रह्मराक्षस अपने ज्ञान अगली पीढ़ी तक पहूँचना अपना कर्तव्य समझते हैं, किन्तु उचित शिष्य या परिवेश केलिए उसे इंतजार करना पड़ता है, अपना दायित्व निभाने के लिए। इस सन्दर्भ में 'ओ काव्यात्मन फणीधर' शीर्षक कविता के कर्ता, जो वर्तमान पीढ़ी की अक्षमता के कारण द्युति प्रस्तर मणि फणीधर को सौंप देते हुए अगली पीढ़ी के आगमन तक सुरक्षित रखने को कहता है, की याद करना उचित होगा। 'इसलिए मेरी (ब्रह्मराक्षस की) आत्मा इस संसार में अटकी रह गयी और मैं ब्रह्मराक्षस के रूप में यहाँ विराजमान रहा।' (मुक्तिबोध रचनावली, खंड तीन, पृ.119) कहानी स्पष्टतः कहती है कि- 'मैं (ब्रह्मराक्षस) प्रवृत्तिवादी हूँ', साधू नहीं। याने श्रम पर, कर्म पर विश्वास करने वाला हूँ, और उसके अनुसार समाज को सचेत करना है। कहानी में गुरु अपने शिष्य से कहता है कि 'मैंने अज्ञान से तुम्हारी मुक्ति की। तुमने मेरा ज्ञान प्राप्त कर मेरी आत्मा को मुक्ति दिला दी। ज्ञान का लाया हुआ उत्तरदायित्व मैंने पूरा किया।' (वही, पृ.120) यहाँ अहं की भावना नहीं, भेद भाव नहीं, क्योंकि समाजवादी मुक्तिबोध आत्मालोचन करने में विश्वास रखते थे। उनके अनुसार ज्ञान किसी व्यक्ति या वर्ग की निजी संपत्ति नहीं है। उस पर सबका समान अधिकार है। शुरू आगे का दायित्व शिष्य को सौंप देता है। ज्ञान के प्रचार-प्रसार करने एवं अंगली पीढ़ी को प्रदान करने का भी। अपने को साधु नहीं मानते गुरु ने अंत में एक साथ शृंगार और वात्सल्य का बोध विद्यार्थी को रवाया। 'यहाँ परायेपन का बोध नहीं, गुरु और शिष्य आत्मीय स्वजन ही हैं। कहानी का वाक्य है, जैसे–' "उसके गुरु ने जाते समय राधामाधव की यमुना-कूल-क्रीडा में घर भूली हुई राधा को बुला रहे नन्द के भव प्रकट किए हैं" (वहीं.पृ-115) जीवन से पलायन न

करके आत्मालोचन करके सामाजिक परिवर्तन में अपनी भूमिका निभाने का प्रयास करता रहता है। कहानी में मिथकीय परिवेश को और मुखरित करने के लिए आठ मंजिला मकान, जो भव्य, विशाल, निर्जन, सूना; इस तरह का एक डराने वाला चित्र खींचा गया है, साथ ही यह भी बताया है कि बरगद से ढका हुआ सिंह-द्वार (फाटक), उक्त मंजिल के भीतर खिड़की के पास देव-पूजा में संलग्न-मन मूंदी आँखोंवाले ऋषि-मनीषी, विशाल बाहू-पृथु-वक्ष, तेजस्वी ललाट वाले, जिसने दो बार अपना मायावी रूप प्रकट किया है। 12 साल की शिक्षा के अंतिम दिन में भोजन कराने के लिए प्रिय शिष्य के साथ बैठकर अपने हाथ को लंबा करके अगले कक्ष से घी ले रहे ब्रह्मराक्ष अपने शिष्य, जो भयभीत है, से कहता है कि मैं ब्रह्मराक्षण हूँ, किन्तु तुम्हारा गुरु भी। आत्मशोध करके अपने दायित्व निभाने का प्रयत्न में लीन रहा, किन्तु तमाम कोशिशों के बावजूद ऐसा माहौल नहीं मिला, समाज याने वर्तमान पीढी ज्ञान को आत्मसात करने में तथा उसके द्वारा सामाजिक परिवर्तन करने में असमर्थ है, अतः अगली पीढ़ी ज्ञान को आत्मसात करने में तथा उसके द्वारा सामाजिक परिवर्तन करने में असमर्थ है, अतः अगली पीढी तक इंतजार करना पड़ा। भोजन के बाद बिदाई के वक्त शिष्य को आशीर्वाद देकर ब्रह्मराक्षस तिरोधान करता है, याने पूरा दायित्व नई पीढ़ी को सौंप देता है। "शिष्य ने साश्रुमुख ज्यों ही चरणों पर मस्तक रखा-आशीर्वाद का अन्तिम कर स्पर्श पाया और ज्यों ही सिर उठाया तो वहाँ से वह ब्रह्मराक्षस तिरोधान हो गया।" (वही. पृ-121)

'क्लॉड ईथरली' मुक्तिबोध की बहुचर्चित कहानी है, जिससे फंतासी निर्माण में उन्होंने लोकमिथ को छोड़कर इतिहास एवं कल्पना का सहारा लिया है। प्रस्तुत कहानी की चर्चा युद्धविरोधी कहानी के रूप में बहुत हुई है। कहानी का मूल स्वर आधुनिक सभ्यता की आलोचना है, युद्ध भी उसकी ही देन है। आधुनिक सभ्यता मनुष्य एवं मनुष्यता की नहीं, संपत्ति, मुनाफा, फायदा, सुविधा आदि को देखती है। दबा, करुणा, अहिंसा आदि उसके लिए मूल्य नहीं है। जो करतूतें वह करती रहती है, ये सब सिर्फ उसका बहाना मात्र है। क्लॉड ईथरली एक अमरीकी विमान चालक है, जिसने दूसरे विश्वयुद्ध के दौरान हिरोशिमा में बम बरसाया था। इतिहास इससे थोड़ी अलग बात भी बताता है, ताकि उस वक्त ईथरली को मौसम के निरीक्षण करने का दायित्व मात्र था और किसी ने बम बरसाया था। कहानी में क्लॉड ईथरली ही वह शख्त है, जिसे कथाकार ने आज के जीवन विवेक (जिसके बारे में हरिशंकर परसाई ने कहा था कि दरारें ढूँढकर अटकना आज बुद्धि है।) से समझौता नहीं कर सकते युद्धविरोधी मनुष्यों के प्रतीक के रूप में विचित्र है। कहानी के शब्द इस प्रकार है "क्लॉड ईथरली अणुयुद्ध का विरोध करने वाली आत्मा की आवाज

का दूसरा नाम है।'' (वही, पृ-157) कहानी में मुख्य दो पात्र हैं, एक कथावाचक और दूसरा सी आई.डी। इन दोनों के संवाद के जरिए साक्षात्कार उससे याने आज के जीवन विवेक से कराने तथा उसे आत्मालोचन करवाने के लिए सी.आई.डी ईथरली की कथा का बयान करता है। कलॉड ईथरली आधुनिक सभ्यता का शिकार है, जिससे मुक्त होने के लिए वह छटपटाता रहता है। युद्ध तथा नर हत्या के द्वारा ही सही, मुनाफा कमाने तथा अपने वर्चस्व को स्थापित करने का प्रयास अमरिका करता आ रहा है। भारत के महानगरों की सभ्यता भी बुनियादी तौर पर उससे मिलती जुलती है। इसलिए सी.आई. डी कहता है कि भरत के हर बड़े नगर में एक-एक अमेरिका है। '(वह, पृ-157) यहाँ भी लोग औद्योगिक सभ्यता से आलिंगन करते हैं, जिसका प्रमाण प्रस्तुत करती है यहाँ के रोडपतियों की बढ़ती तदाद। इसे कहानीकार और भी स्पष्ट करना चाहत हैं- ''ब्रिटिश-अमरिकी या फ्रांसीसी कविता में जो मूड्स, जो मन स्थितियाँ रहती हैं- बस वे ही हमारे यहाँ भी हैं, लायी जाती हैं। सुरुचि और आधुनिक भावबोध का तकाज़ा है कि उन्हें लाया जाए - इसलिए कि वहाँ औद्योगिक सभ्यता है, हमारे यहाँ भी। मानो कि कल-कारखाने खोले जाने से आदर्श और कर्तव्य बदल जाते हों। (वही, पृ-159) आधुनिक सभ्यता की बर्बरता का वाहक रहे ईथरली आज इस सभ्यता के अंजाम से विक्षिप्त हो गया है, उसका दम घुट रहा है, प्रायश्चित करके उसे सभ्यता से, पापबोध से मुक्ति चाहता है। वाहक रूप को स्पष्ट करने के लिए कथाकार कहते हैं कि 'क्लॉड ईथरली वह अमरीकी विमान चालक है, जिसने हिरोशिमा पर बम गिराया था।' (वही. पृ-157) युद्ध के बाद अपनी कारगुजारी देखने गये ईथरली हिरोशिमा की जनता की स्थिति से बुरी तरह आहत होता है, वह संवेदनशील मनुष्य बन जाता है, उस पाप से मुक्त होने के लिए उनकी सेवा-सहायता करने लगता है। दूसरी ओर अमरिकी सरकार ने उसे 'वार हीरो' घोषित करके उसका आदर सम्मान करती है। लेकिन पापबोध से छटपटाता ईथरली अपने को सजा देना चाहता है, जिससे पाप-भार कम हो जाय। गैर कानूनी कार्य करके जेल जाना चाहते ईथरली को सरकार हर कहीं छूट देती है। क्योंकि सरकार अपने राष्ट्र के युद्धवीर हीरो को कैद में डाल नहीं सकती है। सरकार उसे पद-ओहदे व आदर सम्मान का प्रलोभन देती है, फिर भी ईथरली अपने मार्ग से विचलित नहीं होता है। आखिर दिमाग को दुरुस्त करने के लिए उसे पागलखाने पहूँचाता है। वहाँ भी 'सभ्य' होने को वह तैयार नहीं होता है। वह असल में पागल नहीं है। असली मनुष्य-प्रेमी मात्र है। इसलिए वह 'सभ्य' लोगों की दृष्टि में पागल दिखाई देता है। ईथरली सचेत संवेदनशील इंसान है जो आध्यात्मिक अशान्ति का ज्वलंत प्रतीक बन जाता है जिसकी पहचान सभी नहीं कर सकते

हैं। पहचान की इस असमर्थता के कारण ही 'हमारे बहुतेरे विद्रोही संतों को भी पागल कहा गया। आज भी बहुतों को पागल कहा जाता है। (वही, पृ-160)' इस पहचान को कथावाचक सरीको तक पहुँचाने का कार्य सी.आई.डी पागलखाने में कई ऐसे लोग हैं, जो असल में पागल नहीं हैं। आज की निगाह को स्पष्ट करते हुए सी.आई.डी मनुष्य जाति की चार वर्गों में बांट देता है। संवेदनशील मनुष्य के बारे में कहता है कि– 'लेकिन जो आदमी आत्मा की आवाज जरूरत से ज्यादा सुन करके हमेशा बेचैन रहा करता है और उस बेचैनी में भीतर के हुक्म का पालन करता है, निहायत पागल है। पुराने जमाने में संत हो सकता था। आजकल उसे पागलखाने में डाल दिया जाता है।' (वही, पृ-155-156) आगे मध्यवर्ग के बारे में बताते वक्त जीवनानुभव, शिक्षा एवं परम्परा पर जोर दिया गया है 'हाँ, मैं उस भद्रवर्ग का अंग हूँ कि जिसे अपनी भद्रता के निर्वाह के लिए अब आर्थिक कष्ट का सामना करना पड़ता है, और वह भाव मन में जमा रहता हे कि नाश निकट है। संक्षेप में, मैं सचेत व्यक्ति हूँ, अतिशिक्षित हूँ। लेकिन चूँकि अपनी इस अतिशिक्षा और अतिसंस्कृति के सौष्ठव को उद्घाटित करते रहने के लिए, जो स्निग्ध-प्रसन्न मुख चाहिए, वह न होने में मैं उठाईगिरा भी लगता हूँ—अपने आपको।' (वही, पृ-156)

मुक्तिबोध क्लॉड ईथरली की मिथकीय प्रस्तुति के जरिए आधुनिक सभ्यता और उसके अन्तहीन लालच की आलोचना करते हैं। आधुनिक सभ्यता मानव जाति की भलाई का दर्शन नहीं, 'चमकीली सतह, भौतिक आकर्षण और पागलों की उत्तेजना भरी भागदौड़ के बावजूद आधुनिक सभ्यता मनुष्य की आत्मा की जरूरतों और बेहतर जीवन की कामना के मार्ग में सहायक सिद्ध' (गांधी) नहीं होती है। 'क्लॉड ईथरली हमारे यहाँ भले ही देह-रूप में न रहे, लेकिन आत्मा की वैसी बेचैनी रखनेवाले लोग तो यहाँ रह ही सकते हैं।' खुद मुक्तिबोध की बेचैनी इससे मिलती जुलती नजर आती है। 'चकमक की चिनगारियों' कविता की पंक्तियों पर नजर डालिए- 'समस्या एक-/मेरे सभ्य नगरों और ग्रामों में/सभी मानव/सुखी, सुन्दर व शोषण-मुक्त/कब होंगे' (चाँद का मुँह टेढा है. पृ-169)

'ब्रह्मराक्षस का शिष्य' कहानी के द्वारा समाज के प्रति प्रतिबद्ध नागरिक की कर्तव्य निर्वहन की अन्तहीन चेतना को ब्रह्मराक्षस के माध्यम से मुक्तिबोध करते हैं। इन दोनों कहानियों में मुक्तिबोध अपनी बात की, यानी अपने मानववादी दर्शन को अभिव्यक्त करते ही हैं।

मुक्तिबोध के पत्रों में बीडी सुलगाते चेहरे का ताप

पीयूष कुमार

हिंदी साहित्य में अपने बहुआयामी लेखन और प्रखर चिंतन के साथ-साथ उत्कट जीवन संघर्ष के पर्याय गजानन माधव मुक्तिबोध को जानने-समझने में उनका सृजनात्मक साहित्य जितना उपयोगी है उतना ही उनके पत्र भी। उनके पत्रों में जीवन-संघर्ष, साहित्य विमर्श, लेखक संगठनों की भूमिका और राजनीतिक दृष्टि के साथ-साथ वैयक्तिक प्रेम, असफलता और आत्मकुण्ठा के प्रसंग कहीं खुले तो कहीं दबे रूप में बिखरे पड़े हैं। मुक्तिबोध के पत्र-मित्रों की दुनिया बड़ी थी। साहित्य के अलावा कला—संस्कृति, समाज, शिक्षा, राजनीति, आंदोलन और वैश्विक परिवर्तन आदि का विमर्शात्मक बिंदु भी उनके पत्रों में गहन भाव में मिलते हैं।

मुक्तिबोध का समूचा जीवन कठिन संघर्ष, आर्थिक तंगी और बीमारी से जूझते हुए बीता। परिवार या नाते रिश्तेदार ऐसे थे नहीं कि बहुत मदद मिलती। वे अपना सहारा साहित्यिक मित्रों में ढूँढते। नेमिचंद्र जैन उनके ऐसे ही बड़े मित्र रहे जिनसे उनका न सिर्फ जीवन भर की गँठजोड़ रहा बल्कि उनकी दृष्टि व विचार के परिमार्जन में भी मदद मिली। मुक्तिबोध उन्हें अपना दूसरा हृदय कहते थे। नेमीचंद जैन को लिखे गए पत्र मुक्तिबोध को समझने में बड़े सहायक हैं। एक पत्र में उन्हें मुक्तिबोध लिखते हैं, 'जैसा कि तुम जानते हो मैं एक विचित्र प्रकार का व्यक्ति हूँ। जिसे सदा ऐसे व्यक्ति की आवश्यकता रहती है जिसकी प्यारी सलाहों और अंतरंग विवेचन में निहित प्रिय परामर्शों की संवेदना मुझमें उत्कट स्नेह और तीव्र कल्पना की गर्मी पैदा कर देती है। मैं निष्क्रिय और प्रकटतः उदासीन सा रहता हूँ, क्योंकि मेरी मानसिक स्थिति प्रबल संगठनात्मक आधार पर नहीं टिकी है, लेकिन दोस्त मैं तुमकों विश्वास दिलाता हूँ कि मैं यथार्थ अनुभूति के लिए लालायित रहता हूँ।

अनुभूति के बिना में मिट्टी के लौंदे सा चेतनाहीन रहता हूँ।'

मुक्तिबोध अपने पत्रों में साहित्य, समाज, राजनीति, दर्शन से लेकर विश्व इतिहास और आंदोलन के अलावा अपने निजी संघर्षों की भी बातें भी अपने पत्रों में करते रहे हैं। 12.03.1943 को उनका लिखा एक पत्र है, जिसमें विस्तारपूर्वक अपनी घरेलू दिक्कतें और भविष्य के प्रति असुरक्षा बोध का जिक्र करते हुए मुक्तिबोध अपने जीवन के संकटो से बाहर आने को छटपटाते नजर आते हैं। उन्होंने लिखा है– "हम मध्य वित्त और निम्न मध्यम वर्ग वाले मनमौजी होते हैं। मैं इस बात को अपने बारे में विशेष संदर्भ के साथ कह रहा हूँ।"

मुक्तिबोध अपने अकेलेपन और विपन्नताजनित विवाद से बाहर आने के लिए लगातार मित्रों से संवाद करते रहे। वैसे भी उनके अकेलेपन व अभावहीनता के संघर्ष में उनका अपना ही संघर्ष नहीं, बल्कि समूचे वंचित वर्ग, शोषित–पीड़ित वर्ग का संघर्ष समाहित होता रहा है। 1956 में श्रीकांत वर्मा को लिखा मुक्तिबोध का एक पत्र बताता है कि मुक्तिबोध जीवन में आर्थिक सुरक्षा के लिए काफी जूझाते रहे, लेकिन वे अपने आत्मसम्मान के प्रति भी सजग रहे। वे श्रीकांत वर्मा को लिखते हैं "प्यारे भाई, ऐसी ही चिट्ठियों से बहुत बल मिलता है। मैं जानता हूँ कि आपको मेरी गहरी चिंता है। इतना स्नेह पाकर मैं अभेद्य हो जाता हूँ। लड़ाई लड़ लूंगा। जरा अच्छे ढंग से लड़ूँ। यही इच्छा है। इसीलिए अपमान जनक शर्तों पर भोपाल जाना उचित न समझा"।

एक अन्य पत्र में श्रीकांत वर्मा को मुक्तिबोध लिखते हैं कि "दोस्तों में बड़ा आदमी कोई नहीं, बड़ों की चाटुकारिता होती नहीं, उनके लिए मेहनत की जाती है। किन्तु इस मेहनत ने अब तक कोई मुआवजा नहीं दिया। अब छिछियाने की मेरी उम्र भी नहीं रहीं, सिर्फ एक महत्वाकांक्षा है–लेक्चररी मिल जाए, जरा अच्छे ढंग की। मारा–मारा न फिरूँ। बाल-बच्चेदार आदमी होने के अलावा मेरे माता-पिता भी हैं और मुख्तसर कर्ज लदा है। इसको कैसे अदा करूँ इसी धुन में लगा रहता हूँ। पठानों के कर्ज लेते-लेते जब हिंदुओं से लगने लगा तो पाया कि वे पठानों से भी बुरे होते हैं। बड़े हरामी, बड़े पाजी, कुछ न पूछो। आपने बड़ी व्यक्तिगत बातें की इसीलिए मैं इतनी बातें कह गया, तैश में। नहीं तो कहने की कोई बात नहीं थी, यह भी जो बड़ा निजी मामला है। अपने लोगों से ही कहा जा सकता है।"

मुक्तिबोध का जीवन भले ही कठिन संघर्षों और आर्थिक तंगी भरा रहा हो, उनके चरित्र का एक बड़ा गुण यह था कि वे साहित्य को पैसा कमाने का जरिया कतई नहीं बनाना चाहते थे। वे साथियों और नवयुवा साहित्यकारों के प्रति सदैव

सहयोग की भावना रखते थे। युवा कवि जगदीश को 15.08.1946 को लिखा पत्र मुक्तिबोध की इस भावना को दर्शाता है साथ ही इस पत्र में यह भी खुलासा होता है कि मुक्तिबोध कैसे तब निराला के जैसा ही अपने समकालीन बड़े साहित्यकारों/संपादकों के बीच उपेक्षित रहे। पत्रांश है– "प्रिय जगदीश, तुम्हारे लेख के बारे में और अन्य प्रयत्न शील लेखकों के विषय में उदासीनता सब जगह है, यहाँ भी है। दूसरे रहा मेरा व्यक्तिगत सवाल कि मैं कहाँ तक अपने साथी लेखकों के लिए लड़ सकता हूँ। यह तो तुम देख ही रहे हो कि मैं असफल हूँ। मेरा व्यक्तिगत प्रभाव यदि है तो लेखक की हैसियत से हो सकता है। सम्पादकीय विभाग से मेरा सम्बन्ध नहीं–सा है। दूसरी भी अन्य बाधाएँ हैं। मुख्य बाधा सम्पादकों की उदासीनता ही समझिए। मेरी चीजे अब भी नहीं छपती हैं और उनके अनुरूप चीजें लिखकर रुपया कमाना नहीं चाहता।"

मुक्तिबोध पूर्णकालिक लेखक कवि व चिंतक थे। वे चाहे कहीं भी किसी भी परिस्थिति में रहे हों उनका यह रूप सदैव जागृत व सक्रिय रहा। उनकी रुचि हिंदी व भारतीय साहित्य समाज एवं यहाँ की राजनीति, कला, संस्कृति, शिक्षा आदि क्षेत्रों के अध्ययन व उन्नयन के प्रति रही। साथ ही इसी के समानांतर 'वे विश्व साहित्य–संस्कृति व कला' के प्रति भी जिज्ञासु रहे। पोलैण्ड की युवा विदुषी आग्नेष्का से जब उनका संवाद हुआ तो उन्होंने 09 दिसंबर 1963 के पत्र में लिखा– "आप पोलैण्ड जाएगी? मेरा एक सुझाव मानेंगी? यहाँ के कला के संबंध में साहित्य (और कविता) के सम्बन्ध में मार्क्सवादियों और अ-मार्क्सवादियों द्वारा जो चिंतन हुआ है, जो विवाद उठे हैं जो विचार विनिमय हुआ है। जो निष्कर्ष निकाले गए हैं, और जो नीति अपनायी गयी है, जो दृष्टियाँ स्थापित की गई हैं उनको हिंदी में समग्र और अविकल रूप से आप अवश्य-अवश्य लायें, जिससे कि हम लोगों का, हिंदी का कल्याण हो। यदि उन विचारकों और साहित्यिकों के लेख और प्रबंध हिंदी में अनुवादित कर सकें, करने का कष्ट करें तो उनके हाथों एक प्रभावशाली कार्य होगा और हिन्दी के हम जो लोग हैं वह कह सकेंगे कि हमारी विचारधारा में कहीं भी (तथाकथित) रेजीमेण्टेशन नहीं है। हम लोगों के हाथ मजबूत होंगे।" इस पत्रांश में उनकी अंतर्राष्ट्रीय चेतना दिखती है जिसमें वे हिंदी साहित्य को मार्क्सवादी वैचारिकी के वैश्विक संदर्भों से जोड़कर समृद्ध करना चाहते हैं।

मुक्तिबोध ने अपने पत्रों में लगातार साहित्य विमर्श किया इस विमर्श में शास्त्रीयता से इतर व्यवहारिकता अधिक नजर आती है। प्रमोद वर्मा, श्रीकांत वर्मा, शरद कोठारी आदि से हुए पत्राचार आने वाली पीढ़ी के लिए काव्य विमर्श का अच्छा स्रोत साबित हुआ। 'भाव प्रसंग' पर विचार करते हुए प्रमोद वर्मा को उन्होंने

09.01.1958 को लिखा - "परिस्थिति के भीतर जो जीवन प्रसंग उपस्थित होते हैं उनका एक पक्ष है आत्मपक्ष और दूसरा है बाह्य पक्ष। आत्मपक्ष से बाह्य पक्ष के प्रति संवेदनाएँ, प्रतिक्रियाएँ, दुःख, रवैया, दृष्टि आदि। उदाहरण के लिए प्रेमिका के सामने प्रेमी की उपस्थिति (यदि कवि एक प्रेमी है तो)। जो भाव प्रसंग है यह साक्षात और मूर्त है, जिसमें प्रेमिका को देखकर प्रेमी के मन में उमड़ने वाली विविध भावनाएँ और प्रतिक्रियाएँ आदि उत्थित हुई।"

30 अक्टूबर 1964 को युवा लेखक कवि शरद कोठारी को उन्होंने कविता कैसी होनी चाहिए यह बताते हुए लिखा – "आपकी कविता उलझी परिस्थिति की कविता है, इसीलिए शायद उसमें उलझाव हटाना होगा। जैसे साफ सड़क होती है, वैसी ही वह हो। चक्करदार गलियों में चलने वाले को भी चक्कर नहीं आनी चाहिए" स्पष्ट है कि रचनाकार की चेतना और रचना में भाव मिश्रित नहीं होने चाहिए, यह उनका मानना था।

मुक्तिबोध के सरोकार सदैव व्यापक रहे। वह पूर्णकालिक और बहुआयामी विचार दृष्टि संपन्न रचनाकार थे। साहित्य के साथ-साथ साहित्यिक संस्थाओं और साहित्यिक आंदोलनों व लेखक संगठनों की भूमिका, उनकी दृष्टि और उनकी सीमाओं व विपथ–गामिता आदि तमाम पहलुओं पर निरंतर सोचते-विचारते व क्रियात्मक भूमिका भी यथाअवसर निभाते रहे। इन सबका प्रत्यक्ष प्रमाण उनके पत्रों में मिलते हैं। नामवर सिंह को लिखा उनका एक पत्रांश है – "प्रिय नामवर, 'कवि' में आपने मेरे संबंध में जो कुछ लिखा उसके लिए मैं किन शब्दों में धन्यवाद दूँ। औपचारिक पत्र लिखने का मुझे बिलकुल अभ्यास नहीं है। दिल की कहूँ तो यह कि अगर आप मेरे समीप होते तो गले लगा लेता, इसलिए नहीं कि तारीफ हुई, वरन इसलिए कि एक सुदूर अजाने कोने में एक समान नील समधर्मा मिला। काश प्रगतिशील आंदोलन हम जैसे लोगों को थोड़ा समझ पाता। पिछले बारह वर्ष के एक पूरे तय समय में उसने काव्य मर्मज्ञता के क्षेत्र में जरा सी भी समझ, सहानुभूति और सहिष्णुता का, परिचय दिया होता तो उसकी वैसी गत न होती जैसी आज है।" मुक्तिबोध ने लेखक संगठनों की भूमिका और उनकी निरन्तरता के साथ–साथ सामाजिक–सांस्कृतिक अंतर्संगति पर भी विचार किया था। उन्होंने प्रगतिशील मूल्यों और सरोकारों की स्थापना में लेखक संगठनों की भूमिका को तो रेखांकित किया ही, साथ ही सैद्धांतिक विश्लेषण की प्रक्रिया को आवश्यक बताया।

प्रसंगवश इस क्रम में स्मरण आता है मुक्तिबोध द्वारा 10.12.1942 को उज्जैन से वीरेंद्र कुमार जैन को लिखा पत्र, जिसमें उज्जैन की दो संस्थाओं प्रगतिशील लेखक संघ एवं मध्य भारत पुरोगामी हिंदी साहित्य समिति की जड़ता पर विचार करते

हुए वे लिखते हैं कि "ये दो वृहद संस्थाएँ समाज के शोषक वर्ग के निकलकर निर्माणशील युवकों के हाथों आए...'यदि न आ सकें तो शीघ्र ही अखिल मध्य भारतीय सम्मेलन इस वर्ष बुलाया जाय, यह उसकी मनीषा है, जिससे हम मुक्त और स्वच्छ रूप से कला, साहित्य, समाज, इतिहास आदि पर निर्माणशील प्रेरणा और सौहार्द्र के साथ विचारकों और पारस्परिकता निर्माण करें। इस प्रकार मुक्त सांस्कृतिक वातावरण निर्माण हो।" वर्तमान में जबकि देश में लेखक संगठनों और साहित्य परिषद व समितियों की स्थिति बहुत संतोषप्रद व सृजनोन्नमुखी नहीं लगती तब मुक्तिबोध के पत्रों में दर्ज प्रेरणादायी ऐसे सुझाव व सम्मति प्रासंगिक है।

मुक्तिबोध के पत्रों के अध्ययन और विश्लेषण से यह महत्वपूर्ण तथ्य सामने आता है कि उनमें संवादोन्मुखता का गुण तो था, पर आसानी से नहीं खुलते थे। लेकिन जब किसी से खुल जाते तो आत्मीय संवाद का सूत्र सहज जोड़ लेते और उसे निभाते भी। उनके व्यवहार और विचार की दृढ़ता उनके पत्रों में उभरती है। वे अपने काव्य या कथा साहित्य में भले ही उलझन भरी स्थितियों में नजर आते हों, अपने पत्रों में बहुत सहज संवाद शैली के साथ-साथ प्रभावी सम्प्रेषण युक्त भाषा का उपयोग करते हैं। उनके पत्र 'साहित्य विमर्श' एवं 'सांस्कृतिक सरोकारों' का महत्वपूर्ण हिस्सा हैं साथ ही उनमें मध्यवर्गीय जीवन संघर्ष की मुखर अभिव्यक्ति है।

मुक्तिबोध के पत्रों में युगीन राजनीति, समाज, सत्ता व वैश्विक सरोकारों के प्रति संचेत रहने के साथ ही कला सांस्कृतिक मूल्यों के प्रति जिज्ञासा व विमर्शोन्मुखता सहज रूप से विद्यमान है। मुक्तिबोध न तो कभी सत्ता के पीढू साहित्यकार रहे न ही अवसरवाद की राह पकड़कर अकादमी या साहित्य केंद्रों में विराजने का सपना पालते थे, इसलिए अपने पत्रों में साहित्यिक खेमेबाजी व सांस्थानिक षड़यंत्रों पर भी खुलकर चर्चा कर सके हैं। उनके पत्रों का जितनी सूक्ष्मता से अध्ययन करते हैं उतने ही वह, हमें आमजन का साहित्यकार लगते हैं– जिनके जीवन सरोकार मार्क्सवादी चेतना के चलते निरंतर वैश्विक और मसाजोन्मुखी होते गए थे।

संदर्भ :

1. शर्मा विष्णुचंद्र, मुक्तिबोध की आत्मकथा, संवाद प्रकाशन, मेरठ, (उ.प्र.) संस्करण, 2004
2. मुक्तिबोध रचनावली, खण्ड 06, राजकमल प्रकाशन प्रा.लि. संस्करण, 1986

मुक्तिबोध की कविता में सत्ता के विरुद्ध संघर्ष

प्रिया. ए.

गजानन माधव मुक्तिबोध हिन्दी साहित्य की स्वतंत्र्योत्तर प्रगतिशील काव्यधारा के शीर्ष व्यक्तित्व थे। उन्हें प्रगतिशील कविता और नये कविता के बीच का सेतु माना जाता है। वे तारसप्तक के पहले कवि थे। मनुष्य की अस्मिता, आत्मसंघर्ष और प्रखर राजनीतिक चेतना से समृद्ध उनकी कविता पहली बार 'तार सप्तक' के माध्यम से सामने आई। पर उनका कोई स्वतंत्र काव्य-संग्रह उनके जीवनकाल में प्रकाशित नहीं हो पाया।

मुक्तिबोध के लिए कविता और जीवन अभिन्न थे। उनका समस्त साहित्य एक संवेदनशील रचनाकार की मार्मिक अभिव्यक्ति है। उन्होंने अपने युग-यथार्थ को बाह्य एवं आंतरिक दोनों स्तर पर गहराई से महसूस किया था। स्वाधीनता के बाद देशः भ्रष्ट, शोषक और अन्यायपूर्ण व्यवस्था के दंश को झेल रहा था। मुक्तिबोध की कविता में उस व्यवस्था का वास्तविक चेहरा सामने आता है। पूँजीपतियों, राजनीतिज्ञों एवं बुद्धिजीवियों की कुटनीतियों के बीच मध्यवर्ग की उदासीनता जिस संकट को जन्म दे रही थी, मुक्तिबोध का साहित्य उसका विस्तृत वर्णन है। अपने रचनाओं में वे अभिव्यक्ति के खतरे उठाकर समय के जिरह खड़े हुए।

मुक्तिबोध का जीवनकाल अपने देश में पूँजीवाद के विकास का युग था। स्वतंत्रता प्राप्ति के बाद देश की औद्योगिक उन्नति को लक्ष्य करके हमारे देश में पूँजीवाद के अनुकूल विकास होने लगा था। पूँजीवादी व्यवस्था के आगामी खतरों से अवगत होकर मुक्तिबोध ने अपने जीवन और साहित्य में इस व्यवस्था का विरोध किया। देश में असमानता को व्याप्त करनेवाली इस कूटनीति से जनसाधारण को

बचाना मुश्किल था। वे सत्ताधारी पूँजीपति वर्ग का अत्याचार सहन करने के लिए नामंजूर होते हैं। सत्ताधारी वर्ग के विरुद्ध आक्रोश प्रकट करते हुए वे लिखते हैं–

भूल (आलमगीर)
'मेरी आपको कमजोरियों के स्वाह
लोहे का जिरहबख्तर पहन, खूँख्वार
हाँ, खूँख्वार आलीजाह,
वो आँखें सच्चाई की निकाल डालता,
सब बस्तियाँ दिल की उजाड़े डालता,
करता, हमें वह घेर,
बेबुनियाद, बेसिर-पैर..
हम सब कैद हैं उसके चमकते ताम-झाम में,
शाही मुकाम में।।[1]

वे इस शोषक वर्ग से किसी भी प्रकार का समझौता करना नहीं चाहते हैं। पर वे सत्ता के खिलाफ अकेले खड़े हैं। कोई उनका साथ देनेवाला नहीं है। पूँजीवादी व्यवस्था मनुष्य को उसके अनुरूप गढ़ने की कोशिश करती है; पर मुक्तिबोध सत्ता के गढ़न से मुक्त होना चाहते हैं।

पूँजीवादी संस्कृति समाज को स्वार्थ प्रेरित, आत्मग्रस्त बना देती है। मानवीय संबन्ध धुँधले पड़ जाते हैं। एसे विद्रूपात्मक परिवेश के खिलाफ 'पूँजीवादी समाज के प्रति' नामक कविता में वे लिखते हैं–

'तेरी रेशमी वह शब्द-संस्कृति अन्ध।
देती क्रोध मुझको, खूब जलता क्रोध
तेरे रक्त में भी सत्य का अवरोध
तेरे रक्त से भी घृणा आती तीव्र
मेरी ज्वाल', जन को ज्वाल होकर एक
अपनी उष्मता के धो चले अविवेक
तू है मरण, तू है रिक्त, तू है व्यर्थ
तेरा ध्वंस केवल एक तेरा अर्थ।'[2]

मुक्तिबोध का मानना है कि पूँजीवादी संस्कृति का एक मात्र लक्ष्य है – समाज का विध्वंस। सत्ता, अहिंसा जैसे सांस्कृतिक अवधानों को तोड़ने का प्रयास इस अमानवीय संस्कृति के तहत संभव होता है। पर वे इस विध्वंस के खिलाफ संघर्ष करने के लिए तैयार खड़े हैं।

वे इस तानाशाही तिकड़म के जिस समान को एकत्र करने का प्रयास करते

हैं। अपने एकल समर यात्रा में वे पूरे समाज का प्रतिनिधि बनकर उद्घाटित करते हैं कि जन-मन का चेहरा एक है - जो पूँजीवादी के खिलाफ है। 'जन-जन का चेहरा एक' नामक कविता इसी प्रयास को प्रस्फुटित करती है-

'दुनिया के हिस्सों से चारो ओर
जन-जन का युद्ध एक,
मस्तक की महिमा
व अन्तर की उष्मा
से उठती है ज्वाला अति क्रुद्ध एक।
संग्राम का घोष एक,
जीवन-सन्तोष एक।
क्रान्ति का, निर्माण का, विजय का सेहरा एक,
चाहे जिस देश, प्रान्त, पुर का हो
जन-जन का चेहरा एक।'[3]

मुक्तिबोध की संवेदनशीलता जनसाधारण के शोषणग्रस्त जीवन पहचानने में सक्षम है। शोषकवर्ग के विरुद्ध वे अवाज़ उठाकर कहते हैं- गुलामी की जंजीर टूट जायेगी- शीर्षक वाली कविता में वे लिखते हैं –

'गुलामी की जंजीर टूट सब जायेंगी,
उनको तोड़ देना मेरा कसा हुआ बाहुदण्ड।
भरे हुए वक्ष पर
उभरे हुए घावों की ये लाल-लाल लकीरें
अनुभव के सहारे
मुझ में भर देंगी नये (खौलते-से) खून को
खिलखिलाती हुई सी बेचैन जवानियाँ।''[4]

अपने रचनालोक में वे एक ओर जनसाधारण के प्रति करुणा का भाव प्रकट करते हैं और दूसरी ओर शोषण रहित समाज की परिकल्पना करते हैं– 'सत्य के गरबीले अन्याय न सह' नामक कविता में वे समाज का आह्वान करते हुए लिखते हैं–

सत्य के गरबीले / अन्याय न सह, मित्र
संघर्ष करता हुआ तू जीवन का खींच चित्र
मिथ्या की हत्या कर बुद्धि के आत्मा के विषभरे तीरों से
खींच चित्र मानव का प्राणी के रुधिर की लकीरों से
मिथ्या के अन्धतम कुहरे को चीरकर

सुनहली धूप-सा निखर उठ
लोक-जीवन के सूरज को प्रणाम करता हुआ
अन्याय की चुनौती दे कि उभर उठ!!''[5]

बीसवीं सदी का समय जनसधारण के लिए बहुत ही दुविधा से ग्रस्त है। समझौतावाद, अवसरवाद, धनमोह,पदलिप्सा एवं स्वार्थता के समक्ष औसत जनसाधारण का जीवन संकटों से ग्रस्त है। समय की इस विडंबनात्मक सच्चाई को वे 'जिन्दगी का रास्ता' नामक लंबी कविता में प्रस्तुत करते हैं –

''बीसवीं सदी के इस पचासवें चरण के प्रयास में
दमन के काले अन्धकार बीच
गगन में उठते गरीबों के हाहाकार बीच
रामू के सोये हुए हृदय को
अवरुद्ध जीवन को अकस्मात् किसी ने
सत्य की शक्ति दी और हिम्मत की राह दी
पूँजीवादी झूठ के विराट् अत्याचार के बीच।
रामू के गरीब किन्तु सूक्ष्मदर्शी हिय ने
देखा कि पूँजीवादी ह्रास के / इस भैरव काल में
बादामी कागज़-सा प्राणहीन / दिन फीका रहता है।"[6]

कविता में 'रामू' आम आदमी का प्रतिनिधि बनकर हमारे सामने उपस्थित है। अपनी इस लंबी कविता के तहत वे जनसाधारण को समय के खतरों से अवगत कराते हैं; साथ ही साथ उनका सही ढंग से मार्गदर्शन भी करते हैं।

मुक्तिबोध की रचनाओं में समसामयिक समाज को बदलने की प्रतिबद्धता को देख सकते हैं। सांस्कृतिक विघटन के विस्तृत आयाम को, बड़ी आत्मीयता के साथ 'मेरे मित्र सहचर' नामक लंबी कविता के द्वारा वे दर्ज करते हैं–

''आज तो हमारी इन आँखों में, प्यारे आई।
मानवीय चाँदनी की प्यारी नीली लौ बनी हुई है।
लेकिन इसके बावजूद / लेकिन इसके बावजूद
भारतीय अँधेरी गलियों में आजकल
सर्दी की भयानक काली-स्याह रातें है''![7]

देश की संस्कृति के विभिन्न क्षेत्रों में जैसे - सामाजिक, आर्थिक, राजनीतिक, धार्मिक, साहित्यिक, नैतिक क्षेत्रों में हुए विघिटन का चित्रण उपरोक्त कविता चित्रित करती है।

मुक्तिबोध की कविता में भिन्न-भिन्न स्तरों के लोगों की जीवनाभिव्यक्ति व्यक्त

हुई है। व्यवस्था के तहत पिसता हुआ आम आदमी का चित्रण वे 'चाँद का मुँह टेढ़ा है' नामक लंबी कविता में यों प्रस्तुत करते हैं-

''वाह-वाह, रात के जहाँपनाह, / इसीलिए आजकल
दिन के उजाले में भी अँधेरे की साख़ है
इसीलिए संस्कृति के मुख पर
मनुष्यों की अस्थियों की राख है
ज़माने के चेहरे पर
गरीबों की छतियों की ख़ाक है!!
वाह-वाह!'' / पी गया आसमान
अँधियाली सचाइयाँ घोंट के,
मनुष्यों को मारने के खूब है ये टोटके।''[8]

वे प्रस्तुत लंबी कविता के माध्यम से स्पष्ट करते हैं कि पूँजीपति जादूगर ने अमानवीय शोषण के लिए भिन्न-भिन्न तरीके ढूँढ़ निकाले हैं। विकास के मार्ग एवं आधुनिकता के परिवेश का स्वाँग रचकर आम मानव को सत्ताधारी वर्ग अपने गिरफ्त में कर लेते हैं। इसके पश्चात् इनके दानवी चंगुल से बचना असंभव बन जाता है।

मध्यवर्गीय बुद्धिजीवियों के समझौतावादी चरित्र का पर्दाफाश करते हुए उन्होंने कई कविताएँ लिखी है - जिसमें, 'ब्रह्मराक्षस', अंधेरे में जैसी लंबी कविताएँ प्रमुख है। मध्यवर्ग बुद्धिजीवियों की स्वार्थता और अवसरवादिता उत्तरोत्तर बढ़ती जा रही है। मुक्तिबोध समझौतापरस्ती-अवसरवादित्ता को पलायनवादी स्वभाव मानते हैं। मध्यवर्गीय बुद्धिजीवियों के ऐसे रवैये पर चिंता करते हुए वे 'अंधेरे में' नामक लंबी कविता में लिखते हैं—

''कविता में कहने की आदत नहीं, पर कह दूँ
वर्तमान समाज चल नहीं सकता।
पूँजी से जुड़ा हुआ हृदय बदल नहीं सकता,
स्वातन्त्र्य व्यक्ति का वादी
छल नहीं सकता मुक्ति के मन को,
जन को।''[9]

हमारे चारों ओर का परिवेश आधुनिकता का हो या उत्तराधुनिकता का; समाज संकटों के दौर से गुज़र रहा है। पूँजीपति ताकतों की जगह यहाँ अब नयी साम्राज्यवादी ताकतें अपना हक जमा रही हैं। ऐसे साम्राज्यवादी ताकतों ने मानव मन पर भी कब्ज़ा जमा लिया है। संवेदनशीलता को कुंद कर दिया गया है। साहित्यकार अपने मन की अभिव्यक्ति ईमानदारी से निभा नहीं पाते हैं। कलबुर्गी एवं गोविन्द पंसारे जैसे

साहित्यकारों ने सच्चे दिल से सत्तावर्ग के जिरह रचनाओं के माध्यम से सवाल उठाया तो उनकी हत्या की गयी। यह समय की कटु सच्चाई है। ऐसे अभिशप्त माहौल में रचनाकारों में ऊर्जा फूँकने की ताकत मुक्तिबोध की इन पंक्तियों में द्रष्टव्य है-

"अब अभिव्यक्ति के सारे खतरे
उठाने ही होंगे।
तोड़ने होंगे ही मठ और गढ़ सब।
पहुँचाना होगा दुर्गम पहाडों के उस पार
तब कहीं देखने मिलेंगी हमको
नीनी झील की लहरीली थाहें
जिसमें कि प्रतिपल काँपता रहता
अरुण कमल एक।"[10]

इन पंक्तियों के सहारे जनता में एक आस्थावादी दृष्टिकोण जगाने की कोशिश हुई है। यह वर्तमान समय की माँग है।

मुक्तिबोध की कविताएँ कालयात्रिक है। समय के संक्रमण के साथ चलते हुए समसामयिक युगीन जीवन सच्चाई को पर्दाफाश करने का प्रयास उनकी कविता करती है। मानव इतिहास की विरासत को समझनेवाले कवि होने के कारण की मुक्तिबोध की कविताएँ देश और काल की सीमा का अतिक्रमण करती हुई समकालीन और निरंतरता को संप्रेषित करती है। मानवीयता एवं मूल्यों के संवहन और संप्रेषण से मुक्तिबोध एवं उनकी रचनाएँ कालजयी बन जाती हैं। अपनी रचनाओं के माध्यम से वे समाज के पक्षधर बनकर पूँजीवादी शोषण व्यवस्था के प्रति अपनी आवाज़ बुलंद करते हैं। आगत भविष्य के लिए उनकी ये रचनाएँ बहुत ही महत्वपूर्ण साबित होंगी।

संदर्भ :

1. मुक्तिबोध रचनावली-2, पृ. 391
2. मुक्तिबोध रचनावली-1, पृ. 117
3. मुक्तिबोध रचनावली-1, पृ. 144
4. मुक्तिबोध रचनावली-1, पृ. 179
5. मुक्तिबोध रचनावली-1, पृ. 258
6. मुक्तिबोध रचनावली-2, पृ. 265
7. मुक्तिबोध रचनावली-1, पृ. 321
8. मुक्तिबोध रचनावली-2, पृ. 279
9. मुक्तिबोध रचनावली-2, पृ. 350
10. मुक्तिबोध रचनावली-2, पृ. 348

'सत्-चित्-वेदना' और 'विवेक-वेदना'

राजेंद्र कुमार

विवेक मनुष्य का सबसे अच्छा मित्र है। लेकिन सबसे निर्मम। उसकी निर्ममता को वही जान पाता है, जिसके साथ विवेक ने अपनी मैत्री क़ायम कर ली हो। विवेक ही तो है, जिसने कबीर को मित्र बनाया तो उनका चैन हर लिया, उनकी नींद उड़ा दी। 'दुखिया दास कबीर है, जागै और रोवै'। तुलसी को मित्र बनाया तो उन्हें वह अनुभव कराया—'सबसे भले ते मूढ़ जिन्हहि न व्यापहि अगत गति!' निराला को मित्र बनाया तो उनकी यह दशा की—'लखकर अनर्थ आर्थिक पथ पर/हारता रहा मैं स्वार्थ सम!' और यह भी विवेक ही है, जिसने मुक्तिबोध से मैत्री की तो उन्हें उपहार में वह मिला—'मेरे जीन की फ़िलासफ़ी में उस सुख का स्थान नहीं था' ('पीले पत्तों के जंग में' मुक्तिबोध रचनावली, 1/54)

कबीर को विवेक बाण की तरह बेधता है। 'बाहण लागा तीर', लेकिन प्रीति से चलाया गया है, इसलिए कबीर को उसकी कसक अच्छी लगती है—'भीतर रहया सरीर।' तुलसी के यहाँ विवेक 'अनल' है लेकिन श्रद्धा और प्रेम के संसरण से शीतल। निराला के यहाँ विवेक ही है, जिससे उन्होंने 'जीवन विष विषम पिया' तो साथ ही यह श्रेय भी पाया कि 'जनता के हृदय जिया!' मुक्तिबोध के यहाँ विवेक 'बेचैन की लौह नोक है चमकीली' (भविष्य-धारा), लेकिन यही यह भी कि 'ज्वलंत तारक-सा/वही तो आत्मा का मित्र है/मेरे हृदय का चित्र है।' (आत्मा के मित्र मेरे)।

मुक्तिबोध को कभी यह काम्य नहीं रहा कि 'विवेक सताये ना/न जिंदगी को करे बेचैन वह!' (एक रग का राग)। 'विवेक' शब्द अपने अर्थ में मुक्तिबोध

के यहाँ एकवचनात्मक नहीं है। दुनिया में चूँकि 'जो है, उससे बेहतर चाहिए,' इसलिए वे इस ज़रूरत को समझते हैं कि जीवन को अनेक दिशाओं में संघर्ष को सौंपना है। अनेक दिशाओं में संघर्ष के लिए विवेक को भी अनेक रूपों में अर्जित करना होगा। इसलिए मुक्तिबोध 'संघर्ष-विवेक' की नहीं, 'संघर्ष-विवेकों' की बात करते हैं। 'दिन-रात कष्टमय जीवन की/संत्रस्त अँधेरी दुनिया में/संघर्ष-विवेकों की रक्तिम/ज्वाला-पुंज' को वे दो विशेषणों से नवाजते हैं—'सुंदर', और 'गूँथी हुई स्वाभाविक/ज्ञान स्मिता/अनुभव-विशेषता लौ! (जब प्रश्न चिह्न बौखला उठे)।

मुक्तिबोध की कविताओं में कई बार 'विवेक' और 'वेदना' साथ-साथ और बार-बार आते हैं। 'विवेक' वेदना-दानी है। विवेक मनुष्य को जो वेदना दान-रूप में देता है, उसे दान-रूप में लेने की सार्थकता इसमें है कि उसे दूसरों (विश्व और समस्त मनुष्य') को भी दान में देते रहा जा सके। विवेक के प्रति अपनी निष्ठा का मूल्य मनुष्य को प्राण देकर चुकाना पड़ सकता है। लेकिन हम प्राण-दान कर दें और वेदना-दान न कर सकें तो भी विवेक के प्रति हमारी निष्ठा अधूरी रह जाएगी। 'वेदना-दान बहुत महत्वपूर्ण/केवल प्राण-दान से काम नहीं चलने का।' (ठीक है कि सिंधु नहीं)

मुक्तिबोध के यहाँ विवेक आत्मा का ऐसा मित्र है, जो 'आनंद में व्याकुल चला आता' है (आत्मा के मित्र मेरे)। 'आनंद में व्याकुल चला आता' विवेक ही वह कारक-तत्व है जो मुक्तिबोध के यहाँ परंपरा-प्राप्त त्रिक् 'सत्-चित्' में 'आनंद' की जगह 'वेदना' को स्थान देने की चेतना जगाता है।

हमारी शास्त्रीय परंपरा में औपनिषदिक एक वेदांत दर्शन के अंतर्गत 'सत्-चित्-आनंद' जैसे त्रिक् की चर्चा बार-बार होती रही। खासकर ब्रह्म के स्वरूप की विशेषता के संदर्भ में। दर्शन या धर्म की किसी भी शाखा में 'सत्-चित्-वेदना' जैसे किसी त्रिक् का उल्लेख कहीं नहीं मिलता। 'सत्-चित-वेदना' यह त्रिक-निर्मित तो मुक्तिबोध की अपनी ज़रुरत थी। एक मौलिक ज़रूरत, जो उस चिंता-धारा से उतपरी, जिसे उन्होंने अपनी कविता (अँधेरे में) के दूसरे बंद में 'तमशून्य में तैरती जगत्-समीक्षा' कहा है। पारंपरिक त्रिक् 'सत्-चित्-आनंद' भले ही तथाकथित ब्रह्म के स्वरूप-निर्धारण के लिए काम कर रहा हो, लेकिन 'जगत-समीक्षा' यानी जगत के स्वरूप विवेचन के लिए भला यह किस काम का हो सकता था?

'सत्-चित्-आनंद' एक आध्यात्मिक और दार्शनिक अभिमान है, जो भारतीय दर्शन (विशेष रूप से हिंदू-दर्शन) के धर्म-सापेक्ष क्षेत्र में 'परमात्म-तत्व' की ओर संकेत करता है। मुक्तिबोध 'आनंद-तत्त्व' की जगह 'वेदना-तत्त्व' को प्रस्थापित कर 'सत्-चित्-वेदना' जैसे भौतिक अभिधान को महत्त्व देते हैं—एक ऐसा अभिधान,

जो मानवात्म-तत्त्व का बोध कराने में सार्थक सिद्ध होता है। 'दुख-झरोखे झाँकते उस पार जो बस्ती बनी थी/वेदना ही बस हमारी एक वह हस्ती बनी थी' (विमल-धारा)'

अध्यात्म और योग के अंतर्गत आनंद को चेतना के ऊर्ध्वगामी होने की प्रक्रिया का चरमोत्कर्ष माना गया। यानी, ऊर्ध्वगामी का अंतिम (शीर्षतम्) बिंदु प्राप्त हो जाने की अवस्था का अवस्था माध्यमिक अर्थवाली 'परमगति' तो हो सकती है, भौतिक अर्थ वाली 'गति' नहीं। भौतिक अर्धवाली गति का साथ तो चेतना की अग्रगामिता है, आध्यात्मिक अर्थवाली ऊर्ध्वगामिता नहीं, जो अंततः किसी शीर्षबिंदु में तयीभूत हो जाती है। चेतना की अप्रगामिता का कोई अंतिम विंदु नही होता। चेतना की अग्रगामिता का प्रत्यय गति की निरंतरता से बनता है, परमता से नहीं। यह प्रत्यय प्रत्यक्ष न हो तो मनुष्य को अपनी 'हस्ती' का बोध भी क्योंकर हो सकेगा? मनु के 'भौतिहीन विराट्-पुत्र' पर विश्वास करने का अर्थ भी तब क्या रह जाएेगा? तब क्या होगा मुक्तिबोध की इस कामना का—'प्रत्येक मनु के पुत्र पर विश्वास करना चाहता हूँ' (दूर तारा)

मुक्तिबोध विवेक की अपनी जिस आत्मा का मित्र कहते हैं, वह उस 'दर्शनिक आत्मा' से भिन्न है, 'जो आचरण-रहित सोचती रही/आकर्मक विवेक-भी' और 'आध्यात्मिक गहन प्रश्न के सुख/भोगती रही/जन-उत्पीड़न विभ्राट व्यवस्था के सम्मुख।' (ओ काव्यात्वनू फणिधर)

मुक्तिबोध किसी 'आध्यात्मिक गहन प्रश्न के सुख' के कवि नहीं हैं। अपनी काव्य-यात्रा के आरम्भिक दौर में ही वे अपनी अभिलाषा व्यक्त कर चुके थे—'वेदना का कवि बनूँ मैं, कल्पना का मृदु चितेरा!' (वेदना और कल्पना)। कल्पना उनके लिए सत्य को विरोधी नहीं, बल्कि सत्य से स्वप्न का संबंध जोड़ने का माध्यम है। वेदना अपनी प्रकृति में उद्वेलनकारी होती है। वह किसी स्थिति-विशेष में पर्यवसित या लयीभूत नहीं होती। वह निरंतर गतिशील बनी रहती है। इसलिए मुक्तिबोध अपने हृदय से यों मुखरित होते हैं—

जिस देश, प्राणों की जलन में
एक नूतन स्वप्न का संचार हो
ओ हृदय मेरे, उस ज्वलन की भूमि में बिछ जा स्वयं ही।
औ तड़पकर उस निराले देश में तू खोल आँखें।

रवीन्द्रनाथ टैगोर के सामने एक ईश्वर था जिससे उन्होंने प्रार्थना की थी—

मेरे देश को जागने दो वहाँ, वहाँ, मन निर्भय हो
जहाँ ज्ञान मुक्त हो
जहाँ मेरा हर शब्द

सत्य की गहराई से निकले!

मुक्तिबोध के सामने एक क्षितिज है, जहाँ स्वप्न और सत्य मिलते प्रतीत होते हैं। वे उस क्षितिज की ओर पग पढ़ाते हैं, इस उम्मीद से–

वह ज्ञान-लिप्सा-क्षितिज-सपना
रे, वही तुझमें अनेक स्वप्न देगा
औ' अनेको सत्य के शिशु
तब हृदय के गर्भ में द्रुत
आ चलेंगे!
(खोल आँखे)

मुक्तिबोध ने आगे चलकर रवीन्द्रनाथ पर एक कविता लिखी, जिसमें उन्होंने रवीद्र की रहस्यवादी या आध्यात्मिक चेतना की नहीं, बल्कि उनकी उस चेतना को याद की, जिससे वह–

दीन के सहस्र-रंध्र में प्रवाह भर अथाह
मनुज-प्राण की अनेक सजल घोर वेदना-तरंग
श्वास में भरे उड़ेलते रहे अनेक राग,
विश्व-सृष्टि के!

ऐसे ही वेदना से 'सत्-चित्' मनुष्य की अनुभूति का विषय बनता है। 'सत्' अर्थात् वह जो वस्तुतः विद्यमान हो, वर्तमान हो, अतिस्तत्वमान् हो, 'चित्' अर्थात् वह, जो 'सत्' के प्रत्यक्ष ज्ञान का कारक बनता हो, और 'वेदना' अर्थात् वह ज्ञान, जो मन को उद्वेलित कर दे, अशांत कर दे और पीड़ा बन कर (जिसे मुक्तिबोध ने अपनी 'साहित्यिक डायरी' में एक जगह जिंदगी की 'बिजली-भरी तड़प' कहा है) मन में इस तरह व्यापे कि हमारी चेतना सक्रिय हो उठे। मुक्तिबोध का विश्वास है कि 'सत्-चित्-वेदना' की त्रिक्-अन्य प्रक्रिया मनुष्य को चैतन्य बनाती है।

'ज्वलंत अनुभव
ऐसा कि विद्युत-धाराएँ झकझोर
ज्ञान के वेदना-रूप में लहराएँ
ज्ञान की पीड़ा
रुधिर-प्रवाह की गतियों में परिणत होकर
अंतःकरण की व्याकुल कर दें।'
(चंबल की घाटी)

पारंपरिक भारतीय दर्शन में ज्ञान के बारे में माना जाता रहा है कि वह मन को शांत करता है, उसे द्वंद्व-मुक्त करके। इसे ही 'आनंद की अवस्था' कहा गया।

आनंद की इस अवस्था के लिए लालायित होता मुक्तिबोध की दृष्टि में एक प्रकार का पलायनवाद है। प्रसाद की कामायनी के आनंद सर्ग के हवाले से उन्होंने इस तरह के पलायनवाद की ख़ासी ख़बर ली है– 'कामायनी के अंतिम सर्ग 'आनंद' की भावना कृत्रिम हो गई है, क्योंकि प्रसाद जी का रहस्यवाद पलायनवाद है।'' मुक्तिबोध रचनावली, 4/340)। मुक्तिबोध इसीलिए 'सत्-चित्-आनंद' वाले त्रिक् की जगह 'सत्-चित्-वेदना' वाले त्रिक् से मानव-मन के चैतन्य होने को श्रेयस्कर मानते हैं। प्रसाद-काम्य 'आनंद' से मुक्तिबोध-काम्य 'वेदना' मनुष्य की भौतिक सत्ता (अस्तित्व) की स्वचेतनता का अधिक पुष्ट प्रमाण सिद्ध होती है। यों आदर्श से यथार्थ की ओर, प्रत्यय से प्रत्यक्ष की ओर जाने की एक मुक्तिबोध को शायद महादेवी से होते हुए ही यह राह मिली हो कि वे कह सके–

इस सीमा पर मैं हूँ, औ' तुम उस सीमा पर, स्पर्श करूँ क्यों?
.....
स्थिरता का वरदान न दो प्रिय, मेरे अस्थिर मानस-सर को!

मुक्तिबोध की विवेक-वेदना अपने इस आरंभिक उन्मेष-विंदु से विकसित होती हुई 'अँधेरे में' कविता तक आते-आते 'तब-शून्य में तैरती जगत-समीक्षा' को रूप ले लेती है, और तब उस पूरी यात्रा में पाए गए 'विवेक-विक्षोभ महान' के प्रति वह संकल्प लिया जा पाना संभव होता है–

नहीं, नहीं, उसको मैं छोड़ नहीं सकूँगा
सहना पड़ा मुझे चाहे जो भले ही!

यहाँ इस बात पर भी गौर कर लेना ज़रूरी है कि मुक्तिबोध जब 'सत्-चित्-आनंद' की जगह 'वेदना' को प्रस्थापित करते हैं, तो जैसा कि हम पहले भी कह चुके हैं, इसका मतलब यह नहीं कि वेदना को वे 'आनंद' का एकदम विलोम मानते हैं। वस्तुतः मुक्तिबोध उस वेदना को प्रतिष्ठित कर रहे होते हैं, जिसमें आनंद एक आशा का रूप लेकर आता है–ऐसी आशा, जो कठिन से कठिन परिस्थितियों में भी संघर्षों से मुँह न मोड़ने की प्रेरणा देती है। आनंद यदि कहीं है, तो इसी प्रेरणा में है। यह आनंद वह आनंद नहीं है, जो कामायनी के मनु का अंतिम प्राप्तव्य बना। यह वह आनंद है, जो यात्रा के किसी पड़ाव पर ठहर जाने में नहीं, बल्कि निरंतर चलते रहने में मिलता है। और यह वेदना वह वेदना है, जो–

ज्ञान-संवेदन बनकर
यों अकुलाए
हमको हर घर में ले निकले
हमको हर घर में दे आए

अपनी ज्वलंत-धारा में हम
अपनी विवेक-यात्रा करते।
(कल जो चर्चा हमने की थी)

आम भाषा में 'वेदना' शब्द 'पीड़ा' का पर्याय बनकर रूढ़ हो गया है। पर मुक्तिबोध के यहाँ 'वेदना' सिर्फ पीड़ा नहीं है। कम-से-कम वह पीड़ा तो कतई नही, जो व्यक्ति को बैठे-बैठे 'हाय-हाय' करने के सिवा कुछ करने लायक नहीं छोड़ती। बल्कि 'हाय-हाय' कहीं सुनाई भी पड़ती है। (जैसे 'अँधेरे में' के पाँचवे, छठे बंद में और 'इस ऊँचे चौड़े ओले पर' के तीसरे बंद में) तो वह 'हाय-हाय' भी व्यक्ति की असहायता की नहीं, बल्कि बोधवान् हो उठने की परिचायक होती है। बोध इस बात का–

अनुभव, वेदना, विवेक-निष्कर्ष
मेरे ही अपने वहाँ पड़े हुए हैं
विचारों, की रक्तिम अग्नि के मणि वे
.....
हाय, हाय, मैंने उन्हें गुहावास दे दिया

या बोध इस बात का कि अपने पूर्वज प्रेरणा-पुरुषों के अधूरे रह गए सपनो की चिंता हर हाल में कैसे की जानी है....

हाय, हाय पितः पितः जो,
चिंता में इतने न उलझो,
हम अभी ज़िंदा हैं ज़िंदा...

या बोध इस बात का कि अपने-आपसे पूछने लायक सवालों से कैसे जुड़ा जाए-

मुझको अपना चेहरा ही अजनवी दीखता
आईना ही गलत था या कि देखना ग़लत है
या मेरा चेहरा ही बदला करता हरदम
हाय; हाय, यह क्या सवाल है?

मुक्तिबोध के यहाँ 'वेदना' वह दुःख भी नहीं, मध्यवर्गीय आत्मग्रस्त व्यक्ति जिस दुख को 'दागों को तमगों-सा पहने' अपनी 'असंग बुद्धि व अकेले में' रहता है। अलबत्ता मुक्तिबोध और अज्ञेय की जीवन-दृष्टि में कोई कितना भी विरोध देखे या दिखाए, मुक्तिबोध के यहाँ की 'वेदना' अज्ञेय के यहाँ के उस दुःख से ज़रूर कुछ मेल खाती है, जिसके बारे में अज्ञेय का विश्वास रहा–'दुःख सबको माँजता है।' हालाँकि मुक्तिबोध की आशा के केंद्र में अज्ञेय वाली यह आस्था नहीं है कि

'जो यातना में है, वह द्रष्टा हो सकता है।' बल्कि मुक्तिबोध की आशा के केंद्र में यह अनुभव है—विश्वसनीय राह हमें मुक्तिबोध दिखाते हैं। तथाकथित 'परमसत्य' से जीवन-सत्य की अेर आना इसी तरह से संभव है। 'परमसत्य' जितना भी परम हो, उसके सत्य होने का चाहे कितना भी दम भरा जाए, वह गतिशील नहीं हो सकता। (हालाँकि इस सच्चाई पर उपनिषदों ने रहस्यवाद की चादर डालकर इसको रहस्य का विषय बना दिया है, 'नेति-नेति' अेर 'तदैजति', 'तत्रैजति' वगैरह कहकर!) गतिशीलता तो जीवन-सत्य को ही नसीब होती है। तथाकथित 'परमसत्य' की अगतिशीलता और अपरिवर्तनशीलता (जिसके आधार पर उसे 'शाश्वत' होने का गौरव दिया जाता रहा) वह उस रास्ते को छेंककर बैठ जाना चाहती है, जिस पर गतिशील रहकर हम जीवन-सत्य को अधिकाधिक आत्मसात् कर सकते हैं। जीवन-सत्य कभी अपनी अतिमता का दावा, नहीं करता, न शाश्वतता का। जहाँ अंतिमता का दावा हो, वहाँ तो ठहराव ही है, गति नहीं। जीवन-सत्य तो परिवर्तनशील बने रहकर ही अपनी गतिशीलता का प्रमाण दे पाता है। वैसे मानते तो प्रसाद भी यही हैं— 'नित्य नूतनता का अधिकार/किये है परिवत्रन में टेक।' और यह भी कि 'पुरातनता का यह निर्मोक/सहन करती न प्रकृति पल एक'। लेकिन इसे वे खुद अपनी प्रकृति पर लागू नहीं कर पाते, इसे अपनी जीवन-दृष्टि में साध नहीं पाते क्योंकि एक प्रकार की संस्कारगत पुरातनता का निर्माण, जिसे मुक्तिबोध 'सामंती-सांस्कृतिक छाया' कहते हैं—प्रसाद अपने 'स्व' से उतार नहीं पाते। इसलिए मुक्तिबोध किसी 'परमसत्य' तक पहुँचाने वाले ज्ञान को नहीं; बल्कि उस ज्ञान को-जो हमारी वेदना की राह पर हमें निरंतर अग्रसर बनाए रखने वाली प्रेरणा का रूप ले सके, उसे मानव के जीन-सत्य की दृष्टि से अधिक मूल्यवान् मानते हैं। वेदना के पद पर अग्रसरता में ही आनंद है। यह वास्तविक आनंद है उस आनंद का प्रतिपक्ष, जिसे मुक्तिबोध ने कामायनी के हवाले से 'कृत्रिम आनंद' कहा है।

यहाँ यह भी कहते चलें कि मुक्तिबोध की दृष्टि में 'वेदना' आनंद का सर्वथा विलोम भी नहीं है। वह केवल उस आनंद का विलोम है, उस आनंद का प्रतिपक्ष है, जिसे मुक्तिबोध ने 'कृत्रिम आनंद-भावना' के रूप में देखा। (मुक्तिबोध रचनावली, 4/340)। 'प्रसाद मनु को कर्म-क्षेत्र से हटाकर रहस्यात्मक आनंदवाद की रचना करते हैं।' (मु. र., 4/213)।

मुक्तिबोध ने वेदना को 'वेगवान् पीड़ा' कहा है। और 'कर्म-निष्ठा जन-जन्य' आनंद-भावना को पीड़ा की कन्या कहा है—

वेगवान् पीड़ा की कन्या—
भव्य-कर्म-निष्ठा जन-जन्या

सीधा, सम्मुख सहज खड़ी है
सस्मित निर्विकार
मानो आनंद खड़ा हो!
....
उसके अंतर में विवेक का बहता है रस!
(कल जो चर्चा हमने की थी, मु. र., 2:311)

मुक्तिबोध ने 'तारसप्तक' वाले, अपने 'आत्म-वक्तव्य' में अपने बाल-मन की दो भूखों का जिक्र किया था—'पहली भूख सौंदर्य और दूसरी, विश्व-मानव का सुख-दुख।...इन दोनों भूखों का संघर्ष मेरे साहित्यिक जीवन की पहली उलझन थीं।' (मु.र.5/265)। इन दो भूखों का उल्लेख करने से पहले, उन्होंने दो पूर्ववर्ती रचनाकारों के प्रति अपने तीव्र आकर्षण का उल्लेख किया है—रूसी उपन्यासकार 'टाल्स्टॉय', और हिंदी कवियत्री महदेवी वर्मा।

बहुत संभव है, महादेवी के प्रति उनके आकर्षण का कारक-तत्व रही हो—महादेवी की वेदनानुभूति और तज्जन्य करुणा-भावना। वैसे तो मुक्तिबोध ने महादेवी के काव्य पर उस तरह अपनी कोई विस्तृत राय व्यक्त नहीं की, जिस तरह प्रसाद की कामायनी पर। लेकिन संभवतः उन्हें कामायनी के मनु द्वारा प्राप्त की गई आनंदावस्था के बरक्स महादेवी की वेदना-अवस्था ने अधिक आकृष्ट किया होगा। मुक्तिबोध ने लिखा है कि प्रसाद के मनु ने अपना गंतव्य पाया इस आत्मज्ञान के रूप में कि अब 'मानव की जय', मान

सरोवर पर होगी। मुक्तिबोध मनु द्वारा प्राप्त इस गंतव्य पर व्यंग्य करते हैं—'हमारे मनु मूड़ मुड़ाए भए संन्यासी!'

महादेवी की कविता से गुज़रते हुए हम देखते हैं कि विश्व-जीवन से विमुक्ति की साधना के बजाय विश्व-जीवन से अपनी एकात्मकता की साध का मूल्य महादेवी को पता है। महादेवी अभीप्सित है—'विश्व-जीवन में अपने जीवन को, विश्व-वेदना में अपनी वेदना को इस प्रकार मिला देना, जिस प्रकार जल-बिंदु समुद्र में मिल जाता है।' महादेवी इसे ही 'कव का मोक्ष' कहती हैं। यह धर्म-आध्यात्म वाला मोक्ष नहीं है। यह अपनी जीती-जागती, हँसती-रोती भौतिक दुनिया में, भौतिक लोक से मलने वाला मोक्ष है। महादेवी अपने इस लोक के प्रति कृतज्ञता व्यक्त करती हैं। इसी कृतज्ञता-भाव से वह किसी भी दूसरे लोक को, चाहे वह कितना भी आनंदमय हो, यह कहकर महत्त्वहीन बताती हैं—

ऐसा तेरा लोक, वेदना नहीं,
नहीं जिसमें अवसाद

जलना जाना नहीं, नहीं
जाना जिसने मिटने का स्वाद

यह महादेवी की विवेक-वेदना है। असंभव नहीं कि यह विवेक-वेदना मुक्तिबोध की विवेक-वेदना का आरंभिक प्रेरणा-बिंदु रहा हो। मुक्तिबोध की प्रारंभिक कविताओं में से एक है 'अनुरोध' शीर्षक कविता, जो 1936 में लिखी गई थी। इस कविता में –

वेदना में हम विचारों की
गुँथे तुमसे बिधे तुमसे
वे आवेष्टित हो गए
कर्मण्य-शिप्रा ती पर!
(गूँथे तुमसे बिधे तमसे)
तथा यह भी कि–
गहरी वेदना का संवहन-दायित्व
हमको ले चला निष्कर्ष-पथ की ओर
('गुँथे तुमसे बिधे तुमसे')

मुक्तिबोध के यहाँ की वेदना वह 'दर्द' या 'गम' भी नहीं है, जिसमें उर्दू के रोमैंटिक शायर अक्सर डूबते-इतराते मिलते हैं। गो, रोमैंटिक होने की प्रवृत्ति को हर हाल में विचारधारात्मक सचेतनता के लिए खतरा मानने वालों से मुक्तिबोध अपनी सहमति ज़ाहिर करते हैं–'दृष्टि रोमैंटिक होने मात्र से भाषण का ज्ञानात्मक आधार कमजोर नहीं होता। ज्ञानात्मक आधार कमजोर तब होता है, जब कवि समाज को प्राप्त अद्यतन ज्ञान की उपेक्षा करके अद्यतन ज्ञान द्वारा संबोधित भावनाओं से दूर हटकर केवल अपने एकांतिक निबिड़ लोक में ही विचरण करता रह जाता है।' (एक साहित्यिक की डायरी, यशराज का संवाद, मु.र.4/12-13)

यह भी कि 'ज्ञान और बोध के आधार पर ही भावना की इमारत खड़ी है। यदि ज्ञान और बोध की बुनियाद गलत हुई, तो भावनाओं की इमारत भी बेड़ौल और बेकार होगी।' (मु.र.4/107)

उर्दू शाइरी में भी फ़िराक जैसे शाइर ने राम की दो कोटियाँ बनाई है–
एक गम वो है जो इंसान को रहने न दे इंसान
एक गम वो है जो इंसान को इंसान बना दे।

मुक्तिबोध की 'वेदना' दूसरी कोटि के 'गम' से मेल खाती है। ऐसी ही वेदना का प्रतिनिधि है 'अँधेरे में' का यह पागल, जो 'जागति बुद्धि है, प्रज्जवलित-थीं' है इसका 'जागृरित बुद्धि' और 'प्रज्जवलित-थी' होना उसकी विवेक-वेदना के उन्मेष

का ही परिणाम है। उसकी 'जागरित बुद्धि' और उसका 'प्रज्जवलित-थी' सीधे इस आत्मप्रश्न से मुखातिब है—

करुणा के दृश्यों से हाय, मुँह मोड़ गए
बन गए पत्थर!

इस प्रकार यह 'विवेक-वेदना' धात्री है पीड़ा और करुणा दोनों की। पीड़ा और करुणा, दोनों यहाँ मानो जुड़वाँ बहने हैं। करुणा पीड़ा को बल देती है, पीड़ा करुणा को गति देती है। इन दोनों क्रियाओं के संपन्न होते चलने में ही मानव-जीवन की सार्थकता है।

कष्ट वेदना करुणा की आँखो में रवि की किरणें दमकी
मुख पर जीन-संग्रामों की लाल-लाल छायाएँ मिहरी
(खुली क्रांति की पलके, आँखों से
संघर्षों की दोपरी)
('मानवता का चेहरा', मु.र. 1/309)

मुक्तिबोध की उत्तर प्रासंगिकता

प्रो. सेवाराम त्रिपाठी

मुक्तिबोध को पैदा हुए 100 वर्ष पूरे हो गए; 100 वर्ष यानी एक सैकड़ा साल। मुक्तिबोध को उनके जीते जी भले ही कम लोगों ने याद किया और समझा हो, बल्कि उस दौर में उनका मज़ाक तक बनाया गया, उनकी खिल्ली उड़ाई गई, लेकिन वे हर समय संजीदा रहे। लेखन उनकी असली दुनिया थी, कोई गलत नहीं। उस दौर में उनके कृतित्व पर भी कम चर्चाएँ हुई; उसमें हमेशा गंभीरता रहीं। कविता, कहानी, आलोचना या एक साहित्यिक की डायरी जैसी कृतियाँ उनके विचार और सोच-प्रणाली की महत्वपूर्ण धरोहर हैं। उनके लिखे पत्रों में भी उनके संघर्ष के विभिन्न रूप हैं और आवाजें हैं। हाँ, उनकी लिखी हुई तमाम टिप्पणियाँ, उनके आत्मालोचन की बेमिसाल सीढ़ियाँ हैं।

प्रारंभ में उनको महत्व नहीं मिला, यह सौ टके की बात है; लेकिन अपने मरते ही वे साहित्य के केंद्र में आ गए। मुझे याद आता है कि उनके निधन के पश्चात कोई भी सभा, कोई भी गोष्ठी और कोई भी सम्मेलन उनकी वैचारिकता के बिना संभव ही नहीं होता था। उनके विचारों की चर्चा, उनके साहित्य की गंभीर पड़ताल होती थी। लगातार बढ़ते महत्व के कारण कुछ बड़े आलोचकों ने उन्हें अनदेखा करना शुरू किया, यह एक कटु सत्य है। लेकिन उनके समग्र लेखन में जो लोहा है, जो धार है, जो वर्गानुभूति और जीवन-अनुभूति है तथा जीवन-संघर्ष का ताप है, उसका कोई सानी नहीं। विशेष बात यह है कि उस लेखन में जो उत्कट ईमानदारी, आत्मलोचन, ऊष्मा तथा वैचारिकता की तहें हैं, उसको अलग करके या क्रास करके आप बाहर जा नहीं सकते। अपनी अधकचरी सोच से आप

टकरा नहीं सकते। तारसप्तक के दूसरे संस्करण में उन्होंने अपने आत्मवक्तव्य में लिखा– "जीवन और परिवेश की विषमता की यह स्थिति आभ्यंतरलोक में भी दुःस्थिति भी उत्पन्न करती है, यह एक दारुण सत्य है। मैं कहूँ कि यह मेरा अपना भी सत्य है। परिणामतः स्वाधीनता के इस युग में मेरी कविता सघन बिंब-मालिकाओं में अधिकाधिक प्रकट होने लगी। अचानक अंतरदशाएँ और भी दीर्घ और गहन होती गई; किंतु यह भी एक तथ्य है कि इस आत्मग्रस्तता के बावजूद और शायद उसको साथ लिए-लिए मेरा आत्म-संवेदन समाज के व्यापकतर छोर छूने लगा।"

मुक्तिबोध पर अनेक पुस्तकें, आलेख और पत्रिकाओं के नए-नए अंक आए, उन पर अलग-अलग तरह से विचार-विमर्श हुए, कभी उनकी दुरूहता की चर्चाएँ की गई, कभी-कभी तो उनको महत्वहीन साबित करने के भी प्रयास हुए, फिर भी वे हँसी में टाल दिए जाने वाले लेखक नहीं हैं। उनका वैचारिक आवेग और रचनात्मक ताकत ही उनके बारे में सोचने और विचारने के लिए उत्साहित करते हैं। अपने संपादकीय में शंभुनाथ ने लिखा– "ठीक है कि मुक्तिबोध के ज्यादा पाठक नहीं हैं और वे बुद्धिजीवियों के कवि हैं। इसके बावजूद उनकी रचनाओं ने मध्यवर्गीय मानस की जीती जागती तस्वीरें हैं और इनमें आज के लिए प्रेरणा है। उनकी निजता और सारभौमता में एक व्यापक अंतर्क्रीड़ा है। उनकी रचनाओं में जीवन के धधकते बिंब हैं, जिनकी शैली का अनुकरण नहीं हो सका।" (वागर्थ नवंबर 2017, पृष्ठ-07)

ज़ाहिर है कि मुक्तिबोध की हैसियत एक बड़े लेखक और चिंतक की है। वे आदमी भले ही छोटी आय के रहे हों, लेकिन उनके अपने, उनकी जीवन दृष्टि, समाज को देखने-समझने का नजरिया सुदूर अतीत से भविष्य की अनंत ऊँचाइयों तक और कहीं इससे भी बहुत दूर तक जाते हैं। उनकी विचार-संपदा केवल भारतीय परिवेश से संचालित नहीं होती, उसमें भारत के बाहर के अनेक देशों में बहने वाली जीवन निष्पद्धियाँ, दार्शनिक रूपरेखाएँ और जीवन के जद्दोजहद भी शामिल हैं। उनके ज्ञानलोक में हमें बहुत दूर तक ले जाने की क्षमता है। उनका समूचा लेखन हमारे जीवन, जगत और हमारी वास्तविकताओं की दुनिया के आलोक में है। वे यथार्थ के विभिन्न रूपों को हमारे सामने रखने का प्रयत्न करते हैं। कभी यथार्थ को पूरी तरह से नाकाम रहने पर कल्पना और फैंटेसी की आवाज़ से दुनिया तक ही जाते हैं। मुक्तिबोध बार-बार सवाल उठाते रहे हैं; जिनका रिश्ता हमारे विकास से, हमारी मनुष्यता से और हमारी प्रगति से है। वे मात्र सवाल उठाने के लिए सवाल नहीं उठाते। उनके प्रश्न बेचैनियों से भरे हुए हैं, जिसमें सामाजिक परिवर्तनशीलता की जद्दोजहद है। समय, समाज और देश-दुनिया को बदलने की बाते वे शिद्दत के साथ करते हैं। उनकी आवाज़ाही हमारी वैचारिकता के विभिन्न

आयामों से हैं। इसलिए उनके यहाँ जद्दोजहद हैं, चुनौतियाँ हैं और इसीलिए उनकी प्रपत्तियाँ गहन अन्वेषण करती हैं। मुक्तिबोध चुप बैठने वाले लेखक कभी नहीं रहे। वे कविता, कहानी, आलोचना, डायरी, पत्र एवं अखबारी स्तंभ-लेखन में बोलते रहे हैं। उनकी साहित्यिक दुनिया प्रश्नों की एक अजस्र शृंखला है। उनके लिखने के व्यापक सरोकार रहे हैं। मौलिकता, तर्कशीलता, पक्षधरता, इंसानियत और व्यापक मूल्यवत्ता-उनके लेखक का अभूतपूर्व गुण है। जिस व्यक्तिगत ईमानदारी की वे बातें करते हैं; वह केवल बात नहीं, अपने लिखे हुए साहित्य में, अपने जीवन-मूल्यों में, अपनी मानव-दृष्टि में भी उसे पिरोते हैं। वह कोई सामान्य चीज़ नहीं है। वे लेखन में जीते हैं; क्योंकि उनका लेखन जीवन, जगत और ज़िंदगी के कारखाने से उपजा है। संभवतः इसीलिए वे अपने लेखन में सब कुछ व्यक्त करने की स्पृहा से भरे हुए हैं। उनके यहाँ न दुराव है, न छिपाव। दुनिया के तमाम ज्ञान की हवाएँ उनके लेखन में स्थान पाती हैं और अपनी कार्यवाही करती हैं।

उन्होंने हमेशा कथनी और करनी के फ़र्क को मिटाया। वे जो कहते हैं, उसे करते भी हैं और जो करते हैं उसी को कहते भी हैं। संभतः इसीलिए उनके यहाँ कथनी-करनी का द्वैत प्रायः नहीं है। सच्चाई तो यह है कि उनका लेखन तलवार की धार पर धावनो जैसा है। उनके साथियों, मित्रों एवं शुभचिंतकों ने उन्हें महागुरु ऐसे ही नहीं कहा था। उनके जज्बातों को, उनके लेखन के लोहे को, उसकी धार को, उसकी विचार-संपदा को आप यूँ ही नहीं 'क्रास' कर सकते; क्योंकि उनका लेखन बजता है, गरजता है और गोली जैसा दगता है और व्यापक रूप से इस तरह समूची फिजाओं में फैल जाता है। उनके यहाँ ज़िंदगी की कितनी प्यास और कितनी तड़प है; जो उनकी अभिव्यक्ति में स्थान न पा सकी। तभी तो उन्होंने लिखा था—'अगर मेरी कविताएँ पसंद नहीं— उन्हें जला दो/अगर उसका लोहा पसंद नहीं/उसे गला दो/अगर उसकी आग बुरी लगती है/दबा डालो/इस तरह बला टालो/. .....लेकिन मैं वहाँ रहूँगा।' वे कलाकार की व्यक्तिगत ईमानदारी के एक नक्षत्र की तरह रहे हैं। उनका समूचा लेखन अपनी ईमानदारी के लिए टूट सकता था; लेकिन मानवीय मूल्यों के लिए उसके सपनों के लिए कभी झुक नहीं सकता था। मुक्तिबोध की व्यक्तिगत ईमानदारी हमारे लिए एक नया संसार रचती है। मुक्तिबोध को परखने की अनेक प्रणालियाँ रहीं हैं। कुछ बड़े आलोचकों ने उनमें कई तरह की ऐसी चीज़ें भी खोजने का प्रयत्न किया; जो उनमें है ही नहीं। उनकी रचनात्मक आग को बहुत कम लोगों ने समझा। समझने के लिए लोगों ने कई तरह के तर्क रखे। मुक्तिबोध के शताब्दी-वर्ष में भी उन पर कई प्रश्नवाचक लगाए गए; लेकिन उन्होंने अपने लेखन में ज़िंदगी के रास्तों के जीवन यापन के जो तथ्य रखे हैं, वे

उनके लेखन के ऐसे बिंदु हैं; जिनको परखने के लिए अभी भी पुनर्विचार की जरूरत है।

मुक्तिबोध का समूचा लेखन एकदम खुला हुआ है। उनकी रचनाशीलता में इतनी परते हैं कि आप उन्हें ढूँढ़ते रह जाएँगे। कोई उन्हें विदेशी मनोविज्ञान में पकड़ना चाहता है, कोई उन्हें भाववादी दार्शनिक गुत्थियों में समझना चाहता है या समझाना चाहता है। वे गहन मार्क्सवादी और जीवन के वस्तु-सत्यों को उजागर करने वाले दमदार लेखक हैं। मेरे ख़्याल से उनके लेखन की असली दुनिया हमारा संघर्षमय जीवन और उसकी त्रासदी है। अपने जीवन के घात-प्रतिघातों से अपने लेखन और देश दुनिया के विस्तीर्ण इलाकों या अपनी निष्पत्तियों के लिए वे कहाँ-कहाँ नहीं गए? किन-किन विचार सरणियों, विचार-वीथियों, दर्शनों से नहीं टकराए? कोई उन्हें हवा में नहीं उड़ा सकता। वे वैशाखियों के सहारे चलने वाले लेखक नहीं थे, उनके लेखन में उनकी व्यक्तिगत ईमानदारी, उनका आत्मालोचन और उनकी उत्कट जिजीविषा और संघर्षशीलता व्याप्त है। अपने लेखन की पंक्ति-पंक्ति में उनका रक्त-मांस, मज्जा और साँसें हैं। इसे भावावेश में नहीं, हक़ीक़त में समझने की ज़रूरत है। मुक्तिबोध ने लिखा है- 'व्यक्तितत्व दर्जी-निर्मित वस्त्रों से नहीं बनता; बल्कि उसके लिए पगना पड़ता है। जिस युग के अपने कोई संस्कार, मूल्य अथवा आस्था नहीं, वहाँ कवि में इनकी अपेक्षा करना साधारणतः क्षम्य माना जाता है; किंतु ऐसे संक्रांतिकाल में ही कवि-धर्म की अग्निपरीक्षा हुआ करती है। काव्य की आस्था यथार्थोन्मुखी न होकर आदर्शोन्मुखी होती है। युग का आदर्श राजनीतिक अर्थों में भले ही हो; किंतु मानवीय अर्थों में आज कोई युग-आदर्श नहीं। इसलिए कवि पर दायित्व पिछले सभी युगों से ज्यादा है, कारण कि श्रेष्ठ काव्य के लिए श्रेष्ठ व्यक्तित्व का होना निश्चित शर्त है।'

मुक्तिबोध के यहाँ चीज़ों वस्तुस्थितियों को पहचानने की अद्भुत क्षमता थी। वे अपने समय के सवालों को भविष्य के सवालों से बहुत संजीदा तरीके से जोड़ते थे। संभवतः इसीलिए मुक्तिबोध ने अपने समय में संस्कृति और आत्मा के संकट की पहचान की थी; क्योंकि आत्मसंघर्ष के सत्य को लगभग भुला दिया गया था। इसीलिए उन्होंने आत्मसंघर्ष पर ज्यादा जोर दिया तथ्य यह है कि मुक्तिबोध के यहां कंटेंट की जितनी सम्पन्नता है, जिसका उन्होंने इस्तेमाल किया है। उनके शिल्पसंरचना संबंधी प्रयोग भी आकूत हैं फिर भी वे रचनाशीलता के लिए शिल्प और संरचना की कमी महसूस करते हैं इसलिए उसकी माँग भी करते हैं। बुनियादी ईमानदारी उनकी रचनात्मकता का दुर्लभ गुण रहा है। मुक्तिबोध प्रयोग भी बहुत करते थे, दरअसल मुक्तिबोध में अनेक ऐसे बीज शब्दों का इस्तेमाल किया है जो

उनके जमाने में प्रचलित नहीं थे— जैसे ज्ञानात्मक संवेदना और संवेदनात्मक ज्ञान, आत्मसंघर्ष, अंतःकरण और आत्माभियोग। मुक्तिबोध जी के बारे में रामविलास शर्मा द्वारा की गई व्याख्याएँ न्यायपूर्ण नहीं हैं। मुक्तिबोध के यहाँ द्वन्द्ववात्मकता तो है ही एक तरह की त्रिकोणात्मकता भी लगातार पहरेदारी करती है। उनकी रचनात्मकता अपने समय में जितनी है उससे कहीं बहुत आगे की भी है, यानी भविष्य की है। वह हमारे भीतर बहुत सारे प्रश्न पैदा करते हैं। मुक्तिबोध को हम सतत् मूल्यानिवेशी रचनाकार के रूप में पाते हैं। मुक्तिबोध ने आधुनिकता में भी प्रश्नवाचक लगाए हैं और उसकी कमियों की ओर भी संकेत किया है।

आप सोच सकते हैं कि एक साधनहीन मध्यवर्ग से आया इंसान अपनी मजबूरियों में, दी हुई दुनिया में अंदर-अंदर ही कितना छटपटा रहा होगा। यह समूचा संघर्ष उनके जीवन में देखिए, उनकी रचनात्मकता में देखिए उन्हें कोई भी, किसी भी स्थिति में हिला नहीं पाया; फिर उनका दायरा, उनकी रेंज, उनकी जीवनदृष्टि, उनकी जिजीविषा और उनका कोण, उनकी आँख और उनके सपने देखिए। आज के ज़माने की तरह मुक्तिबोध किसी को लाभ पहुँचाने की स्थिति में नहीं थे। उनका सब कुछ, उनका लेखन, निष्ठा, ईमानदारी, जिजीविषा और लोगों के प्रति उत्कट प्रतिबद्धता ही तो थी। यही उनके जीवन की पूँजी थी। उनका मूल्यांकन सहज नहीं है। एक लंबा अरसा पहले मैंने मुक्तिबोध जी के तमाम साहित्य का अध्ययन विश्लेषण और मूल्यांकन करने की कोशिश की थी। तब प्रायः उनका बड़ा काम प्रकाशित नहीं हुआ था, छुट-पुट ही सामने आया था। हाँ, एक साहित्यिक की डायरी, चाँद का मुँह टेढ़ा है, नई कविता का आत्मसंघर्ष, नए साहित्य का सौंदर्य शास्त्र और भारतः इतिहास और संस्कृति (यह पुस्तक मध्यप्रदेश शासन के एक असाधारण राजपत्र के द्वारा रोक दी गई थी) नामक पुस्तकें बड़ी मुश्किल से मिल पाती थीं। मूल्यांकन के तौर पर जो उन पर समीक्षा-लेख प्रकाशित हुए थे, वे भी बमुश्किल मिल पाते थे। अब तो उनकी सभी किताबें नए-नए रूप में प्रकाशित हैं। मुक्तिबोध की एक कविता है मुझे याद आती है - 'रास्ते पर आते-जाते दीखते हैं/लठधारी बूढ़े से पटेल बाबा/ऊँचे से किसान दादा/वे दाढ़ीधारी देहाती मुसलमान चाचा और/बोझा उठाए हुए/माँएँ, बहनें, बेटियाँ/सब को ही सलाम करने की इच्छा होती है/सबको राम राम करने को चाहता है जी।'

मुक्तिबोध एक विचारवान-रचनाकार चिंतक रहे हैं। कवि के रूप में उनकी खास ख्याति रही है। हाँ, उनका प्रभाव उस समय भी अकूत था और अब भी अकूत है। वह ठहरकर सोचने के लिए उत्साहित करते हैं। उनके यहाँ हड़बड़ी नहीं है; चीज़ों को बहुत गंभीरता से लेने की कोशिश की जाती है। मुक्तिबोध के साहित्य,

उनकी चिंताओं को अखबारों, पत्रिकाओं, यूट्यूब और इलेक्ट्रॉनिकी के अन्य माध्यमों तक पहुँचाने की महती आवश्यकता है। मुझे याद पड़ता है कि उनके निधन के पश्चात कोई भी गोष्ठी कोई भी साहित्यिक आयोजन उनके नाम के बिना पूरा नहीं होता था। उन्होंने जो पत्रकारिता की, उसमें भी उनकी जिजीविषा और प्रतिभा के दर्शन होते हैं। हाँ, एक छोटे से कस्बे श्योपुर में जन्म लेने वाले मुक्तिबोध का जीवन-संघर्ष भले ही पीड़ादायक रहा हो, लेकिन उन्होंने जो जीवन वास्तव में प्राप्त किया और जिंदगी के जो निष्कर्ष निकाले और अपनी नौकरियों में जो संघर्ष किए वे सभी मुक्तिबोध के तमाम साहित्य में बिखरे हुए हैं। नामवर सिंह ने बहुत बेबाक शब्दों में लिखा- 'इस व्यक्तित्व की सबसे बड़ी सार्थकता यह है कि इसके माध्यम से मुक्तिबोध ने आज से साहित्य में एक शलाका-पुरुष की स्थापना की है– ऐसा शलाका-पुरुष, जो आज की स्थिति के योग्य कवि की भूमिका अदा कर सके। 'डायरी' बड़ी स्पष्टता के साथ उस काव्य-पुरुष की परिकल्पना को मूर्तिमान करती है; जो संभवतः मुक्तिबोध के ख्याल से आज की स्थिति की चुनौती स्वीकार करने में समर्थ हो।' (नामवर सिंह संचयिता-पृष्ठ-52)

मुक्तिबोध अपने जीवित रहते हमेशा प्रश्नों के दायरे में रहे हैं। यह ज़रूर है कि उनकी समग्रता को बिना पढ़े, जाने-पहचाने बगैर ही उनके साहित्य की जीवन-भूमि और रचना-भूमि को खारिज़ करने की कोशिश की है। बिना पढ़े ही उनके साहित्य की जीवन-भूमि खारिज करने की कोशिश होती रही। मुक्तिबोध अपने मरण के बाद जिस तरह चर्चा के केंद्र में आए, वह एक परिघटना है। बीच-बीच में उनका महत्व स्वीकारते हुए भी उन्हें रचनात्मकता की किन-किन खोहों में भटकाया गया। विशेषता उनकी यह है कि आप चाहे जितने लांछन लगाएँ, उनकी जीवन-उष्मा को, उनकी वैचारिकता और संघर्षशीलता को आप किसी भी तरह खारिज़ नहीं कर सकते। जीवन और विचारों के प्रति उत्कट ईमानदारी प्रायः दिखाई नहीं पड़ती। मुक्तिबोध को न तो आलोचना के क्षेत्र में, न कविता के क्षेत्र में, न कहानी के क्षेत्र में किसी मुकाम को हासिल करने की तमन्ना थी। उनका लेखन स्वतःस्फूर्त यथार्थ की धारा में बहते हुए जीवन के संग्राम में काम आते हुए प्राप्त किया गया है। प्रश्न आप उठा सकते हैं; लेकिन आप उनको लांछित नहीं कर सकते। लांछित करते है तो उसके लिए आपको तर्क और प्रमाण देने पड़ते हैं। वे किसी के मनोनुकूल लेखक नहीं है। लेखन में उनकी अपनी ऊर्जा, अपनी तड़प, अपनी वैचारिकता और अपनी ही तरह के संधान हैं। इसलिए जब वे कामायनी पर विचार करते हैं तो साफ-साफ लिखते हैं कि मेरे विचारों में आपको एक टंकार सुनाई पड़ेगी। आत्मविश्वास से भरे हुए अपनी शर्तों पर जीने वाले ऐसे मुक्तिबोध को बाद के

दौर में निरस्त करने की कोशिश की गई; क्योंकि वे किसी के दायरे में नहीं आते। वे अपनी शर्तों के अनुसार लेखक हैं; अपनी शर्तों के अनुसार जीवन जीने का उनका तक़ाजा है। इसलिए ध्यान रखा जाना चाहिए था कि कृपया अपने मनोलोक में अपनी शर्तों के अनुसार मुक्तिबोध के लेखन से आपकी चाहत क्यों हैं? क्या वे अस्तित्ववादी हैं, क्या अपने जीवन-संघर्ष के लिए किसी के सामने गिड़गिड़ाने वाले हैं। ठीक है कि नेमिचंद जैन अपने समय में कामयाब रहे होंगे और अपने मित्र से पत्र में यह लिख देना कि मेरे लिए आप किसी अच्छी सी नौकरी का इंतजाम कर सकें तो बेहतर होगा। यह कोई बेजा हरकत नहीं है कि इसे बढ़ा-चढ़ाकर तूल दिया जाए या सिर्फ़ उनको बौना माना जाए। जो आरोप लगा रहे हैं कि क्या मुक्तिबोध अपने मित्रों से यह भी न कहते? आखिर अपने गहन मित्र से कोई अपनी बातें नहीं कहेगा तो और किससे कहेगा?

हम एक ऐसे वक्त से गुज़र रहे हैं; जो काफी कठिन और पेचीदा है। हमें हमारी मूल जड़ों से काटने का लगातार प्रयत्न किया जा रहा है। परिवर्तन-विरोधी शक्तियाँ अपना मोर्चा सम्हाल चुकी है। वे इतिहास की विकृतियों के साथ धर्म को रथयात्राओं की खोल में प्राचीन मान्यताओं का बाजा बजाते हुए हर जगह हाज़िर हैं और लोकतंत्र के साए में हमारे समूचे विकासक्रम को नष्ट करने में अमादा है। दुर्भाग्यपूर्ण स्थिति यह भी है कि वे हमारी साझी संस्कृति से अलगाकर एक अलग 'स्तूप संस्कृति' विकसित करने की योजनाओं से भरे हैं। वे जनता का ध्यान आधारभूत समस्याओं से हटाकर ऐसी समस्याओं की ओर ले जाने की साजिश रच रहे हैं; जहाँ घृणा, द्वेष और सांप्रदायिकता का ज़हर है। वहाँ धुंध, गर्दो-गुबार के अलावा कुछ नहीं है और फिरकापरस्ती, धार्मिक विद्वेष, हत्याओं और हत्याकांडों का कोहराम है। बच्चों की चीखें, औरतों का आर्तनाद और पुरुषों का सामूहिक हाहाकार है। राजनीति में अपराधीकरण और आर्थिक शोषण की प्रवृत्तियाँ लगातार सक्रिय हैं। सांस्कृतिक अधःपतन की बहार है। आकांक्षाएँ और स्वप्न निरंतर चकनाचूर हो रहे हैं। निराशाओं की लपेट में पूरा माहौल सन्नाटे में डूबा हुआ है। भ्रष्टाचार नई-नई खोलों से पूरे देश को रौंद रहा है।

मुक्तिबोध में जितना साहस, स्वीकार है उससे कम अस्वीकार नहीं है। नीलकांत ने लिखा है– "मुक्तिबोध साहित्य को रोजगार की वस्तु नहीं मानते थे, इसके अनेक संकेत उनकी साहित्यिक संस्कृति से स्वयं प्रकट होते हैं। साहित्य उनके लिए आत्मसंघर्ष और सामाजिक रूपांतरण का एक औजार था। अपने स्वरूप में उनके निबंध, समीक्षाएँ, कविताएँ और कहानियाँ मनोवैज्ञानिक, दार्शनिक और सबसे बढ़कर, सामाजिक रुझानों से भरपूर हैं। नई कविता के वस्तुत्व, जो प्रायः व्यक्तिगत, सामाजिक

यथार्थ से पृथक, स्वायत्ता और व्यक्तिपरक हुआ करते थे और शीतयुद्ध से निर्धारित होते थे, मुक्तिबोध ने उस वस्तुत्व को विकसित करते हुए समाज से, समाज के शोषित-दलित, जीवन-धारा से जोड़ा और विश्व-दृष्टि के आलोक में अपने रचनात्मक उद्देश्य तय किया था। उनकी रचनाओं का पाठ करने और उनके अर्थ—मर्म को छूने के लिए ज़रूरी है कि कवि के सौदर्यशास्त्री सिद्धांतो को अच्छी प्रकार समझने का प्रयास हो।" (दो शब्द-मुक्तिबोध की तीन कविताएँ-पृष्ठ-13)

बीसवीं शताब्दी के प्रारंभ में हमारे देश में स्वाधीनता-आंदोलन का गुलामी से मुक्ति का अभूतपूर्व संघर्ष था। गुलामी, रीतिवादी प्रवृत्तियों और बहुत गहरे तक धँसे या धँसाए गए जड़त्व और कुसंस्कार थे। हम समानता और बंधुत्व के लिए संघर्ष कर रहे हैं। राष्ट्रीय जनजागरण के गीत उस दौर में लगातार उभरते रहे। देश की जनता में सुगबुगाहट थी। राष्ट्रीय गरिमा के लिए लोग मौत का आलिंगन कर रहे थे। तरुणाई जाग्रत थी, वृद्ध नई चेतना भर रहे थे। हमारे राजनीतिक वातावरण और सांस्कृतिक परिवेश में ग़लतियों के खिलाफ सजगता और चौकन्नापन था। निराला ने 'कविता की मुक्ति' और 'मानव की मुक्ति' का अभियान छेड़ा था। प्रेमचंद ने अपने रचनात्मक संघर्ष के जरिए दलितों, पीड़ितों, मजदूरों, किसानों एवं छोटी आय वालों को अपनी कथाओं का नायक बनाया और उनकी जिंदगी का पारदर्शी चित्रण किया, जिसमें मानवीय गरिमा का जज्बा था। साहित्य को लोकमंगल की भावना से विश्लेषित किया जा रहा था। हमारी सामाजिक फिजाओं में शोषण के विरुद्ध आक्रोश का शंखनाद था। प्रेमचंद ने रंगभूमि उपन्यास में सूरदास और उसके पोते के ज़रिए इसके मुकम्मल अक्स खींचे थे।

हमारी इस जीवंत परंपरा की कड़ी में कई नाम हैं। महादेवी वर्मा अपनी रचनाओं में 'चिर सजग आँखे उनींदी/आज कैसा व्यस्त बाना/जाग तुझको दूर जाना।' जैसी बाते हमारे सामने पेश कर रहीं थी; जिन्होंने हमारे दुखते घावों में मरहम का काम किया। यशपाल झूठा सच लिख रहे थे। उनके बाद केदारनाथ अग्रवाल, त्रिलोचन, शमशेर, नागार्जुन, गिरजाकुमार माथुर जैसे और कई नाम हैं; जिन्होंने उनके युग की आवश्यकताओं के अनुरूप विरोधी परिस्थितियों के खिलाफ लगातार अपनी रचनाओं के द्वारा संघर्ष किया है। इस सभी का अवदान अत्यंत महत्वपूर्ण है। डॉ. रामविलाश शर्मा आलोचना के क्षेत्र में व्यक्तिवाद और पतनशील ताक़तों के ख़िलाफ लगातार लोहा ले रहे थे। मुक्तिबोध संबंधी उनकी आलोचना कई अर्थों में मुक्तिबोध के विराट व्यक्तित्व और कृतित्व का अवलोकन करती है; लेकिन पता नहीं किस वजह से उन्हें अस्तित्ववाद ऊहापोह तक लाता है। कहीं उन्हें नवरहस्यवादी परछाइयों में आच्छादित करता है, कहीं उन्हें मार्क्सवाद के प्रति आस्थाहीन रूप में इंगित

करता है। कहीं उनमें मानसिक रुग्णताओं के अँधेरे में फेकता है। और उनकी देखा-देखी अन्य आलोचक भी उस ओर मूल्यांकन-विश्लेषण में जुटे। यह प्रक्रिया अभी भी जारी है।

मुक्तिबोध का रचनात्मक संघर्ष हमारी प्रगतिशील परंपरा की संजीवनी-शक्ति और जिंदगी के लिए ऑक्सीजन की तरह था। मुक्तिबोध ने अपने समय की चुनौतियों, अंतर्विरोधों से मुठभेड़ भर नहीं की थी, बल्कि अवाम को सही दिशा देने की लाज़वाब कोशिश भी की थी। वे अपने युग के यथार्थ के प्रति हमेशा सजग और सचेष्ट रहे। युग-प्रसंगों की सामयिकता के संदर्भ में उनकी चिंतन-प्रक्रिया और दृष्टि-विकास का संघर्ष निरंतर जारी रहा है। स्वाधीनता प्राप्ति के पश्चात देश में अवसरवाद, स्वार्थपरता, लाभ-लोभ, अनाचार, अंतर्विरोध और असंगतियों का वातावरण बनता रहा। व्यक्तिवाद महत्वाकांक्षा का प्रभाव विभिन्न सामाजिक क्षेत्रों में बढ़ता जा रहा था। उसकी पहचान करते हुए वे लिखते हैं– "आज का यथार्थ जनता के जीवन का यथार्थ है; जो हम रोज़मर्रा जीते हैं। यदि हमारी काव्य-प्रेरणा वस्तुतः जनजीवन से उद्भुत हुई हो तो जनजीवन की वर्तमान परिस्थितियाँ और कष्टों का कारण भी हमारी अनुभूतिक्षेत्र का अंग होगा अर्थात इंसानियत को तबाह करने वाले रावणों, उनके सिपहसालारों और दासों के जनविरोधी षड्यंत्र भी हमारी अनुभूतियों के अंग होंगे। मात्र बौद्धिक स्तर पर नहीं वे हमारे हृदय और आत्मा के समस्त अभिप्रायों में लीन हो जाएँगे। जब वे लीन होंगे तो स्थाई भाव होगा घृणा और भयानक घृणा तथा उनके नाश का संकल्प देशभक्ति का अर्थ जनभक्ति होगा। अतएव राजनीति और साहित्य मात्र अभिव्यक्ति में भिन्न हैं। उनका मूल है आज का यथार्थ यानी जनजीवन का यथार्थ उसके लक्ष्य, उसके अभिप्रेत, उसके संघर्ष।"

मुक्तिबोध देश और दुनिया की नब्ज जानने वाले रचनाकार रहे हैं। राष्ट्रीय अंतर्राष्ट्रीय घटना-चक्रों से लेकर अपने इर्द-गिर्द के परिवेश को उन्होंने बखूबी देखा था। अपने जीवनानुभवों को उन्होंने अपनी रचनाओं में और अपने अखबारी लेखन में निरंतर व्यक्त किया है। "हमारे हिंदुस्तान को जनता आज स्वर्गलोक के सपने देखती है किंतु फिलहाल वह केवल अपने दुख दर्द की कराह के अलावा निर्णायक रूप से कुछ नहीं कर पा रही है। निश्चय ही, यदि उसे भारत को स्वाभाविक मानवजीवन का स्वर्ग बनाना है, तो शोषण और अत्याचार के पहाड़ों को चीरकर, नीचे रेगिस्तान को अपार शक्ति से नई प्राणधारा बहानी होगी। तभी हमारे जीवन में मानवोचित स्वाभाविकता और समृद्धि आ सकती है।"

मुक्तिबोध देश के सामने छाए विभिन्न खतरों, बढ़ती हुई पूँजीवादी साम्राज्यवादी मनोवृत्ति, सामंतशाही, साम्प्रदायिकता और भ्रष्टाचार को अपने लेखन के केंद्र में

रखा है। देश की ज्वलंत समस्याओं को वे हाशिए से खींचकर देश की प्रत्यक्षभूमि पर ले आए। मुक्तिबोध की सूक्ष्मदृष्टि के साथ-साथ उनके जनोन्मुख हित चिंतन और लोकमंगल की भावना उनके लेखन की मूल धुरी है। कविता, कहानी और आलोचना में उनकी यह दृष्टि बार-बार हमारे सामने प्रत्यक्ष होती है। 1936 से लेकर 1964 के बीच लिखी मुक्तिबोध की कविताएँ समय की कठोरता और वास्तविकता का जीवंत साक्ष्य हैं, वे अपने समय से आगे की भयानक वास्तविकता और जटिलता को प्रत्यक्ष कर रहे थे। इसलिए अपने समय में उन्हें स्वीकार करना कठिन था। उनके जीवनकाल में प्रायः उनकी नोटिस कम ही ली गई। अपनी मृत्यु के साथ ही वे एक घटना बन गए। कुछ ऐसी घटना, जिसकी ओर आँख मूँद लेना असंभव था। उनकी एकनिष्ठ तपस्या और संघर्ष उनकी अटूट सच्चाई, उनका पूरा जीवन, सभी एक साथ हमारी भावना के केंद्रीय मंच पर समाने आ गए और हमने अब उनके कवि और विचारक को एक नई आश्चर्य-दृष्टि से देखा।

मुक्तिबोध की रचनात्मक ऊर्जा एकायामी नहीं है। वह कई-कई रूपों में हमारे सामने फूटती है। उनकी रचनात्मकता में महाकाव्यात्मक और औपन्यासिक औदात्य है तो दूसरी और सपाटता के स्थान पर बीहड़ता है। दृश्यालेखों, स्थितियों, प्रश्नात्मक आत्मसंवादों, वक्तव्यों, गाथा-प्रसंगों और नाटकीय भाव-भंगिमाओं में यह बीहड़पना अतिरिक्त रूपों से प्रकट हुआ है। किसी ने समझा, किसी ने नहीं। हाँ अपने मतों का आरोपण जरूर कर दिया, जिसे मुक्तिबोध ने न सोचा, न समझा और न ही व्यक्त किया। उस पर प्रश्नावाचक जड़ दिए। मेरे ख्याल से रचनात्मक और आलोचनात्मक प्रतिमान इन सबको समेटने में सक्षम नहीं है, इसलिए भी उनके औदात्य को पकड़ने में मूल्यांकन-प्रेमियों ने धोधा खाया है। इसके बावजूद वे अपनी 'भूमिका' शीर्षक कविता में लिखते हैं– "अगर मेरी कविताएँ पसंद नहीं/उन्हें जला डालो/इस तरह बला टालो/लेकिन याद रखो वह लोहा खेतों में तीखा तलवारों का जंगल बन सकेगा/मेरे नाम से नहीं किसी और नाम से सही/और वह आग बार-बार चूल्हें में अपनी सी जागेगी/सिगड़ी में ख्यालों सी भड़केगी; दिल में दमकेगी/मेरे नाम से नहीं किसी और से सही/लेकिन मैं वहाँ रहूँगा/तुम्हारे सपनों में आऊँगा/सताऊँगा/खिलखिलाऊँगा/खड़ा रहूँगा/तुम्हारी छाती पर अड़ा रहूँगा।"

मुक्तिबोध के बारे में काफी गोलमोल, घालमेल वाली बाते कहीं गई है। हरिशंकर परसाई उनके अभिन्न मित्र रहे हैं। जब परसाई जी से यह पूछा गया कि क्या मुक्तिबोध मार्क्सवादी थे? उनका उत्तर दो टूक है और घालमेल को उजागर करने वाला है। परसाई कहते हैं– "ज्यादा आग्रह यह है कि यह सिद्ध किया जाय कि मुक्तिबोध मार्क्सवादी नहीं थे, अंतद्वंद्व के कवि थे। बल्कि रहस्यवादी थे। बात इतनी

आसान नहीं है कि किसी कवि के बारे में दो टूक फैसला कर दिया जाय कि यह मार्क्सवादी है और यह नहीं है। यह दार्शनिक विश्वास का प्रश्न है। जीवन दर्शन से संबंध रखता है। इतिहासबोध, मनुष्य की नियति, सामाजिक संघर्ष आदि के प्रति दृष्टि से इसका संबंध है। मुक्तिबोध के बारे में हम लोग जो व्यक्तिगत रूप से उनके सम्पर्क में कई सालों से रहे और घंटो उनकी बातें सुनते रहे। उन्हें कोई शक नहीं है कि मार्क्सवादी दर्शन में उनका अटल विश्वास था। उनका इतिहास-बोध, जीवन-व्याख्या, समाजशास्त्र और आर्थिक व्यवस्था की व्याख्याएँ मार्क्सवादी थीं।'

मुक्तिबोध की मृत्यु के इतने वर्षों बाद यदि यह जायजा लिया जाए कि उनके परवर्ती समय और रचनाशीलता में उतना कितना प्रभाव है तो आश्चर्य होगा। बीसवीं शताब्दी और इक्कीसवीं शताब्दी के नवोदित रचनाकार भी अपने को उनकी परंपरा में मानते हैं। उनके समकालीन और बाद के महत्वपूर्ण लेखकों ने उनकी प्रासंगिकता स्वीकार की है। वे वहीं ठहरे हुए नहीं है, आगे बढ़े हैं और उनका उत्तरोत्तर विकास हुआ है। संभवतः यही उनकी परंपरा की जीवंत कड़ी है। हरिशंकर परसाई का मानना है कि – ''मेरा ख्याल है कि सन् 1965 से लेकर यदि किसी कवि का प्रभाव न केवल हिंदी कवियों पर बल्कि अन्य भाषाओं के कवियों पर भी है तो वह मुक्तिबोध का है।'' यही नहीं मुक्तिबोध की उत्तर प्रासंगिकता के परिप्रेक्ष्य में शमशेर बाहदुर सिंह ने 'चाँद का मुँह टेढ़ा है' के आवरणीय वक्तव्य में अत्यंत विश्वास के साथ लिखा था- ''मुक्तिबोध का वास्तविक मूल्यांकन अगली यानी अब आगे की पीढ़ी निश्चय ही करेगी क्योंकि उसकी करुण अनुभूतियों को उसको व्यर्थता और खोखलेपन को पूरी शक्ति के साथ मुक्तिबोध ने अभिव्यक्त किया है। इस पीढ़ी के लिए शायद यही अपना खास कवि हो।

शमशेर ने जो बात 1954 में कही थी वह 2018 में भी प्रत्यक्ष हो रही है। वर्तमान साहित्य के कविता विशेषांक में डॉ. नंदकिशोर नवल से यह प्रश्न पूछा गया – ''क्या बाद के कवियों ने मुक्तिबोध की परंपरा का विकास किया है?'' वे कहते हैं - ''परंपरा के विकास का मतलब उसी तरह के विषय को पकड़ कर उसी तरह की कविता लिखना नहीं होता....। इस बात को झुठलाया नहीं जा सकता कि मुक्तिबोध की कविता ने हिंदी में जो दृश्यांतर उपस्थित किया, परवर्ती कविता उसी दृश्य का विस्तार है, विविध और विभिन्न रूपों में। मुक्तिबोध एक ऐसे कवि हैं जिनके दाय को श्रमपूर्वक ही आत्मसात किया जा सकता है। जो कवि श्रम करके मुक्तिबोध को ग्रहण करेंगे उनकी कविता का क्षिजित स्वयमेव अत्यधिक विकसित हो जाएगा। मुक्तिबोध कवियों को जो सबसे बड़ा संदेश देते हैं, वह यह

कि जिस कविता का स्रोत स्वयं कवि न होकर इतिहास होता है वह कविता कभी समाप्त नहीं होती।'' त्रिलोचन ने मुक्तिबोध के साहित्य अकादमी के प्रकाशित चयन की प्रस्तावना में कहा था– ''मुक्तिबोध की कविता में यह सार्वभौम भाव का भी ग्रहण है जिसके कारण मुक्तिबोध को सराहने वाले उतरोक्त बढ़ेंगे।''

मुझे ऐसा लगता है कि मुक्तिबोध-साहित्य का सार्थक और समय मूल्यांकन केवल प्रासंगिक है, बल्कि आवश्यक भी। उनकी मृत्यु के बाद ज़ाहिर है कि मुक्तिबोध के बहाने हम एक लंबी प्रगतिशील जनवादी और संघर्षकामी परंपरा से जुड़ते हुए अपनी वर्गशक्ति को सही रूप में खोज पाएँगे और मुंशी प्रेमचंद ने जिस जीवंत परंपरा की नींव रखी थी, मानव मुक्ति और मनुष्य की बेहतरी के लिए उन्होंने जो संघर्ष किया था उसे ठीक से पहचान पाएँगे। मुक्तिबोध ने कहा था समाजवाद की मूल आत्मा जनतांत्रिक है। वे ज़िंदगी को प्यार करने वाले अप्रतिम रचनाकार हैं। अपने कठिन समय में उन्होंने अपने मित्र वीरेंद्र कुमार जैन को एक पत्र में लिखा था– ''ज़िंदगी बड़ी तल्ख है लेकिन मानव की मिठास का क्या कहना। जी होता है सारी ज़िंदगी एक घूंट में पी ली जाएँ'' अपनी तमाम असहमतियों के बावजूद डॉ. रामविलास शर्मा यह स्वीकार करते हैं – ''मुक्तिबोध कवियों के प्रिय रहे हैं और रहेंगे। उन्होंने जो नए कलात्मक प्रयोग किए हैं, उनमें सीखने समझने के लिए बहुत कुछ है। उन्होंने 'फैंटेसी' का प्रयोग व्यंग्य, उपहास से लेकर करुण भावों की अभिव्यक्ति के लिए किया है, उन पर से अँधेरा दिखने पर भी उनकी कविता में विविधता है।'' यदि मुक्तिबोध के तमाम साहित्य में दमखम नहीं होता तो उन्हें अब तक अस्वीकार और खारिज़ कर दिया गया होता। वे जितने प्रासंगिक बुर्जुग कवियों के लिए, समकालीन कवियों के लिए, उतने ही नवोदित कवियों के लिए भी हैं, क्योंकि उनके समूचे साहित्य में रचनात्मकता का जो अपार धैर्य और साहस है, वह किसी को भी उनके प्रति आकर्षित करने में सक्षम है।

मुक्तिबोध अपनी रचनाओं में अपनी संपूर्णता के साथ उपस्थित होते हैं। वे सफलता के पीछे कभी भागे नहीं, जिसे हासिल करने के लिए मनुष्य को आत्मगौरव खोना पड़ता है। चतुरता के नाम पर बदमाशियाँ करनी पड़ती है या शालीनता के नाम खुशामदीपना अपनाने को बाध्य होना पड़ता है। गुमनामी का जीवन जीते हुए उन्होंने अपने को साहित्य और जनता से एकाकार कर लिया और इस तरह उन्होंने अपने युग के मुक़म्मल इतिहास की रचना की। डॉ केदारनाथ सिंह लिखते हैं – ''मुक्तिबोध की कविताएँ अपने समय के जीवित इतिहास को कविता में बदलने की कठिन चुनौती का सामना करने वाली कविताएँ हैं।''

मुक्तिबोध पक्षधर रचनाकार हैं, इसलिए वे हर आदमी से सवाल करते हैं कि

पार्टनर पहले अपनी पॉलिटिक्स साफ करो। यह पॉलिटिक्स पार्टीबद्ध पॉलिटिक्स नहीं है। यह पॉलिटिक्स मनुष्य की बेहतरी की पॉलिटिक्स है। इसीलिए उनका समग्र लेखन व्यक्ति-स्वातंत्र्य से कम मानव-स्वातंत्र्य ज्यादा गहरा सरोकार रखता है। यह सरोकार व्यक्ति की स्वतंत्रता मानव की स्वतंत्रता में ही संभव दिखता है और आर्थिक, राजनैतिक व सामाजिक समानता को सभी की स्वतंत्रता के लिए अनिवार्य मानता है। मुक्तिबोध की ख़ासियत यह है कि वे जड़ता चाहे जिसकी हो, प्रगतिवादी की या प्रयोगवादी की, वे उसका जमकर विरोध करते हैं। इसीलिए उन्होंने जड़ीभूत सौंदर्याभिरुचि को तोड़ने की बात कही थी और इसे तोड़ना तत्काल संभव नहीं है। उसके लिए एक लंबा संघर्ष और व्यक्ति-सौंदर्य और मूल्यों को समझने की ताकत होनी चाहिए। उनका रचनात्मक संघर्ष उनका और समाज का दोनों का आत्मसंघर्ष है और संभवतः उनके इस आत्मसंघर्ष ने एक नई कशिश पैदा की है, जिसे हम भुला नहीं सकते। कुछ लोगों ने तो उनके आत्मसंघर्ष को ही दीनता का पर्याय मान लिया है या उनकी संघर्ष-क्षमता को खत्म होने का सिलसिला भी अपने लेखन में मुक्तिबोध अनेक संभावनाओं को अनेक परिस्थितियों को, अनेक द्वारों और अनेक खिड़कियों को भी देखते हैं। वे पुरानी हवाओं की जगह नई हवाओं को आने का संकेत भी देते हैं। उनकी इस तड़प को भी इस दौर में समझने की ज़रूरत है। उनकी अपार प्रासंगिकता आरोप लगा देने से खारिज़ नहीं होती; बल्कि उनके उठाए हुए प्रश्नों, समाधानों और संदर्भों को पहचानने की बेचैनी-सी बढ़ी हुई है। मुक्तिबोध के विचार वहाँ भी सक्रिय हैं। मैं यह नहीं कहता हूँ कि मुक्तिबोध का गुणगान किया जाए, उनकी कमियों को अनदेखा किया जाए, लेकिन उन पर लांछन लगाने के पहले आलोचकों को अपना स्टैंड भी तो देखना चाहिए कि आखिर वे खड़े कहाँ हैं और किन-किन लोगों के बहाने और किन-किन के माध्यम से उनके रचनात्मक ताप को छुपा देना चाहते हैं। मुक्तिबोध वह ताप-ऊर्जा और आग हैं; जिसके सामने कोई भी झूठ जल्दी खड़ा नहीं हो सकता।

संघर्षधर्मिता और मुक्तिबोध की कविता

डॉ. सुजा. सी

कला को जीवन-संघर्ष के केन्द्र में रखकर देखने के संकल्प के परिणाम के रूप में मुक्तिबोध के रचनाकर्म को लिया जा सकता है। रचनात्मकता को सरलीकृत करके देखने का कार्य उन्होंने कभी नहीं किया। उनका दृढ़ विश्वास था कि कलाकार होने मात्र से, रचनाकार होने मात्र से कोई व्यक्ति श्रेष्ठ वाँछनीयता का अधिकारी नहीं होता। अपने समय के साथ गहरी रागात्मकता से जुड़नेवाले साहित्यकारों में उनकी विशिष्ट पहचान है। अपने युग में पूरी तरह जीकर, युग की सीमाओं के परे देखकर, परे जाकर आगे का मार्ग प्रशस्त करने का विलक्षण कार्य उन्होंने किया है। काव्य-जीवन की बुनियाद असली जीवन है। साहित्यकार को वास्तविक जीवन में गहरा हिस्सा लेना और संवेदनात्मक जीवन-ज्ञान प्राप्त कर लेना है। व्यापक मानवीय सहानुभूति और करुणा से प्रेरित रचनाकार सतहीपन की गिरफ्त से खुद को बचाने का विवेक हरदम दिखायेगा और खुद को तराशते रहेगा। तभी वह रचनाकार पर पड़नेवाले सामाजिक दबावों को भली-भाँति समझ सकता है और रचनाकार के रूप में अपनी गंभीर भूमिका निभा सकता है।

मुक्तिबोध की कविता में आद्यंत इस गंभीर दायित्व से विचलित न होने की चिन्ता है।

एकमात्र लक्ष्य कि
विचलित न हो जाएँ
विवेक सताये ना
न ज़िन्दगी को बेचैन करे वह।

कवि-कर्म कभी भी खतरे से खाली नहीं हैं। लेकिन एक बार इस जोखिम को उठा लेने के बाद वे अपने कर्तव्य की इति नहीं मानते बल्कि बदलते जीवन-संदर्भों के साथ अपने नज़रिए को संस्कारित करते हैं और उसे कलात्मक रूप देने का बीड़ा उठाते ही रहते हैं। अपने समय की विवेक-चेतना बनने की कामना ही इन पंक्तियों में दर्ज है। उनका मानना है– "एक सच्चा लेखक जानता है कि वह कहाँ कमज़ोर है, कि उसने कहाँ सचाई से जी चुराया है, कि उसने कहाँ लीपा-पोती कर डाली है, कि उसने कहाँ उलझा-चढ़ा दिया है, कि उसे वस्तुतः कहना क्या था और कह क्या गया है, कि उसकी अभिव्यक्ति कहाँ ठीक नहीं है, वह इसे बखूबी जानता है। क्योंकि वह लेखक सचेत है। सच्चा लेखक खुद का दुश्मन होता है। वह अपनी आत्म-शक्ति भंग करके ही लेखक बना रह सकता है।"

हर रचनाकार को अपने समय के संकट का सामना करना पड़ता है। मानव-मूल्यों में अतिशय गिरावट और संबन्धों में उलझन मुक्तिबोध के समय के जीवन-परिदृश्य को सामान्य रहने न देते हैं। नैतिक ह्रास से अपने समाज को बचाने का संकल्प मुक्तिबोध की कविता की ताकत का प्रमाण है। व्यापक सहानुभूति से प्रेरित होकर उन्होंने खुद की घेरेबन्दी तोड़ने व आत्मसीमितता के चंगुल से मुक्त होने की लगातार कोशिश की। यह आत्मविस्तार साहित्यकार की संवेदनशीलता को प्रमाणित करता है। वे स्वीकार करते हैं –

पूर्व युग में भी खूब बुराइयाँ रही आयीं
किन्तु, वे भी साकार शक्ति-रूप
दिखलायी जाती थीं
उनसे डरा जाता था, उनसे लड़ा जाता था।

अपने समय की भीषणताएँ कवि को बेचैन करती हैं। वे अपने पूर्ववर्ती युग की बुराइयों के ठोस स्वरूप को पहचान लेते हैं। उनकी तुलना में वर्तमान संदर्भ काफ़ी जोखिम भरा है। इसी वजह से उन्होंने अपने समय के संकट को बेपर्दा किया है –

किन्तु उसी अमंगल को आज सिर्फ़
सहा जाता है ह्रास कह
आज वह मात्र व्यंग्य रूप है
सभ्यता समाज का ही ह्रास है।

मुक्तिबोध ने लगातार इस समस्या पर गंभीरता से विचार किया है। उन्होंने कवि के तीन क्षेत्रों के संघर्ष बात की है– "आज के कवि को तीन क्षेत्रों में एकसाथ संघर्ष करना पड़ता है- तत्व के लिए, अभिव्यक्ति को सक्षम बनाने के लिए और

दृष्टिगत विकास के लिए संघर्ष।'' यह कवि के रूप में मुक्तिबोध के सतह पर प्रकाश डालनेवाला विचार है। उनकी कविता आत्मदान की उपज है। उन्होंने विषयवस्तु के वैविध्य को समेटने और उसे रूपबद्ध करने का संघर्ष खूब झेला है। वैसे ही कला के तीन क्षणों में जो तीसरा क्षण है, वह भाषा और भाव के बीच के द्वन्द्व से जुड़ा हुआ है। इनमें दृष्टिगत विकास के लिए जो संघर्ष है, वह कवि के असली सरोकार से जुड़ा हुआ है। विश्व दृष्टि का विकास मानव के भविष्य-निर्माण के संघर्ष में आस्था रखने पर ही संभव होता है। हृदय का विकास मानव के भविष्य-निर्माण के संघर्ष में आस्था रखने पर ही संभव होता है। हृदय और बुद्धि को समन्वित करके मानवीय यथार्थ को परखना भी यहाँ आवश्यक है। अपने संघर्ष के असली सरोकार को उन्होंने यों चिन्हित किया है– ''ज्ञान को आधिकाधिक मार्मिक यथार्थमूलक और विकसित करने का जो संघर्ष है, वह वस्तुतः कलाकार का सच्चा संघर्ष है।'' ज्ञान वैज्ञानिक उपलब्धियों का सूचक ही नहीं, बल्कि समाज की उत्थानशील तथा ह्रासोन्मुख शक्तियों का बोध भी है। कलाकार की वास्तविक चुनौती इससे संबंधित है। ''साहित्यकार के पास प्रतिभा की कमी नहीं है। परन्तु उसमें मानवीय अंतरात्मा-मानवीय विवेकचेतना- की हलचल मचानेवाली पीड़ा नहीं है। क्योंकि वह ज़रूरत से ज्यादा समझदार हो गया है और समझदारी का वह तकाज़ा है कि जिस दुनिया में हम रहते हैं, उससे समझौता करें।'' मुक्तिबोध ने बार-बार इस घिनौनी समझौतापरस्ती पर प्रहार किया है, उसके खतरे की ओर इशारा किया है। चम्बल की घाटी शीर्षक कविता में उनकी छटपटाहट पूरी तरह दर्ज है –

> अपने समाज में अकेला हूँ बिल्कुल
> मुझमें जो भयानक छटपटाहट है,
> नहीं वह किसी में
> इसलिए अपना ही श्रेणीगत
> साम्य है जिनसे
> उनसे ही गहरा विद्वेष
> विरोध, विरोध, विरोध,
> किन्तु, जो दूर है,
> अलग पृथक हैं,
> जो अति भिन्न हैं,
> मित्र हैं वे ही,
> परन्तु, शत-गुण-धर्म जो उनके
> ले नहीं पाता हूँ चाहने पर भी।

अपने वर्ग की आरोपित ज़िन्दगी और उनकी असली मानसिकता से कवि का सद्भाव नहीं है। कविता को सांस्कृतिक प्रक्रिया मानते हुए उन्होंने सृजन-प्रक्रिया के दौरान कवि को जो निराला जीवन जीना पड़ता है, उस पर प्रकाश डाला है। उस जीवन को ईमानदारी से आग्रहपूर्वक ध्यानशील होकर जीने की ज़रूरत है। उन्होंने कला को आभ्यंतर के बाह्यीकरण का एक रूप माना है। शोषण और अन्याय पर आधारित सामाजिक संरचना से वे बेचैन रहे। इसलिए उनका झुकाव साधारण लोगों के प्रति हो गया। गली-कूचों में रहनेवाले साधारण लोगों का स्नेह भरपूर अनुभव करके वे अपने को सौभाग्यशाली मानते हैं। उनके अनुसार- "वे मेरी ही भाँति छोटी-छोटी हस्तियाँ हैं। उनका पेचीदा जीवन-संघर्ष, अथाह प्रेम करने की क्षमता,

राजनीति को लेकर उनकी आशा-आकांक्षाएँ, उनके समाजनैतिक स्वप्न कवि के जीवन-परिदृश्य को विस्तृत करते रहे। ये अनुभव वैयक्तिक सीमा से परे होकर व्यापकतर सीमा को छूने लगे। 'मुझे याद आते हैं' शीर्षक कविता का उल्लेख यहाँ वाजिब है। उर में दर्द संभालकर, वजनदार घड़ों से पानी भरकर, कपड़ों को भाड़-भाड़ धोकर अपनी सारी थकान के बावजूद घर के व बाहर के सब काम करनेवाली औरत को देखकर कवि को लगता है-

यदि उस श्रमशील नारी की आत्मा
सब अभावों को सहकर
कष्टों को लात मार, निराशाएँ ठुकराकर
किसी ध्रुव-लक्ष्य पर
खिंचती सी जाती है,
जीवित रह सकता हूँ मैं भी तो वैसे ही।

कष्ट-जीवी प्राणों की अपार श्रमशीलता कवि को प्रेरणा देती है, जकड़ लेती है। इसी कारण से वे उन लोगों से दूर रहना चाहते हैं जो-

चुपचाप आदर्शों को बाजू रख या भूलकर
अवसरवादी बुद्धिमत्ता ग्रहण कर
औ ज़िन्दगी को धूलकर
बिल्कुल बिक जाते हैं।

कवि ने बार-बार इस सचाई का सामना किया है कि उन्नति के क्षेत्र में, प्रतिष्ठा के क्षेत्र में, मानव की छाती की, आत्मा की, प्राणों की सोंधी गंध कहीं नहीं, कहीं नहीं। सामाजिक व सांस्कृतिक हैसियत से ऊँची-ऊँची सीढ़ियाँ चढ़ने और बढ़ने के साथ-साथ व्यक्ति से बोलने और व्यक्ति-स्वातंत्र्य की वकालत करने में वह आगे है। अकेलापन और पार्थक्य-सम्बन्धी विचार प्रकट करके मुक्तिबोध कहते

हैं- 'सुख-सुविधापूर्ण जीवन के फेर में लोग अपने को भूल गये। एक भयानक पार्थक्य की अंधियारे-भरी खाई मुँह-बाये फैली हुई है। गरीब जनता में से निकले हुए साहित्यिक भी उच्च-मध्यवर्गीय मनोहर दीप्ती के सम्मोह में, स्वजनों-परिजनों को बिसूर गये। महत्व के लिए, उन्होंने पार्थक्य को स्वीकार किया। वातावरण को घना-विषैली और व्यक्तिगत जीवन को कठिन व विकृत बनानेवाली दुनिया की मूल-भूत समस्याओं से तटस्थ रहना, उनसे किनाराकशी करना गलत है।' इसको पहचान लेने के बाद भी हर व्यक्ति अपने निजी जीवन को प्राथमिकता देता है। कवि को लगता है- 'मैं भी वैसा ही कर रहा हूँ। मैं उनसे किसी भी हालत में बेहतर नहीं हूँ। लेकिन क्या इससे पार्थक्य की अभावात्मक सत्ता मिटेगी? क्या इससे मन भरेगा? यह बिल्कुल सही ख्याल है कि सच्चा जीना तो वह है जिसमें प्रत्येक क्षण आलोकपूर्ण और विद्युन्मय रहे, जिसमें मनुष्य की ऊष्मा का बोध प्राप्त हो।' अपने को निरंतर संशोधित और संपादित करना सच्चे लेखक के विकास का लक्षण है। मुक्तिबोध ने निरंतर आत्म-संशोधन की बात ही है और विवेक व संस्कार की कश्मकश को वाणी दी है। मैं तुम लोगों से दूर हूँ इस मानसिकता पर केन्द्रित कविता है-

मैं तुम लोगों से इतना दूर हूँ
तुम्हारी प्रेरणाओं से मेरी प्रेरणा इतनी भिन्न है
कि जो तुम्हारे लिए विष है, मेरे लिए अन्न है।

उनकी आदत जीवन की सीधी-सादी पटरी पर दौड़ने की है, चक्करदार, घुमावदार सीढ़ियाँ चढ़ने की नहीं है। फिर भी मैं अपनी सार्थकता में खिन्न हूँ-यह खिन्नता सुख-सुविधा के साधन जुटाने की असमर्थता से उपजी नहीं है। सबके सुन्दर और सुखी देखने के सपने को वे छोड़ते नहीं है। इसलिए विष से अप्रसन्न होकर जो है उससे बेहतर की चाह रखते हैं। उन्हें पता है-

पूरी दुनिया साफ़ करने के लिए मेहतर चाहिए
वह मेहतर मैं हो नहीं पाता
पर रोज कोई भीतर चिल्लाता है
कि कोई काम बुरा नहीं।

आदमी का खरा होना वांछनीय है, पर इस ओर को ढो नहीं पाते। कविता की अंतिम पंक्तियाँ कवि के मानसिक-मंथन को पूरी तरह प्रक्षेपित करती हैं-

मैं कनफटा हूँ हेठा हूँ
शेव्रलेट-डॉज के नीचे मैं लेटा हूँ
तेलिया-लिबास में, पुरजे सुधारता हूँ
तुम्हारी आज्ञाएँ ढ़ोता हूँ।

आत्म-मंथन का यह सिलसिला होता ही रहता है। पूरी तरह मानवीय होने और अपनी विश्व-दृष्टि को व्यापकतम आयाम देने की कोशिश वे छोड़ते नहीं हैं। नयी कविता के आत्मसंघर्ष पर विचार करते हुए उन्होंने आधुनिक भावबोध की चर्चा की। अन्याय के खिलाफ आवाज बुलन्द करने और मानवता के भविष्य-निर्माण के संघर्ष में और भी अधिक दत्तचित्त होने, वर्तमान परिस्थिति को सुधारने, नैतिक ह्रास को थामने और उत्पीड़ित मनुष्य के साथ एकात्म होकर उसके बचाव की उपाय-योजना करने का जोखिम-भरा कार्य इसके अंतर्गत आते हैं। निसंगता के बदले संघर्ष में योग देने की जरूरत पर वे जोर देते हैं। वे याद दिलाते हैं-

कभी अकेले में मुक्ति न मिलती,
यदि वह है तो सबके ही
साथ है।

सबकी मुक्ति स्वस्थ और सभ्य समाज की पहचान है। उनका सवाल रहा-

मेरे सभ्य नगरों और ग्रामों में
सभी मानव

सुखी, सुन्दर व शोषण-मुक्त
कब होंगे?

मनुष्य के भविष्य-निर्माण के संघर्ष में कवि की आस्था उनकी वैश्विक-चेतना का प्रमाण है। मार्क्सवाद से प्रभावित होकर भी साहित्य में उसे आरोपित नहीं करते। साहित्य के वाद साहित्य के दृष्टिकोण हैं। उनको जीवन की चेतना से युक्त होना है। उनसे मूल्य-भावना विकसित होनी है। मानवीयता की अजस्र धारा को प्रभावित करनेवाली रचनाएँ मुक्तिबोध की खूबी है। आदमी में और उसकी जिन्दगी में दिलचस्पी का कम होना मनुष्यता की कमी का लक्षण है। यह हमारी संवेदनहीनता का भी प्रमाण है। मुक्तिबोध ने लिखा है- 'जब तक समाज पर धन का शासन रहेगा, आदमी ज्यादा से ज्यादा टुच्चा और ओछा होता चला जायेगा।' उच्चतर वर्ग दैहिक रूप से खूब प्रबल हो गये हैं। वे नैतिकता के बदले सौदेबाजी और अवसरवादिता को प्रश्रय देते हैं। ताकतवरों ने समाज के हर क्षेत्र को भ्रष्टाचार का अड्डा बना दिया है। भूल-गलती को शासन पर बिठाने में हमारा हाथ है। लेकिन उसे दुहराना नहीं चाहिए। भूल-गलती के निगाहों में निगाहें डालकर ईमान बेख़ौफ़ खड़ा है। यह सत्ता के लिए चुनौती है। मुक्तिबोध की कविताएँ आशावादिता से प्रेरित हैं। सच्चा आशावाद मनुष्य की ज्वलंत वास्तविक ऊष्मा से उत्पन्न होता है, केवल भविष्य स्वप्न से नहीं। कष्टग्रस्त मानव-श्रेणी को अपने उद्धार का रास्ता स्वयं बनाना है।

उनमें आशा का संचार करने का कार्य वे लगातार करते हैं-

पश्चिमी नगरों की इमारतें ठठाकर
मकानों के ताबूत कहकहे लगाकर

हँस पड़े, हँस पड़े
फट गया अंधेरा
जनता के शत्रुओं ने अपने ही नाखूनों से
पागल हो
चीर डाला
चीर डाला अपने ही सीने की हड्डियों का घेरा यह दुहेरा।

बुद्धि द्वारा हृदय को संशोधित करनेवाले इस कवि ने जीवन को प्राइमरी स्कूल कहा है। ज़िन्दगी भर नया कुछ सीखते हुए उन्होंने लेखक के रूप में अभिव्यक्ति-स्वतंत्रता को सही ढ़ंग से लिया है। जनता का साथ देकर उन्होंने अपनी भूमिका खूब निभायी है। उनका विचार था कि लेखक के लिए केवल द्रष्टा रहना, किसी खास वातावरण में रहना कोई भावना नहीं रखता। उसके रंग में रग जाने में उनका विश्वास रहा है। उन्होंने अपनी कविताओं के ज़रिए अपना पथ ढूँढ़ लेने वाले बेचैन मन का प्रक्षेपण किया।

समय की विद्रूपताओं से बेचैन कहानियाँ

डॉ. शान्ती नायर

बेचैनी संवेदनशील मन की अस्मिता है। संवेदनशील रचनाकार मुक्तिबोध को अपने समतल दिखने वाले समय के नीचे बहने वाली जटिलता की अन्तरधारा सदा दृष्टिगोचर होती रही है। सम्भवतः इसी कारण बेचैनी से बचकर निकल पाना उनके लिए कभी भी सम्भव नहीं हो पाया। एक जटिल समय की तलछट से टकराकर लौटने वाली प्रतिध्वनियाँ मुक्तिबोध की कहानियों में भी सुनाई देती हैं। मुक्तिबोध की ऐसी कहानियों का पाठ करते समय लेखक का समय और उसमें लेखक का हस्तक्षेप विशेष रूप से केन्द्र में आ जाते हैं। यह भी ध्यान देने योग्य है कि इस प्रकार की कहानियों में इतिहास दृष्टि ठीक उसी प्रकार मिलती है, जैसे शरीर में रक्त की धमनियाँ। यह इतिहास दृष्टि इस बात का भी प्रमाण है कि किसी न किसी समय में रचनाकार पूरी तरह से 'इन्वॉल्वड' रहा है। यह 'इन्वॉल्वमेंट' एक घटना या परिघटना विशेष तक सीमित होना या उससे बन्ध जाना नहीं है, वरन जीवन के प्रासंगिक वास्तविक प्रश्नों—महाप्रश्नों के सही सन्दर्भ में, वर्तमान समय के साथ अभिमुख होना है। इस बात में कोई सन्देह नहीं कि रचनाकार के ऐन सामने उपस्थित समय अपने आगत और विगत से भी संलग्न होता है क्योंकि कोई भी वर्तमान अपने अतीत और भविष्य से निरपेक्ष स्वायत्त नहीं होता। मुक्तिबोध की कहानियाँ भी इसी कारण आज के समय से जोड़ कर पढ़ी जाने की सम्भावनाओं के साथ पाठक का ध्यान आकर्षित करती हैं।

मुक्तिबोध के प्रौढ रचनात्मक दौर में लिखी गयी दो कहानियाँ हैं, 'पक्षी और दीमक' तथा 'क्लॉड ईथरली'। ये कहानियाँ हमारे वर्तमान के महाप्रश्नों से मुखातिब

होती दीख पडतीं है। भारत के स्वतन्त्र होने से अब तक जीवन को सम्मान से जीने का सपना शायद हर नागरिक ने हर काल में देखा। हर दशक में यह सपना टूटा। परन्तु वांछा इतनी बलवती रही कि भारतीय नागरिक इस सपने को पाने की दिशा में अग्रसर होता रहा। बावजूद इसके एक समयान्तराल के बाद वह स्वयं हताश भी हो जाता है। 'पक्षी और दीमक' में आत्मविस्मृति के कारण पैदा हुए जिस संकट को प्रतीकात्मक ढंग से उभारा गया है उसकी अर्थव्याप्ति वर्तमान भारत के लगभग हर क्षेत्र में दिखाई देती है।

यहाँ पक्षी और दीमक की कहानी को भारत के सामाजिक राजनीतिक सच का पर्दाफाश करने का माध्यम बनाया गया है। जो विद्रूपताएँ लेखक के मन को हमेशा व्यथित करती रहीं हैं, वे कहानी के कलेवर में उभरती हैं। सामाजिक विषमताओं के सरोकार को संवेदनशील पाठक तक मुक्तिबोध पक्षी और दीमक की कहानी के माध्यम से संप्रेषित करते हैं। नीले आसमान की ऊंचाइयों पर पिता और मित्रों के साथ उड़ने वाला नौजवान पक्षी जब बैलगाड़ी में भरे दीमकों के बोरों और ''दो दीमक ले लो एक पंख दे दो'' की आवाज़ लगाते गाड़ीवाले को देखता है तो वह दीमक खाने के आकर्षण तथा उड़ान भरे बिना भोजन प्राप्त कर लेने के मोह को रोक नहीं पाता है।

वह रोज़ एक पंख देकर दीमक लेने लगता है। पिता द्वारा ऐसा न करने के सन्दर्भ में दी गयी हिदायतों को वह हिकारत के साथ नज़रन्दाज़ कर देता है। उसे अब दीमक के अलावा दूसरे कीड़े, फल, अनाज के दाने आदि अच्छे नहीं लगते। पहले पक्षी मानता रहा कि आसमान में उड़ना व्यर्थ है।

धीरे-धीरे पक्षी आसमान में उड़ने के काबिल न रह गया। परन्तु दीमक खाने का शौक बरकरार रहा। गाड़ी वाला अब आये दिन न आता, तो पक्षी बेहाल हो जाता।

अनन्तर ज़मीन से चुनकर पक्षी जब दीमक गाड़ीवान को देना चाहता है और बदले में अपने पंख वापस लेना चाहता है तो गाड़ीवान ठठाकर हँस देता है और कहता है 'मैं दीमकों के बदले पंख लेता हूँ पंख के बदले दीमक नहीं।' अन्ततः उड पाने में असमर्थ पक्षी एक काली बिल्ली का शिकार बनती है।

पक्षी और उड़ान जहाँ स्वप्न स्वतन्त्रता और उन्नति से जुड़ कर संकल्पना में आते हैं, वहीं दीमक किसी भी वस्तु को धीरे-धीरे भीतर से नष्ट कर देने वाले कारक के रूप में। कहानी के पक्षी की गहरी भूल आत्मविस्मृति की भूल है। पक्षी होना वास्तव में उसके उड़ पाने के कारण है। जिसका आधार उसके पंख है। ये पंख दूसरों को दे देने वाला पक्षी अब पक्षी नहीं रह जाता। कहानी प्रतीकात्मक

रूप से सूचित करती है कि सुविधा का मोह और दीमक के आकर्षण जिस प्रकार धीरे-धीरे पक्षी को पंगु बनाकर उसका अन्त कर देते हैं, भारत के वर्तमान की स्थिति भी इससे भिन्न नहीं है।'

सम्राज्यवादी उपनिवेशवादी शक्तियों की घुसपैठ तो भारत में औद्योगिक क्रान्ति के साथ ही हो गयी थी। और उसके बाद उसे कायम रखने की। यहां उपनिवेशन का शिकार बने देशों को तोड़ना-मरोड़ना या काटना छाँटना उनके लिए आवश्यक हो गया था। नवउपनिवेशी दौर में यह और अधिक पुष्ट होकर भूमण्डलीकरण के रूप में सामने आ रही है। देश का एक बहुत बड़ा हिस्सा उपभोक्ता संस्कृति रूपायित हुई। आज इसी उपभोक्ता संस्कृति के रुझानों के माध्यम से घुसपैठ कर आने वाले साम्राज्यवाद के हाथ भारत की पूंजी भारत की राजनीति, प्रकृति और संस्कृति पर कब्जा कर बैठे हैं।

पंख देकर दीमक खरीदने वाले पक्षी के ही मसान हमारा नेतृत्व आज खतरों के प्रति उदासीन होकर मुक्त अर्थव्यवस्था को स्वीकार कर रहा है। जाने अनजाने औपनिवेशिक हित सुरक्षित होते जा रहे हैं। देश की अपनी परम्परा, इतिहास, सांस्कृतिक मूल्य, पूंजी, प्रकृति सभी कुछ ठीक उसी प्रकार वर्चस्ववादी शक्तियों को सौंप दिए जा रहे हैं, जैसे पक्षी ने अपनी अस्मिता को भूल कर पंख गाड़ीवान को सौंप दिए।

पक्षी को दीमक याने वह सुविधापरस्ती प्रदान की जाती है जो उसे आत्मनिर्भरता से वंचित करती है। सुविधापरस्ती अथवा आत्मसुख की और आकृष्ट और अनन्तर उससे आविष्ट भारत का सामान्य जन भी अपने आत्म को विस्मृत कर देता है आत्मनिर्भरता से दूर चला जाता है। यहाँ उसे गुलाम बना लेना या समाप्त कर देना आसान हो जाता है। 'स्व' से होने वाला यह अलगाव मनुष्य को दिग्भ्रमित करता है। पक्षी का पिता समझाने की कोशिश करता है –

''बेटे दीमक हमारा स्वाभाविक आहार नहीं है और उनके लिये अपने पंख तो हर्गिज़ नहीं दिए जा सकते।'' अपने देश की प्रकृति और संस्कृति से कटने वाले नागरिक या नेतृत्व के लिए यह एक चेतावनी है कि अपनी अस्मिता को खोकर ऐसे किसी सभ्यता या विकास का वरण नहीं किया जाए जो हमारे लिए अनुकूल न हो, जो हमारे वर्तमान को क्षीण कर दे और भविष्य को मिटा दे। परन्तु इस प्रकार की चेतावनियों को ठीक उसी प्रकार अनदेखा अनसुना कर दिया गया जैसे कहानी के नौजवान पक्षी ने बडे गर्व से अपना मुँह दूसरी ओर कर लिया।

पक्षी को दीमक खाने की लट लग गयी थी। 'अब उसे न दूसरे कीड़े अच्छे लगते न फल न अनाज के दाने। दीमकों का शौक अब उस पर हावी हो गया

था।' सौन्दर्य, सभ्यता, कुशलता या उत्कृष्टता के द्वन्द्वात्मक समीकरण भारतीय जनमानस में भी इसी प्रकार रूपायित हो गये थे। भौतिक, राजनैतिक गुलामी से कई गुना खतरनाक था संकल्पनाओं का गुलाम होना इस अवस्था में अपना सब कुछ खराब और उनका सब कुछ अच्छा लगता है। मनुष्य की संकल्पनाओं में घर कर जाने वाली यह गुलामी मानसिकता जीवन के हर क्षेत्र में अपना प्रभाव डालने लगती है।

पक्षी अपनी ऊँचाइयाँ छोड़कर उतर आता है। आत्मसुख के छद्म में फँसा व्यक्ति भी सांस्कृतिक स्तर पर ऊँचाइयों को छोड देता है। वर्तमान समय के भ्रष्टाचार के साथ बुद्धिजीवियों में संघर्षशीलता के स्थान पर आ पहुँची समझौतापरस्ती की मानसिकता की ओर भी लेखक ने इशारा किया है।

पंख यहाँ एक साथ नहीं नोचे जाते वरन एक एक कर ले लिए जाते हैं। स्मृति, स्वप्न, आदर्श...सब एक एक कर नष्ट होते जाते हैं। बहुत कुछ है जिसे भारतीय समाज दीमक की तरह अपने आत्मा को नष्ट कर स्वीकार रहा है। विकास का ऐसा प्रारूप बनाया जाता है जो कि सम्राज्यवादी देशों द्वारा वर्चस्व की स्थापना कर पाने के अनुकूल हो। प्रकृति का अन्धाधुंध दोहन होता है और हम विकास के नाम पर आश्वस्त रहते हैं। नये कॉरपोरेट, उदारीकरण, निजीकरण ने इसी प्रकार के दीमक खिलाए। परंपरागत उद्योग धंधे और खेती आदि का ध्वंस हो गया। कहानी जिस प्रकार पंख देकर दीमक लिया जा सकता है परन्तु दीमक देकर पंख नहीं लिया जा सकता, तीसरी दुनिया के इन देशों की स्थिति भी ऐसी है कि वे इस प्रकार ग्रसित हो चुके हैं कि, पूर्व स्थिति में अब कभी वापस नहीं आ सकते। आधुनिकीकरण की संज्ञा देकर जिन योजनाओं को पेश किया गया, उनमें से अधिकांश देश की आत्मनिर्भरता को नष्ट करने वाली रही। सब कुछ क्रमेण हुआ जैसे पक्षी पहले ऊँची लम्बी उड़ान भरने में असमर्थ होता है फिर एक पेड़ से दूसरे पेड़ तक उड़ता है...फिर फुदकता मात्र है फिर काली बिल्ली का शिकार हो जाता है।

एक ओर बाहरी शक्तियाँ ताक लगाए बैठी हैं तो दूसरी ओर व्यवस्था में व्याप्त भ्रष्टाचार है। कहानी में हम देखते हैं कि सरकारी योजनाओं को क्रियान्वित करने की प्रक्रिया में भी भ्रष्टाचार का जटिल कुचक्र है सरकारी अनुदान प्राप्त करने के लिए संस्थाओं और सरकारी कर्मचारियों के भ्रष्ट तंत्र का मकड़जाल इस तरह उलझा हुआ है कि सुलझाना आज लगभग नामुमकिन सा हो गया है। सरकारी व्यवस्था का यह आलम है कि, "माली साल की आखिरी तारीख को अब सिर्फ दो या तीन दिन बचे हैं। सरकारी ग्रांट अभी मंजूर नहीं हो पा रहा है, कागजात अभी वित्त–विभाग में ही अटके पड़े हैं। ऑफिसों के बाहर, गलियारों के दूर किसी कोने में, पेशाबघर

के पास या होटलों के कोनों में क्लर्कों की मुट्ठियाँ गरम की जा रही हैं ताकि ग्रांट मंजूर हो और जल्दी मिल जाए। (मुक्तिबोध रचनावली-तीन पृ-144) कहना न होगा कि देश की वर्तमान स्थिति इसी प्रकार की है या इससे भी बद्तर हैं।

आत्मविस्मृति का ही एक हिस्सा यह भी है कि देश और देश की सम्पत्ति के सन्दर्भ में हम भूल जाते हैं कि ये हमारी बुनियाद है और इनके प्रति हमारे कुछ कर्तव्य हैं। दीपक की तरह भ्रष्टाचार देश की व्यवस्था को खोखला कर रहा है। कहानी में देखा जा सकता है कि किस प्रकार सरकारी कार्यालयों में सामान की खरीदारी में भी बेईमानी की जाती है। सरकारी वस्तुओं खरीदारी में सामान खरीदा ही नहीं जाता परन्तु समान के भुगतान बिल आदि की व्यवस्था कर दी जाती है भौतिक जाँच–पड़ताल के अवसरों पर कुछ समय के लिए सामान को कहीं और से ला कर रख दिया जाता है। कहानी के एक प्रसंग में इस ओर संकेत किया गया है –

''सूक्ष्मदर्शी यंत्र? सूक्ष्मदर्शी यंत्र कहाँ है? है तो। ये हैं। देखिए। 'क्लर्क कहता है। रजिस्टर बताता है। सब कहते हैं- हैं हैं। ये हैं। लेकिन कहाँ हैं? यह तो सब लिखित रूप में हैं, वस्तु रूप में कहाँ है। झूठी रसीद लिखने का कमीशन विक्रेता को, शेष रकम जेब में। सरकार से पूरी रकम वसूल।.....किसी खास जाँस के ऐन मौके पर किसी दूसरे शहर की.....संस्था से उधार लेकर, सूक्ष्मदर्शी यंत्र हाजिर। सब चीजें मौजूद हैं। आइए अब देख जाइए। हाँ यह तो हैं सब सामने। लेकिन, जाँच खत्म होने पर सब गायब, सब अंतर्धान। कैसा जादू है। खर्चे का आँकडा खूब फुला कर रखिए सरकार के पास कागजात भेज दीजिए। खास मौकों पर आफिसों के धुंधले गलियारों और होटलों के कोनों में मुट्ठियां गरम कीजिए।'' (मुक्तिबोध रचनावली –तीन पृ.145)

जो विद्रूपताएँ लेखक के मन को हमेशा व्यथित करती है उनके केन्द्र में देश की राजनैतिक स्थितियां-परिस्थितियाँ निश्चित रूप से हैं। देश के राजनैनिक गलियारों में भी आज ऐसी मौका परस्ती है कि व्यक्ति पूर्णतया आत्मकेन्द्रित है। 'पक्षी और दीमक' कहानी में मैदान को समतल करने के खर्चे का संदर्भ आता है। श्यामला तर्क करती है कि यदि वास्तविक खर्च बारह हज़ार है बीस हज़ार क्यों मान लिया जाए? 'मैं' को यह बात बैठक में स्पष्ट कर देनी चाहिए। परन्तु 'मैं' की सोच और स्थिति कुछ और है। इसे इस प्रकार व्यक्त किया गया है–

''अब मैं उसे 'उतना' का क्या मतलब बताऊं। साफ है कि उस अगले खद्दर कुरते वाले से मैं दुश्मनी मोल नहीं लेना चाहता। मैं उसके प्रति वफादार रहूँगा क्योंकि मैं उसका आदमी हूँ। व्यक्ति निष्ठा भी कोई चीज है, उसके कारण

ही मैं विश्वास योग्य माना गया हूँ इसलिए मैं कई महत्वपूर्ण कमेटियों का सदस्य हूँ। (मुक्तिबोध रचनावली -तीन पृ-148) बागडोर सम्हालने के सन्दर्भ में भी स्वतन्त्र ईमानदार सोच नहीं वरन गुट्बन्दी प्रमुख हो चली है। देश के, समाज के हित के लिए बनाई कमेटियों के सदस्य बनने की योग्यता यह हो चली है कि वह व्यक्ति किसी बड़े राजनेता का कृपा पात्र हो। और नामित होने के बाद सदस्य का सबसे बड़ा कर्तव्य नेता के प्रस्तावों के लिए हामी भरना होता है। उनके हर प्रकार के लाभ के लिए समर्पित रहना हैं। आज भी देश की राजनीति के गलियारों में यही संस्कृति पनप रही हैं।

पक्षी और दीमक का भगवे खद्दर कुरते वाला भ्रष्ट राजनैतिक व्यवस्था के प्रतीक के रूप में आता है। कहानी के 'मैं' का अवसाद देश के उस शोकार्त व्यक्ति का अवसाद है जो आत्मकेन्द्रित आत्मविस्मृत विद्रूपताओं के बीच अनचाही स्थितियों में जीता चला जा रहा है। अपने आपको वह इन स्थितियों के बीच विकृत अवस्था में पाता है। इसकी अभिव्यक्ति कहानी में इस प्रकार हुई है-भगवे खद्दर-कुरते वाले की 'शवरलेट' जिसके ज़रा पीछे में खडा हूँ और देख रहा हूँ—यो हीं—कार का नम्बर—कि इतने में उसके चिकने वाले हिस्से में, जो आईने सा चमकदार है, मेरी सूरत दिखाई देती है। भयानक है वह सूरत सारे अनुपात बिगड़ गए हैं। नाक डेढ गज लम्बी ओर कितनी मोटी हो गई है। चेहरा बेहद लंबा और सिकुड़ गया है, आंखे खड्डेदार। कान नदारद। मैं भूत जैसा अप्राकृतिक रूप। मैं अपने चेहरे की उस विद्रूपता को मुग्ध भाव से कुतुहल से और आश्चर्य से देख रहा हूँ। एकटक।'' (मुक्तिबोध रचनावली -तीन पृ-145) 'मैं' को लगता है कि यह आत्मालोचन, दुख और ग्लानि का गटर है। और सहसा उसके मुँह से हाय निकल पड़ती है और वह सोचता है उस भगवे खद्दर कुरते वाले से मेरा छुटकारा कब होगा विकृति का यह बोध उसे मुक्ति की छटपटाहट से भर देता है।

यह छटपटाहट और बेचैनी मुक्तिबोध की रचनाओं को अपनी निजी पहचान देती है। अणुयुद्ध की भीषणता को और नृशंसता के अनन्तर दीख पड़ने वाली दयनीयता की अपरिहार्यता को उकेरती हुई कहानी 'क्लॉड ईथरली' एक बडे कैनवास पर सूक्ष्म रेखाओं के साथ फैलती है। पूंजीवादी व्यवस्था को एक व्यापक परिप्रेक्ष्य में कहानी देखती है, जिसमें सम्राज्यवाद भी सन्निहित है। अमेरिका कहानी में आद्यान्त बरकरार है तो उस देश के एक नागरिक क्लॉड ईथरली नामक पात्र को अक्स बनाकर पूरी कहानी चलती है। युद्ध और आधिपत्य की मानसिकता मनुष्य में जिस सोच को उत्पन्न करती है उसमें न तो मानवीय मूल्यों का स्थान है, न धार्मिक विश्वासों का, न भाईचारे का।

'क्लॉड ईथरली' के कैनवास पर मुक्तिबोध तीन पात्रों को उतारते हैं जिनमें दो पात्र कहानी के वर्तमान में सक्रिय दीख पड़ते हैं। परन्तु कहानी का केन्द्र पात्र क्लॉड ईथरली, जो इस कहानी के शीर्षक का भी हकदार है, उसकी भूमिका कहानी के वर्तमान में बहुत कम प्रतिशत ही है। उसकी उपस्थिति कहानी के वर्तमान में केवल इतनी है कि वह निसैनी पर चढ़कर इमारत के भीतर देखने वाले कथावाचक 'मैं' को आकस्मात दिखाई दे जाता है-'छत के नीचे ढिलाई से गोल-गोल घूमते पंखे के नीचे, दो पीली स्फटिक सी तेज आँखे और लम्बी सिलवटों से भरा तंग मोलिया चेहरा जो कि ठीक उनकी रोशनदानों में से भीतर से बाहर पार जाने के लिए ही मानों अपनी दृष्टि केन्द्रित कर रहा है आँखों से आँखें लड़ पड़ती हैं, ध्यान से एक दूसरे की ओर देखती हैं, स्तब्ध, एकाग्र''

'मैं' और जनाना जिस्म वाले आदमी के बीच के संवाद के माध्यम से कहानी अपना विस्तार करती है। इस संवाद का हेतु क्लॉड ईथरली है। जनाना जिस्मवाले आदमी से 'मैं' सर्वप्रथम यह जानना चहता है कि जिस इमारत में उसने कलॉड ईथरली को देखा वह इमारत कौन सी है। जनाना जिस्म वाले आदमी (जिसे सी. आई.डी भी बताया गया है) की प्रतिक्रिया इस सन्दर्भ में यह होती है- ''जानते नहीं हो, यह पागलखाना है, प्रसिद्ध पागलखाना।'' उत्तर का अनुताल वैसा ही है, जैसे कोई आश्चर्य व्यक्त कर रहा हो कि 'तुम अमेरिका को नहीं जानते?!' यहाँ विश्वप्रसिद्ध और मनमानी हरकतों का स्मीकरण पागलखाने से जुडकर हो न हो अमेरिका की ओर इशारा कर ही देता है।

धनी देशों की स्वार्थपरकता जब मनमानी की हदें पार कर जाती है, तो वह युद्धोन्मुखी, मानसिकता को रूपायित कर मानवीय मूल्यों का ध्वंस करती है। यह मानसिकता जब संस्कृति पर अपना वर्चस्व स्थापित कर लेती है तो एक अपरिभाषेय भय स्वतः ही रूपायित होने लगता है। यह भय, भय होते हुए भी सभ्य समाज का अलंकरण बनता है, इस भय के ही समान मनमानी ध्वंसप्रियता भी आसानी से त्यागी नहीं जा सकती। भीतर के निषेध के बावजूद व्यवहार में उसे स्वीकार करने के लिए व्यक्ति बाध्य होता चला जाता है। 'बाहरी एवं भीतरी दो कठिन पाटों के बीच पिसने' की स्थिति से इतर नहीं है क्लॉड ईथरली की स्थिति। जिस पागलखाने में वह पहुँचा दिया गया है, उसकी ओर जाने वाला रास्ता बाहर वालों के लिए फैशनेबुल ही है।

क्लॉड ईथरली के जीवन से जुडे सत्य जनाना जिस्म वाले सी.आई.डी. के कथन से ही कहानी में आते हैं। क्लॉड ईथरली वह अमेरिकी विमानचालक है जिसने

हिरोशिमा पर बम गिराया था। ध्वंस का शिकार बने हिरोशिमा की स्थिति उसे विचलित कर देती है। उस आदिवासी रोमन कैथलिक ईसाई को पता नहीं था कि उसके हाथ में जो हथियार है उससे इतना बड़ा विनाश होगा भयानक पाप कर जाने का बोध क्लॉड ईथरली के भीतर उभरकर बढ़ने लगता है और वह अपने आपको अपराधी के रूप में स्वीकारने लगता है। लेकिन अमेरिकी सरकार के लिये वह 'वार हीरो' है। सरकार उसे इनाम देती है। यहाँ दो स्थितियाँ हैं जो परस्पर आमने सामने आकर ठहरती है। और इन दोनों के बीच है एक आदमी या संवेदनशील नागरिक। एक ओर वह खुद के समक्ष ऐसा अपराधी है जिसने जघन्य अपराध किया है। क्रूरता और नृशंसता का ताण्डव रचा है। दूसरी ओर इसी नृशंसता को देशहित के रूप में घोषित किया जा रहा है। उसे 'ग्लोरिफ़ाई' किया जा रहा है क्लॉड ईथरली सज़ा चाहता है, वह स्वयं इसके लिए कारण जुटाता है परन्तु हर बार उसे जेल से इस कारण रिहा कर दिया जाता है कि से 'वार हीरो' का खिताब मिल चुका है।

कलॉड ईथरली ने मैनटूथ नामक गुण्डे के साथ डाकघर पर धावा बोला था, फिर डैल्लोस में कैशियर पर सशस्त्र आक्रमण किया था। मैनटूथ के साथ 'गुण्डा' शब्द विशेषण के रूप में जुड़ सकता है परन्तु क्लॉड ईथरली के साथ कतई नहीं। वह प्रख्यात युद्धवीर है क्योंकि उसने जो जघन्य कार्य किया है उसके साथ देशहित का लेबल लगा है।

कहानी में जनाना आदमी से कलॉड ईथरली का विवरण सुनते सुनाते कथावाचक महसूस करता है – "मैं सचमुच इस दुनिया में नहीं रहा हूँ, उससे कोई दो सौ मील ऊपर आ गया हूँ जहाँ से आकाश चाँद तारे सूरज सभी दिखाई देते हैं। रॉकेट उड़ रहे हैं आते हैं जाते हैं और पृथ्वी एक चौडे नीले गोल जगत सी दिखाई दे रही है। जहाँ हम किसी एक देश के नहीं, सभी देशों के हैं।" यहाँ एक ऐसा अहसास ध्वनित होता है कि हम किसी एक देश के नहीं वरन वृहद विश्व के नागरिक हैं। आगे विश्वनागरिक की संवेदना भी कहानी में उतरती है और संप्रेषित होती है।

साम्राज्यवादी पूंजीवादी देशों और गरीब अविकसित या विकासशील देशों का समीकरण जहाँ एक और पूर्णतया द्वंदात्मक रूप में उभरता है वहीं समीकरण के दोनों पक्ष इतने गुँथे हुए भी हो जाते हैं कि अन्तर अस्पष्ट लगने लगता है। यह स्थिति सांस्कृतिक के क्षेत्र में अधिक उभर कर आ रही है, सांस्कृतिक स्तर पर यह हस्तक्षेप वस्तुतः इतने महीन ढंग से फैल कर घर करता है कि घुसपैठ प्रायः पहचानी ही नहीं जाती। कहानी का 'मैं' चकित है कि अमेरिका का क्लॉड ईथरली,

जिसने हिरोशिमा पर बम बरसाया वह भारत के पागलखाने में कैसे है? यथार्थ और भ्रम के बीच 'भयावह और संदिग्ध' ऐसी ही स्थिति हर आम नागरिक की है, कथावाचक 'मैं' प्रश्न करता है—"तो क्या यह हिन्दुस्तान नहीं है? हम अमेरिका में ही रह रहे हैं?"

संस्कृतियों के संबन्ध जब बनते हैं तो तीन प्रकार की सम्भावनाएँ होती है—

पहली वह जिसमें सत्ता की निकटवर्ती संस्कृति संस्कृति दूसरी को जड़ से उखाड़कर फेंक देती है, दूसरी स्थिति में वह संस्कृति दूसरी को अपनाती है और अपनाकर उस पर कब्ज़ा कर लेती है। तीसरी संभावना प्रभुता की है जिसमें वह दूसरी संस्कृति पर थोप दी जाती है, यहाँ हमें दूसरी संस्कृति का ज़िन्दा बचे रहना, राहत का अहसास करा सकता है, परन्तु नकारत्मकता का पक्ष प्रथम दो प्रक्रियाओं के समान प्रभुता में भर विद्यमान होता है, 'मैं' के प्रश्न के उत्तर में जानना जिस्म वाले आदमी जवाब सांस्कृतिक स्तर पर उभर कर फैलने वाली इन्हीं स्थितियों की ओर सशक्त रूप से संकेत करता है— "भारत के हर बड़े नगर में एक-एक अमेरिका है"

यह अमेरिका संकल्पना में उतर जाने वाला सांस्कृतिक प्रदूषण है। जिससे भारत का हर नागरिक अधिक या आंशिक रूप से प्रभावित हो चुका है। यहाँ सब कुछ इतना गुँथा हुआ है कि अलग-अलग पहचानना तक सम्भव नहीं हो पाता। भीमाकार पत्थरों की विक्टोरियन बिल्डिंग की पृष्ठभूमि वाले फैशनेबुल रास्ते पर भी पान की दूकान है। पान जहाँ भारतीय जीवन की ठेठ संस्कृति से जुड़ता है वही उस दूकान की दीवारों पर विलायती नंगी औरतों की तसवीरें भी हैं, जिनके बारे में कहा गया है कि वे दूकान की शौकत बढ़ा रही हैं। इन तसवीरों की संस्कृति यहाँ पान के साथ भारतीय रंग में उतर कर उसे नया 'शेड' दे देती है। भले ही पान के समान उसे सिर्फ चबाया ही जाता हो, गले के नीचे न उतारा जाता हो, परन्तु इसका नशा चढ़ने से नहीं चूकता।

इस प्रदूषित वातावरण में तीसरी दुनिया के नागरिक को अपना चेहरा बदसूरत लगता है। अच्छे और बुरे की संकल्पनाएँ भी उसके दिमाग में किसी और की दी हुई होती हैं। कहानी में हम देखते हैं कि पान की दूकान में जो आईना लगा है उसके पीछे लगे मसाले में दोष है, इसीकारण अपना चेहरा बिगड़ा ही दीख पड़ता है। औसत आम आदमी अपनी संस्कृति और आयातीत संस्कृति के बीच सही-गलत, सुन्दर-असुन्दर, उचित-अनुचित का फैसला कर पाने में असमर्थ, अगम्भीर जीवन जीने का दंशा में है। कहानी में एक सन्दर्भ आता है जब दो पात्र आईने में अपने चेहरों को देखते हैं—"हम दोनों ने अपने-अपने चेहरे और एक दूसरे के चेहरे देखे।

दोनों खराब नज़र आए। दोनों रूप बदलने लगे, दोनों हँस पड़े। और यही मज़ाक चलता रहा।''

भारत की संस्कृति में आ पहुँचे प्रदूषण के कुछ बाहरी दृश्यों की ओर कहानी पहले स्पष्ट इशारा करती है—''तुमने लाल ओंठ वाली चमकदार गोरी सुनहली औरतें नहीं देखीं, उनके कीमती कपड़े नहीं देखे, शानदार मोटरों में घूमने वाले अशिक्षित लोग नहीं देखें, नफीस किस्म की वेश्यावृत्ति नहीं देखी?'' ये ऐसे दृश्य हैं जो आम तौर पर आयातीत संस्कृति के प्रदूषण के रूप में आलोचना और हिकारत का विषय बनते हैं। परन्तु कहानीकार ने इससे आगे इसी के साथ जोड़कर जो वाक्य लिखे हैं उनके माध्यम से तीखे व्यंग्य को उजागर किया है—''सेमीनार नहीं देखे? एक ज़माने में हम लन्दन जाते थे, इंग्लैन्ड रिटर्णड कहलाते थे और आज वाशिंगटन जाते हैं'' स्पष्ट है कि कॉलनाइज़ेशन हमारी संकल्पना में वैसे ही शेष रह गया जैसे वर्षों से लगे किसी मैल को पोंछ देने पर भी उसका दाग बरकरार रहता है। साम्राज्यवाद और वर्चस्ववाद की, आयातीत संस्कृति की आलोचना करते हुए भी अमेरिका पहुँचने या अमेरिका जैसा बनने का सपना पालने वाली की स्थिति को भी नफ़ीस किस्म की वेश्यावृत्ति की शृंखला में रखता कहानीकार यहाँ विडम्बना को तीखे व्यंग्य के साथ व्यक्त करता है—

''हमारा बस चले तो हम सचमुच उतने ही धनी हों और हमारे पास उतने ही एटम बम हों, हाइड्रोजन बम हों और रॉकेट हों तो फिर पूछना क्या।'' अर्थात असमर्थता की स्थिति में जिस चमक-धमक और वर्चस्व की निन्दा की जाती है समर्थता में (याने अवसर मिलने पर) वे सब पूरी हवस के साथ अपना ली जाती हैं, यहाँ तक कि हिंसा के तमाम तरीके और उपकरण भी।

कहानी का मैं अपने ईमानदार होने की तमाम दलीलें पेश करता है, वजूद इन दलीलों के वह स्वीकारता है —

''अलबत्ता कर्ज़ मुझ पर ज़रूर है जो कि मैं चुका नहीं पाता।'' वर्तमान स्थिति ऐसी ही दीख पड़ती है कि घोषित ईमानदारी के पीछे एक बेईमानी भी होती है जिसे भद्र रूप से छिपा लिया जाता है। कहानी का 'मैं' स्वयं मानता है कि निसैनी पर चढ़कर रोशनदान से उसका क्लॉड ईथरली को देखना स्वतः बेईमानी ही है, वह इस बात से डरता भी है कि कहीं सन्दिग्ध अवस्था में वह पकड़ा न जाए। कथावाचक 'मैं' का यह देखना और सोचना ठीक वैसा ही है जैसे कि भारतीय भद्र वर्ग आज अमेरिका को देखता और सोचता है। कहानी आगे संकेत देती है कि ''आजकल के लेखक और कवि अमरीकी ब्रिटिश तथा पश्चिमी योरोपीय साहित्य में गोता लगाते हैं। और वहाँ से अपनी आत्मा को शिक्षा और संस्कृति प्रदान करते हैं। आगे मुक्तिबोध

जनाना आदमी से वह भी कहलाते हैं कि हमारे तथाकथित राष्ट्रीय अखबार और प्रकाशन केन्द्र अपनी विचारधारा और दृष्टिकोण अमेरिका से ही होते हैं। स्पष्ट है कि कोई भी समाज इससे मुक्त नहीं, इस प्रकार देखा जाए तो कहानी का वाक्य 'भारत के हर बड़े नगर में एक एक अमेरिका है', 'का अर्थ फैलकर और अधिक विस्तार पाता है साथ ही सूक्ष्मता के साथ दृष्टिगोचर भी होने लगता है।'

कहानी का जनाना आदमी अपना परिचय देता है– ''मैं एक करोड़पति सेठ का लड़का हूँ, उनके घर में जो काम करनेवालियाँ हुआ करती थीं, उनमें से एक मेरी माँ है, जो अभी भी वहीं है, मैं घर से दूर पाला पोसा गया, मेरे पिता के खर्च से, माँ मिलने आती। उसी के कहने पर मैंने बमुश्किल तमाम मैट्रिक किया, फिर किसी सिफ़ारिश से सी.आई.डी की ट्रेनिंग में चला गया। तब से यहीं काम कर रहा हूँ, बाद में पता चला कि वहाँ का खर्च भी वही सेठ देता है। उसका हाथ मुझ पर अभी तक हैं।'' कहानी में यह कथन मात्र एक परिचय नहीं है। वरन एक रूपक के रूप में उभरता है। पूंजीपतियों की वर्चस्ववादी के अधीन हैं तमाम अविकसित या विकासशील देश। इन देशों की संस्कृति में अमेरिकी संस्कृति का प्रवेश ठीक उसी प्रकार होता है जैसे काम करनेवालियों के भीतर करोड़पति का अवैध गर्भ, अनन्तर पिता के खर्च पर निर्भर नाजायज बेटे की स्थिति से भिन्न नहीं होता इन देशों का भविष्य। देश की संस्कृति, विरासत अस्मिता सभी कुछ ठीक वैसे ही है जैसे मिलने को कभी आ पहुँचने वाली माँ। जनाना आदमी का सी.आई.डी. बनाना करोड़पति की इच्छा और अहसान तले है ठीक उसी प्रकार तीसरी दुनिया के देश के नागरिक की आत्मनिर्भरता और अस्मिता भी मात्र भ्रम है। पूँजीवाद का वर्चस्व करोड़पति पिता के हाथ की तरह ही हमेशा बरकरार रहता है। सी आई. डी. वर्तमान भारत का नागरिक है– मर्द है पर जिस्म से जनाना। पर इस जनानेपन में एक ईश्वरीय अर्थ की दमक पैदा कर रहा है और आत्मा की आवाज़ को दबाता मालूम होता है। विवेक चेतना को अटाले में डाल देता है।

कहानीकार तमाम विचारों को इसी पात्र के माध्यम से पाठक के सामने रखता है। जैसे–'जो आदमी आत्मा की आवाज़ कभी-कभी सुन लिया करता है और उसे बयान करके छुट्टी पा लेता है वह लेखक हो जाता है। आत्मा की आवाज़ जो लगातार सुनता है और कहता कुछ नहीं है वह भोला-भाला, सीधा-साधा बेवकूफ है। जो उसकी आवाज़ बहुत ज्यादा सुनता है और वैसा करने लगता है वह समाज विरोधी तत्वों में यों ही शामिल हो जाया करता है। लेकिन जो आदमी आत्मा की आवाज़ ज़रूरत से ज्यादा सुनकर के उस बेचैनी में भीतर के हुकुम का पालन करता है वह निहायत पागल है।'' यहाँ क्लॉड ईथरली के सन्दर्भ में कहा गया 'पागल' शब्द

अर्थव्याप्ति पाता हुआ कहानी में फैल जाता है और क्लॉड ईथरली भी अर्थ का विस्तार करता हुआ वर्तमान जीवन के विविध क्षेत्रों में मौजूद विविध 'क्लॉड ईथरलियों' में बदल जाता है।

कहानी में कहा गया है कि पुराने ज़माने में लीक से हटकर सोचने वाले सन्तों को व्यवस्था ने पागल करार दिया। "आज भी बहुतों को पागल कहा जाता है। अगर वे बहुत तुच्छ हुए तो सिर्फ़ उनकी अपेक्षा की जाती है। जिससे कि उन की बात प्रकट न और फैल न जाए," यह व्यवस्था का अपना तरीका है जिसे वह वर्चस्ववादी रवैय्ये के तहत अपनाती है।

यहाँ कहानी का सत्य अमेरिका, हिरोशिमा, क्लॉड ईथरली से आगे जीवन के तमाम सूक्ष्म स्तरों में व्याप्त होता दिखाई पड़ने लगता है। जैसे कहानी कहती है कि 'भारत के हर बड़े शहर में एक एक अमेरिका है' वैसे ही विविध सन्दर्भों में व्यक्ति ऐसे कार्य करने को बाध्य होता है जिसे उसकी अन्तरात्मा नकारती है। विडम्बना वह कि व्यक्ति इन्हीं कार्यों के लिए ग्लोरिफ़ाई भी किया जाता है, ऐसी अवस्थाओं में पहुचने वाले हरेक संवेदनशील व्यक्ति के मन—मस्तिष्क और हृदय में क्लॉड ईथरली के मन-मस्तिष्क और हृदय का ही अनुकंपन है।

विकल्पों की ओर इशारा करती हुई कहानी कहती है कि हमारे मन हृदय मस्तिष्क में ऐसा ही एक पागलखाना है जहाँ हम उन उच्च्य पवित्र विद्रोही भावों को फेंक देते हैं जिससे कि धीरे धीरे या तो वे खुद बदलकर समझौतावादी पोशाक पहन सभ्य भद्र हो जाएँ यानी दुरुस्त हो जाएँ या उसी पागलखाने में पड़े रहें," कहानी इस सत्य को इन्हीं सन्दर्भों में हमारे सामने रखती है कि "क्लॉड ईथरली हमारे यहाँ भले ही देह रूप में न रहे लेकिन आत्मा की वैसी बेचैनी रखने वाले लोग तो यहाँ रह ही सकते हैं,"

सहमति और सामर्थ्य का चमकीला लेबल चिपकाकर दबा दी जानेवाली आसहमतियाँ जहाँ इतिहास में मौजूद हैं वहीं उनकी निरन्तरता को आज भी हम वर्तमान में कायम देख रहे हैं। इस बात में संदेह नहीं कि संवेदनशील व्यक्ति इन स्थियों से त्रस्त भी है-'व्यापक अन्याय करने वाले किन्तु उसका विरोध न करने वाले लोगों के अन्तरूकरण में व्यक्तिगत पाप भावना रहती है, रहनी चाहिए। क्लॉड ईथरली और उनमें यह बुनियादी एकता और अभेद है।'

यह दुनिया के किसी भी देश के किसी भी संवेदनशील नागरिक की संवेदना है। इन कहानियों में जो बेचैनी है, वह उस व्यक्ति मन की अस्मिता की गवाह है जो संवेदनशील रचनाकार में अन्त तक बरकरार रही। वह विश्वभर के वर्चस्व के इतिहास में हमें फैली हुई नज़र आती है।

मुक्तिबोध की मध्यमवर्गीय संस्कृति और संवेदना की विरासत

शिव दुबे

सामान्यतः मुक्तिबोध का मूल्यांकन उनकी लंबी कविता अंधेरे में और ब्रह्मराक्षस के इर्द-गिर्द घूमता दिखाई पड़ता है। दूसरे शब्दों में यह कहा जा सकता है कि मुक्तिबोध की कविताओं के विमर्श में यही दोनों कविताएं केंद्र में होती है। पाठकों और श्रोताओं को इनका काव्य सम्मोहित करता है और समीक्षकों के लिए आज भी 'आरुग' है। मुक्तिबोध का साहित्य मध्यमवर्गीय जीवन का जीवित इतिहास है और मध्यमवर्गीय जीवन का यही अंतर्द्वंद्व उनकी कहानियों में भी परिलक्षित होता है। मुक्तिबोध की कहानियों पर एक अलग विमर्श जितना आवश्यक है, उतना ही आवश्यक उनका पुनर्पाठ भी है। कविता के दृष्टिकोण से भी मुक्तिबोध की कहानियां अंतर्तम तक झिंझोड़ देने वाली संवेदना प्रेषित करने में सक्षम हैं।

मुक्तिबोध फैंटसी के माध्यम से जीवन और जीवन संघर्ष की अलग परिभाषा गढ़ते हैं। जीवन की यथार्थ धारा विपरीत दिशा से होकर निकलती है, धारा के साथ तो हताश ही बहता है। इनकी कहानियों में इसी भावबोध और विपरीत परिस्थितियों का संघर्ष हमें दिखाई पड़ता है। मुक्तिबोध एक आत्मचेतस व्यक्तित्व है जिसकी खोज प्रक्रिया सतत प्रवाहशील है।

'अंधेरे में' कहानी में एक हताश युवक का चित्रण मुक्तिबोध इस तरह से करते हैं– "वह हारा सा सड़क के किनारे-किनारे चलने लगा, मानो उस गहरे अंधेरे में भी भूखी आत्माओं की हजारों आंखें उसकी बुजदिली, पाप और कलंक को देख रही है। स्टेशन की ओर जाने वाली सीधी सड़क मिलते ही युवक ने पटरी

बदल दी।" मुक्तिबोध की समस्त कहानियों में कहीं ना कहीं मुक्तिबोध स्वयं परिलक्षित होते हैं। बेकारी, संघर्ष और आजीविका की अनिश्चितता आदि इसके कारण रहे हैं। इन कटु यथार्थों को मुक्तिबोध ने स्वयं भोगा है। एक स्थान पर जब अंधेरे में युवक का पैर सड़क किनारे सोए हुए लोगों पर जा लगता है, तब सोये लोगों के गर्म कोमल स्पर्श युवक में भयंकर पाप बोध को जगा देता है। मुक्तिबोध की कहानियां भी उनकी कविताओं की तरह अस्मिता की, अपनी पहचान की ओर संकेत करती प्रतीत होती है।

"क्लाड ईथरली" कहानी जापान के छोटे से प्रांत हिरोशिमा पर अमरीका द्वारा द्वितीय युद्ध के दौरान एटम बम फेंके जाने की घटना पर आधारित है, जो विश्व इतिहास की बर्बरतम घटनाओं में से एक है, यह मानव जाति की कई पीढ़ियों को पंगु कर देने की मूक गवाह है।

कहानी का उत्साही पात्र क्लाड ईथरली बम की विभीषिका से अनजान, भौतिकता की चमक से चौंधियाकर हिरोशिमा पर बम फेंक देता है, लेकिन उस विध्वंस, महाविनाश को उसकी आत्मा सह नहीं पाती। अपराधबोध से ग्रस्त होकर ऐसे काम करने शुरू कर देता है, जिससे उसे दंड मिले। वह कई बार जेल जाता है पर हर बार युद्ध नायक की छवि उसे बचा लेती है।

ईथरली के पात्र के माध्यम से मुक्तिबोध मध्यवर्गीय जन को चेतनशील बनाने का प्रयत्न करते हैं। मध्यवर्ग की यह नियति है कि वह अपनी आत्मा की आवाज को चाहकर भी अनसुना नहीं कर पाता, जिस कारण अंतर्द्वंद्व से ग्रस्त हो तनावपूर्ण जिंदगी जीने को विवश हो रहा है। यही कारण है कि उसका व्यक्तित्व समाज के लिए उपयोगी न होकर विध्वंसक सिद्ध हो रहा है। क्लॉड ईथरली का आत्मसंघर्ष और मानसिक द्वंद्व खुद मुक्तिबोध का आत्मसंघर्ष और मानसिक द्वंद्व है, जो 'उनके व्यक्तित्व में बद्धमूल है। 'क्लाड ईथरली' हम सबके अवचेतन में कहीं न कहीं सुषुप्त अवस्था में विद्यमान है।

'काठ का सपना' कहानी एक दंपत्ति और उनकी पुत्री की कहानी, जो जीवन के कठिन मार्ग के बीच ना दिखने वाला लक्ष्य, जिसके लिए, आदमी क्या-क्या प्रयत्न नहीं करता है। दोनों में एक अपराध बोध है जिसमें पुरुष अपनी पत्नी सहित काठ बनने का दंड पाकर भी बच्ची के लिए थोड़ी सी सुविधा पा जाने हेतु लालायित है।

"लेकिन उन दोनों में ना स्वीकार है ना अस्वीकार। सिर्फ संदेह है, यह संदेह साधार है कि इस निष्क्रियता में एक अलगाव है एक भीतरी अलगाव है। अलगाव में विरोध है, विरोध में आलोचना है, आलोचना में करुणा है, आलोचना पूर्णतः

स्वीकारणीय है, जिसे इस पुरुष ने कभी पूरा नहीं किया। वह पूरा नहीं कर सकता।''

''कर्तव्य कर्म को पूरा करना केवल उसके संकल्प द्वारा ही नहीं हो सकता! के लिए कुछ और भी चाहिए। फिर भी वह पुरुष मन ही मन यह वचन देता है यह प्रतिज्ञा करता है की कुछ जरूर वह कुछ न कुछ करेगा। विजयी होकर लौटेगा''

एक दांपत्य है जिसके मध्य निराशा का भाव बोध हो। आवश्यकता की पूर्ति ना हो पाने का क्षोभ भी है पर विजयी होकर लौटने का संकल्प भी अनवरत गतिमान है। जो दोनों के मध्य एक सूत्र का कार्य करती है उस बच्ची के लिए सभी अपेक्षाओं से संतोष और समझौता कर लिया जाता है फिर मुक्तिबोध की फेंटेसी इन भावों को इस तरह से चित्रित करती है- ''दोनों स्त्री पुरुष के जीवन पर विराम का पूर्ण चिन्ह लग गया है। काठ हो गए हैं। बाढ़ आती है किनारे पर पड़े काठों को बहा कर ले जाती है। जल विप्लव में काटते हैं, फिर भी प्राणहीन काठ आपस में गुंथे हुए बहे जा रहे हैं।''

'जंक्शन 'कहानी में मुक्तिबोध सफर करते दिखाई पड़ते है जंक्शन के वातावरण का उन्होंने जीवंत चित्रण किया है, जिसमें एक समय के बाद स्वयं द्वंद्व में घिरे ही दिखाई पड़ते हैं और अंत में उन्हें यह लिखना पड़ता है–'

''स्टेशन में विभिन्न प्रकार के लोग दिखाई पड़ते हैं जो आदमी नहीं आदमी नुमा गंदे सामान की तरह दिखाई पड़ते हैं'' कहानी का मुख्य पात्र एक गरीब बच्चे की मदद करते दिखाई पड़ता है, लेकिन कुछ देर बाद ऐसा ही दृश्य पुनः प्रकट होता है तो वास्तविकता समक्ष खड़ी होती जाती है। मुक्तिबोध की कहानियां उनकी कविताओं की तरह ही मध्यवर्गीय जीवन पर गंभीर दखल रखती है। ''मैं अपने भीतर ही नंगा हो जाता हूँ और अपने नंगेपन को ढ़ालने की कोशिश भी नहीं करता।''

'ब्रह्मराक्षस' मुक्तिबोध का प्रिय पात्र है।

मुक्तिबोध ने ब्रह्मराक्षस के माध्यम से बुद्धिजीवी वर्ग के अंतर्द्वंद्व का प्रतिनिधित्व करता है। एक गुरु जिसे एक योग्य शिष्य की तलाश है परंतु कहानी के अंत में हम पाते हैं कि गुरु को मुक्ति की तलाश है वहीं गुरु अपने शिष्य को बंधन में बांध कर उसका उपाय बताकर स्वयं ही मुक्त हो जाता है। ''तुमने मेरा ज्ञान प्राप्त कर मेरी आत्मा की मुक्ति दिला दी। ज्ञान का पाया हुआ उत्तरदायित्व मैंने पूरा किया। अब मेरा यह उत्तरदायित्व तुम पर आ गया है। जब तक मेरा दिया तुम किसी और को न दोगे तब तक तुम्हें मुक्ति नहीं'' निम्न वर्गीय चेतना जब अपने तर्कपूर्ण समाधान तक नहीं पहुंचता तब तक उसकी मुक्ति भी नहीं हो पाती। ब्रह्मराक्षस के माध्यम से यह संवेदना हम तक पहुंचती है।

'पक्षी और दीमक' जैसी कहानियों में मध्यवर्गीय जीवन की त्रासदी और विडंबना है, जहाँ विवशता और असंतोष का कोई अंत नहीं, कहानी में व्यक्ति को भ्रष्टाचार की सत्ता का अहसास होता है और आत्म-संशोधन की परिणति तक पहुंचता है। ''नहीं मुझ में अभी बहुत कुछ शेष है, बहुत कुछ। मैं उस पक्षी जैसा नहीं मरूंगा, मैं अभी भी उबर सकता हूँ। रोग अभी असाध्य नहीं हुआ है। ठाठ से रहने के चक्कर से बने हुए बुराई के चक्कर तोड़े जा सकते हैं। प्राणशक्ति शेष है, शेष। इनकी एक महत्वपूर्ण कहानी है 'प्रश्न' एक विधवा महिला और उसके बेटे की कहानी है, जहाँ महिला के विवाहेत्तर संबंध पर बेटे द्वारा उसकी पवित्रता का प्रमाण मांगा जाता है। यह दृश्य किसी के लिए भी सहज नहीं है। परिस्थितियां ऐसी है, जिसकी सही-गलत के आधार पर व्याख्या नहीं की जा सकती है। ''और अपवित्रा सुशीला सोच रही है अपने अंधेरे कमरे में कि उन्होंने मेरे जीवन की दोपहर में अपनी सहानुभुति का गीलापन दिया। फिर प्रेम दिया। मैं भीग उठी, उनसे प्रेम किया और ना जाने कब तन भी सौंप दिया! उन लोगों का एक ...'' दोनों का पैर एक हो गया।

''हम केवल साहित्यिक दुनिया में ही नहीं, वास्तविक दुनिया में रहते हैं। इस जगत में रहते हैं।'' मुक्तिबोध का यह सूत्र उनके समग्र सौंदर्यशास्त्रीय तथा सामजपरक चिंतन की आधारशिला है। यह वास्तविक दुनिया निम्न मध्यवर्ग और उत्पीड़ित जनों का वह इलाका है, जहाँ से मुक्तिबोध मानवीय अस्तित्व के निजी और सामाजिक प्रश्नों के साथ ही कला और साहित्य-सृजन के सवालों की पड़ताल के लिए मार्क्सवाद से उन्हें ठोस आधार प्राप्त हुआ था। इसी वैचारिक पृष्ठभूमि पर मुक्तिबोध ने जीवन और सृजन के प्रश्नों का परीक्षण करते हुए उन्होंने अपनी गद्य रचनाओं में दोहरे स्तर पर कार्य किया। एक स्तर पर वे अपनी ही सृजनात्मक समस्याओं से जूझते उनका हल खोजते दिखाई देते हैं और उथल-पुथल प्रकृति के कारण मुक्तिबोध साहित्य में बनी बनाई परिपाटी पर लाने के विरुद्ध थे। इसीलिए उनका गद्य एक सच्चे रचनाकार के आत्मसंघर्ष, जीवन-संघर्ष और सृजनात्मक संघर्ष का प्रामाणिक दस्तावेज बन गया है। ऐसा दस्तावेज जो अपने समय की साहित्यिक हलचलों और सामाजिक विवादों से समृद्ध है। वे मार्क्सवादी आस्था, गहरी प्रतिबद्धता और प्रखर मूल्य चेतना से संपन्न है। वे चीजों, रिश्तों और शब्दों के वर्गीय चरित्र को पहचानने में चूक नहीं करते हैं।

निराला के बाद आलोचकों की दृष्टि में सर्वाधिक केंद्रीभूत मुक्तिबोध व्यक्तित्व और कृतित्व से अपने पाठकों और आलोचकों पर अनूठा रहस्यमय प्रभाव छोड़ते हैं। यह निर्विवाद सत्य है कि मुक्तिबोध को जितनी पहचान और प्रशंसा एक कवि

के रूप में मिली (भले ही यह प्रशंसा मृत्यु के बाद मिली हो) उतनी शायद कहानीकार के रूप में नहीं मिली। लेकिन इसका तात्पर्य यह कदापि नहीं कि उनकी कहानियाँ उनकी कविताओं से कमतर आँकी जाएँ। कहना उचित ही होगा कि उनकी कहानियाँ भी उसी तेवर, उसी उग्रता और उसी बेचैनी के साथ पाठकों के समक्ष प्रस्तुत होती हैं, जैसी उनकी कविताएं। यदि उनकी कविताएं पढ़ते वक्त पाठक गद्य की गहराई में डूबते हैं, तो कहानियाँ पढते वक्त कविता की सी रसानुभूति भी करते हैं। उनका साहित्य विधाओं की परंपरागत मान्यताओं से बाहर निकलकर अपने मानदंड खुद बनाता है। सृजन में विचारों का अविरल प्रवाह, मन के भीतर झांकने, उसे टटोलने की जादूगरी और शिल्प की मौलिकता उनकी कविता कभी कभी डायरी में परिवर्तित हो जाती है फिर कहानी के रूप में हमारे समक्ष खड़ी हो जाती है।

देखा जाए तो मुक्तिबोध की कहानियाँ उनके कवि हृदय में छिपी संवेदना को ही मुखर और अभिव्यक्त करती हैं। 'जिस तरह उनकी कविताओं में कथाकार की बारे में सूक्ष्मावलोकन की दृष्टि बार-बार प्रकट होती है, उसी तरह उनकी कहानियों में भी एक कविता का स्वर ही अक्सर उभर आता है। यहाँ तक कि संवेदना के स्तर पर कई बार उनकी कविता और कहानी में अंतर करना भी कठिन हो जाता है।'

मुक्तिबोध के व्यक्तित्व के भीतर की छटपटाहट, समाज के लिए कुछ करने की बेचैनी और तड़प लिए मुक्तिबोध की कहानियाँ उनकी आत्म प्रतिकृति और आत्मा का प्रतिबिंब है। मुक्तिबोध जटिलताओं के कारण कई आलोचकों के निशाने पर रहे, लेकिन इसी जटिलता के पीछे छिपी है, उनकी वह सामाजिक संवेदना, जिसे अनुभूत कर पाना हर किसी के वश की बात नहीं और जटिलता की इसी सीढी से मानवता के विकास का द्वार खोलने का प्रयत्न मुक्तिबोध करते हैं।

मुक्तिबोध ने फेंटेसी के माध्यम से अपनी कहानियों में भारत में पाश्चात्य प्रभाव के कारण उत्पन्न सांस्कृतिक खतरे से समाज को सचेत किया है। ऐसे मूल्य, जिनके कारण साहित्य, समाज से दूर हो जाए उन्हें स्वीकार नहीं। मुक्तिबोध अपनी मार्क्सवादी आस्था, गहरी प्रतिबद्धता और प्रखर मूल्य चेतना से संपन्न है। वे चीजों, तथ्यों, रिश्तों और शब्दों तक के वर्गीय चरित्र को पहचानने में चूक नहीं करते हैं।

सामाजिक और सांस्कृतिक मूल्यों का आयात उन्हें नागवार लगता है, क्योंकि वो एक सांस्कृतिक शून्य बनाता है। इसीलिए मुक्तिबोध को 'देश की आजादी उस चांटे जैसी लगती है जो रोने भी नहीं देती।' वे दुखी होते हैं ये देखकर कि मौलिकता को बनाए रखने की बजाय हम पाश्चात्य संस्कृति के पीछे भाग रहे हैं।

वे मुख्यतः कवि थे और कहानियां कम ही लिखते थे। दरअसल उनकी कहानियां

भी अभिव्यक्ति की व्यग्रता का परिणाम हैं। कभी-कभी लगता है, कविता की कहानी के रूप में रूपांतरित हो गई है। इन कहानियों में जहाँ जीवन की समान्य समस्याएं हैं वही जटिल वैचारिक प्रश्नों से मुठभेड़ भी है। मुक्तिबोध पाठकों को अनुभव ही नहीं विश्वास भी करा देते हैं कि 'हम सबके मन, हृदय, और मस्तिष्क में ऐसा ही एक पागलखाना है, जहाँ हम उन उच्च, पवित्र और विद्रोही विचारों और भावों को फेंककर समझौते का लबादा पहनकर सभ्य हो जाते हैं।''

मुक्तिबोध ने कहानी का विस्तार पात्रों के मध्य हुए वार्तालाप द्वारा बड़ी आसानी से कर लेते हैं। इनकी कहानियां संकरी गलियों से मोहल्लों और खंडहरों के बीच से होकर गुजरती है। कहानी का नैतिक लक्ष्य उस उदासीता को बेधता है, जो मानवीयता की जलती पीडाओं को अनसुना कर देती है, और जो उनके भीतर एक अलगाव बनाए रखती है।

यह भी कटु सत्य है कि साहित्य के विद्यार्थियों के लिए मुक्तिबोध की कविताएं एक चुनौती के रूप में सामने आ खड़ी होती हैं। यदि मुक्तिबोध की कहानियों का अध्ययन किया जाए तो उनकी कविताएं सहज ही बोधगम्य हो जाएगी। दूसरे शब्दों में, मुक्तिबोध की कहानियां, मुक्तिबोध की कविताओं की व्याख्या ही हैं। जैसे–जैसे हम कहानियों में आगे बढ़ते जाते हैं, वैसे-वैसे उनकी कविताओं की परतें एक के बाद एक खुलती दिखाई पड़ती है, और हम तह-ब-तह मुक्तिबोध के साथ एकाकार होते जाते हैं। इनकी कविताओं और कहानियों को इनसे अलग कर इनका मूल्यांकन असंभव है। मुक्तिबोध ने अपने ही जीवन संघर्ष, अनुभवों को और जन-जीवन की समस्याओं को अपनी कलम दी है। इनकी कविताएं और कहानियां हमें आनुभाविक ज्ञान से साक्षात्कार कराकर संवेदनात्मक लक्ष्य तक लेकर जाती है।

मुक्तिबोध : एक : हिंदी के पहले जैव-सामाजिक आलोचक

विनोद साही

मुक्तिबोध ने विचारधारा, विज्ञान और दर्शन से ताल्लुक रखने वाली 'ज्ञान-व्यवस्था' को बड़ी अहमियत दी है। यह उनके चिंतन-संसार का एक पहलू भर है। इसे वे सिक्के के दूसरे पहलू के बरअक्स रखकर ही साहित्य, कला और सौंदर्य के सवालों को सुलझाने की कोशिश करते हैं। उनका नज़रिया द्वंद्वात्मक है। इसलिये अपने 'यथार्थबोध' के इस दूसरे पहलू को भी वे उतना ही महत्व देते हैं, जितना सामाजिक और वर्गीय यथार्थ की व्याख्या करने वाली विचारधारा, दर्शन या उसके 'वैज्ञानिक' व 'ऐतिहासिक' होने की अनिवार्यता को। उनके चिंतन-संसार के इस दूसरे पहलू के लिये उनके द्वारा सुझाया गया नाम है—'जीवनमूलक ज्ञान-व्यवस्था।'

इस तथ्य को सामने रखें, तो कह सकते हैं कि हिंदी में समाजैतिहासिक यथार्थ और सृजन के सवालों पर 'जैव-सामाजिक' नज़रिये से सोचने की शुरुआत मुक्तिबोध से ही होती है। तथापि यह बात और भी दुर्भाग्यपूर्ण है कि उनके बाद के आलोचकों में से किसी को उनके इस नज़रिये का और इससे पाये नतीजों का अंतर्विकास या सुधार करने की ज़रूरत तक महसूस नहीं होती। यों, मुक्तिबोध के यहां यह जो जीवनमूलक ज्ञान-व्यवस्था है, उसकी वैज्ञानिक जैव-सामाजिकता में वे गहरे में नहीं उतरते। परंतु उनके यहां यह जो आगाज़ दिखायी देता है, वह नज़रअंदाज करने की वस्तु नहीं है।

हिंदी आलोचना की एक अपनी मौलिक सैद्धांतिकी का विकास होना चाहिए—यह विचार और चिंता बहुत से आलोचकों ने दिखायी है। परंतु इस संदर्भ में जिन

आलोचकों ने वाकई कोई गहरे सवाल उठाये और उनके जवाब खोजते हुए नयी धारणाओं व सिद्धांतों के विकास के लिये अपनी संलग्नता को उजागर किया, ऐसे नाम मुख्य तौर पर दो ही हैं– एक रामचंद्र शुक्ल और दूसरे मुक्तिबोध। हालांकि छायावादी दौर में जयशंकर प्रसाद और सुमित्रानंदन पंत का साहित्य-चिंतन इस लिहाज से गहरे सवालों में उतरता है। परंतु यह चिंतन सामयिक चुनौतियों के बरअक्स संस्कृत काव्यशास्त्र की कुछ प्रासंगिक धारणाओं के नवविकास का प्रस्ताव भर पेश करने की हद तक जाता है। यह नवविकास कैसे हो और उसे धारणाबद्ध या सिद्धांतबद्ध कैसे किया जाये—यह काम भविष्य पर छोड़ दिया जाता है। परंतु रामचंद्र शुक्ल के यहां ज्ञान-दर्शन की व्यवस्था का एक आधुनिक पश्चिमी नक्शा सामने आता है, जिसके बरअक्स वे इस नतीजे पर पहुंचते हैं कि हमारा भावानुभूति से उपजा हृदय और रस की भूमि का विस्तार करने वाला समाधान कुछ पिछड़ गया-सा मालूम पड़ता है। इसलिये वे 'हृदय की मुक्ति' को 'ज्ञान दशामूलक मुक्ति' तक ले जाने की चिंता प्रदर्शित करते हैं। इसे 'सिद्धांत' शक्ल देने की कोशिश में वे आलंबन के साधारणीकरण को आलंबनत्व-धर्म के साधारणीकरण तक ले जाने का प्रयास करते हैं। इस मौलिक उद्भावना का हिंदी आलोचना में नोटिस तो लिया गया है, परंतु इसके निहितार्थों और सरोकारों में उतरने की पर्याप्त सजगता विरल व छिटपुट रूप में ही दिखायी देती है।

दरअसल यह नायक-केंद्रित काव्यशास्त्र को मनुष्य-केंद्रित काव्यशास्त्र में बदलने की कोशिश है। मनुष्य होना, उसके मनुष्यता के गुण-धर्म पर निर्भर है। आलंबन नायक तक सीमित रह जाने वाली धारणा है जबकि आलंबनत्व-धर्म उसे उनके भीतर मौजूद मनुष्य के धरातल को संबोधित होता है। परंतु हमारे समय के जटिल सामाजिक यथार्थ और उसके वर्ग-विभाजित होने से जुड़े अंतर्विरोधों के बरअक्स वह पर्याप्त नहीं है।

यहीं मुक्तिबोध रामचंद्र शुक्ल से एक कदम आगे रखने की कोशिश करते हैं। वे मनुष्य की व्याख्या उसकी वर्गीय सामाजिक स्थिति और उसके दैहिक-संवेदन वाले ज्ञान—स्तर के संदर्भ में करते हैं। इस तरह उनके यहां ज्ञान की दुनिया भी दो हिस्सों में विभाजित, परंतु द्वंद्वात्मक तरीके से अंतरसंबंधित, दिखायी देती है। एक ओर है विचारधारा, दर्शन और संस्कृति से आया हुआ ज्ञान की विविध व्यवस्थाओं का संसार, और दूसरी तरफ है जीवनमूलक ज्ञान-व्यवस्था, जिसकी ज़मीन कहीं न कहीं हमारे अपने संस्कृत काव्यशास्त्र की विविध प्रासंगिक धारणाओं से जुड़ी हुई मालूम पड़ती है। मुक्तिबोध इन दोनों के आपसी द्वंद्वात्मक रिश्तों की मार्फत अपनी आलोचना की धारणाओं का विकास करते हैं। तथापि, यह भी सच है कि

ऐसा करने के प्रयास में वे हमें अपनी जिस संवेदन-ज्ञान या ज्ञान-संवेदन वाली धारणा तक लेकर जाते हैं, वह सृजन-प्रक्रिया को खोलने-समझाने के लिये तो बहुत उपयोगी मालूम पड़ता है, परंतु उसका विकास साहित्य के प्रतिमान या सिद्धांत के रूप में नहीं हो पाता। मुक्तिबोध मूलतः एक कवि थे, आलोचक नहीं; इसलिये उनके मौलिक अवदान को इसी संदर्भ में लिया जाना ज़रूरी है। वे एक मौलिक प्रस्थान लेते हैं, जो हिंदी आलोचना के लिये एक चुनौती है। हिंदी आलोचना को इसके बरअक्स खड़े होने के लिये आगे आना चाहिए, जो काम अभी तक मुल्तवी पड़ा हुआ है।

पश्चिमी साहित्य-चिंतन का आधुनिक दौर अपने शुरुआती चरण में साहित्य की सृजन-प्रक्रिया पर केंद्रित हुआ है—यह बात सांयोगिक या अकारण नहीं है। वहां अठारहवीं शती के अवसान के आसपास जो स्वच्छंदतावादी माहौल गठित हुआ, उससे पहले की आधुनिक आलोचना बहुत गहरायी में नहीं उतरती। डॉक्टर जॉनसन जैसे आलोचक भी साहित्य और यथार्थ के रिश्तों की बदलती भूमिकाओं के मद्देनज़र पुनर्विचार की ज़रूरत का प्रस्ताव भर पेश करके विदा हो जाते हैं। स्वच्छंदतावादी दौर में कौलरिज इस युगगत बदलाव को, सृजन-प्रक्रिया की बहुस्तरीय पड़ताल के जरिये, साहित्य के सवाल में बदल देता है। 'कल्पना की महान संश्लेषक शक्ति' की ऐसी बोधगम्य व्याख्या सामने आती है, जिसे हम नयी प्रकट हुई मनोविज्ञान की शब्दावली की मदद से धारणाबद्ध करने लायक हो जाते हैं। पहली दफा अरस्तू का प्रतिभा ज्ञान, एक दैवी रहस्य न रहकर, मानव के अचेतन की समझ तक जाता हुआ एक यथार्थ प्रक्रिया में बदलता है। कीट्स और वर्ड्सवर्थ इस काम के पूरक-चिंतकों के रूप में सामने आते हैं। वर्ड्सवर्थ इस सृजन-प्रक्रिया को सांस्कृतिक रहस्यवाद से लेकर ग्रामीण अंचलों की मार्फत प्रकृति में वापसी के सवालों तक विकसित करता है। साहित्य की यह सृजन-प्रकृति में वापसी के सवालों तक विकसित करता है। साहित्य की यह सृजन-प्रक्रियामूलक व्याख्या यहां से लेकर टी.एस. इलियट और आई.ए. रिचर्ड्स तक आती हुई आधुनिक युग के अंतर्विरोधों की व्याख्या तक को अपने में समेटने के लायक हो जाती है। इसके बाद ही कहीं जाकर इलियट की धारणाएं वस्तुनिष्ठ समीकरण के रूप में, तथा रिचर्ड्स की व्याख्याएं सायनास्थैसिस (सौंदर्यमय संश्लेष) की तरह साहित्यशास्त्रीय धारणाओं का रूप लेती हैं।

रामचंद्र शुक्ल भी हमारे यहां के स्वच्छंदतावादी दौर की उपज हैं, परंतु वे संस्कृत काव्यशास्त्र की ज़मीन से गहरे में जुड़े होने की वजह से सृजन-प्रक्रिया को छूते भी हैं और अपनी धारणाओं को साहित्यशास्त्रीय रूप देने की कोशिश करते रहते हैं। हिंदी आलोचना में इसीलिये उनकी स्थिति व अवदान बेजोड़ हैं। तथापि

मुक्तिबोध ही एकमात्र ऐसे आलोचक की तरह उनके पूरक का काम करते मालूम पड़ते हैं, जिनकी व्याख्याएं हिंदी की अपनी सैद्धांतिकी की शक्ल लेने लायक हो सकती है।

रामचंद्र शुक्ल छायावाद के संदर्भ में भाव और बोध के रिश्तों को सृजन-प्रक्रियागत कल्पना के व्यापार के जरिये व्याख्यायित करते हैं। वे यह देख पाते हैं कि हमारे रचनाकार अपनी भाववस्तु को बोध के आधुनिक ज़टिल प्रारूपों को छूने लायक बनाने के लिये उसका कल्पनात्मक मानवीकरण का प्रतीकीकरण करने लगे हैं। इससे उनकी अभिव्यक्ति मूर्त्तामूर्त्त विधान की जटिलता को हमारे सामने लाने लग पड़ी है। इससे आलबंन अनेक दफा अमूर्त्त की सरहदों में जा छिटकता है। फिर इस आलंबन या वायवीय नायक के पास अब कोई ठोस सांस्कृतिक व्यक्तित्व भी नहीं है। इसलिये हमारे छायावादी, तुलसी और सूर की तरह किसी राम या कृष्ण के माध्यम से उपलब्ध हो सकने वाले साधारणीकरण से भी चूक जाते हैं। परंतु उनके काव्य से भी अनुभूतिगत हृदय-विस्तार तो होता ही है। इसीलिये शुक्ल जी को आलंबनत्व-धर्म तक पहुंचने की ज़रूरत पड़ी।

मुक्तिबोध इस सृजन-प्रक्रिया का विस्तार ही नहीं करते, उसका नवविकास भी करते हैं। परंतु वे जिस जटिल सृजन-वस्तु और उसमें छिपे युग-यथार्थ तक हमें ले जाना चाहते हैं, उसे वे शुक्ल जी की तरह मूर्त्तामूर्त्त विधान या आलंबनत्व धर्म के साधारणीकरण जैसी सिद्धांत-धारणाओं की शक्ल नहीं दे पाते। तो, हिंदी आलोचना की असल चुनौती है कि वह वहां से अधूरे छूट गये सूत्रों को पकड़कर आगे विकास की तदबीर तलाश करे। परंतु पहले इस सवाल को उठाते हैं कि मुक्तिबोध को क्यों ज़रूरत पड़ती है कि वे शुक्ल जी की सूत्र-संकेत में पेश की गई सृजन-प्रक्रिया की ज़मीन को पकड़कर, उस पर अपनी धारणाओं के बीज रोपें?

मुक्तिबोध के बीज़ शब्द हैं – ज्ञान और संवेदना; जो रामचंद्र शुक्ल के 'बोध और भावानुभूति' का विस्तार और रूपांतर हैं। यों, शुक्ल जी के बीज-शब्द सीधे काव्यशास्त्र की ज़मीन से आते हैं और मुक्तिबोध के शब्द पश्चिमी विमर्शों की छाया में; तथापि इन दोनों में एक गहरी समांतरता है, जो हिंदी की अपनी सैद्धांतिकी के विकास की भूमिका को दोबारा लिखने की संभावना से युक्त है। परंतु ऐसा तभी मुमकिन हो सकता है अगर हम विमर्श अथवा विचारधारात्मक ज्ञान तथा इंद्रियसंवेदनों की ठोस व मूर्त्त दैहिक ज़मीन के, अपने बोध और भावानुभूति में रूपांतर की सृजन-प्रक्रिया को विकसित कर पायें। आइये, देखने की कोशिश करें कि क्या मुक्तिबोध ऐसा करने में कामयाब हो भी पाते हैं या नहीं?

यहाँ पहली बात यही रेखांकित करने लायक है कि रामचंद्र शुक्ल का आलबंनत्व

धर्म का साधारणीकरण आधुनिक और धर्मनिरपेक्ष बोध का नतीजा है, जो इसकी सांप्रदायिक अंतर्वस्तु पर पर्दा डालने का काम करता है। बेशक मुक्तिबोध शुक्ल जी की इस सीमा का कोई ब्यौरा या संकेत नहीं देते, परंतु उनका ज्यादा जटिल यथार्थ से मुठभेड़ करने का प्रयास उनके उस असंतोष का पता ज़रूर देता है, जिसे वे संभवतः अपनी पूर्ववर्ती आलोचना की वजह से अपने भीतर उमड़ता पाते होंगे। वे भारतीय समाज में ऐसे 'मनुष्यों' की मौजूदगी ही अपने आसपास पा रहे थे, जिनकी चेतना वर्ग-विभाजन के अंतर्विरोधों के पार जाने में असमर्थ थी, परंतु जिनका उसके बगैर गुजारा भी नहीं था। पर उनके पूर्ववर्ती शुक्ल जी अपने साहित्य में ऐसे नायक देख रहे थे जो आलंबनत्व-धर्म के साधारणीकरण के ज़रिये 'मनुष्य की साधारणता' के स्तर तक पहुंच सकते थे। तभी उनके साथ तादात्म्य और हृदय की मुक्ति की संभावना जन्म ले सकती थी। परंतु संभवतः वह केवल शब्दजाल मात्र था—हकीकत नहीं, क्योंकि हकीकत यह थी कि हमारे यहां मनुष्य की चेतना का इस कदर सांप्रदायीकरण हो गया था कि वह खुद को संस्कृति की पकड़ में आ सकने वाले रूपों के साथ भी जोड़ पाने से हिचकिचा रहा था। महादेवी शुद्ध को करुणा की अमूर्त्त छाया की शक्ल दे रही थीं तो प्रसाद शिव को काल्पनिक कैलाश के इच्छा-ज्ञान-क्रिया के अंतर्विभाजन को पाटने वाली जटिल बोधवस्तु में बदल रहे थे। एक निराला ज़रूर सीधे 'राम की शक्तिपूजा' तक आ सके, परंतु बात वहां भी प्रतीकार्थ पर केंद्रित बनी रही। संस्कृति-पुरुषों के सांप्रदायिक विभाजन की वजह से यों प्रतीक में मुंह छिपाने के लायक बना दिये जाने के दौर में उनका 'मनुष्य-मात्र' के रूप में साधारणीकरण कैसे मुमकिन था! इसलिये मुक्तिबोध अपने यहां के सृजन-संसार की गुत्थियों को सुलझाने के लिये मनुष्य के वर्गमूलक यथार्थ और अंतर्विरोधों तक चले आये। यह उस दौर की विचारधारात्मक समझ या बोध का एक हिस्सा था कि हम यह मान रहे थे कि हमारा सांप्रदायीकरण इसलिये हो रहा था क्योंकि हम अपने ठोस समाजार्थिक, ऐतिहासिक या वर्गगत अंतर्विरोधों से ठीक से मुठभेड़ नहीं कर पा रहे थे। कि समाज के असल अंतर्विरोध के रूप में बहुलांश में जनसमाज को हाशिये पर धकेल देने की जो साजिश वर्चस्वी वर्गों के द्वारा रची जा रही थी, उसके ऊपर से ध्यान हटाने के लिये हमारा सांप्रदायीकरण किया जा रहा था। इसलिये ज़रूरत थी असल या ठोस सवालों पर केंद्रित होने की। और उन्हें साहित्य-चिंतन का रूप देने की।

परंतु यहाँ एक बड़ी दिक्कत दरपेश थी। साहित्य-चिंतन में 'ज्ञान और संवेदन' जैसे शब्दों का खपना कठिन था। हालांकि भारत में दसवीं शती तक ज्ञान-दर्शन परंपराओं का खूब विकास हुआ था, परंतु साहित्य-चिंतन में उनका ज़रूरी रूपांतर

भी साथ ही होता चला आया था। जैसे शंकुक ने न्याय-दर्शन का, भट्टनायक ने सांख्य का और अभिनवगुप्त ने वेदांत का साहित्यालोचन की भाषा में कामयाब अंतर्विकास करके दिखाया था। परंतु मुक्तिबोध के संदर्भ में यह बात साफ देखी जा सकती है कि वे आधुनिक ज्ञान-विज्ञान की शब्दावली का साहित्य-चिंतन की भाषा के रूप में, ज्यों का त्यों इस्तेमाल करते हैं, जिससे दर्शन या ज्ञान-विमर्ष एक ओर, तथा साहित्य की सृजन-प्रक्रिया दूसरी ओर, अलग-अलग खड़े साफ पहचाने जा सकते हैं।

यह भारतीय और हिंदी के साहित्य-चिंतन का सबसे बड़ा अंर्विरोध है। इसके चलते आसान रास्ता यह अपना लिया जाता है कि हम संस्कृत या पश्चिमी साहित्य-चिंतन की धारणाएं ही नहीं, शब्दावली और भाषा तक को ज्यों का त्यों उधार ले लेना आरंभ कर देते हैं। इससे हमारे साहित्यालोचन की दरिद्रता और गहरा जाती है, तथा मौलिक चिंतन का साहस कुंठित होने लगता है।

इस संदर्भ में मुक्तिबोध का साहस प्रशंसनीय है कि वे मौलिक चिंतन की 'अभिव्यक्ति के खतरे' उठाने से भयभीत नहीं होते। परंतु उनका काम इस लिहाज से अधूरा भी पड़ा रह जाता है कि उनके चिंतन को 'अपनी ज़मीन' ही उपलब्ध नहीं होती।

यहां बात दसवीं शती के बाद खंडित-विखंडित हुई ज्ञान-दर्शन परंपराओं के प्रासंगिक नवविकास की है। सूत्र वहीं से पकड़ने होंगे, परंतु उन्हें 'दोहराने से जुड़े पुनरुत्थान' से बचना होगा और अपने मौलिक चिंतन के लिये ज़मीन उपलब्ध करने-करवाने के लिये जद्दोजहद करनी होगी। परंतु आइये, पहले यह देखने-समझने की कोशिश करते हैं कि मुक्तिबोध का आधुनिक ज्ञान-विज्ञान की शब्दावली वाला मौलिक चिंतन क्या है?

मुक्तिबोध साहित्य की सृजन-प्रक्रिया की जटिलता को ज्ञान और संवेदन के द्वंद्वात्मक रिश्तों की व्याख्या के द्वारा सुलझाने की कोशिश करते हैं।

रचनात्मक साहित्य की शक्ल लेने के लिये ज्ञान को संवेदन-वस्तु में बदलना पड़ता है। साहित्य की ज़मीन संवेदनुभवो से तैयार होती है लेखक का ज्ञान उसके वर्गीय-सामाजिक व्यवहारों की उपज होती है। कृति की शक्ल लेने वाले संवेदनानुभव इस ज्ञानभूमि की सीमाओं में बंधे होते हैं; तथापि संवेदनों का संबंध जीवन से होने की वजह से उन्हें ज्यादा व्यापक बनाता है। जीवन सभी सामाजिकों की सांझी संपत्ति की तरह होता है। और जीवन, मुक्तिबोध की निगाह में, एक अपनी अलग ज्ञान-व्यवस्था वाला भी होता है। इस तरह साहित्य-सृजन का रूप लेने वाला ज्ञान जहाँ एक और विचारधारा, दर्शन या विमर्श जैसा होता है, तो दूसरी ओर वह एक

अन्य जीवनमूलक आधार से उपजता हुआ भी साहित्य में प्रवेश करता है। इसीलिये विचारधारा या दर्शन-विमर्शों से जो ज्ञान उपजता है, वह बोध के लायक होने के बावजूद ज़रूरी नहीं कि संवेदित करने वाला भी होता हो। इसलिये साहित्य ज्यादा जटिल यथार्थ को संबोधित होता है।

जीवनमूलक ज्ञान-व्यवस्था संवेदन के प्रेरक और विस्तारक का काम करती है। उसकी वजह से संवेदन 'अनुभव', साहित्य की 'अनुभूति' मूलक सृजन-वस्तु में बदल जाता है।

सामाजिक विचारधारा या दर्शन-व्यवस्था मनुष्य के अनुभव-संसार का निर्देशन करती है, परंतु जीवनमूलक अनुभव संसार के लिये वह एक तरह की सीमा भी होती है।

मुक्तिबोध इस अंतर्विरोध को बहुत स्पष्ट तो नहीं करते, परंतु जब वे अनुभव और अनुभूति के रिश्तों के द्वंद्वात्मक होने की बात उठाते हैं, तो कहीं न कहीं वे इस बाबत सजगता से युक्त मालूम पड़ते हैं। कई दफा अनुभूत-सत्य भी पलटकर, खुद को जन्म देने वाले अनुभव की दुनिया का विस्तार करने वाला हो जाता है। साहित्य में ऐसी जटिल अनुभूतियां इस लिहाज से बड़ी मार्मिक और बेशकीमती हो जाती हैं। इसके लिये ज़रूरी नहीं कि हम उन्हें लेखक के वर्गीय ज्ञान-परिदृश्य की उपज की तरह ही व्याख्यायित करें। हम जीवन को अपने आपमें अंतःसमृद्ध ज्ञान-व्यवस्था वाला भी मान सकते हैं, हालांकि मुक्तिबोध की जीवनमूलक ज्ञान-व्यवस्था इतनी दूर तक नहीं जाती।

मुक्तिबोध सभ्यता और संस्कृति के इतिहास को अनुभव और अनुभूति के जटिल रिश्तों में गहरायी प्रदान करने वाली व्यवस्था की तरह देखते हैं। उनकी निगाह मानव-समाजों के आद्य-सामुदायिक समाजों तक पीछे जाती है। वहां से वे आधुनिक सभ्यताओं के विकास के इतिहास की व्याख्या के लिये अंतर्दृष्टि भी प्राप्त करते हैं। मार्क्सवादी यूटोपिया या कबीलायी समाजों की वर्गहीनता की धारणा इसमें उनकी मदद करती है। परंतु बेहतर होता अगर वे विचारधारामूलक ज्ञान-व्यवस्था की इस सभ्यता-संस्कृतिमूलक गहरायी को जीवनमूलक ज्ञान-व्यवस्था की व्याख्या का आधार भी बनाते। ऐसा करने से वे सही अर्थों में एक जैव-सामाजिक साहित्य-चिंतन तक पहुंच सकने लायक हो सकते थे।

जीवनमूलक ज्ञान-व्यवस्था के भीतर भी जीवन के आरंभ के क्षण से लेकर अब तक के पूरे विकास का इतिहास जैव कूटों या 'जीन्स' की तरह मौजूद है। मार्क्सवाद अगर एक दृष्टि है तो उसे इस इतिहास की द्वंद्वात्मक भूमिका से परहेज नहीं होना चाहिए। परंतु यह परहेज मुक्तिबोध तक भी चला आया है, क्योंकि इसे

स्वीकार करने का मतलब है यह मानना कि जीवन के भीतर एक आत्मबोध की या आत्मनिसृत बोध की संभावना भी होती है। मुक्तिबोध इस संभावना को अस्वीकार करते हैं और उसे मध्यकालीन विचारधारा की साजिश मानकर उसे उखाड़ने के लिये सन्नद्ध हो जाते हैं।

नतीजतन वे साहित्यि की सृजन-प्रक्रिया की गहरायी में अनुभव और अनुभूति के रिश्तों तक ही जाते हैं। इससे आगे वे स्थिति और कल्पना के रिश्तों की बात ज़रूर उठाते हैं, परंतु उसका मकसद होता है—उनके द्वारा पहले से तय की गयी सभ्यता-दृष्टि और विश्व—दृष्टि तक पहुंचना। ज़ाहिर है कि यहां वे अपनी वर्गीय विचारधारामूलक ज्ञान-व्यवस्था की सीमाओं को साहित्य पर आरोपित कर लेते हैं और उनका वह प्रस्थान अधूरा विकास पाकर रास्ते में ही रुक जाता है, जिसके तहत उन्होंने साहित्यसृजन को जीवनमूलक ज्ञान-व्यवस्था से बावस्ता देखने की पहल की थी।

इस तरह देखा जाये तो यह कहना मुमकिन लगता है कि मुक्तिबोध रामचंद्र शुक्ल की भाव को बोध के बराबर ले आने की जद्दोजहद को आधुनिक ज्ञान-विवेक की ऊंचाई तक ले आते हैं। ऐसा इसलिये होता है क्योंकि वे समाज के साथ-साथ जीवन को भी बराबर की अहमीयत देते हैं। परंतु इसका अगला चरण उनकी पकड़ में भी नहीं आता, जहाँ यह विवेक, मेधा का रूप ले सकता है। और वह जीवन के और गहरे विवेचन के द्वारा ही मुमकिन हो सकता है। हिंदी आलोचना इस जैव-सामाजिकी की साहित्य-सिद्धांत का रूप देने का प्रयास कर सकती है।

हिंदी आलोचना में भावानुभूति और ज्ञान-विमर्शात्मक बोध के दरम्यान जो फासला दिखायी देता है, उसकी एक वजह यह है कि हमने भावानुभूतियों की कम समय में जटिल अभिव्यक्तियों की ज्ञानमूलक व्याख्या पर काम नहीं किया है। रेमंड विलियम्ज ने 'भावों की संरचनाएं' शीर्षक से लिखे अपने एक आलेख में भावाभिव्यक्ति की वर्गीय-संरचना को समझने का सवाल उठाया है, परंतु हिंदी आलोचना में भावों और आनंद-रस आदि की व्याख्या को 'सामाजिक आधारों' से इसलिये अलहदा रखा जाता रहा है, क्योंकि उत्तरकालीन संस्कृत काव्यशास्त्र ने, अभिनवगुप्त और जगन्नाथ के विवेचनों के प्रभाव में, भाव और रस को 'लोकोत्तर-शाश्वत' वस्तुओं की तरह ग्रहण करना आरंभ कर दिया था। मुक्तिबोध संवेदन की धारणा पर केंद्रित होना इस संदर्भ में अर्थपूर्ण है। वह इसलिये की इससे हमारा साहित्य-चिंतन अपने सामाजिक और जैविक आधारों की ओर मुखातिब हो पाया है। परंतु संवेदन के भाववस्तु और रस होने की जटिल काव्यशास्त्रीय प्रक्रिया को मुक्तिबोध खोल नहीं पाये।

ऐसा इसलिये नहीं हो सका, क्योंकि मुक्तिबोध समेत अधिकांश हिंदी आलोचना में या तो भाव और बोध के बीच फासला बरकरार रहा और या फिर बात बोध के वैज्ञानिक और वस्तुनिष्ठ होने पर अटकी रही। ज्ञान के अनुभवमूलक आधार और उसकी अनुभूतिगत ज़मीन को वस्तुनिष्ठता के अति-आग्रह ने कुंठित बनाये रखा। हालांकि संस्कृत काव्यशास्त्र में अभिव्यक्ति के जैविक-रूपाकारों को लेकर बहुत विकसित चिंतन मौजूद रहा है। वाणी के चार स्तर स्पष्टतः रेखांकित हुए हैं—वैखरी, मध्यमा, पश्यंती और परा के रूप में। और समांतर रूप में ज्ञानशास्त्रीय विवेचन भी बोध के चार स्तरों की ओर इशारा करते हैं। इन इशारों को पकड़ें, तो कह सकते हैं कि सामान्य बोध से ऊपर है विवेक, विवेक से ऊपर मेधा और मेधा से ऊपर है प्रज्ञा। मुक्तिबोध विवेचन बोध से विवेक तक का सफर तय करते हैं। वे सामाजिक वर्गीय बोध को वर्गविहीन समाज की ओर सफर करने वाले विवेक से जोड़ते हैं। परंतु साहित्य की सृजन-प्रक्रिया में इस विवेक को मेधा का रूप लेना पड़ता है। मेधा भावानुभूतिगत प्रातिभ-ज्ञान की उपज है। यहां वह समन्वय घटित होता है, जो ज्ञान को अनुभूति से और बोध को भाव से जोड़ता है। मुक्तिबोध का विवेचन हमें इस दिशा में आगे बढ़ने के लिये प्रेरित कर सकता है।

दो : 'ओ मसीहा' के बहाने एक खुली टिप्पणी

कबीर की कविता में ज्ञान के संवदेनीय होने और संवेदन के ज्ञान-वस्तु में बदल जाने के बीच कोई फासला नहीं है। 'प्रेम गली अति सांकरी' में ज्ञान संवेदनवस्तु बनता है, तो 'जो खाऊं सो भोग लगे' में संवेदन ज्ञान की ऊंचाई पर चढ़ा मालूम होता है। भक्तिकाल के ज्यादातर बड़े कवि ज्ञान और संवेदन के रिश्तों को लेकर उलझन का शिकार नज़र नहीं आते। इसकी वजह शायद यह है कि उस दौर में 'दर्शन' के तल पर, जिसे आज हम 'विश्वदृष्टि' कहते हैं, उलझनों को सुलझाने वाले आचार्य लोग खुद को उस स्थिति में ला सके, जहाँ वे कवियों की सृजनशीलता के अबाध रूप में कह सकने लायक ज़मीन उन्हें मुहैया करा पा रहे थे। यानी उनका दर्शन काव्य संवेदना होने लायक था और काव्य उससे जुड़े ज्ञान की संवेदनीयता की छुअन भर पाते ही वह निकल सकता था। तथापि इस स्थिति में भक्तिकालीन दर्शनों के महान होने के सुबूत नहीं मिलते। शास्त्रीय काल के महान दर्शन, काव्य से जुदा अपनी अलग हैसियत में दिखायी देते हैं, और ठीक यही स्थिति आधुनिक काल में भी है। हमारा दौर पुनः महान दर्शनों का दौर बनकर सामने आया है, जिसे जयशंकर प्रसाद ने 'ज्ञान दूर कुछ क्रिया भिन्न है' की तरह पहचाना है।

ऐसे में मुक्तिबोध का कवि जब एक दार्शनिक की तरह ज्ञानात्मक संवेदन

या संवेदनात्मक ज्ञान की रचनाशीलता के फार्मूले तक आने की कोशिश करता है, तो संदेह होता है कि कहीं यह मध्यकाल के काव्यबोध की बची-खुची मानसिकता तो नहीं? और अगर मुक्तिबोध के चिंतन पर ये इल्ज़ाम कुछ ज़रूरत से ज्यादा बड़ा मालूम पड़ता हो तो दूसरी संभावना गौरतलब हो जाती है। और वह यह है कि ज्ञान और संवेदन के बीच के रिश्तों के संकट में पड़ जाने के यथार्थ से वे इतनी गहरायी में वाकिफ और बेचैन हैं कि जैसे भी बन पड़े, वे इससे उबरकर निकल आना चाहते हैं। बेशक काव्य के लिए संवेदनात्मक ज्ञान या ज्ञानात्मक संवेदन आदर्श हो सकते हैं, परंतु ऐसा तो कबीर जैसे रहस्यवादियों के यहां भी घटता है और मुक्तिबोध इस रिश्ते के 'रहस्य-भावगत समीकरण' के एकदम खिलाफ हैं। वे इसे यथार्थ के तल पर गोया फिर से नये रूप में खोजना चाहते हैं, परंतु फिलहाल मुक्तिबोध के दौर से लेकर हमारे समय तक भी यथार्थ की जटिलताओं की ऐसी व्याख्या करने वाला कोई आचार्य प्रकट नहीं हो सका है, जिसकी मदद लेकर काव्य अपने 'दर्शन-संकोच' से मुक्त हो सकता हो। भक्तिकालीन काव्य अपने समय के दर्शन पर भारी पड़ सका, क्योंकि वह दर्शन-संकोच से रहित होकर ज्ञान को संवदेन में और संवेदन को ज्ञान में बदल पाया। बेशक इसके लिये उसे 'दर्शन-विरुद्ध' ही क्यों न होना पड़ा? 'वेद बड़ा कि ज़हं ते आया' से लेकर तमाम शास्त्रों को एक ओर धर देने की हिम्मत करने के लिये, पहले इसके लिये किसी बड़ी दर्शन-मेधा की ज़रूरत पड़ेगी। इतनी बड़ी दर्शन-मेधा की, कि वह दर्शन को शास्त्र से निजात दिला पाये। परंतुत क्या हमारे दौर में 'शास्त्र' को किसी भी रूप में एक ओर धर सकना मुमकिन है? क्या हीगेल, मार्क्स, माओ, गांधी, देरिदा, फूको आदि का शास्त्र के तल पर अतिक्रमण करते हुए काव्य-संवेदन की मुक्ति की गुहार अर्थपूर्ण हो सकती है? अगर हमारा चलना भर सत्य की परिक्रमा हो सकता है, तो ही 'बुक्स इन ब्रुक्स' की बात गैर-रोमानी और मूर्त्त-ठोस हो सकती है। शायद कोई इंकलाबी यों चल सकता है कि रूपांतर उसका पीछो करे। मुक्तिबोध 'अंधेरे में' कविता में लेनिन और गांधी की यों चल देने की छवि को उकेरते हैं, परंतु जल्द ही उन्हें गांधी की रायफल थमा देना भी ज़रूरी लगता है। यह संवेदन में ज्ञान की दखलंदाजी की तरह है। परंतु ज्ञान और संवेदन की दो जुदा दुनियाओं के होते, ऐसी दखलंदाजी से बचना कैसे मुमकिन है?

मुक्तिबोध की एक कविता है – 'ओ मसीहा' ('भू-भूरी खाक धूल' में संकलित)। यह कविता दर्शन को ज्ञान बनाने की कोशिश करती है ताकि उसका संवेदनीय मूर्त्त रूप प्रकट हो सके। इस कविता को मुक्तिबोध के काव्य को समझने की बीज-प्रक्रिया की तरह उठाया जा सकता है। ऊपर जिसे ज्ञान की दखलंदाजी कहा

गया है, वह दर्शन के ज्ञान हो सकने के सफर के अधूरे रह जाने का नतीजा है। इससे काव्य दर्शन-संकोच से मुक्त होने में कामयाब नहीं होता। वह अनुभव के दर्शन तक पहुंचने की बजाय अनुभव को दर्शन की मदद से बेहतर तरीके से समझ पकड़ पाने की कोशिश करता है। इससे यथार्थ अनुभव के तल पर दो हिस्सों में बंट जाता है। एक, जैसा वह है; और दूसरा, जैसा वह समझ में आता है। बात यहीं तक रुक जाती तो भी दर्शन अलहदा यथार्थ को पकड़कर उसके दर्शन को विकसित किया जा सकता था। परंतु होता यह है कि अनुभव की समझ भी आगे दो हिस्सों में बंटी रहती है। एक, जैसा उसे समझ लिया गया है; और दूसरी, जो समझ में आ रही होती है। यहां अतीत और वर्तमान या स्मृति और संवेदना—दो अलग-अलग दार्शनिक फ्रेमवर्कों के हिस्से की तरह एक-दूसरे के खिलाफ खड़ी नज़र आने लगती है। पूरी ज्ञान संवेदनागत बहस या जद्दोज़हद, इससे बोध और भाव के अंतर्विरोधों को खड़ा करके खत्म हो जाती है, जिससे पीछे छिपा खड़ा यथार्थ पहले की तरह की पहुंच से बाहर बना रहता है।

अब जैसे 'ओ मसीहा' में मसीहा ही एक आरोपित यथार्थ है। यह छद्म का आरोप है। मसीहा एक कल्पना की निर्मिति (कंस्ट्रक्शन) है, जिसे पीछे से चली आ रही विचारधारा की वजह से बिना जांचे-परखे स्वीकार कर लिया है। वह एक झूठ है, जो सच हो गया है। मसीहा या अवतार या खुद ईश्वर को मनुष्य ने यथार्थ के विरोध में खड़ा कर लिया है। यथार्थ में जो कुछ भी शुभ, सुंदर या सत्य जैसा मालूम पड़ता है, वह मसीहा के रूप में प्रकट हो जाता है। इससे यथार्थ बीचोंबीच विभाजित हो जाता है। एक ओर मसीहा एक सपने के सच होने जैसी बात बन जाता है, तो दूसरी तरफ उससे रहित जो यथार्थ है, वह बदरंग, खुरदरा, जटिल, अंतर्विरोधों से भरी वस्तु जैसे लगता है। यह यथार्थ का मिथ्या और सच में बंटवारा है। पीछे से चली आ रही वेदांत या वैष्णववादी विचारधाराएं जगत को मिथ्या, क्षणभंगुर, त्याज्य बना देती हैं और ईश्वर या विष्णु के अवतारों को एकमात्र ग्रहण करने लायक सत्य मानती हैं। मुक्तिबोध की कविता में मसीहा इसी तरह का स्वप्न-खेल, रंगों का लुभावना परिदृश्य भी है तो पीछे से चली आ रही विचारधारा के इस छद्म आरोप को तोड़ना ज़रूरी है।

परंतु उसे तोड़ने के लिए यथार्थ का आधा-अधूरा बदरंग-खुदरा परिदृश्य नाकाफी है। हालांकि आधुनिक विचारधाराएं—नीत्शे और मार्क्स आदि के चिंतन के रूप में—ईश्वर के छद्म आरोप को तोड़ती हैं। तथापि वे जगत के यथार्थ के खुरदुरेपन या महामानवत्व की संभावनाओं के रूप में, ईश्वरविहीन यथार्थ का सतहीकरण या आदर्शीकरण करके ईश्वर की कमी की भरपाई करने लगती हैं। यथार्थ के खुरदरेपन

की अनुभूति सतह की अनुभूति है, जो इस सतहीपन से उबरने के लिए संघर्ष का आदर्शीकरण करती है। यह मानव के सामान्य वजूद के भीतर ही लघु मानव होने की मजबूरी के भीतर ही किसी महामानव को खोज निकालती है।

जबकि वास्तव यथार्थ है, वह इस अर्थ द्वंद्वात्मक है कि वह न सिर्फ खुरदरे यथार्थ के भीतर से ही उसकी अपनी संभावना की तरह किसी मसीहा को खोज लेता है, अपितु दूसरी ओर मसीहाई के भीतर भी उसकी अंतस्संभावना की तरह मौजूद खुरदरे यथार्थ का साक्षात्कार कर पाता है। वह सतह और गहरायी को, जगत और चेतना को, एक-दूसरे के भीतर से खोजता है और इस तरह दोनों ओर के आरोपों को निरस्त करता है। दोनों तरफ की विचारधाराओं के आरोप को खंडित करता है। बेशक मुक्तिबोध की कविता 'ओ मसीहा' यहां तक नहीं पहुंचती, परंतु खुरदरे यथार्थ के डर से लड़ने की चेतना को भी जब हम इस कविता में देख पाते हैं, तो कह सकते हैं कि मुक्तिबोध की कविताओं की व्यंजनाएं अवश्य उनकी कविताओं के प्राप्त-अर्थों के पार चली जाती है—

फिर भी हम डरते नहीं
हमारी/हमारी इस पीढ़ी के/घोर यथार्थ से
तुम्हारे ख्यालों से लेकिन/खूब डरते हैं
बहुत बुरा लगता है कि/तुमसे उपज कर ही
ओ मसीहा!/तुमने अपने पापों का भार
हमारी ही पीठ पर उतारा है।

कविता इस 'पाप-बोध' की व्याख्या करती है—

और हमारे लिये/तुम्हारा वह तो रंग-स्वप्न-वैभव हाय
पाप-भार बन गया
मात्र ज्यामिति का/रेखाकृति समस्या रूप।

यानी मसीहा से ताल्लुक रखने वाला जो मिथ्यात्व है, उसमें, उसके सच में यकीन करना हमारे लिये पाप—भार बन जाता है। यह कविता मनुष्य को इस पाप-बोध से मुक्ति दिलाती है। परंतु मसीहा से निजात पाकर हम सब 'घोर यथार्थ' में अकेले पड़ जाते हैं, तो कौन सा रास्ता खुलता है? इस 'घोर यथार्थ के चक्करदार जीने भयावह' हैं—मुक्तिबोध अगर इस भयावहता से जूझ-मरने का आदर्शीकरण करते, तो उबरने का रास्ता बंद कर बैठते। परंतु वे एक परोक्ष संकेत से बस 'न डरने' की सलाह देकर छोड़ देते हैं। यह एक बेशकीमती सूत्र है, जिस पर ध्यान देना चाहिए, नहीं तो मसीहा से मुक्ति की बात करने वाली कविता उथली रह जाती है।

ब्रह्मराक्षस - मध्यवर्ग की अन्तर्कथा

डॉ. बी. के. सुब्रमणियम

अगर हमें कुछ कहना है तो मुक्तिबोध की तरह कहना चाहिए। जब मुक्तिबोध कहने लगते हैं, तब हमसे अपरिचित हमारी अपनी बातें जो हमसे बोलना शुरु करती है। मुक्तिबोध एक बड़े दार्शनिक कवि के रूप में हमारे सामने अवतरित होते हैं। मुक्तिबोध की कविता को हमें ध्यान से पढ़ना चाहिए। उनकी कविता हमारा ध्यान उस सत्य की ओर ले जाती है, जिसे सत्य से हम अवगत नहीं है। "किसी रोगग्रस्त समाज का उपचार करने के लिए जिस प्रकार कोई डाक्टर बीमारी के ज़हरीले कीटाणुओं को अपने शरीर में प्रविष्ट कराके उनके प्रभाव का अध्ययन करते हुए, तदुपरांत रोग की सच्ची वास्तविकता को स्पष्ट कर, प्राण देकर भी उस समाज का उपचार करता है, मुक्तिबोध ने युग की सारी विषमता, सारे पीड़न, सारे तनाव, सारे ज़हर को अपने भीतर समेटकर अपने प्राण देकर भी अपने अनुभवों तथा निष्कर्षों से आज के रोगग्रस्त समाज तथा उसके भीतर पालनेवाले सृजन को उपचार का यही रास्ता सुझाया है"। एक ही बात उठने से सत्य खुलता नहीं, सत्य को बार-बार कहना शुरु करते हैं। अतः मुक्तिबोध की कविता में एक ही बात कई बार कही गयी है, और एक ही बात कई बातों की ओर इशारा भी करती है। यह सक्षमता ही मुक्तिबोध की कविता का प्राण है। प्राणत्व से भरी हुई उनकी कविताएँ हमारे मन को चिंतन-मनन के लिए प्रेरित करती हैं याने चिंतन-मनन का रास्ता प्रशस्त कर देती है।

मुक्तिबोध की कविता पढ़कर कोई चुप नहीं रह सकता। उसकी कविता के पास आधुनिक मनुष्य की गहन चुपी को अवाज़ में परिवर्तित करने की महाशक्ति

रहती है। ''मुक्तिबोध की कविता में भाषा का जो बाहुल्य है वह ताण्डव करती उनकी कविता को संतुलित करने के लिए निनाद रूप में है। हम इस ताण्डव को इसी भाषा निनाद के ही कारण समय रूप में देख पाते हैं वरना शुद्ध ताण्डव से साक्षात् सम्भव ही नहीं। बजती हुई, चीत्कार करती हुई, अट्ठहास करती हुई उनकी यह भाषा ही उनके काव्य के अमूर्त ताण्डव की प्रतीति कराती है।'' उनकी कविता से निस्रित होनेवाली अपार ऊर्जा हमें काफी आन्दोलित करती हैं। मन में आन्दोलन को पैदा करने की काबीलियत मुक्तिबोध की कविताओं में फूट-फूटकर भरी हुई है। उन्होंने कई कविताएं लिखी है, लेकिन काफी चर्चित दो कविता हैं 'ब्रह्मराक्षस' और 'अंधेरे में'।

ब्रह्मराक्षस इस कवि की ओर से मिली बडी सृजनात्मक उपलब्धि है। इसमें कवि का दूरदृष्टा रचनाकार व्यक्तित्व उभर जाता है जो जीवन यथार्थ हम अपनी दोनों आँखो से जीवन के सत्यों को देख रहे हैं। उस आँख में मनुष्य के जीवन की समस्याओं के अतल तक जाकर देखने की ताकत है। इस शक्ति का इस्तेमाल ''मुक्तिबोध के रचनाकार व्यक्तित्व ने पूर्णतः उपयोग किया है। मुक्तिबोध की कविता असुरक्षित जीवन की कविता है। उसमें भावबोध की अस्थिरता और विचारों की उलझनें भी हैं। लेकिन यह सब किस में नहीं हैं? इसलिए भी उनकी कविता में सीखने और समझने के लिए बहुत कुछ है- खासकर कवियों के लिए''। मुक्तिबोध अपने अपूर्व ज्ञान दृष्टि से काव्यवस्तु को देखते हैं जबकि हम जैसा साधारण मनुष्य के लिए उनका देखना समझ नहीं पा सकते है। क्योंकि हमारी समझ की परिधि के बाहर है वास्तविक जीवन के व्यवहार रहते हैं अतः उनकी कविता को सही माइने में पढ़ना प्रयत्न साध्य काम है।

'ब्रह्मराक्षस' हिंदी कविता के इतिहास में अति अपूर्व सृजन है। सृजन की बारीकियों का इस्तेमाल इसमें किया गया है। कविता में वस्तु की बारीकियों का समावेश साधारण बात नहीं है। वह प्रतिभावान कवि के वश की बात है। इस कविता में फान्टसी का उपयोग काव्य के वस्तु-सत्य के उद्घाटन के लिए किया गया है। इसमें वास्तव में फान्टसी मुख्य नहीं है। हमारे पास जो अपूर्ण ज्ञान रहता है इसके ज़रिए अगर हम कविता को पढ़ेंगे तो कविता में फान्टसी का वर्चस्व रहेगा। ''मुक्तिबोध की फान्टसी यथार्थ जगत से पलायन करने या दूर चले जाने का परिणाम नहीं है क्योंकि उनके लिए फान्टसी यथार्थबोध के तीव्र आघात द्वारा ही प्रसूत होती है''। वास्तव में फान्टसी मनुष्य के जीवन की समस्याओं की अन्तरूनी तह तक जाने का प्रवेश द्वार है। फान्टसी का यह प्रवेश-द्वार हमेशा हमारे साथ रहेगा। ऐसी स्थिति में कवि का दृष्टिकोण जो कविता में समावेशित किया गया है उसको पकड़ना

मुश्किल बन जाता है। ब्रह्मराक्षस के मिथक में अपूर्णता का भाव निहित है। भारतीय मिथक के अनुसार अकाल मृत्यु का शिकार करनेवाला ब्राह्मण व्यक्ति बाद में ब्रह्मराक्षस के रूप में रहने लगता है। मुक्ति से उसे बहुत दूर रहना पड़ता है।

'ब्रह्मराक्षस' कविता में उस मध्यवर्ग का जिक्र है जो हमारे देश सत्ता के द्वारा पैदा किया गया है। वास्तव में इस वर्ग का पैदा होना किसी राजनीतिक साजिश का परिणाम है। वर्ग को पैदा करने की भूमिका में शोषणवादियों की कूटनीति रहती है। मध्यवर्ग वास्तव में एक विशेष प्रकार का वर्ग है, जो सामाजिक विकास के लिए काफी नुकसान पहुँचाता है। इस वर्ग की रीति अस्वाभाविक है। क्योंकि इसका चरित्र जो है वह बनाया गया है। इसके चरित्र में नैसर्गिकता बहुत कमज़ोर है। सब कुछ दिखावा है। दिखावेदार चेहरा इस वर्ग की अस्मिता बन गयी है। जब तक दिखावा रहता है तब तक स्वाभाविकता आड़ में चली जाती है। अतः इस वर्ग के पास जो चरित्र है यह देश के सर्वांगीण विकास में बाधा बन जाता है। स्वार्थता और आत्मकेंद्रित हो जाने का चरित्र इस वर्ग में आम बात है। यह वर्ग हमेशा अपनी तर्कों की ओर ताकत रहता है। आसपास के अपने सहजीवियों के साथ इनका कोई संबन्ध नहीं है। यह वर्ग अपने द्वारा बनाये गये बावड़ी में रहता है। कविता का ब्रह्मराक्षस बावड़ी में रहनेवाला है।

"शहर के उस ओर खंडहर की तरफ
परित्यक्त सूनी बावड़ी...............
....
....
बड़बड़ाहट-शब्द पागल से।"

परित्यक्त बावड़ी उस बात की ओर इशारा करती है और कभी अनुपयोगी सोचकर छोड़ा गया है। अनुपयोग का अर्थ है अब आगे इसका इस्तेमाल अनुचित है। अतः अनुचित चरित्र का मालिक है मध्यवर्गीय बुद्धिजीवी।

भारत के मध्यवर्ग के लिए जीवन संकट से मुक्ति बहुत दूर का सपना है। वह हमेशा अयथार्थ सपने में अपने को आहलादित करके रहनेवाला है। वह अंधेरे में रहता है। अपने मन के अंधेरे से उसे मुक्ति नहीं है। बावड़ी दरअसल मन के अंधेरे की ओर किया गया प्रतीकात्मक इशारा है। 'गजानन माधव मक्तिबोध ने अपने रचना जगत को विविध प्रतीकों के माध्यम से अभिव्यक्त किया है। परंपरागत प्रतीकों को भी मुक्तिबोध ने वांछित प्रतीकार्थता प्रदान कर अपनी विलक्षण प्रतिभा का परिचय दिया है। प्रतीक उनके लिए कविता के उपकरण मात्र ही नहीं है, बल्कि उनकी तीखी और ज्वलित संवेदनाओं के मूर्त रूप है।' इस कविता में जिस ब्रह्मराक्षस

का जिक्र किया गया है उसके पास असंख्य जानकारी रहती है। लेकिन ज्ञान इन जानकारियों से उसे उपलब्ध नहीं हुआ। जानकारी प्राप्त करने से ज्ञान प्राप्त नहीं होता। ज्ञान के बिना जानकारी रखना जो है वह जीवन में अपूर्णता याने निर्मुक्ति का कारण है। जब व्यक्ति ज्ञान प्राप्त करता है तभी उसे जीवन के तमस से छुटकारा या मुक्ति प्राप्त होती है। कविता का चरित्र ब्रह्मराक्षस सुमेरी-बैबिलोनी जन-कथाओं से लेकर गाँधी के दर्शन तक के अपार ज़ानकारी से प्राप्त अपने अहं को व्यक्त करता है। ब्रह्मराक्षस कहता है-सूर्य ने उसकी श्रेष्ठता स्वीकार करके नमस्ते किया और चन्द्र ने उसे ज्ञान गुरु माना। वास्तव में उसके पास ज्ञान नहीं है, सिर्फ जानकारी ही है, जैसा कि आज मध्यवर्ग के लोगों के पास जो विश्व विद्यालयी उपलब्धियाँ हैं, वे उपाधियाँ जानकारी की परीक्षा में सफलता प्राप्त करने के लिए मिले कागज़ के टुकडे मात्र है। यह सभी को मालूम है, हमारी शिक्षा पद्धति उपनिवेशित शिक्षा पद्धति से प्रेरणा पाकर निर्मित की गयी है। इस शिक्षा पद्धति में ज्ञान से प्राप्त मुक्ति के संभावना नहीं रहती हैं।

मध्यमवर्ग का चरित्र गोत्रनुमा चरित्र है। अक्सर गोत्र में एक नेता होता है। लेकिन मध्यवर्ग रूपी गोत्र का चरित्र ही उसका नेता है। वास्तव में कवि इस चरित्र को बारीकी से विवेचित करना चाहते हैं- अतः वे कहते हैं कि बावड़ी का स्वत्व क्या है?

"समझ में आ न सकता हो
कि जैसे बात का आधार
लेकिन बात गहरी हो।"

मध्यवर्ग के मन रूपी बावड़ी का चरित्र बहुत सूक्ष्म है। इसलिए इसे साधारणतयः हम समझ नहीं पाते हैं। अतः कवि यह कहते हैं कि बात का आधार समझ में नहीं आता है। बाद में कवि यह भी कहते हैं कि,

"सुनता है उन्हें प्राचीन औदुम्बर
सुन रहा हूँ मैं वही
पागल प्रतीकों में कही जाती हुई
वह ट्रैंजेडी
जो बावड़ी में अड़ गयी।"

कवि की इन उक्तियों से हम यह अंदाज़ा लगा सकते हैं कि मध्यवर्ग की मानसिकता काफी पेचीदार है, यह पेचीदगी उसके जीवन को ट्रैजडी की ओर ले जाती है। साथ ही साथ देश का भविष्य भी इसी प्रकार त्रासदीय हो सकता है।

मध्यवर्ग का जीवन काफी कुछ आंतरिक है, वह भी बाहर प्रकट नहीं होता

है। अंदर का संत्रास उसके चरित्र की बड़ी खासियत है। कवि ब्रह्मराक्षस (मध्यवर्गीय बुद्धिजीवी) के मन को इस प्रकार दिखाते हैं,

'खूब ऊँचा एक जीना साँवला उसकी अंधेरी सीढ़ियाँ....
वे एक आभ्यंतर निराले लोक की।'

समस्त व्यापार जो मध्यवर्ग के जीवन के हैं वे आभ्यंतर में चलते रहते हैं। अभ्यंतर लोक में जो ऊँचा जीना साँवला रहता है, उसपर वह चढ़ता है। फिर उतरता है। चढ़ने-उतरने की प्रक्रिया में वह कभी गिर जाता है। शरीर पर घाव पड़ते हैं। कहने का मतलब वह है कि अपनी आशा, आकांक्षाओं और पराजय के नैरंतर्य में जो संघर्ष होता है, उसे झेलने के लिए वह अभिशप्त है। उसके जीवन की सबसे बड़ी लड़ाई बुरे-अच्छे की बीच की है।

मध्यवर्ग कभी भी स्वाभाविक विकास की समझ रखनेवाला गोत्र नहीं है। वह हमेशा तथा-कथित ऊँचाई की ओर मुँह ताककर बैठने वाला है। अनंत संघर्ष के बीच वह कठिन प्रयत्न करता रहता है। इसके जीवन की सबसे बड़ी संपत्ति क्या है, अगर हम सोचेंगे तो मालूम कर सकते हैं कि 'बड़ा-बड़ा सपना देखना है' उनके सपने में अतिरेकावादी पूर्णता का तत्व रहता है। अतिरेकावादी पूर्णता हमेशा व्यथा का श्रोत है। मध्यवर्गीय चरित्र अतिरेकावादी पूर्णता की प्राप्ति की प्रतीक्षा में रहनेवाले गोत्र का है। सपना बड़ा है, और प्रयास भी बड़ा है। लेकिन अतिरेकावादीपूर्णता की चाह के कारण से मिलती है- किंचित सफलता, अति भव्य असफलता। इस प्रकार के चरित्र के धनी होने के कारण व्यथाओं की उपलब्धि उसे सबसे अधिक होगी और धीरे-धीरे व्यथाएँ उसके लिए प्यारी बन जाती है। बिना व्यथा के वह जी नहीं सकता। अंततः उसका जीवन व्यथा की कथा बन जाता है।

जीवन को गणित के परिप्रेक्ष्य में देखने का चरित्र मध्यवर्ग ने बनाया है। आधुनिक अर्थशास्त्र इसका पोषक है। लाभ-नष्ट, माँग-आपूर्ति, महँगाई- अवसाद आदि से तैयार किया गया शास्त्र है। आधुनिक अर्थशास्त्र। इस अर्थ से प्रभावित जीवन में पैसे का वर्चस्व रहता है। पैसे ने सभी मानवीय संभावनाओं को शून्य कर दिया है। जीवन को व्यापार की परिभाषा बना दी गयी है। पुण्य जो विगत इतिहास बन गया है। मध्यवर्ग का रूपायन पूर्ण हो जाते ही युग बदल जायेगा। इस युग की विशेषताओं को कवि मुक्तिबोध ने यों प्रकट किया है;

"किंतु युग बदला व आयाकीर्ति-व्यवसायी
...लाभाकारी कार्य में से धन,
व धन में से हृदय मन,

और, धन, अभिभूत अन्तःकरण में से
सत्य की झाई
निरंतर चिचिलाती थी।''

मध्यवर्ग कृत्रिमतः बनाया गया वर्ग है। इस वर्ग की उपस्थिति शोषक वर्ग के लिए काफी फायदेमंद है। ये वर्ग शिक्षित वर्ग है, इसलिए इसमें सोचने की ओर प्रतिक्रिया जाहिर करने की शक्ति रहती है। इस वर्ग से ही समाज में परिवर्तन हो सकता है। देश के विकास में इस वर्ग की बड़ी भूमिका रहती है। लेकिन यह वर्ग अपने में स्वतंत्र नहीं है। इसको मिली शिक्षा इसे सोचने, समझने, मानने और आलोचना करने से रोकती है। एक विशेष प्रकार की मानसिकता इसमें रूपायित हुई है, जिसमें अंतर्द्वंद्व, संत्रास, कुण्डा, भय आदि मनोविकारों और गलतियों की उपस्थिति है। उसका चरित्र विरोधाभासों से लदा हुआ है। उसके जीवन में व्याप्त अपूर्णता, विषादाकुलता इसके कारण है। इसलिए वह मुक्ति के कगार पर भी विषादमग्न होकर विचलित हो जाता है। अगर वह मुक्ति पाता तो जीवन में आह्लाद का अनुभव निर्लोपतः किया जा सकता है। कवि कहते हैं कि,

''महत्ता के चरण में था
विषादाकुल मन
मेरा उसी से उन दिनों होता मिलन यदि
तो व्यथा उसकी स्वयं जीकर
बताता मैं उसे उसका स्वयं का मूल्य उसकी महत्ता
वह उस महत्ता का
हम सरीखों के लिए उपयोग,
उस आंतरिकता का बताता मैं महत्व''

मध्यवर्गीय बुद्धीजीवी के व्यक्तित्व में विकास की अनंत संभावना रहती है। उसमें अनंत शांति का महा बुद्ध बैठा है। अनेक जीवन समस्याओं के अनवरत समाधान वह प्राप्त कर सकता है। वह सारे गुण समाज के लिए और देश के लिए बहुत उपयोगी और श्रेष्ठ है। लेकिन सबकुछ इसमें चलता है उलटा। भारत जैसा तीसरी दुनियायी देशों में रूपायित यह मध्यवर्ग अपने देश के स्वाभाविक विकास में बाधा के रूप में उभरकर आया, जिसकी और मुक्तिबोध का भविष्यद्रष्टा इशारा करता है।

इस कविता में ब्रह्मराक्षस बावड़ी में रहकर अपनी आन्तरिकता में बेशुमार संघर्ष का अनुभव करता है। उसका जीवन ट्रैजडी में परिणत हो जाता है। उसका जीवन एक दारुण मृत्यु में तब्दील हो जाता है। कवि इस स्थिति का सीधा चित्र

इस प्रकार करते हैं:

“बावड़ी में वह स्वयं
पागल प्रतीकों में निरंतर कह रहा
....
....
मरे पक्षी-सा
बिदा ही हो गया....।”

उसकी दारुण मृत्यु के पहले की स्थिति की भी कवि ने इस प्रकार अभिव्यक्ति दी है–

“पिस गया वह भीतरी
औ बाहरी दो कठिन पाटों बीच,
ऐसी ट्रैजडी है नीच।”

इस प्रकार, अनंत संभावनाओं से भरा एक अनोखा व्यक्तित्व अपने जीवन में अर्थ शून्य का शिकार बन जाने का चित्र मुक्तिबोध की ज्ञान दृष्टि ने देखा, समझा और अवगत किया। इसकी सीधी अभिव्यक्ति है उनकी कविता ‘ब्रह्मराक्षस’। इस अभिव्यक्ति को अपने अपूर्व सृजनात्मकता के कलेवर में संजोकर कवि ने जीवन सत्य के अनेक अनछुए पक्षों को जागरित करके दिया। कविता की अंतिम पंक्तियों मध्यवर्ग के पेचीदा जीवन की बारीकी अभिव्यक्ति करती हैं।

जैसे –

“वह ज्योति अनजानी सदा को सो गयी
यह क्यों हुआ।
क्यों यह हुआ।।”

वास्तव में इन दोनों प्रश्नों का जवाब है मुक्तिबोध की कविता ‘ब्रह्मराक्षस’।

संदर्भ :

1. गजानन माधव मुक्तिबोध जीवन और काव्य, डॉ. महेश भटनागर, पृ.26
2. मुक्तिबोध एक अवधूत कविता, नरेश मेहता, पृ.23
3. नई कविता और अस्तित्ववाद, रामविलास शर्मा, पृ.139
4. मुक्तिबोध की समीक्षाई, अशोक चक्रधर, पृ.166
5. छायांतर, सं. नंदकिशोर नवल, पृ.102-104
6 नई कविता और मुक्तिबोध डॉ. वर्षारानी, पृ. 215
7. छायांतर, सं. नंदकिशोर नवल, पृ. 103
8. वही, पृ : 106

9. वही, पृ : 106
10. वही, पृ : 108
11. वही, पृ : 108-109
12. वही, पृ : 109
13. वही, पृ : 109
14. वही, पृ : 109

एक पत्र, अंधेरे में आलोक-किरण

विजय गुप्त

कुछ पत्र केवल पत्र नहीं होते। वे अपने समय का दस्तावेज और अक्षर-साक्ष्य होते हैं। समय की धूल उन पर पड़ सकती है। कुछ समय के लिए या बहुत समय के लिए वे अंधेरे कोने में पड़े रह सकते हैं, लेकिन जब कभी सामने आएंगे, आंखें खोल देंगे।

ऐसा ही एक पत्र है, हिन्दी के युगप्रवर्तक कवि श्री गजानन माधव मुक्तिबोध का भारतीय कम्युनिस्ट पार्टी के तत्कालीन चेयरमेन श्री अमृत डांगे के नाम। लगता है, युगीन सच को जैसे मथ कर रख दिया गया हो। दर्द और चिंता की अंतर्धारा को मानो हज़ारो–हजार जनों की चिन्ताधारा में घुला–मिला दिया गया हो। साफ-साफ प्रश्न और साफ-साफ उत्तर। स्पष्ट शंकाएं और स्पष्ट समाधान। फिर भी दुर्घटनाएं हुईं जिनसे बचने की चेतावनी मुक्तिबोध ने दी थी। यदि सजगता बरती जाती, मुगालते से निकला जाता, भ्रम के भंवर और ओछी मध्यवर्गीय जहनियत से बचा जाता तो आज कम्युनिस्ट पार्टियाँ और प्रगतिशील लेखक संगठन दुर्दशाग्रस्त न होते और भारत के राजनीतिक, सामाजिक और आर्थिक जीवन पर दक्षिणपंथी राजनीति का कब्जा न होता। साहित्य और कला के इलाके में भी पूंजी और बाजार का दबदबा न बढ़ता। "दुर्भाग्यवश धनलालसा और बाज़ारवाद से अग्रिम पंक्ति के प्रगतिशील लेखक भी बुरी तरह ग्रस्त हैं। वे सस्ती लोकप्रियता और स्वर्ण–मुद्रा की खातिर किताब–दर–किताब का उत्पादन किए जा रहे हैं, जिसका कोई महत्व नहीं है।" (देखे मुक्तिबोध का पत्र)। स्वर्णमुद्रा की खातिर कई तथाकथित क्रांतिकारी साहित्यकारों को सांप्रदायिक और धुर दक्षिणपंथी राजनेताओं से ईनाम–इकराम पाते देखा गया

है। जनता से दूर जाते और सत्ता पक्ष के करीब आते हुए देखा गया है। आखिर ऐसे धुरंधर कलाबाज़ों और बाज़ार में दुकान खोलकर बैठे व्यापारियों में क्या फर्क है? मुक्तिबोध ने लिखा है कि, ''यदि हमारा हमला दुश्मनों को छिन्न–भिन्न नहीं करता बल्कि उन्हें अपनी जगह मज़बूत और संगठित करता है तो ऐसा हमला बेकार और बेमकसद है।'' (देखें मुक्तिबोध का पत्र)।

मकसद और कारगर हमले के लिए ज़रूरी है ईमानदारी, साहस, कठोर श्रम, त्याग, धीरज और बलिदान। और सबसे बढ़कर इस लौह संकल्प की कि, ''हम परवरिशे लौहे कलम करते रहेंगे।'' परवरिशे कलम तो हुई लेकिन बड़ी चालाकी से। सांप भी बच गया और लाठी भी तनी रही। और अब तो लाठी भी हाथ से निकल गई। केवल तनी हुई मुद्रा है, वह भी फ्रीज्ड, स्टिल फोटोग्राफ की तरह। मुक्तिबोध ऐसा नहीं चाहते थे। वह तो आमूल-चूल बदलाव चाहते थे, जन-मन को सौंदर्य और विचार के उच्चतर सोपानों पर देखना चाहते थे। वह कोई भी स्वांग अथवा पाखण्ड नहीं चाहते थे। उनकी इच्छा थी कि साहित्य और राजनीति अपनी जनवादी भूमिका सच्चे मन से निबाहें। साथ-साथ आए। उन्होंने अपने पत्र में लिखा भी है कि, ''एक मार्क्सवादी एक व्यावहारिक वैज्ञानिक होता है और यह किसी भी विज्ञान की जिम्मेदारी है कि वह निरीक्षण करे, समझे, विश्लेषण करे, सत्य को विधिवत रखे, उन्हें विकसित करे; और यह भी कि उचित विधियों और दृष्टिकोण से असत् पक्षों का नाश करे और स्वस्थ प्रवृत्तियों को प्रोत्साहित करे।''

जीवन, कला और साहित्य में स्वस्थ प्रवृत्तियों के विकास और असत् पक्षों के विनाश के लिए मुक्तिबोध चाहते थे कि हर मोर्चे पर पूंजीवादी–प्रतिक्रियावादी ताकतों का सामना किया जाये। सीधी लड़ाई हो और जनता के दुश्मनों को पराजित किया जाये। उन्हें इस बात की बहुत पीड़ा थी कि कम्युनिस्ट पार्टी अपनी भूमिका का उचित निर्वाह नहीं कर सकी। संसदीय राजनीति और चुनावी गठजोड़ ने पार्टी को जाने–अनजाने अपनी जनता और जन-आंदोलनों से अलग-थलग कर दिया। कभी लोकसभा में प्रमुख विपक्ष की भूमिका निभाने वाली कम्युनिस्ट पार्टी ''लाखों–लाख जनों की आत्माओं को नहीं बदल सकीं।'' ऐसा ही कुछ साहित्य में भी हुआ, ''हमारा प्रमुख मार्क्सवादी साहित्यिक केन्द्र, यदि कोई था, तो वह हिन्दी साहित्य के नये विकासों को समझाने में नाकामयाब रहा।'' (देखें मुक्तिबोध का पत्र)।

आज तो स्थितियां भयावह हो चली हैं। मुक्तिबोध के समय कम से कम धर्मनिरपेक्षता, लोकतंत्र अैर समाजवाद का सपना तो था। अब तो सारे सपनों को ग्रहण लग चुका है। कम्युनिस्ट पार्टियां हाशिए पर चली गई हैं और लेखक संगठन कई टुकड़ों में बंट चुका है। जनवादी साहित्य अपनी शक्ति और अपना प्रभाव खोता

जा रहा है। मुक्तिबोध इस खतरे से अनजान नहीं थे। इसलिए वह जनवादी साहित्य और प्रकाशन के क्षेत्र में बड़ा बदलाव चाहते थे। उनकी कामना थी की एक ऐसे साहित्यिक मासिक का प्रकाशन हो जिसका आधार व्यापक जनवादी दृष्टि हो। संकीर्णता के दायरे से निकल कर एक ऐसा सार्थक संवाद कायम हो जिसमें विचारधारा का एकांगी दुराग्रह न हो, बल्कि मार्क्सवादियों और गैर मार्क्सवादियों के बीच जीवंत रचनात्मक संबंध हो। मुक्तिबोध ऐसी पहल करना चाहते थे जिसमें समाज के सभी वर्गों की सक्रिय हिस्सेदारी हो, जिससे मानव जीवन सुखी, सुन्दर और शोषणमुक्त हो सके। वह हिन्दी के प्रकाशकों की स्वार्थपरता, क्रूरता, नीचता और लेखकों को तरह-तरह से ठगने के हथकण्डे से परिचित थे, इसलिए वह सच्चे और जिम्मेदार छोटे—बड़े प्रकाशक चाहते थे, ताकि अच्छी रचनाएं पाठकों तक सुगमता से पहुंच सकें। उन्होंने अपने पत्र में ये सारी इच्छाएं व्यक्त की थीं।

अफसोस कि उनकी इच्छाएं उनके जीवनकाल में पूरी नहीं हो सकीं। आज की विकट परिस्थितियों में मुक्तिबोध की इच्छाओं का मोल कई गुना बढ़ गया है। उनकी अधूरी इच्छाओं को पूरा करने का काम अब हमारा है।

मुक्तिबोध का यह पत्र राजकमल प्रकाशन, दिल्ली द्वारा प्रकाशित 'मुक्तिबोध रचनावली – खण्ड 6' में संकलित है। रचनावली के संपादक श्री नेमिचंद जैन हैं।

मुक्तिबोध के पत्र का उत्तर श्री डांगे ने दिया या नहीं, इसका कोई जिक्र नहीं मिलता। यदि उत्तर दिया होता तो भारतीय कम्युनिस्ट पार्टी के तत्कालीन नेतृत्व के नजरिये का पता चलता। बात कुछ और स्पष्ट होती। पत्र का अंग्रेजी से हिन्दी अनुवाद करने के दौरान एक बात मन में आई कि एक ऐसा संकलन तैयार किया जाना चाहिए, जिसमें मुक्तिबोध के पत्रों के जवाब में लिखे गए महत्वपूर्ण पत्र हों। इससे तत्कालीन साहित्यिक परिदृश्य के साथ-साथ मुक्तिबोध के दुस्तर और बहुमुखी व्यक्तित्व को समझने में भी मदद मिलेगी।

पत्र के भावों को यथासंभव सुरक्षित रखने की कोशिश मैंने की है। कविताओं की तरह ही उनके भावुक और संकल्पबद्ध मन का उत्ताप और उदात्त आवेग उनके पत्रों में भी मिलता है। इस उत्ताप और आवेग को पकड़ना और पुनर्सृजित करना नई रचना रचने की तरह कष्टसाध्य और मुश्किल लगा है।

लगभग साठ—बासठ साल पहले लिखे गए पत्र की रोशनी में हम आज का राजनीतिक, सामाजिक और साहित्यिक अंधेरा देख सकते हैं। यही इस पत्र की सबसे बड़ी खूबी है। यह अंधेरा, रोशनी की तलाश में कल का भी है और आज का भी है।

श्रीपाद अमृत डांगे के नाम श्री गजानन माधव मुक्तिबोध का अविस्मरणीय और ऐतिहासिक पत्र

—राजनांदगांव

कॉमरेड एस. ए. डांगे
चेयरमेन सी. पी. आई
नई दिल्ली

प्रिय साथी,

भारी मन से आपके गहन विचारार्थ यह पत्र लिख रहा हूँ।

मेरी वक्तव्य को दो भागों में बांटा जा सकता है : पहला, आलोचना, दूसरा : सुझाव। पहला, दूसरे से आवयविक रूप से संबद्ध है। इसलिए, मैंने दोनों को स्थान दिया है। मेरा वक्तव्य अत्यंत संक्षिप्त है और यह सभी पहलुओं को नहीं समेटता।

यह सर्वविदित सत्य है कि स्वतंत्रता के बाद से, हिन्दी साहित्य में प्रगतिशील आंदोलन, जो कभी सर्वोपरि था, एक—एक कर अपनी आधारभूमि खोता जा रहा है, और अब निराधार, सारहीन अस्तित्व की ओर बढ़ रहा है, जबकि आक्रामक प्रतिक्रियावादी ताकतें पर्वताकार हुई हैं और उन्होंने उल्लेखनीय सफलताएं भी पाई हैं, उन्होंने हिन्दी लेखकों के बीच अपने प्रभाव को मजबूती से बढ़ाया है।

सफलताएं, जो आक्रात्मक प्रतिक्रियावादियों ने हासिल की है, उनका कारण मात्र पूंजीपति प्रेस की आर्थिक शक्ति ही नहीं, साम्राज्यवादी और कम्युनिस्ट विरोधी शक्तियों से उनका विचारधारात्मक जुड़ाव ही नहीं, मध्य वर्ग में फैली अवसरवादी प्रवृत्तियां ही नहीं, बल्कि प्रगतिशील आंदोलन की विकट आंतरिक कमजोरियाँ, विशेषतः उसका नेतृवर्ग और उसकी जीवनविहीन गतिविधियां भी रही हैं। यह कमजोरी आज भी मौजूद हैं, हालांकि इसका धूमिल अहसास बाद के दिनों में विकसित होता दिखायी देता है। इसलिए, मैं इस पर थोड़ा बाद में विचार करना चाहता हूं।

यह सुविदित सत्य है कि यथार्थ परिवर्तनशील है, कि नई समस्या विचार और समाधान के लिए सामने आती है, कि पुराने तौर-तरीके जो इन समस्याओं के निदान में बीते वक्त में सर्वोत्तम थे, जब अप्रभावी साबित होते हैं तो समस्याओं का समाधान नहीं कर पाते, बल्कि उन्हें और पेचीदा बनाते हैं।

यह भी एक जाना-पहचाना तथ्य है कि एक मार्क्सवादी एक व्यावहारिक वैज्ञानिक होता है और यह किसी भी विज्ञान की जिम्मेदारी है कि वह निरीक्षण करे, समझे, विश्लेषण करे, सत्य को विधिवत रखे, उन्हें विकसित करे और यह

भी कि उचित विधियों और दृष्टिकोण से असत् पक्षों का नाश करे और स्वस्थ प्रवृत्तियों को प्रोत्साहित करे।

लेकिन हुआ क्या? हमारा प्रमुख मार्क्सवादी साहित्यिक केन्द्र, यदि कोई था, तो वह हिन्दी साहित्य के नये विकासों को समझने में नाकामयाब रहा। उन्होंने बिल्कुल आरंभ से ही सर्वथा नकार भाव से हिन्दी कविता की नई प्रवृत्तियों की भर्त्सना की, और आगे भी लगातार करते रहे, जबकि यह नई प्रवृत्ति अपना विकास करती रही और उसने अपने आधार को व्यापक भी बनाया।

प्रयोगशील अथवा नई कविता, जो स्वतंत्रता पूर्व के अंतिम दशक में अस्तित्व से आई और आगे विकसित हुई (मैं स्वयं भी इसके निर्माताओं में से एक था), अपने विकास के प्रथम या द्वितीय चरण में यह अनिवार्यत पार्टी विरोधी थी, लेकिन अनिवार्यतः मार्क्सवाद विरोधी नहीं, अनिवार्यतः समाजवाद विरोधी भी नहीं थी। यह समाजवाद के उद्गम राष्ट्र रूस की विरोधी भी नहीं थी। वास्तव में, अपने विकास के पहले दौर में, इसके अधिकांश लेखक मार्क्सवाद के सामान्य प्रभाव में थे। बहुतेरे रचनाकार पार्टी से संबद्ध थे, उन्होंने पार्टी के साथ काम किया और उसके अनुशासन को भी स्वीकार किया।

फिर क्यों प्रमुख मार्क्सवादी आलोचकों ने लगातार उनपर निशाना साधा और उन्हें शत्रु माना (वे इस तरह बोलते थे मानों वे मार्क्सवाद के प्रवक्ता और व्याख्याकार हों), क्यों इस नयी प्रवृत्ति पर लगातार और प्रचण्ड हमले किये गये? यह नई प्रवृत्ति अपने शिल्प और कथ्य में निःसंदेह आत्यंतिक रूप से व्यक्तिवादी थी। यह शोक, भयानक व्यथा और कभी-कभी चिड़चिड़ेपन से भी भरी हुई थी। बावजूद इसके अपने विकास के पहले एवं दूसरे दौर में 1953-56 तक, शानदार कविताएं विश्व शांति एवं मजदूर वर्ग के संघर्ष पर (शमशेर), भारत की महिमा और सुन्दरता एवं संस्कृति पर (नरेश मेहता), और पूंजीवादी समाज के विरुद्ध (मुक्तिबोध), इन्हीं रचनाकारों के बीच से आई।

इस नई प्रवृत्ति का निष्पक्ष और निर्दोष अध्ययन बहुत ज़रूरी है। कुछ कविताओं की प्रशंसा (ऊपर उल्लिखित) के अलावा, संपूर्ण प्रवृत्ति की निर्दयतापूर्वक, शत्रुता भरी दृष्टि के साथ अवहेलना की गई। रचनाकारों ने, एक लंबे अनुभव के बाद यह महसूस किया कि ये प्रमुख मार्क्सवादी आलोचक साहित्य ही नहीं समझते, रचनाकारों के जीवन में उनकी कोई रुचि नहीं है। वास्तव में, मार्क्सवादी मण्डली, नई कविता की उत्पत्ति और उसके द्वारा उठाई गई सौंदर्यशास्त्र संबंधी समस्याओं को समझने में असफल रही। सौंदर्यशास्त्र संबंधी प्रश्नों पर बहस के हर उपक्रम को नये व्यक्तिपरक अनुशीलन के रूप में व्याख्यायित किया गया। वे नई कविता

के उद्गम, को, बिखरते हुए पुराने भारतीय पारिवारिक जीवन और शैली से उसके संबंध को, अर्द्धसामंती परिवार और अर्द्धसामंती—अर्द्ध बर्जुआजी समाज की जकड़न को, व्यक्तिगत त्रासदियों को, पूंजीवादी समाज में व्यक्ति के दमन और उससे मुक्ति के लिए व्यक्ति की कातर चीख को, नहीं समझ सके।

निःसंदेह कविता आंदोलन में मायकोवस्की और दूसरे लेखकों की क्रांतिकारी परंपरा का उत्ताप नहीं है। तब भारत में, जैसा आज भी है, कम्युनिस्ट पार्टी कम से कम हिन्दी भाषी क्षेत्रों में लाखों—करोड़ों लोगो के जीवन को न प्रेरित कर सकी और न ही उन्हें अपने प्रभाव में रख सकी। क्रांतिकारी गतिविधियों में कोई निरंतरता नहीं रही। क्रांतिकारी शक्तियां अस्तित्व में रहीं लेकिन वे लाखों—लाख जनो की आत्माओं को नहीं बदल सकीं। यहां तक कि सी. पी. आई कई बार असमंजस में घिरी रही, और आज भी बड़े-बड़े नगरों और छोटे गांवों में उसका अर्द्धविकसित रूप ही मिलता है।

भारत में पूँजीवाद के विकास और सामाजिक जीवन में बढ़ते प्रबल अंतर्विरोध एवं पुराने पारिवारिक ढांचे में हुई टूट-फूट के कारण नई व्यक्तिगत समस्याएं उभरने लगी थीं, और पूंजीवादी समाज की जकड़बंदी ने मध्यवर्ग को अवसरवादी बना दिया। यह सब जीवन को नई ऊर्जा और विश्वास देने वाले क्रांतिकारी आंदोलन की अनुपस्थिति के कारण हुआ। व्यक्तिवाद और अवसरवाद, प्रमुख मार्क्सवादी लेखकों और आलोचकों में भी मौजूद थे। उच्च माध्यवर्गीय अर्द्धकुलीन जीवनशैली के साथ इनके बीच गहरे मतभेद थे। आपस में विचारों का आदान-प्रदान नहीं था और नवचिंतन साहित्य के इन मार्क्सवादी पुरोधाओं में एक सिरे से अनुपस्थित था। ऐसी परिस्थितियों में मार्क्सवादी साहित्यिक (तथाकथित) चिन्तकों ने सृजनशील साहित्यिक लेखकों की मुख्य धारा से स्वयं को घमंडपूर्वक अलग-थलग कर लिया। पूंजीवादी विकास की इन स्थितियों में मोहभंग, दारुण व्यथा के विकट अहसास, तुच्छता, हतभाग्यता, चिड़चिड़ेपन और आत्मलीनीकरण (जो पहले से ही विद्यमान था) का भाव तीव्रतर हुआ, और जिसने नई कविता में अपनी अभिव्यक्ति पाई। निश्चित ही वह साहित्यिक अभिव्यक्ति इस अर्थ में अत्यंत व्यक्तिवादी थी कि इसमें समाजवादी संदर्श एवं अंतःप्रेरणा का अभाव था, किन्तु यह स्वयं जीवन से उद्भूत थी, जीवन के प्रति सत्वनिष्ठ थी और वह लेखकों द्वारा अनुभूत वास्तविकताओं के प्रति सच्ची थी।

इन सबके बावजूद, इन व्यक्तिपरक कविताओं में यहां-वहां कुछ प्रगतिशील विचार थे, जनता के प्रति विश्वास के कुछ सूत्र थे, प्रगतिशील मानववाद के प्रभाव थे – मार्क्सवादी शब्दावली में नहीं बल्कि एक काव्यात्मक रुचि के तहत। यह अवश्यमेव कहा जाना चाहिए कि संपूर्णतया यह प्रवृत्ति समाजवाद और उसकी

विचारधारा की विरोधी नहीं थी। काफी लम्बे समय तक इससे समाजवादी अभिरुचियां सुदृढ रहीं।

लेकिन कुछ महत्वपूर्ण और प्रमुख मार्क्सवादियों ने संपूर्ण धारा की, नई कविता की भर्त्सना की, पक्षपातपूर्ण ढंग से उसे गलीज कहा और उसकी दूसरी विशिष्टताओं की घोर उपेक्षा की।

मार्क्सवादी आलोचकों के इसी विरोधपूर्ण रवैये के कारण प्रतिक्रियावाद आक्रामक हुआ और उसने कविता में जो भी थोड़ा–बहुत मार्क्सवादी प्रभाव था, उसे मिटा देने का प्रयत्न किया। प्रतिक्रियावाद का लक्ष्य साहित्य के क्षेत्र में मार्क्सवादी प्रभाव को मिटा देना था, और कविता का क्षेत्र इसके लिए पहले से तैयार था।

जैसा कि मैं आपसे पहले ही अर्ज़ कर चुका हूँ कि कविता का हर नया आंदोलन अपने साथ अपने सौंदर्यबोध और दार्शनिक सवालों को लेकर आता है। ऐसे बहुत से सवाल इन रचनाकारों ने मार्क्सवादी आलोचकों के सामने विचारार्थ रखे लेकिन उन्हें हल्के–फुल्के ढंग से लिया गया, उनकी अपेक्षा और निन्दा की गई।

प्रतिक्रियावाद ने इन सवालों को उठाया और उनके उत्तर देने की कोशिश की। इस प्रकार पश्चिम ने इन लेखकों को पूर्णतया ह्रासोन्मुख और कम्युनिस्ट विरोधी पतनशील प्रतिक्रियावादी दर्शन दिया। उन्होंने नयी कविता का नेतृत्व अपने हाथों में ले लिया, और अब इस नयी कविता की बहुत सी विचारधाराएं कम्युनिस्ट विरोधी हो गईं। प्रतिक्रियावाद ने प्रकाशकों, प्रोफेसरों, विचारकों, कवियों, लेखकों और संगठनकर्ताओं की फौज के साथ संगठित होकर काम किया। उनके पक्ष में यह बात कहनी ही होगी कि उन्होंने कठोर श्रम किया और विपुल साहित्य सर्जना की। उन्होंने साहित्यिक मूल्यों का सम्मान किया और एक दूसरे के विचारों का समादर भी किया। उनके बीच गहन विचारों के आदान-प्रदान का सिलसिला था। उनकी तुलना में प्रगतिशील आंदोलन का तथाकथित नेतृत्व जो खास, अनुदार और संकीर्ण था, अब बिल्कुल नाकास हो चुका है। ऐसी स्थिति में आज क्या किया जाना चाहिए?

1. एक साहित्यिक मासिक का प्रकाशन – एक सुगठित और सुव्यक्त मासिक का प्रकाशन किया जाना चाहिए, जिससे व्यापक लोकतांत्रिक प्रगतिशील दृष्टि हो। उसमें ऐसे स्तम्भ प्रकाशित हों जिसमें एक मार्क्सवादी लेखक का संवाद दूसरे मार्क्सवादी लेखक के साथ हो, एक मार्क्सवादी और दूसरे गैर मार्क्सवादी लेखक के बीच विचार–विनिमय हो, एक गैर मार्क्सवादी लेखक की बातचीत दूसरे गैर मार्क्सवादी लेखक के साथ हो, और यह संवाद विनिमय साहित्य की समस्याओं और उसकी विभिन्न प्रवृत्तियों पर हो सकता है। साथ ही, इसमें रचनात्मक लेखन

भी प्रकाशित किया जाना चाहिए और गहरी संलग्नता के साथ साहित्य की मुख्य धारा से इसे जोड़ना चाहिए। इस कार्य में कोई भी असफलता प्रगतिशील आंदोलन को पीछे ले जाएंगी और मार्क्सवाद से प्रतिबद्ध लोगों को पार्टी से अलग-थलग कर देगी।

इस मासिक को प्रतिक्रियावादी शक्तियों को अलग-थलग कर देने और सृजनशील लेखकों के बीच से प्रतिक्रियावादी केन्द्र को ध्वस्त करने का प्रयास, इस तरह किया जाना चाहिए –

(अ) प्रतिक्रियावादी विचारों पर अपना आक्रमण केन्द्रित करना चाहिए, उन लेखकों पर नहीं, जो उसके प्रभाव में हैं। उस प्रतिक्रियावाद और उससे प्रभावित लोगों के बीच मतभेद उत्पन्न करना चाहिए। यह काम उनके तर्कों का बिंदुवार और तार्किक उत्तर देकर किया जा सकता है, ताकि लेखक हमारे तर्कों की सच्चाई और सटीकता के कायल हो सकें।

(ब) प्रतिक्रियावाद से मुक्त लेखकों की सशक्त विशिष्टताओं को उचित महत्व देकर अपने पक्ष में करना।

(स) इसी के साथ, पत्रिका के स्तम्भों के द्वारा सैद्धांतिक विकास भी किया जाना चाहिए। लंबे समय से, हम फ्रेंच, इटैलियन, पोलिश, हंगेरियन, रोमानियन एवं दूसरी साहित्यिक विचारणाओं की उपेक्षा कर केवल रूसी साहित्यिक वैचारिकी को अंगीकार करते रहे हैं। यह सुविदित तथ्य है कि उक्त देशों में जीवन, साहित्य और कला की विविध समस्याओं पर बहुत अधिक एवं मूल्यवान साहित्यिक चिंतन किया जा चुका है।

(द) विभिन्न हिन्दी साहित्यिक पत्रों में बहुत से द्वेष भरे पूर्वग्रहयुक्त कम्युनिस्ट विरोधी वक्तव्य प्रकाशित होते हैं, कम्युनिस्ट विरोधी वैचारिक हमले होते हैं। इनका जवाब दिया जाना ज़रूरी है। मौजूदा समय में हमारे बीच से कोई भी उन्हें पलट कर जवाब नहीं देता, जबकि बहुत से सुप्रसिद्ध मार्क्सवादी लेखक इन्हीं पत्रों में कॉलम लिखते हैं, फिर भी वे विरोधियों को प्रत्युत्तर नहीं देते, और इस प्रकार उनके वक्तव्य बिना किसी चुनौती का सामना किए चले जाते हैं।

सबसे महत्वपूर्ण कार्य है, मुख्य दुश्मन को चुनना, सही निशाना साधना और उस पर इस तरह हमला करना कि ज्यादा से ज्यादा दोस्त हम जीतें और दुश्मन अलग-थलग और ध्वस्त हो।

यदि हमारा हमला दुश्मनों को छिन्न-भिन्न नहीं करता बल्कि उन्हें अपनी जगह मजबूत और संगठित करता है तो ऐसा हमला बेकार और बेमकसद है।

दूसरे शब्दों में, हमें अत्यंत सावधानीपूर्वक दुश्मन के सैद्धांतिक कार्यों, प्रवृत्तियों

और उनकी पहुंच का अध्ययन करना चाहिए और उनका उत्तर शांत मन और स्पष्टता के साथ इस प्रकार देना चाहिए कि हम अपने लेखकों का दिल-दिमाग जीत सकें। विधिवत और सावधान अध्ययन का बीड़ा उठाना चाहिए, सवाल-दर-सवाल प्रत्याक्रमण बहुत ज़रूरी है। यह हमें करना ही होगा, लेकिन मार्क्सवादी लफ्फाजी के जरिए नहीं बल्कि ऐसी भाषा और शब्दावली में जो लेखकों की समझ में आए। यदि शत्रु के द्वारा प्रस्तुत किसी विशेष मुद्दे को दुरुस्त करना हो तो हमें वह मुद्दा समझना चाहिए। अंधा विरोध गैरज़रूरी होगा। एक वैज्ञानिक नज़रिए के साथ हम लेखकों का भरोसा जीत सकते हैं। यह साबित कर सकते हैं कि जिंदगी की हकीकतों और सच्चाइयों के प्रति जवाबदेह होकर भी हम समाजवादी उद्देश्यों के प्रति निष्ठावान हो सकते हैं।

केवल यही एक रास्ता है, जिससे हम लेखकों को आध्यात्मिक नेतृत्व प्रदान कर सकते हैं।

2. प्रगतिशील लेखक संघ, जैसा वह पहले था, उसी सांचे में नहीं चलाया जा सकता। पुराना ढब और ढंग फिर से आता है तो, वह प्रगतिशील लेखकों को दूसरों से अलग-थलग कर देगा, आधारभूमि से, लेखकों की मुख्य धारा से विच्छिन्न कर देगा। यह कदम उनके संदेहों को भी पुख्ता करेगा कि सी. पी. आई साहित्यकारों का शोषण पार्टी हितो के लिए करती है। कम से कम प्रतिक्रियावाद तो लेखकों के इस डर का फायदा उठाएगा और अपनी कम्युनिस्ट विरोधी गतिविधियों को और हवा देगा। वह यह दुष्प्रचार करेगा कि वह साहित्यिक आंदोलन नहीं, बल्कि राजनीतिक आंदोलन है।

इस पर्यावलोकन के साथ, मेरा सुझाव है कि अखिल भारतीय और प्रादेशिक हिन्दी साहित्यिक सम्मेलन और सेमिनार हो, जहाँ प्रतिबद्ध प्रगतिशील चितकों के नियंत्रण में बहस और परिसंवाद रखे जाएं। सम्मेलनों—सेमिनारों का संचालन इस प्रकार किया जाये कि जनवादी स्वर में सब कुछ समाहित हो जाये। ऐसे सम्मेलन बराबर रखे जाने चाहिए ताकि नया जनवादी साहित्यिक जागरण अपना स्थान ले सके।

3. ठीक इसी तरह, हमारे पास छोटे और बड़े प्रकाशक होने चाहिए ताकि सही कामों को बाजार में लाया जा सके।

4. प्रगतिशील लेखकों को तलस्पर्शी, गंभीर और पारंगत होना चाहिए। दुर्भाग्यवश धनलालसा और बाज़ारवाद से अग्रिम पंक्ति के प्रगतिशील लेखक भी बुरी तरह ग्रस्त हैं। वे सस्ती लोकप्रियता और स्वर्ण-मुद्रा की ख़ातिर किताब—दर—किताब का उत्पादन किए जा रहे हैं, जिसका कोई महत्व नहीं है।

कलात्मक कार्यों को प्रोत्साहित किया जाना चाहिए और कलाहीन प्रगतिशील कार्यों की आलोचना होनी चाहिए, भले ही उसका रचयिता कितना भी महान और लोकप्रिय क्यों न हो। यह छिछली, लफ्फाजी भरी, मताग्रही और अवसरवादी आलोचना ही थी जिसने प्रगतिशील आंदोलन को पिछले दशकों में गहरी क्षति पहुंचायी।

श्रेष्ठ, कलात्मक और मूल्यवान साहित्यिक, कृतियां ही प्रतिक्रियावाद का सर्वोत्तम उत्तर है, क्योंकि ऐसी कृतियों का मूल्य चिरस्थायी और इनका प्रभाव अमिट होता है। गूढ़ अर्थ और कलात्मक श्रेष्ठता की जगह विचारधारात्मक रवैया प्रगतिशील लेखकों को अधिक प्रभावशाली नहीं बना सकेगा।

जब प्रगतिशील विचारों के पक्ष में एक वातावरण की सृष्टि की जायेगी तब संभवतः प्रगतिशील लेखक संघ जैसा पुराना संगठन कारगर हो सके, लेकिन इस वक्त तो नहीं।

यदि उपर्युक्त बातें ईमानदारी के साथ प्रगतिशील, लोकतांत्रिक ढंग से की जाये तो मेरा विश्वास है कि धीरे-धीरे प्रगति के पक्ष में एक माहौल तैयार होगा, जो साहित्यिक परिदृश्य को अपने प्रभुत्व से ले सकेगा।

हिन्दी साहित्य का यह विशेष काल शुभ है क्योंकि एक नया विद्रोह क्षयोन्मुखी प्रवृत्तियों के विरुद्ध उठता हुआ दिखाई दे रहा है और इसे समर्थन की जरूरत है। यह विद्रोह अभी नई प्रवृत्तियों के गर्भ में है, और इसे धाराबद्ध कर प्रगतिशील लक्ष्यों की ओर मोड़ा जाना चाहिए।

मेरा पत्र लंबा हो चला है, मेरा कोई वश नहीं। संभवतः इसमें कई दूसरे महत्वपूर्ण मुद्दों पर निर्णय की भूलें हो, न्यूनोक्तियां और अत्युक्तियाँ अथवा अयुक्तियां हो।

निःसंदेह इसमें सुधार की आवश्यकता है। किन्तु प्रगतिशील चिंतकों, आलोचकों और लेखकों की आत्मलोचनाएं भी काफी समय से उन पर बकाया हैं।

और अंत में, मैं आपसे अपनी पहचान प्रकट करने में असमर्थ हूँ। पर शायद आप मुझे जानते हों, जैसे दूसरे कई जानते हैं।

आपका साथी

एक्स वाई जेड

मुक्तिबोध की कविताएं खालिस चावल की तरह नहीं धान और धनखेत की तरह हासिल होती हैं

प्रतिष्ठित आलोचक प्रफुल्ल कोलख्यान से चर्चित साहित्यकार अरुण शीतांश एवं युवा साहित्यकार अविनाश रंजन की बातचीत :

प्रश्न--अरुण शीतांश-21वीं सदी में मुक्तिबोध को (भारत के परिपेक्ष्य में) किस रूप में देखते हैं?

उत्तर--प्रफ्रुल्ल कोलख्यान-मुक्तिबोध हिंदी के महत्वपूर्ण कवि हैं और 21वीं सदी में भी महत्वपूर्ण रहेंगे। चिंता की बात यह है कि मुक्तिबोध जैसा समाज चाहते थे, वैसा समाज बनने-बनाने की संभावना धीरे-धीरे धूमिल होती चली गई। जो है, उससे बेहतर की कामना और उस कामना को पूरा करने के लिए 'मेहतर' बन जाने की दिशा में भारत का बौद्धिक वर्ग जरा भी तत्पर नहीं हुआ। इसके कुछ कारण तो साहित्यकारों के अपने चरित्र में भी है। ऐसे में जबकि साहित्यकारों की विश्वसनीयता ही खतरे में है, यह एक कठिन सवाल है। समझौतापरस्त और सब कुछ को हासिल कर लेने के लालच से भरे बहुसंख्यक हिंदी साहित्यकारों के इस मध्य-वर्गीय चरित्र को आत्माधिक्कर की हद तक हो जाने वाले सबसे बड़े हिंदी कवि के रूप में मुक्तिबोध हमारे साथ रहेंगे। लेकिन सबसे बड़ा सवाल यह है कि सामान्य हिंदी जन की तरह ही हिंदी साहित्यकारों का आत्मबोध भी दुर्बल है। न जाने, आत्मधिक्कार का आगे कैसा असर होगा, अब तक जो असर हुआ है वही तो खैर सामने ही है। लेकिन सवाल तो पूछा ही जाएगा। मुक्तिबोध के शब्दों में - मर गया देश और बच गए तुम...! तुम, यानी हम। कभी प्रेमचंद की कहानी

ने सवाल उठाया था कि क्या बिगाड के डर से ईमान की बात नहीं कहोगे...। अरुण जी। 21वीं सदी का हिंदी साहित्यकार इन दो सवालों का जवाब किसी अन्य के लिए नहीं, बल्कि अपने लिए ढूढ़ पाएगा? अगर हां तो मुक्तिबोध और प्रेमचंद हमारे लिए प्रासंगिक (प्रेरक) बने रहेंगे।

प्रश्न--अरुण शीतांश--मुक्तिबोध को आम पाठक से कविता की कठिनाइयों को लेकर एक अवधारणा अभी तक चली आ रही है। उससे कैसे समझा जाए?

उत्तर--प्रफुल्ल कोलख्यान--आदमी और आम पाठक, हिंदी कविता या साहित्य के पारस्परिक संबंध कभी बहुत करीबी नहीं थे। लेकिन मुक्तिबोध के संदर्भ में जानबुझकर इस सवाल को बड़ा बना दिया गया। मैंने एक बार विश्वविद्यालय के कार्यक्रम में पूछा था कि--'चलो! मुक्तिबोध आम आदमी की समझ में नहीं आते हैं। तो क्या अज्ञेय आ जाते हैं? अच्छा चलिए प्रेमचंद तो समझ में आ जाते हैं न! और तुलसीदास भी। तो फिर, विद्वान अध्यापक साल-साल भर उच्च कक्षाओं में छात्रों को क्या समझाते रहते हैं? मेरी, आपकी माने हर किसी की समझ की अपनी कई समस्याएँ और सीमाएँ हुआ करती हैं। अब प्रेमी प्रेमिका गुलाब को एक तरह से समझते हैं, बागवान एक तरह से, तो बेचनेवाला किसा और तरह से और वनस्पति शास्त्री तो खैर अपनी ही तरह से समझता रहता है। यकीन मानिए अरुण जी। इनमें से कोई भी गुलाब को दूसरे की तरह से समझना नहीं चाहता है, शायद जरूरी भी नहीं है। तो सवाल यह है कि आप मुक्तिबोध को किस तरह से समझना चाहते हैं। अगर मुक्तिबोध को आप अपनी तरह से अपनी शर्तों पर या अपनी किसी अपरिभाषित सुविधा की जरूरत से समझना चाहते हैं तो आपके लिए यह काम बहुत कठिन है। जाहिर है आम पाठक के लिए भी। तो फिर मुक्तिबोध को कैसे समझा जाए? मुक्तिबोध को मुक्तिबोध की शर्त पर समझा जाए। अरुण जी। मुक्तिबोध 'अंधेरे में' चीखते हुए कविता लिखते थे। और हम उसे 'उजाले में' मुस्कुराते हुए समझना चाहते हैं। और कहते हैं कि धत! यह तो समझ में नहीं आया। समझ सकते हैं कि 'अंधेरे में खड़ा आदमी' 'उजाले में' खड़े आदमी को देख सकता है। लेकिन उजाले में खड़ा आदमी अंधेरे में नहीं देख सकता है। अरुण जी। मुक्तिबोध अंधेरे में खड़े थे। वह कोई सामान्य अंधेरा नहीं था। जिस उजाले में हम मुस्कुराते रहे हैं, वह कम कलुष नहीं है। मुक्तिबोध अगर समझ में नहीं आते हैं तो यकीनन अपने समय के संकट की हमारी समझ पूरी तरह से अधूरी है। मुक्तिबोध के काव्य प्रयोजन ठीक से समझ लिया जाए तो मुक्तिबोध को समझना उतना मुश्किल नहीं होगा, जितना अब तक बताया जाता रहा है। यह गंभीर सवाल है। मुक्तिबोध पूछते थे अपने दोस्तों से कि -- 'पार्टनर तुम्हारी

पॉलिटिक्स क्या है?' निश्चित रूप से मुक्तिबोध खुद इस पॉलिटिक्स के शिकार रहे हैं। तो सवाल यह है कि मुक्तिबोध को समझने और न समझने की हमारी 'पॉलिटिक्स' क्या है। सब चुप। यकीन मानिए, मुक्तिबोध समय के साथ-साथ और भी तीखे होते चले आएंगे। वे 'ब्रह्मराक्षस' और भयावह होंगे। और तबतक समाज की बेचैनी सुप्त बनी रहेगी, जबतक उनकी हार का बदला चुकाने के लिए कोई प्रकट हो कर विकट नहीं हो जाता है। हमें मुक्तिबोध समझ में नहीं आयेंगे। अरुण जी। हमें तो अपनी-अपनी आत्म-हीन कायर और कातर मजबूरियों के कारण ही समझ में नहीं आते हैं। मुक्तिबोध क्या खाक समझ में आएंगे। वे मुक्तिबोध, जो लगातार अपनी मजबूरियों के सतह से हम सब को गहरी चुनौतियां देते हैं। समझ की भी अपनी एक पॉलिटिक्स होती है, समझ रहे हैं न आप!

प्रश्न--अरुण शीतांश--मुक्तिबोध ने धर्म के बारे में अपना पक्ष समाज के सामने किस तरह रखा है?

उत्तर--प्रफुल्ल कोलख्यान-- अरुण जी जिस परिप्रेक्ष्य में यह प्रश्न आपने उठाया है, वह परिप्रेक्ष्य सबके सामने है। इस पर कुछ कहने के पहले, मैं डॉक्टर राम मनोहर लोहिया की एक बात आप के सामने रखना चाहता हूँ। उन्होंने कहा था कि लंबे समय तक चलने वाली राजनीति अंततः धर्म के रूप में संगठित होकर सामने आती है। इस बात को ध्यान में रखिए की यह बात समझने में देर नहीं लगेगी की दुनिया में और खासकर भारत में कल्चरल कनफिलक्ट की प्रक्रिया क्या रही है और और वह किस-किस रूप में प्रकट होती रही है। मुक्तिबोध ने कहा था कि संस्कृति निर्माण की प्रक्रिया अमूर्त प्रक्रिया नहीं है। तो मुक्तिबोध सांस्कृतिक निर्माण की जिस प्रक्रिया की ओर इशारा कर रहे थे उस प्रक्रिया को समझना होगा। इतना कहना जरूरी और मुनासिब भी है कि भारत में सांस्कृतिक निर्माण की प्रक्रिया धर्म के आवरण में जारी रही है। देखिए कि सांस्कृतिक संघात की थीसिस अपनी एंटी थीसिस को ही सेंथीसीस मानकर समय के साथ आगे बढ़ती जाती है और इसके लिए धर्म के आडंबर का इस्तेमाल अपने प्रयोजन के लिए करती है। धर्म का यह आडंबर रूप अपनी अंतर्विरोधी जटिलताओं के साथ सामान्य रूप से स्वीकृत होने लगता है। और हाँ, इसके आर्थिक पहलू तो जबर्दस्त होते ही हैं। संत कवि, खासकर कबीर इसलिए धर्म के आडंबर का इतना कड़ा विरोध करते थे। समाज का जागरूक तथा वर्चस्वशाली पक्ष इसे समन्वय कहता है। इस समन्वय की गति-मति को समझते और स्वीकार करते हुए, उसके प्रवाह में रहते हुए समाज का जागरूक तथा वर्चस्वशाली पक्ष अंतर्विरोध पर अपनी सावधान नज़र टिकाए रखता है। नजर टिकाए रखता है कि अंतर्विरोध प्रवाह को बाधित या विचलित न कर दे। आचार्य

हजारीप्रसाद द्विवेदी ने कहा है कि भारत वर्ष का नायक वही हो सकता है जो समन्वय वादी हो। बुद्ध को तो समन्वयवादी कहा ही, तुलसीदास को सबसे बड़ा समन्वयवादी कहा। तुलसीदास की तुलना में कबीर दास के समन्वय को थोड़ा कमजोर कहा। क्यों? गाहे-बगाहे ऐसे सवाल परेशान करते रहते हैं। मुक्तिबोध ने एक तीखा सवाल किया है, पूछा है कि आज संस्कृति का नेतृत्व किन हाथ में है? निश्चित रूप से समाज के प्रताड़ित नीचले स्तर और रम से जुड़े लोगों के हाथ में नहीं है। लेकिन सदैव ऐसा रहेगा। जरूरी नहीं है। मेरी जानकारी के हिसाब से मुक्तिबोध धर्म विरोधी नहीं थे। ईश्वर विरोधी भी नहीं थे। जैसे कबीर भी ईश्वर विरोधी नहीं थे। मैं जब यह कह रहा हूँ तो इसका अर्थ जानता हूँ। आज इस बात को अधिक स्पष्टता से कहने की जरूरत क्यों है? इसलिए भी कि आजकल सांस्कृतिक राष्ट्रवाद के नाम पर जिस तरह से चर्चा की जाती है। सांस्कृतिक राष्ट्रवाद के सांस्कृतिक पक्ष की समझ और मुक्तिबोध के सांस्कृतिक पक्ष की समझ को समझने की जरूरत है। मुक्तिबोध ने एक किताब लिखी थी। उसमें राम कृष्ण आदि भारतीय मिथक में व्याप्त महानायकों के संदर्भ में बहुत सारी बातें कही गई हैं। तो मुक्तिबोध धर्म को संघात से अधिक साधना, संयम और समता के उपकरण के रूप में समाज के सामने रखना चाहते थे। यह उनकी सांस्कृतिक समझ थी। अभी धर्म और संस्कृति की जो समझ समाज में आम तौर पर बनाई जा रही है या बनती जा रही है, वह संयम से अधिक सत्ताकांक्षी संघात की करीबी होती जा रही है। यह विडंबना है और चिंताजनक है। अरुण जी यह सच है कि एक पीढ़ी संस्कृति नहीं बना सकती या संस्कृति दशकों में नहीं बनती बिगड़ती है। हम संस्कृति के बनने की नहीं बल्कि संस्कृति की समझ क विकास और झपट्टामार चतुर एवं क्रूर की बढ़ती हुई प्रवृत्ति की लालसापूर्ण सामाजिक वैधता की बात कर रहे हैं। फिर कहूँ, मुक्तिबोध धर्म विरोधी नहीं थे। ईश्वर विरोधी भी नहीं थे।

प्रश्न--अरुण शीतांश-- मुक्तिबोध की यह समझ थी, तो मार्क्सवाद से उनके वैचारिक रिश्ते को आप किस तरह देखते हैं?

उत्तर--प्रफुल्ल कोलख्यान - अरुण जी! मार्क्सवाद के बारे में कई भारतीय भ्रांतियां रही हैं। जी, भारतीय भ्रांतियां! मार्क्स ने जब धर्म को अफ़ीम कहा था तेा उनके सामने में क्या परिदृश्य था? अच्छा, मार्क्स जिस इलाके में रहते थे, उस इलाके में मेरा ख्याल है कि अफीम नहीं, नशा के दूसरे साधन, अधिक उपलब्ध और प्रचलन में थे। तो अगर धर्म को नशा ही कहना था तो वे उनकी चर्चा करते। उनकी उपमा देते। नहीं क्या? लेकिन उन्होंने धर्म को 'अफीम' कहा। सोचिए जरा, 'अफीम' कहा तो क्यों? मुझे लगता है कि उस समय चीन में सत्ताधारी लोग

जीवन की वास्तविक दैनंदिन समस्याओं से परेशान लोगों के बीच इस तरह अफीम का इस्तेमाल करवा रहे थे कि ताकि वे उसकी पीनक में झूमते रहें और अपनी समस्याओं के वास्तविक समाधान की बात सोचें भी नहीं। वह भयानक था। मुझे लगता है, इस पर मार्क्स ने सोचा होगा। इसने मार्क्स को झकझोरा होगा। इसलिए मार्क्स ने सत्ताधरियों द्वारा धर्म का इस्तेमाल अफीम की तरह किये जाने के प्रति सावधान किया होगा। ऐसा मेरा अनुमान है। मुझे तो लगता है, मार्क्स ने सीधे धर्म का विरोध नहीं कलुषित प्रयोजन से धर्म के इस्तेमाल का विरोध है। लेनिन का एक लेख है ऑन रीलिजन, देखियेगा। मुक्तिबोध धर्म के खिलाफ नहीं, धर्म के इस तरह के इस्तेमाल के खिलाफ थे।

प्रश्न-अरुण शीतांश--बहुलतावादी समाज में तमाम तरह की परेशानियां और दिक्कते हैं। इस परिप्रेक्ष्य में आपका क्या कहना है?

उत्तर- प्रफुल्ल कोलख्यान -- यह सच है कि ग्लोबलाइजेशन का पैकेज जिन लोगों ने बनाया वे ग्लोबलाइजेशन के राजकीय सलूक से विचलित होकर इससे बहुत पहले अलग हो गये। फिर भी, उदारीकरण निजीकरण और भूमंडलीकरण ने, जिस संक्षेप में (उनिभू) कह सकते हैं, अपनी प्राथमिक धमक में ही बहुत सारे साइडइफेक्ट पैदा कर दिए। अरुण जी। भूमंडलीकरण की परियोजना और अंतर्राष्ट्रवाद में निहित आकांक्षा की तात्पर्य-भिन्नता को आप जानते हैं मोटे तौर पर पहले का संबंध पूँजी से हैं दूसरे का संवंध विश्व समाज व्यवस्था से है। और मुक्तिबोध की कविता हमें इतना तो बता ही बता ही देती है कि पूँजी से जुड़ा हुआ हृदय बदल नहीं सकता। हालांकि मुक्तिबोध को पुरजोर विश्वास था कि स्वतंत्र व्यक्ति का वादी छल नहीं सकता। आज के मुक्तिबोधों के मन में यह विश्वास जिंदा नहीं रहा। जो विश्वास जिंदा बचा वह लहूलुहान है। सवाल फिर वही है कि वह मेरे आदर्शवादी मन, वो मेरे सिद्धांतवादी मन, अबतक क्या किया/जीवन क्या जीया। मामला यह है कि ज्यादा लिया और दिया बहुत-बहुत कम। मर गया देश, अरे। जीवित रह गए तुम। ऐसे स्थिति में मुक्तिबोध याद तो बहुत आएंगे। लेकिन मुझे डर है कि सुनामी में आनंद खोजने या फिर मजा के चक्कर में लिप्त समय और समाज में मुक्तिबोध की कविताओं में निहित विश्वास की सभ्यता को हम अंततः बचा नहीं पायेंगे। किसी हद तक बचा भी पायें तो उसे कर्मकांडिए अभिव्यिक्ति में बदल जाने से रोक नहीं पायेंगे।

प्रश्न--अरुण शीतांश- जब पहली बार मुक्तिबोध को पढ़ रहा था उस समय जो चंद पंक्तियां बीच-बीच में तल्ख रूप से दिखाई दे रही थी। ज्यादा प्रभावित कर रही थी, लेकिन उसके पहले की पंक्तियां और बात की पंक्तियां हमें एक कड़ी

के रूप में दिखाई दी। कविता का ऐसा विन्यास आज के दौर में कहीं न कहीं छूटता नज़र आ रहा है। अभिप्राय है कि हम समय के साथ ठीक से नहीं लिख पा रहे हैं। ऐसा मुझे लगता है। आपको क्या लग रहा है सर?

उत्तर--प्रफुल्ल कोलख्यान -- मुक्तिबोध अपने साथी को सर नहीं पार्टनर कहा करते थे। वे साहसी थे, बल्कि दुस्साहसी खैर जाने दीजिए। हमलोगों ने पहले भी चर्चा की है। मुक्तिबोध कविता के अनफिनिस्ड स्वभाव और अधुरेपन के सौंदर्यबोध के अप्रतिम कवि थे। मुक्तिबोध की रचना प्रक्रिया की खासियत यह थी कि अभिव्यक्ति के मूल विन्यास को वे उसके मौलिक स्तर पर पकड़ते थे। उनकी स्थिति उस बागवान की तरह होती थी जो फूल के नन्हें-से पौधे को उसकी जड़ों की समस्त कोशिकाओं को अविकलतः हासिल करने के लिए, बहुत बड़े मिट्टी के टुकड़े के साथ हासिल करने के लिए व्याकुल रहता है, जड़ का बहुत बड़ा थल काटने का प्रयास करता है। हासिल करता है और उसे फिर अपने बाग में रोपता है। मुक्तिबोध भी अपने काव्य तत्व को रेडिकली (Radically) हासिल करने के लिए अपनी काव्यभाषा बहुत सारे रूपाकार को उसके साथ आजमाते रहे हैं। मुक्तिबोध की कविता में दिखनेवाला यह अ-सारपक्ष उनकी कविता के सार पक्ष को संभव करने का सृजनात्मक उपक्रम है। मुक्तिबोध की कविताएं खालिस चावल की तरह नहीं, बल्कि कई बार धान की तरह और अधिकतर तो धनखेत की तरह हासिल होती हैं। अरुण जी, मुक्तिबोध भी अपने काव्य तत्व को रेडिकली (Radically) हासिल करने के लिए आत्मालाप और संलाप के विभिन्न स्तर पर सृजनशील रहते थे। आजकल तो रेडीकल से अधिक रेडीमेडली हमें लुभाता है। ऐसे में, कविता का वह विन्यास आज के दौर में छूटता नज़र आ रहा है तो सही ही नजर आ रहा है, भाई।

प्रश्न--अविनाश रंजन--मुक्तिबोध ने आम आदमी की बातों को अपनी कविताओं में तल्ख रूप से रखा है। उनकी कठिनाइयों और तमाम तरह से गुत्थम - गुथ समस्याओं का किसी-न-किसी रूप में वर्णन किया है। श्रम को विचार में बदल दिया है। आज वैसी कविताएं कम हैं।

उत्तर--प्रफुल्ल कोलख्यान-- यह सच है कि मुक्तिबोध ने श्रम को विचार में बदल दिया, कम-से-कम बदलने का काव्य-प्रयास किया। अविनाश जी, हम एक ऐसे समय में जी रहे हैं जहाँ विचार ही मर गया बताया जा रहा है। विचार के मरने की जोर-शोर से बौद्धिक घोषणा हुई/ व्यवहार के स्तर पर तो विचार पहले से ही बहुत दुर्बल था, थोड़ा संदिग्ध भी। खैर, उसे जाने दीजिए। मुक्तिबोध रचना के तीन क्षणों की बात करते थे, उसे ध्यान में रखिए। उस पर फिर कभी बात करेंगे। लेकिन अभी तो यह याद कीजिए कि मुक्तिबोध विचारधारा के साथ-साथ

भावधारा की बात भी किया करते थे। विचारधारा उनके लिए महत्वपूर्ण थी ही, भावधारा भी कम महत्वपूर्ण न थी उनके समय में कुछ लोगों के लिए भावधारा ही सब कुछ थी तो कुछ के लिए विचारधारा ही सब कुछ। मुक्तिबोध किसी भी चीज के 'सब कुछ हो जाने' की नीच ट्रेजेडी को समझते थे। न सिर्फ समझते थे, बल्कि इसके विक्टिम भी हुए। कह लीजिए भोगा हुआ सच। न तो पूरी तरह से भावधारावदियों ने उन्हें अपनाया, न ही विचारधारावादियों ने अपना माना। अच्छा, कम्यूनिस्ट पार्टी के तत्कालीन महासचिव को मुक्तिबोध के द्वारा लिखे गए बेनामी पत्र की याद तो आपको होगी। मुक्तिबोध की पृष्ठभूमि को समझिए। मार्क्सवाद से जुड़ाव रखने वाले हिंदी के जिन महत्वपूर्ण प्रगतिशील कवियों और साहित्यकारों को हम जानते हैं उनके प्रगतिवाद तथा मार्क्सवाद से जुड़ाव और झुकाव की प्रक्रिया को याद कीजिए। उनमें से अधिकतर दो रास्ते से प्रगतिवाद तक पहुंचे। एक रास्ता बौद्ध विचार से बना था, तो दूसरा रास्ता आर्य समाज की तत्कालीन अपील से बना था। लेकिन मुक्तिबोध उस रास्ते से प्रगतिशीलता या मार्क्सवाद तक नहीं पहुंचे। उनका रास्ता अस्तित्ववाद और कई पाश्चात्य दर्शनधाराओं के अंतर्विरोधों से टकराते हुए मार्क्सवाद तक पहुँचता है। मुक्तिबोध अपनी रचना प्रक्रिया के बिखरे सूत्रों को बटोरते हुए अपनी भावधारा के तारतम्य को विचारधारा की प्रगाढ़ता में बदलते हुए अपनी रचनाशीलता में हासिल कर ले जाते हैं। ज़ाहिर है कि इन अंतर्विरोधों को अतिक्रमित करते हुए मुक्तिबोध की कतिवाओं ने अपने होने में खुद को भी कम अतिक्रमित नहीं किया है। ज़ाहिर है कि इन अंतर्विरोधों को अतिक्रमित करते हुए मुक्तिबोध की कविताओं ने अपने होने में खुद को भी कम अतिक्रमित नहीं किया है। अविनाश जी, मुक्तिबोध हिंदी के लगभग एकमात्र कवि हैं जिन्हें अपनी हर कविता अधूरी-सी लगती थी। और शायद इसीलिए बार-बार वे उनका पुनर्लेखन, कह लीजिए संवादन करते थे। ये अधुरापन कैसा था। जरा सोचिए तो। मोहन राकेश का नाटक है 'आधे-अधूरे'। मुक्तिबोध को पढ़ते हुए, 'आधे-अधूरे' की याद ज़रूर आएगी। यह अधरुापन भी पूरा नहीं था, बल्कि आधा ही था। यह जरूर है कि मुक्तिबोध के दौर से लेकर आज तक लिखी जा रही फिन्स्ड कविताओं के बीच मुक्तिबोध की कविता अजनबी है। इसी अनफिनिस्ड अधूरेपन और अजनबीपन से मुक्तिबोध की कविताओं का सौंदर्य है, महत्व भी। अब अजनबियत तो हमेशा समझ के लिए चुनौती बनी रहती है और इसलिए मुक्तिबोध की कविता भी हमारी समझ के लिए अपने प्रत्येक पाठ में चुनौती बनी रहती है। असल में जहाँ मुक्तिबोध की कविता का टेक्स्ट समाप्त होता है, वहां से मुक्तिबोध की कविता में निहित स्पंदनशील प्राणधारा के प्रवाह की शुरुआत होती है। अविनाश जी, हमारी विडंबना

यह है कि मुक्तिबोध की अधूरी कविताओं को हम पूरी तरह से समझ लेना चाहते हैं। समझ लेने की इस जिद को समझना जरूरी है, खासकर मुक्तिबोध के रचना प्रसंग में। समझना अगर वश में करना है, तो हम मुक्तिबोध को कभी नहीं समझ पाएंगे। यह सच है कि मुक्तिबोध ने श्रम को विचार में बदलने की सर्जनात्मक कोशिश की, लेकिन उससे बड़ा और भयावह सच यह है कि हिंदी कविता ने गंभीरता से विचार को श्रम में बदलने की कभी कोई सचेत और सातत्यपूर्ण कोशिश नहीं की।

प्रश्न--अविनाश रंजन-- मुक्तिबोध का जीवन बहुत कठिनाईयों से गुज़रा है। उनकी एक तस्वीर बीड़ी पीते हुए बहुत मशहूर हुई। यह तस्वीर और कठिनाई दोनों का सामंजस्य कविता और जीवन से कैसे जुड़ता है।

उत्तर--प्रफुल्ल कोलख्यान-- अविनाश जी आपने ठीक सवाल उठाया है। यह चित्र जो उनकी प्रतिनिधि कविताओं के संकलन के कवर पर छपा है, वह बहुत प्रतीकात्मक है। मगर ध्यान रखिए कि प्रतीकों की अपनी कई सीमाएँ होती हैं। यह चित्र मुक्तिबोध के रचना चरित्र को कुछ हद तक प्रतिभासिल तो करता है लेकिन परीसीमित नहीं करता है। जहाँ तक मुझे ज्ञात है, वे रात की नीरव भयावहता और अंधेरे की विराटता की अचंभा को महसूस करते हुए गश्ती के कार्य में लगे अपने किसी अज्ञात प्रहरी साथी के साथ रात के अंधेरे में यदा-कदा घूमते-भटकते रहते थे। भटकन के इसी दौर में बीड़ी की लत उन्हें लग गई थी। यह कोई अच्छी बात नहीं थी। लकिन एक धुंआ बाहर फैलता रहता था। इस धुएं की प्रतिक्षण बदलती आकृति सम्मोहन की हद तक मुक्तिबोध को ले जाती थी। कई बार, पकड़ में न आनेवाली धुएं की इस लकीर को पकड़कर ऊपर उठते हुए अंधेरे के पार हो जाने के ख्वाहिशमंद सरीखे लगने लगते हैं मुक्तिबोध। बावजूद इसके, मैं जोर देकर कहना चाहता हूँ कि मुक्तिबोध हिंदी के वैसे कवि नहीं हैं जिसे मुश्किल घड़ी में किसी बीड़ी-सिगरेट ने बचाया हो।

प्रश्न--अविनाश रंजन-- बीसवीं शताब्दी में हिंदी में लंबी कविताओं को लिखने की एक समृद्ध परंपरा रही है। निराला ने 'राम की शक्ति पूजा' लिखी और मुक्तिबोध ने 'अंधेरे में'। पर आजकल की कविताओं को जब हम देखते हैं तो वह छोटी होती हैं। क्या बड़े उद्देश्य को लंबी कविताओं में ही हासिल किया जा सकता है या फिर छोटी कविताओं में। कृपया, इस बारे में कुछ बताएं।

उत्तर-- प्रफुल्ल कोलख्यान-- अविनाश जी आपका प्रश्न बड़ा दिलचस्प है। अब देखिए क्या है कि हमारी समझ पर आकार का भी एक वर्चस्व होता है। जब हम लंबी कविता कहते हैं तो क्या लंबी से आशय उसके बड़ी होने का भी होता

है। समझिए कि कविता को हम लंबी या छोटी जैसे विशेषण से नहीं समझ सकते। हमरे यहां जिसे कहानी कहा जाता है अंग्रेजी में वह शार्ट स्टोरीज कहलाता है। अब शॉर्ट स्टोरीज का अनुवाद यदि लघुकथा करें तो वह हिंदी की अपनी एक विशिष्ट विधा है जो अंग्रेजी के शॉर्ट स्टोरीज़ से भिन्न है। असल में राम की शक्ति पूजा 'अंधेरे में' दोनों बड़ी कविताएं हैं, हालाँकि इनकी बनक में कई महत्वपूर्ण एवं बुनियादी फर्क है। इन्हें खास संदर्भ में लंबी कहा गया होगा या कहा जाता है। छोटी कविताएं भी बड़ी कविताओं की श्रेणी में आ सकती हैं। लेकिन बात करते हैं निराला की कविता 'राम की शक्ति पूजा' और मुक्तिबोध की कविता 'अंधेरे में' के संदर्भ पर। 'राम की शक्ति पूजा' एक मिथकीय पृष्ठभूमि पर है। और इस कविता की जो मुख्य प्रेरिका (driving force) की अभिव्यक्ति इस रूप में सामने आती है कि जिधर अन्याय है, उधर शक्ति है। इसे पलट कर देखें जिधर शक्ति है, उधर अन्याय है। शक्ति जिसे पावर कहते हैं, न्याय जिसे जस्टिस कहते हैं। तो, ये कविता शक्ति और न्याय के अंतःसंबंध को नए सिरे से अनुभूति और अभिव्यक्ति के स्तर पर उपलब्ध करती है। पूरी दुनिया आभाव से नहीं अन्याय से परेशान है। कई दार्शनिकों और विचारकों ने अपने अपने स्तर पर महसूस किया है, निष्कर्ष निकाला है, जैसा कि ब्रिटिश राजनीतिक लॉर्ड ऐक्टन (Lord Acton) ने भी कहा है-- "Power tends to corrupt and absolute power corrupts absolutely." (शक्ति के विभिन्न स्त्रोत हैं। और अन्याय के भी विभिन्न प्रकार हैं।) खैर, असल बात यह है कि शक्ति के विभिन्न स्रोत होते हैं। और अन्याय के भी विभिन्न प्रकार होते हैं। 'राम की शक्ति पूजा' को सिर्फ़ मिथकीय संदर्भ में देखना अपर्याप्त है। इसे सभ्यता विकास के विमर्श में देखा जाना ज़रूरी है। और यह वह सभ्यता है जिसके बारे में निराला ने कहा "दगा की/इस सभ्यता ने दशा की..." तो निराला ने इस सभ्यता को दग़ा करने वाली सभ्यता क्यों कहा। और यह सवाल हम जितनी गंभीरता से उठाएंगे, सभ्यता निर्माण के विमर्श में हम उतनी गहराई में धंसते चले जाएंगे। इधर दूधनाथ सिंह का एक उपन्यास आया 'आख़िरी कलाम। उसमें एक प्रसंग है जिसके अनुसार डर यह नहीं है कि हम असंगठित होकर कितने बिखर जायेंगे, शक्तिहीन हो जायेंगे, बल्कि उपस्थित भयावहता यह है कि संगठित और शक्तिवान बनकर हम कितने क्रूर और अन्यायी होते जायेंगे। तो, अविनाश जी मैं आपसे अनुरोध करूंगा कि शक्ति और न्याय के अंतः संबंध को सभ्यता विमर्श की हदों में ले जाया जाये तो, 'राम की शक्ति पूजा' के काव्य-वस्तु को हासिल किया जा सकेगा और सभ्यता के दगाबाज़ चरित्र को भी समझना आसान होगा। मुश्किल होगा दग़ाबाज़ मुक्त समानांतर सभ्यता की आकांक्षा को किसी संगठित क्रियाशीलता

से जोड़ना।

प्रश्न--अविनाश रंजन-- प्रफुल्ल जी आप 'राम की शक्ति पूजा' को मुक्तिबोध की कविता 'अंधेरे में' के साथ कैसे जोड़ते हैं?

उत्तर-- प्रफुल्ल कोलख्यान-- अविनाश जी, आजकल संस्कृति शब्द का बड़ा हल्ला है। सभ्यता पर कोई-कोई चर्चा करता है। प्रेमचंद ने एक लेख लिखा 'महाजनी सभ्यता', टैगोर ने लिखा 'सभ्यता का संकट' और कुछ दिन पहले सभ्यता के संघात यानी clashes of civilization के नाम से एक किताब आई। सभ्यता हमें आगे ले जाती है और संस्कृति हमें पीछे की ओर रोक के रखती है। अब फर्ज़ कीजिए एक जगह शादी का समारोह है तो आप उनके सांस्कृतिक चिन्हों से समझ जाएंगे कि वे हिंदू हैं या मुसलमान। सभ्यता के चिह्न, यानी गाड़ी, मोबाइल, प्रकाश के स्रोत आदि दोनों में एक ही होते हैं। 'राम की शक्ति पूजा' को जब हम सभ्यता विमर्श से जोड़ने की कोशिश करते हैं तो मुझे मुक्तिबोध की सभ्यता-समीक्षा का प्रसंग याद आता है। 'अंधेरे में' की संरचना को ध्यान में रखें तो यह मिथकीय तो नहीं है लेकिन इसमें फंतासी है। अविनाश जी, मुक्तिबोध मिथ से बचने के लिए कई बार फंतासी में चले जाते हैं। और मुख्यधारा या शास्त्रीय स्रोतों से उपलब्ध मिथकीय बिंबों के इतर हासिए पर हासिल लौकिक स्रोतों से अपना मिथकीय बिंब ग्रहण करते हैं। 'अंधेरे में' कविता की मुख्य Driving force है--

कविता में कहने की आदत नहीं है
...............................जन को।

और इसी संदर्भ में अभिव्यक्ति के ख़तरे उठाने की बात करते हैं।

अभिव्यक्ति के सारे ख़तरे

....

....

दुर्गम पहाड़ों के उस पार

(अँधेरे में)

दुर्गम पहाड़ों के उस पार जाने का मतलब ही है एक समानांतर न्यायपूर्ण अंतर्विरोध मुक्त समानांतर सभ्यता की तलाश। जी हां, आपने ठीक समझा। यह यूटोपिया है। यूटोपिया को हम ठीक समझते हैं। लेकिन डिस्टोपिया को ठीक से नहीं समझते हैं। एक डिस्टोपिया ग्रस्त समाज और सभ्यता से मुक्ति की छटपटाहट अगर सभ्यता विमर्श में किसी यूटोपिया की तलाश तक हमें ले जाती है तो हमें इस डिस्टोपिया के मर्म को भी समझना होगा। और ज़ाहिर है इसमें अभिव्यक्ति के अपने ख़तरे हैं। खतरा यह कि जो डिस्टोपिया के विरुद्ध खड़े नहीं होना चाहते

वे ऐसी कविताओं को यूटोपिया कहकर ख़ारिज या कमतर कर देने के उद्यम में सहज ही लग जाते हैं। मुक्तिबोध जब दुर्गम पहाड़ों के पार जाने की बात करते हैं तब उसमें 'अंधेरे में' निहित 'अंधेरे' के पार जाने की छटपटाहट को महसूस करना होगा। भूल जाइए मार्क्सवाद को, अगर किसी को डिस्टोपिया के पार जाना है तो मुक्तिबोध की इस कविता को वह अपने साथ उसी तरह रख ले जिस तरह से भूत पिसाच के आतंक से बचने के लिए, कुछ लोग हनुमान चालीसा को अपने साथ रख लेते हैं। अविनाश जी, अभिव्यक्ति को ठीक से समझना ज़रूरी है और वह तब संभव होगा जब हम उक्ति से अभिव्यक्ति की भिन्नता को समझ पाएंगे। उदाहरण के तौर पर बहुत सीमित संदर्भ में कहना चाहता हूँ कि दिनकर मुख्यतः उक्ति के कवि हैं और मुक्तिबोध मुख्यतः अभिव्यक्ति के कवि। यह ध्यान में ज़रूर रखा जाना चाहिए कि गीतात्मक उक्ति (Lyrical statements) और काव्यात्मक अभिव्यक्ति (Poetic Expressions) दोनों का अपना अपना महत्व है।

प्रश्न--अविनाश रंजन--मुक्तिबोध की कविता में प्रतिरोध की संस्कृति दिखती है जिसमें अभिव्यक्ति के ख़तरों को उठाने की प्रवृत्ति मिलती है। आज के कवि आखिर किस सीमा तक अभिव्यक्ति के खतरे उठा रहे हैं?

उत्तर-- प्रफुल्ल कोलख्यान-- अविनाश जी, बड़ा कठिन सवाल है। यह सत्य है कि मुक्तिबोध के समय में अभिव्यक्ति के ख़तरों का एक रूप था तो आज के समय में उससे एक भिन्न रूप है। सोचने की बात है कि अभिव्यक्ति में ऐसा क्या होता है कि उसके साथ खतरा जुड़ जाता है। अगर आप ब्रेख्त को याद करें तो उन्होंने सच के कई ख़तरे गिनाए थे। इन्हें ध्यान से देखें तो सच के साथ जो खतरे हुड़ हुए होते हैं वही ख़तरे अभिव्यक्ति के साथ भी जुड़े हुए होते हैं। अभिव्यक्ति के ख़तरे तो कबीरदास के साथ भी जुड़े थे और तुलसीदास के साथ भी। तो यह कि अभिव्यक्ति के साथ ख़तरे तो जुड़े ही रहते हैं। उनका स्वरूप देश-काल की भिन्नता के अनुसार भिन्न-भिन्न होता है। प्रसंगवश, जो पत्रकार समाचारवाचन की सीमा से बाहर निकलकर वाचन की जगह समाचार की अभिव्यक्ति करने लग जाते हैं उनके समक्ष उपस्थित खतरों पर जरा कभी फुरसत से गौर कर लीजियेगा। मुक्तिबोध जब बोलते हैं 'उठाने ही होंगे अभिव्यक्ति के खतरे अब' तो इसका मतलब यह भी है कि उनके काव्य-समय और पिधि में अभिव्यक्ति के ख़तरे को उठाने में किसी प्रकार की आत्मघाती हिचक भी सक्रिय रही होगी।

खतरा पहला स्तर होता है अनुभूति की अविकल और अक्षुण्ण तत्व को पकड़ना उसे मानस भाषा में अर्जित करना और उसे सामाजिक भाषा में काव्य शक्ति के साथ हासिल करना। अविनाश जी, अभिव्यक्ति का सबसे बड़ा खतरा होता है उसका

असूयाग्रस्त समय-समाज में होना। आज के कवि इस ख़तरे को उठाते हुए ही अपनी कविता को संभव कर रहे हैं। यह सच है कि कोई दूसरा मुक्तिबोध हो नहीं सकता। मुक्तिबोध ही क्यों कोई दूसरा निराला, अज्ञेय, नागार्जुन, शमशेर आदि नहीं हो सकता। साहित्य में इस तरह के दूसरा होने की गुंजाइश नहीं होती है। लेकिन विडंबना यह है कि हर गली, मुहल्ले, ग्रुप, गोष्ठी आदि में एक दो मुक्तिबोध तो हमें मिल ही जाते हैं। नहीं क्या! अभिव्यक्ति के खतरे जीवन से जुड़े होते हैं। आज अभिव्यक्ति के इतने सारे माध्यम हैं कि यह अपने आप में ख़तरा है। एक बात बताऊं, भरत मुनि के नाट्य शास्त्र में कहा गया है कि जिनको वेद पढ़ने का अधिकार नहीं है उनके लिए ही कविता (नाट्य) प्रयोज्य होता है। लेकिन संस्कृति में घटित यह हुआ कि वेद पाठियों ने ही इस कविता (नाट्य) पर भी कब्ज़ा जमा लिया। जन विच्छिन्न होना, आज की अभिव्यक्ति का सबसे बड़ा खतरा है। आकांक्षा के स्तर पर जन जुड़ाव होने पर भी खतरा कम नहीं होता। क्या करें कवि जब सत्य को ही लकवा मार गया, याद है न नागार्जुन की वह कविता।

प्रश्न--अविनाश रंजन-- कविता किन अर्थों में ऐतिहासिक होती है और उसके ऐतिहासिक होने पर समाज में किन अर्थों में बदलाव के संकेत मिलते हैं?

उत्तर-- प्रफुल्ल कोलख्यान-- कविता के ऐतिहासिक होने का सीधा-सा मतलब यह है कि वह प्रासंगिक बनी हुई है। ऐतिहासिक कविता हम उसे कह सकते हैं जिसका इतिहास के किसी कालखंड के संदर्भ में ही महत्व बना रहता है, जबकि प्रासंगिक कविता हमारे समय को भी समझने में अपनी भूमिका निभाती है। महत्वपूर्ण कविताएं ऐतिहासिक होने के साथ ही प्रासंगिक भी हुआ करती हैं। अविनाश जी, अतीत होकर भी जो व्यतीत नहीं हो जाता है उसे ही हम इतिहास समझते हैं। समकालीन कविताएं प्रासंगिक तो होती हैं लेकिन ऐतिहासिक होना उसके लिए समय सापेक्ष होता है। वैसे तो कई हैं लेकिन उदाहरण के लिए लेकिन ठीक इस समय मेरे मन में कबीर और मुक्तिबोध का नाम ख़ासतौर पर कौंध रहा है। इनकी रचनाएं ऐतिहासिक भी हैं और प्रासंगिक बने रहकर समकालीन भी हैं। जिन ऐतिहासिक परिस्थितियों में कोई कविता लिखी जाती है वे ऐतिहासिक परिस्थितियाँ अगर हमारे समय में भी बनी रहती हैं तो ऐसी कविताएँ हमें उस ऐतिहासिक समय को भी और अपने समय को भी जोड़कर समझने में मदद करती हैं।

प्रश्न--अविनाश रंजन-- मुक्तिबोध पर जितने शोध बढ़ गए हैं क्या उस हिसाब से पढ़े जा रहे हैं वो?

उत्तर--प्रफुल्ल कोलख्यान-- अपने भारी सवाल खड़ा कर दिया। मुक्तिबोध जितना शोधे जा रहे हैं उतना पढ़े नहीं जा रहे हैं, ऐसा मानने में मुझे कोई झिझक

नहीं है। इस समय मुक्तिबोध पर शोध ही नहीं किया जा रहा है बल्कि मुक्तिबोध को साधा भी जा रहा है। शायद इसका हक भी है। असल में एक कवि को पढ़ने का मतलब क्या होता है। उत्तर पुस्तिकाओं को पढ़ने या उत्तर पुस्तिकाओं के लिए कविता पढ़ने और कविताओं को कविताओं को सामाजिक के तौर पर पढ़ने में कोई तो अंतर होता होगा। असल में पढ़ना एक जटिल प्रक्रिया है। कह लीजिए कि पढ़ना क्रिया की पूर्व क्रिया है। अविनाश जी, हमारे समय में पढ़े लिखे लोगों ने अपढ़ लोगों से अधिक समस्याएं खड़ी कर रखी हैं। अविनाश जी, एक बात कहूँ। मुझे लगता है, निरक्षरता जितनी बड़ी समस्या नहीं है जितनी बड़ी समस्या निरक्षराचार है। 'पढ़े-लिखे' के आचार-व्यवहार से 'न पढ़े-लिखने' के आचार व्यवहार में कोई उल्लेखनीय गुणात्मक अंतर नहीं हो पाना। यह अंतर में नहीं दिख रहा है, तो वह मेरी सीमा हो सकती है। वैसे, शोध की जो हालत है वह तो देख ही रहे हैं। शोध का अपना एक सीमित उद्देश्य और शायद महत्व भी होता है। डिग्रीपन का महत्व। हम कविता पढ़ने की बात करते हैं और यह पढ़ना यदि डिग्री पाने या अन्य काव्येतर और प्रयोजन से सीमित हो जाए तो क्या आप इसे कविता का पढ़ा जाना मानेंगे? मेरे मन में गहरी दुविधा है। दुविधा है इसलिए शायद, इसलिए आपके प्रश्न का उत्तर मेरे पास एक चलताऊ अर्थ में 'हाँ' है और एक गंभीर अर्थ में 'ना' है। चलिए, यह बात-चीत अधूरी ही सही पर हुई तो। इसे अनफिनिस्ड ही रहने दीजिए। इसे पूरा तो क्या कर पायेंगे, हाँ, बातचीत के इस सिलसिले को फिर कभी शुरू करेंगे। समय होत बलवान।